DATA ANALYSIS
WITH PYTHON

고객 니즈가
보이는
데이터 분석
with 파이썬

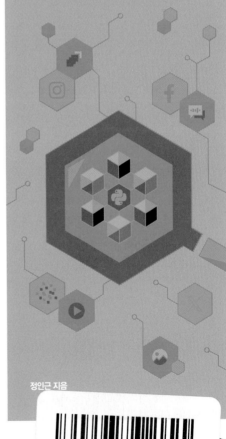

정인근 지음

고객의 마음을 해석해 내는 것은 마케팅을 포함한 모든 비즈니스의 핵심이자 시작점입니다. 이 책은 딱딱한 이론서가 아닌 친절한 학습 참고서로서 구체적인 사례를 활용하여 쉽고 자세히 문제 해결 방향을 제시하고 있습니다. 저자의 경험을 바탕으로 한 명쾌한 설명으로 자연어 빅데이터 분석에 관심 있는 마케터나 데이터 사이언티스트들이 스스로의 힘으로 최신 데이터 분석 역량을 키울 수 있길 바랍니다.

박영호_아모레퍼시픽 고문

데이터 분석 중 비정형 텍스트(text) 데이터 분석은 인간의 언어를 수치화하는 매우 까다로운 분석입니다. 기능적으로 처리할 수 있는 코드만 배우고 따라 해서는 한계가 있는 영역입니다. 하지만 저자는 데이터 분석 맥락(context)의 중요성을 강조하고 이를 저자가 경험했던 몇 가지 상황과 버무려 훌륭하게 어려운 기능들을 설명했습니다. 이 책은 입문자에게도 좋지만 기초적인 학습을 마친 후, 빅데이터 분석으로 인사이트를 얻고자 하는 사람들에게 힌트를 줄 것입니다

조성원_이매진팩토리 대표

데이터 분석과 프로그래밍을 잘 알지 못해도 쉽게 접근할 수 있도록 구성되어 있습니다. 복잡한 이론보다는 저자가 실무에서 경험한 예제와 파이썬 실습을 중심으로 설명하고 있기 때문에 차근차근 따라가다 보면, 어느덧 고객 니즈 관점에서 데이터 분석 역량이 한층 성장한 것을 느낄 수 있을 것입니다. 데이터 활용 능력이 어느 때보다 중요해진 요즘, 이 책은 데이터 분석에 입문하는 사람들에게 큰 도움이 되리라 확신합니다.

황현식_AIX 대표

독자의 1초를
아껴주는 정성을
만나보세요!

세상이 아무리 바쁘게 돌아가더라도 책까지 아무렇게나 빨리 만들 수는 없습니다.

인스턴트 식품 같은 책보다 오래 익힌 술이나 장맛이 밴 책을 만들고 싶습니다.

땀 흘리며 일하는 당신을 위해 한 권 한 권 마음을 다해 만들겠습니다.

마지막 페이지에서 만날 새로운 당신을 위해 더 나은 길을 준비하겠습니다.

고객 니즈가 보이는 데이터 분석 with 파이썬
DATA ANALYSIS WITH PYTHON

초판 발행 · 2024년 4월 19일

지은이 · 정인근
발행인 · 이종원
발행처 · (주)도서출판 길벗
출판사 등록일 · 1990년 12월 24일
주소 · 서울시 마포구 월드컵로 10길 56(서교동)
대표 전화 · 02)332-0931 | **팩스** · 02)323-0586
홈페이지 · www.gilbut.co.kr | **이메일** · gilbut@gilbut.co.kr

기획 및 책임편집 · 이다빈(dabinlee@gilbut.co.kr) | **디자인** · 송민우(스튜디오 브릭) | **제작** · 이준호, 손일순, 이진혁
영업마케팅 · 임태호, 전선하, 차명환, 박민영, 지운집, 박성용 | **유통혁신** · 한준희 | **영업관리** · 김명자 | **독자지원** · 윤정아

교정교열 · 김윤지 | **전산편집** · 박진희 | **출력 · 인쇄 · 제본** · 예림 인쇄

ISBN 979-11-407-0932-8 93000
(길벗 도서번호 080339)

정가 33,000원

독자의 1초를 아껴주는 정성 길벗출판사

(주)도서출판 길벗 | IT교육서, IT단행본, IT교육서, IT단행본, 경제경영, 교양, 성인어학, 자녀교육, 취미실용 www.gilbut.co.kr
길벗스쿨 | 국어학습, 수학학습, 어린이교양, 주니어 어학학습, 학습단행본 www.gilbutschool.co.kr

페이스북 · www.facebook.com/gbitbook
예제소스 · http://github.com/gbitbook/080339

우리는 데이터를 이용하여 세계를 보고 이해하는 시대에 살고 있습니다. 데이터 분석 영역은 기술 개발 조직을 넘어 마케팅 등 다양한 분야로 확대되고 있으며, 이 변화의 소용돌이 속에서 '데이터 리터러시'는 특수한 역량이 아닌 필수 능력으로 자리매김하고 있습니다. 이 책은 데이터 분석의 기초를 마련하고자 하는 사람들에게 이상적인 안내서가 될 것입니다. 데이터 탐색, 통계, 머신 러닝, 분석 활용까지 데이터 분석 여정을 시작하는 여러분에게 이 책을 추천합니다.

윤동균_와디즈 CTO

이제 데이터 분석을 기반으로 의사 결정을 내리는 일은 일상에 가까워졌지만, 겨우 5년 전만 해도 데이터 분석 기반으로 일하는 방식은 혁신적으로 평가를 받았던 새로운 방식이었습니다. 많은 기업이 데이터 분석 기반으로 의사 결정을 하기 위해 투자를 했었는데, 현재는 분석 결과가 너무 많아서 어떻게 시각적으로 표현하거나 정리해야 효과적으로 의사 결정을 할 수 있을지 고민할 정도가 되었습니다. 요새는 이런 고민을 덜어 주는 서비스도 많이 판매되고 있습니다. 이렇듯 세상은 항상 찰나의 순간에 극적으로 변화하고, 이제는 모두가 동의하듯이 데이터 사회이며, 누구라도 데이터 분석 역량은 필수로 느끼고 있을 것입니다.

그럼 데이터 분석을 잘하려면 어떻게 해야 할까요? 어떤 노력을 해야 할까요? 필자가 자주 듣는 질문입니다. 필자가 찾은 해답을 바로 이 책에 담았습니다. 첫 번째로는 많은 데이터 분석 예제를 다루기보다는 분석자가 적극적으로 참여할 수 있는 그런 주제를 선정했습니다. 예를 들어 책 속의 예제인 '어떤 떡볶이가 맛있을까' 파트는 이런 노력의 일환입니다. 대부분 좋아하는 국민 간식을 다루면서 어떤 떡볶이 신제품을 내놓는 것이 좋을지 독자가 고민하게끔 만들고 싶었습니다. 누구나 떡볶이 신제품을 쉽게 제안할 수 있고, 고민할 수 있기 때문입니다. 게다가 데이터 분석 결과는 분석자 고민에 비례하기 때문에 데이터 분석 결과가 옳은지보다 어떤 관점에서 결과를 바라볼 수 있을지에 맞추어 집필했습니다. 이 책을 읽고 나서 독자들이 '저자와 달리 나는 이런 신제품으로 제안하는 게 맞는 것 같다'고 생각해 준다면 그것이 바로 필자가 원하던 결과입니다. 자신만의 관점과 이 관점을 지지하는 분석 과정을 찾길 바랍니다. 이 책은 이 과정을 체험할 수 있게 구성되어 있습니다.

두 번째로는 이 책은 분석 경험이 없는 사람이라도 충분히 이해할 수 있는 분석 알고리즘을 선택했습니다. 분석자가 이해한 알고리즘을 사용해야 분석 과정을 온전히 이해할 수 있기 때문이죠. 해당 알고리즘을 완전히 이해하면 응용과 변형도 쉽습니다. 그렇지만 잘 모르는 알고리즘을 응용한다면 얻은 결과에 대해 100% 확신할 수 있을까요? 다행히 자연어 분석에 사용하는 많은 알고리즘은 단어 빈출 빈도에 기반을 둡니다. 간단히 말해서 '분석 문서 집단에서 특정 단어의 중요도는 해당 단어의 빈도에 비례한다'입니다. 이 책은 해당 알고리즘에서 벗어나지 않기 때문에 어려운 알고리즘은 사용하지 않습니다. 물론 이해하는 데 상당한 노력이 필요한 알고리즘도 많이 있지만, 필자 경험을 돌이켜 보면 흔하고 쉬운 알고리즘이라도 좋은 결과를 많이 얻을 수 있었습니다. 같은 결과를 얻는다면 단순하고 빠른 결과를 제시하는 알고리즘을 사용하는 것이 진리입니다.

마지막으로 독자가 스스로 데이터를 수집할 수 있게 했습니다. 데이터 분석자라면 필요한 데이터를 스스로 찾을 수 있어야 합니다. 데이터 분석의 시작은 데이터 확보에서 시작하기 때문입니다. 데이터는 기업의 데이터베이스나 공개된 데이터, 웹에서 직접 얻을 수 있습니다. 문제는 인터넷 웹 페이지에서 데이터 수집을 할 때입니다. 웹에서 데이터 수집을 할 때는 주의할 점도 많지만 난이도가 높기 때문입니다. 독자들이 스스로 주의하면서 터득할 수 있게 쉬운 난이도부터 어려운 난이도까지 골고루 수록했고 어느 강좌나 책에서도 볼 수 없을 정도로 자세히 설명했다고 자부합니다.

이 책은 많은 분석가와 개발자의 도움 덕분에 완성할 수 있었습니다. 매번 느끼지만 다른 분석가들의 에러를 마치 자기의 문제처럼 적극적으로 해결하고, 그 결과를 공유하는 사람들에게 이 책을 빌려 감사함을 표합니다. 그리고 막연하게 작성된 초안을 진지하게 받아 주시고 의견을 주신 도서출판 길벗의 많은 관계자분께 진심으로 고마움을 표합니다. 특히 초보 작가의 많은 실수를 너그럽게 꼼꼼히 살펴 주신 이다빈 편집자님, 고맙습니다. 끝으로 매번 일을 끊임없이 벌이고 수습하는 필자를 뒤에서 묵묵히 응원하는 가족에게 사랑을 표합니다.

2024년 4월

정인근

새로운 서비스를 기획할 때 해당 서비스를 사용할 유저의 선호를 파악하고 분석하는 것이 가장 중요한 과정이고 아이디어를 구체화하는 데 열쇠가 됩니다. 그러한 관점에서 〈고객 니즈가 보이는 데이터 분석 with 파이썬〉은 실제 데이터 분석 과정에서 많이 쓰이는 기술을 중점으로 학습할 수 있어 의미 있는 책이었습니다. 데이터 분석을 처음 접하는 사람도 실무 위주의 내용을 어렵지 않게 배울 수 있습니다. 또 머신 러닝을 활용하는 방법 등 데이터 분석을 하는 고급 기법도 함께 익힐 수 있어 굉장히 흥미롭게 읽을 수 있었습니다.

권도한_안동고등학교

'화장품 리뷰 데이터'라든지 '디시인사이드 편의점 게시판 글'과 같은 커뮤니티에서 마주칠 수 있는 현실적인 데이터를 이용하여 분석을 해 볼 수 있는 책입니다. 이런 데이터들의 특징은 규칙이 불분명하고 문법이 정리되어 있지 않은 것인데, 이 책에서는 그런 것들을 정리하고 분석하면서 데이터 속에 내재되어 있는 고객 특성을 파악할 수 있는 경험을 제공합니다. 개인적으로 자연어 처리 경험이 많이 부족했는데, 덕분에 비정형화된 자연어 데이터도 다루어 볼 수 있어서 재미있었습니다.

강찬석_LG전자 소프트웨어 엔지니어

외국의 데이터나 캐글 같은 잘 정리된 데이터셋을 가져다 사용하는 것이 아니라 네이버 카페, 디시인사이드 커뮤니티 등 우리와 친숙한 데이터를 다루는 부분에서 흥미로웠습니다. 또 selenium 라이브러리를 이용하여 URL이 없는 페이지를 다루는 것도 인상적이었습니다. 예제들을 따라 하면서 공부한다면 웬만한 웹 사이트의 데이터들은 모두 스크래핑이 가능할 것 같습니다.

김영익_AWSKRUG

1장
자연어 분석 준비

아나콘다 및 자연어 분석 라이브러리를 설치한 후 주피터 노트북 사용법을 알아보면서 데이터를 수집하고 분석하는 데 필요한 실습 환경을 준비합니다. 이때 사용하는 프로그래밍 언어는 파이썬으로, 분석에 사용되는 문법 위주로만 간단하게 배웁니다. 실습 환경 준비가 끝나고 코드가 어느 정도 익숙해졌다면 공공 데이터를 가지고 간단하게 실습해 봅니다.

2장
스크래퍼로 데이터
수집

데이터를 수집할 때 사용하는 '스크래퍼'를 알아봅니다. 직접 간단한 스크래퍼를 만들어 본 후 requests 라이브러리와 selenium 라이브러리를 이용하여 각 커뮤니티에서 데이터를 수집합니다.

3장
수집한 데이터로
자연어 분석

앞서 수집한 데이터를 다양한 방법으로 분석해 봅니다. 분석한 결과에서 어떤 정보를 얻을 수 있고, 그 정보에서 어떤 서비스나 제품을 기획할 수 있는지 살펴봅니다. 어느 정도 분석법을 익혔다면 머신 러닝을 활용한 고급 분석법도 경험해 봅니다.

4장
통계

분석한 결과를 바탕으로 판단하고 예측할 때는 '통계'라는 수학적 개념이 필요합니다. 4장은 데이터를 분석하는 데 꼭 필요한 통계 지식을 쉽고 간단하게 설명합니다. 3장까지 학습을 따라가는 데는 문제없지만, 분석법에 수반되는 통계 개념을 정확히 이해하고 싶다면 1장을 공부하기 전에 4장을 먼저 학습해 주세요.

이 책의 버전

이 책은 윈도(Windows)를 기준으로 설명합니다. 실습 시 프로그램을 설치할 때 버전을 지정하지 않으면 최신 버전이 설치되므로 이 책과는 버전이 다를 수 있습니다. 라이브러리의 호환성을 위해 이 책에서는 다음 버전을 사용합니다. 따라서 버전이 다를 때는 본문과 실습 코드를 참고하여 !pip install 명령어로 맞는 버전을 설치해 주세요.

- pandas 1.3.4
- numpy 1.21.5
- JPype1 1.5.0
- konlpy 0.6.0
- kiwipiepy 0.17.0
- tweepy 4.8.0
- Matplotlib 3.5.1
- IPython 8.2.0
- requests 2.27.1
- bs4 4.10.0
- scikit-learn 1.0.2
- seaborn 0.11.2
- openai 0.28.1

실습 코드 내려받기 및 활용법

이 책에 나오는 실습 코드와 실습에 필요한 데이터 파일은 길벗출판사 웹 사이트와 깃허브에서 내려받을 수 있습니다. 직접 코드를 입력하면서 내용을 이해하는 방식을 추천하지만, 코드가 길거나 전체 코드를 파악하고 싶을 때는 코드 파일을 열어 확인하세요.

- **길벗출판사 웹 사이트**: https://www.gilbut.co.kr/
- **출판사 깃허브**: http://github.com/gbitbook/080339
- **저자 깃허브**: https://github.com/JungInkeun/dataAnalysisPython

1. 내려받은 파일의 압축을 풀고 장별로 파일을 확인합니다.

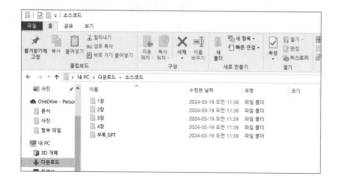

2. 본문 내용을 따라 아나콘다를 설치합니다. 아나콘다와 함께 설치된 주피터 노트북을 실행하고 **Downloads** > 소스코드에 들어가 장별로 들어 있는 주피터 노트북 파일(.ipynb)을 클릭해 엽니다.

3. 파일을 열면 전체 코드와 결과를 모두 확인할 수 있고, [Ctrl] + [Enter]나 ▶ Run을 누르면 다시 실행할 수 있습니다.

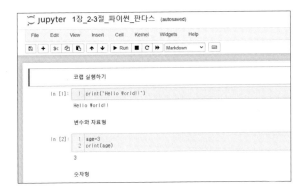

출간 이후 코드 업데이트나 오탈자 관리는 저자 깃허브에서 지속적으로 관리할 예정입니다. 또한, 실습은 주피터 노트북을 기준으로 하지만 코랩 파일도 준비되어 있습니다. 코랩 활용 방법은 부록 B를 참고해 주세요.

4장   자연어 분석에 필요한 통계 공부 ····· 371

부록 A   GPT-3.5로 자연어 분석하기 ····· 395

1장

자연어 분석 준비

자연어 분석은 다량의 글을 수집하고 분석해서 어떤 내용이 중요한지 파악하고 수치화하는 작업입니다. 자연어 분석 덕분에 예전에는 사람이 할 수 없었던 문서 수십, 수백만 건을 분석하고 어떤 내용이 있는지 수치화할 수 있게 되었습니다. 요즘 마케터나 기획자는 자연어를 분석한 결과로 다음 출시할 제품이나 서비스(이하 상품)를 기획하고 판매 전략을 세웁니다.

분석 과정을 따로 거치지 않는다면 그저 영업 팀에서 보내 준 고객 반응 자료를 활용하거나 직접 경쟁사 제품을 사용하여 장단점을 파악할 수밖에 없습니다. 하지만 관련 제품 수백 개에 연결된 상품 리뷰를 수집하고 분석한다면 겨우 몇 달 전에 출시한 제품이라도 제품 반응을 구체적으로 빠르게 알 수 있고, 신뢰할 만한 수치로 장단점을 파악할 수 있습니다. 또 이 결과를 바탕으로 다음 제품 기획안을 만들면 초기 기획안의 완성도가 높아 제품 완성까지 걸리는 시간을 단축하고 베타 테스트도 선택적으로 진행할 수 있습니다. 이런 장점들 덕분에 자연어 분석을 자주 사용합니다.

자연어 분석이 얼마나 유용한지 알았지만 배우기에는 꽤 어려워 보입니다. 자연어 분석과 관련된 책을 보면 다양한 알고리즘과 인공 지능 내용이 쏟아지는데, 복잡한 수식까지 나오는 것을 보면 누구나 어렵다고 느낄 것입니다. 하지만 사실 어려운 알고리즘과 인공 지능을 사용하지 않아도 충분히 자연어 분석을 할 수 있습니다.

예를 들어 전기 자동차 장점을 분석한다고 가정해 봅시다. 먼저 관련된 글을 수집하고 고객이 작성한 글과 기관이 작성한 글로 출처에 따라 분류합니다. 고객이 작성한 글에 평점이 있다면 평점별로 분류한 후 높은 평점으로 분류된 글에서 어떤 주제가 있는지 분류해 나가다 보면 전기 자동차의 장점을 찾아갈 수 있습니다. 이 분석 흐름은 누구나 생각할 수 있습니다. 즉, 누구에게나 쉽게 설명할 수 있어 합리적으로 설득할 수 있습니다. 어려운 알고리즘과 인공 지능을 사용하면 결과가 더 정교해지겠지만, 사용하지 않아도 충분히 좋은 결과를 얻을 수 있습니다.

물론 일부 알고리즘은 배워야 합니다. 자연어 분석을 할 때 자주 사용하는 알고리즘은 대부분 특정 표현을 얼마나 사용하는지 도출하는 데 이용합니다. 결국 '단어 출현 빈도'를 고려하면 되므로 복잡한 수식 없이도 알고리즘을 이해할 수 있습니다. 따라서 파이썬 문법을 어느 정도 이해한다면 기획자나 마케터 누구든지 자연어 분석을 할 수 있습니다. 이 책에서는 어려운 분석 알고리즘은 제외했고, 실무에서 자주 접할 법한 주제로 분석을 진행합니다. 끝까지 완독한다면 여러분은 스스로 데이터를 수집하고 분석하는 멋진 분석가가 되어 있을 것입니다.

DATA ANALYSIS

1.1 실습 환경 준비

이 책의 모든 실습은 **주피터 노트북**(Jupyter Notebook)에서 진행합니다. 주피터 노트북은 파이썬 언어를 활용하여 개발 또는 분석을 할 수 있게 하는 개발 환경인데, 대다수 데이터 분석가는 주피터 노트북을 사용합니다. 데이터 분석을 할 수 있는 필수 라이브러리들이 이미 주피터 노트북에 설치되어 있기 때문에 설치도 간편하고, 클라우드와 연동도 편리하여 원격으로 접속할 수 있는 장점이 있습니다.

주피터 노트북 외에 추가로 설치할 것은 konlpy입니다. konlpy란 한글을 분석할 때 사용하는 분석 라이브러리로, 이후 실습 과정에 꼭 필요합니다. 먼저 konlpy를 설치한 후 주피터 노트북을 설치하겠습니다.

1.1.1 konlpy 설치

konlpy 라이브러리는 자바 프로그램으로 만들었기 때문에 자바도 함께 설치해야 합니다. 따라서 자바부터 설치하겠습니다. 이 주소에 접속하면 다음 화면이 나옵니다.

URL https://www.oracle.com/java/technologies/downloads/

▼ 그림 1-1 자바 Development Kit 17.0.8 내려받기 1

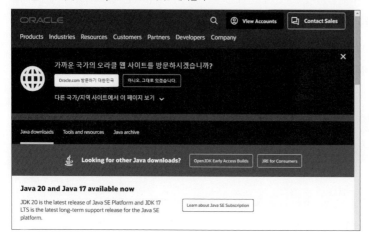

다음을 보면 'JDK Development Kit 17.0.8 downloads'가 있습니다. **x64 MSI Installer**를 내려받습니다.

▼ 그림 1-2 자바 Development Kit 17.0.8 내려받기 2

JDK 20	JDK 17	GraalVM for JDK 20	GraalVM for JDK 17

JDK Development Kit 17.0.8 downloads

JDK 17 binaries are free to use in production and free to redistribute, at no cost, under the Oracle No-Fee Terms and Conditions.

JDK 17 will receive updates under these terms, until September 2024, a year after the release of the next LTS.

Linux   macOS   Windows

Product/file description	File size	Download
x64 Compressed Archive	172.38 MB	https://download.oracle.com/java/17/latest/jdk-17_windows-x64_bin.zip (sha256)
x64 Installer	153.48 MB	https://download.oracle.com/java/17/latest/jdk-17_windows-x64_bin.exe (sha256)
x64 MSI Installer	152.27 MB	https://download.oracle.com/java/17/latest/jdk-17_windows-x64_bin.msi (sha256)

내려받은 파일을 더블클릭해서 설치를 진행합니다. **Next**를 누릅니다.

▼ 그림 1-3 설치 단계 1

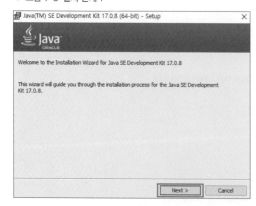

어느 폴더에 설치할지 지정하는 화면이 나오면 원하는 경로에 설치하고 설치 경로를 복사해서 메모장에 남겨 두세요. 복사한 경로는 나중에 다시 사용해야 합니다. 경로를 복사했다면 **Next**를 눌러 설치를 마칩니다.

▼ 그림 1-4 설치 단계 2

설치는 끝났지만 아직 컴퓨터가 자바를 인식하지 못하므로 인식할 수 있도록 설정해야 합니다. **시스템** › **고급 시스템 설정**을 클릭하세요.

▼ 그림 1-5 설정 단계 1

고급 탭에서 **환경 변수**를 누릅니다.

▼ 그림 1-6 설정 단계 2

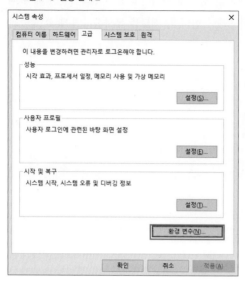

환경 변수 창이 나타나면 사용자 변수 목록 아래에 있는 **새로 만들기**를 누릅니다.

▼ 그림 1-7 설정 단계 3

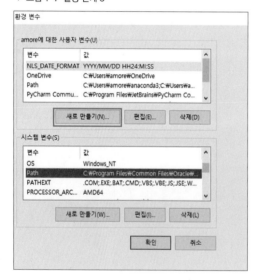

새로운 변수 이름은 꼭 대문자로 입력해야 합니다. 책에서는 'JAVA_HOME'으로 입력했습니다. 그리고 변수 값은 아까 자바를 설치할 때 복사한 폴더 경로에 '\bin'을 추가로 붙여 주세요. 그리고 **확인**을 누릅니다.

▼ 그림 1-8 설정 단계 4

마찬가지로 시스템 변수(S) 목록을 보면 변수 중에 Path가 있습니다. **Path를 더블클릭**하거나 **편집**을 누르세요. **빈칸을 더블클릭**하거나 **새로 만들기**를 누르면 새로운 환경 변수를 입력할 수 있습니다. 환경 변수 입력란에 '%JAVA_HOME%\bin'을 입력하고 **확인**을 누르면 자바 설정은 끝납니다.

▼ 그림 1-9 설정 단계 5

konlpy는 자바로 만들었지만, 파이썬으로 불러와서 사용합니다. 따라서 자바와 파이썬 사이에 언어 차이에 따른 에러가 없어야 하므로 이런 에러를 방지하는 파이썬 라이브러리를 설치해야 합니다. 이 라이브러리 이름은 **JPype1**입니다.

주피터 노트북을 설치한 후 JPype1을 설치하는 것이 더 간단하므로 우선 주피터 노트북을 설치하고 JPype1을 마저 설치하겠습니다.

맥북 환경에서 konlpy 설치하기

맥북에는 이미 JDK가 설치되어 있습니다. 하지만 M1 칩을 사용하는 유저라면 OS 버전에 따라 다시 JDK를 설치해야 합니다. JDK를 설치하는 방법은 동일합니다. 자바 내려받기 페이지에서 macOS에 맞는 JDK 17 버전을 선택하여 내려받아 설치합니다.

다음은 런치패드를 선택하고 기타 항목에서 터미널을 선택하여 터미널을 엽니다. 터미널에서 다음 명령어를 입력해서 Konlpy를 설치하세요.

```
pip install konlpy
```

▼ 그림 1-10 터미널에서 Konlpy 설치

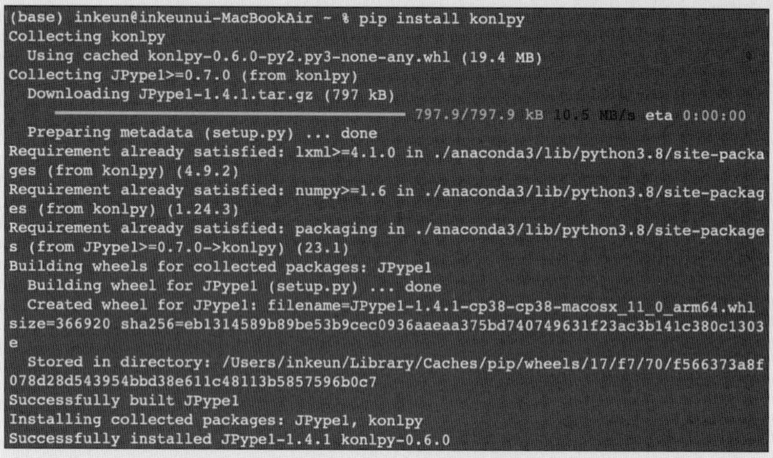

```
(base) inkeun@inkeunui-MacBookAir - % pip install konlpy
Collecting konlpy
  Using cached konlpy-0.6.0-py2.py3-none-any.whl (19.4 MB)
Collecting JPype1>=0.7.0 (from konlpy)
  Downloading JPype1-1.4.1.tar.gz (797 kB)
                                        797.9/797.9 kB 10.5 MB/s eta 0:00:00
  Preparing metadata (setup.py) ... done
Requirement already satisfied: lxml>=4.1.0 in ./anaconda3/lib/python3.8/site-packa
ges (from konlpy) (4.9.2)
Requirement already satisfied: numpy>=1.6 in ./anaconda3/lib/python3.8/site-packag
es (from konlpy) (1.24.3)
Requirement already satisfied: packaging in ./anaconda3/lib/python3.8/site-package
s (from JPype1>=0.7.0->konlpy) (23.1)
Building wheels for collected packages: JPype1
  Building wheel for JPype1 (setup.py) ... done
  Created wheel for JPype1: filename=JPype1-1.4.1-cp38-cp38-macosx_11_0_arm64.whl
size=366920 sha256=eb1314589b89be53b9cec0936aaeaa375bd740749631f23ac3b141c380c1303
e
  Stored in directory: /Users/inkeun/Library/Caches/pip/wheels/17/f7/70/f566373a8f
078d28d543954bbd38e611c48113b5857596b0c7
Successfully built JPype1
Installing collected packages: JPype1, konlpy
Successfully installed JPype1-1.4.1 konlpy-0.6.0
```

설치가 끝나면 윈도처럼 환경 변수에 JAVA_HOME을 추가해야 합니다. 그럼 먼저 자바가 설치된 폴더를 확인합니다. 터미널에 다음 명령어를 입력하세요. 그럼 아래에 설치된 폴더가 나타납니다.

```
/usr/libexec/java_home
```

```
/Library/Java/JavaVirtualMachines/jdk-17.jdk/Contents/Home
```

해당 폴더 경로를 복사해 둡니다. 다시 open ~/.zshrc를 입력하여 메모장 같은 파일을 실행합니다. 가장 아래에 아까 복사해 둔 자바 경로를 붙여 넣어 다음 코드를 추가합니다.

```
export JAVA_HOME=[복사한 폴더 경로]
export PATH=${PATH}:$JAVA_HOME/bin:
```

Cmd + S 를 눌러 저장하고 편집창을 닫으면 konlpy가 성공적으로 설치됩니다. 이제 정상적으로 konlpy를 사용할 수 있습니다.

1.1.2 주피터 노트북 설치

konlpy 설치가 끝났으니 이어서 주피터 노트북을 설치하겠습니다.

구글에서 'anaconda download'를 검색한 후 결과 목록에서 바로 보이는 설치 페이지에 접속합니다(2023년 12월 기준).

▼ 그림 1-11 아나콘다 설치 페이지 접속

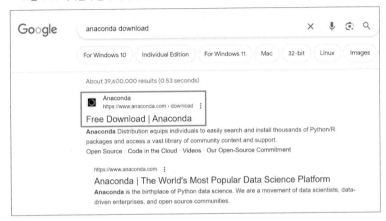

접속하면 나타나는 웹 페이지에서 **Download**를 눌러 최신 아나콘다 패키지를 내려받습니다. 아나콘다 패키지 안에 주피터 노트북이 포함되어 있기 때문에 함께 설치됩니다.

▼ 그림 1-12 설치 파일 내려받기

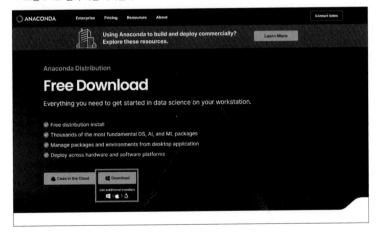

▼ 그림 1-13 아나콘다 설치 파일 아카이브

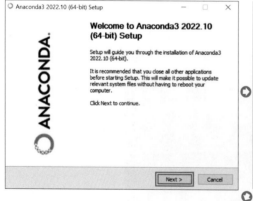

내려받은 파일을 실행해서 설치를 진행합니다. 설치하기 어렵지 않으므로 간단하게 그림으로 보여 주고 넘어가겠습니다. 이때 Register Anaconda3 as my default Python 3.x 옵션을 선택하는 것에 주의해 주세요. 이것은 컴퓨터에 아나콘다에서 제공하는 파이썬 버전을 기본 파이썬으로 설정하겠다는 의미입니다.

▼ 그림 1-14 아나콘다 설치 파일 실행

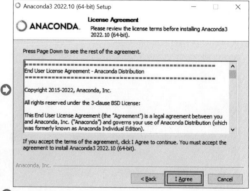

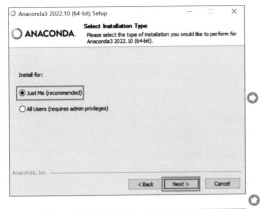

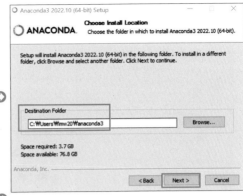

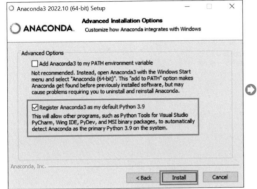

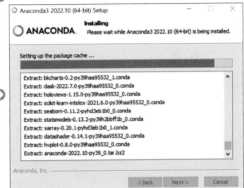

마지막으로 Install을 누르면 설치가 끝납니다. 처음에는 빠르게 진행되지만 마지막 10%에서 많은 시간이 소모됩니다. 컴퓨터가 멈춘 것처럼 보이지만 그런 것은 아니므로 잠시 기다립니다. 이제 아나콘다에서 제공하는 서비스를 이용할 수 있습니다. 안정적으로 사용할 수 있게 먼저 재부팅하 길 권장합니다.

⊞를 눌렀을 때 목록에 설치한 Jupyter Notebook (Anaconda3)이 보이나요? 이 아이콘을 클릭하 여 주피터 노트북을 실행합니다.

▼ 그림 1-15 주피터 노트북 실행

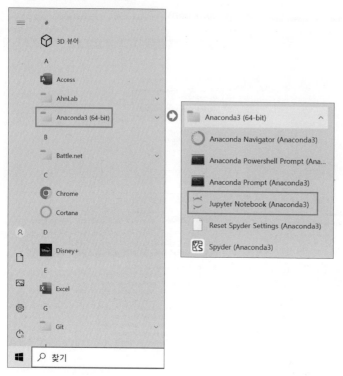

웹 브라우저에서 주피터 노트북이 실행되면서 다음 화면이 나옵니다. 왼쪽은 작업 폴더고, 오른쪽은 폴더 생성일 정보입니다. 이 작업 폴더는 아까 주피터 노트북을 설치할 때 지정한 기본 경로에 해당합니다. 기본 경로로 설치했다면 여러분 화면에는 'C:\Users\사용자아이디\'에 있는 폴더 정보가 보입니다.

▼ 그림 1-16 주피터 노트북 첫 화면

konlpy를 원활히 사용할 수 있도록 앞서 언급했던 JPype1을 설치하겠습니다. ⊞를 누르고 'Anaconda Prompt (Anaconda3)'을 입력하여 아나콘다 프롬프트 창을 엽니다.

아나콘다 프롬프트 창에서 다음 코드를 차례로 입력하여 JPype1을 설치하고, konlpy를 설치하는 설정을 마칩니다.

```
pip install JPype1
pip install konlpy
```

▼ 그림 1-17 JPype1 설치

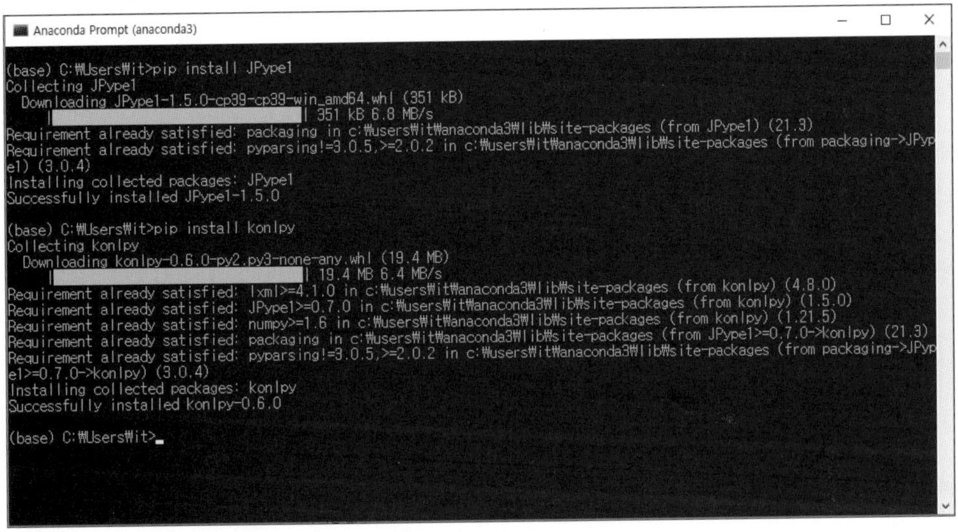
```
Anaconda Prompt (anaconda3)

(base) C:\Users\it>pip install JPype1
Collecting JPype1
  Downloading JPype1-1.5.0-cp39-cp39-win_amd64.whl (351 kB)
     |████████████████████████████████| 351 kB 6.8 MB/s
Requirement already satisfied: packaging in c:\users\it\anaconda3\lib\site-packages (from JPype1) (21.3)
Requirement already satisfied: pyparsing!=3.0.5,>=2.0.2 in c:\users\it\anaconda3\lib\site-packages (from packaging->JPyp
e1) (3.0.4)
Installing collected packages: JPype1
Successfully installed JPype1-1.5.0

(base) C:\Users\it>pip install konlpy
Collecting konlpy
  Downloading konlpy-0.6.0-py2.py3-none-any.whl (19.4 MB)
     |████████████████████████████████| 19.4 MB 6.4 MB/s
Requirement already satisfied: lxml>=4.1.0 in c:\users\it\anaconda3\lib\site-packages (from konlpy) (4.8.0)
Requirement already satisfied: JPype1>=0.7.0 in c:\users\it\anaconda3\lib\site-packages (from konlpy) (1.5.0)
Requirement already satisfied: numpy>=1.6 in c:\users\it\anaconda3\lib\site-packages (from konlpy) (1.21.5)
Requirement already satisfied: packaging in c:\users\it\anaconda3\lib\site-packages (from JPype1>=0.7.0->konlpy) (21.3)
Requirement already satisfied: pyparsing!=3.0.5,>=2.0.2 in c:\users\it\anaconda3\lib\site-packages (from packaging->JPyp
e1>=0.7.0->konlpy) (3.0.4)
Installing collected packages: konlpy
Successfully installed konlpy-0.6.0

(base) C:\Users\it>_
```

이제 주피터 노트북을 사용할 준비가 정말 끝났습니다. 주피터 노트북를 사용하는 방법을 간단히 배워 보겠습니다.

> **Note** 주피터 노트북은 웹 브라우저에서 실행됩니다. 웹 브라우저는 크롬(Chrome) 브라우저에서 가장 잘 작동합니다. 주피터 노트북이 실행되지 않는다면 크롬 브라우저를 내려받고, 크롬 브라우저를 기본 브라우저로 설정한 후 다시 주피터 노트북을 실행하세요.

1.1.3 주피터 노트북 사용법 익히기

주피터 노트북에서 제공하는 기능에는 클라우드, 워드 작업, 가상 환경 생성 등이 있지만, 이 책에서는 작성한 코드를 실행하는 것과 관련된 기능만 다루겠습니다.

폴더 및 주피터 노트북 파일 생성하기

주피터 노트북에서 작업 폴더를 만들겠습니다. 화면 왼쪽에 있는 Upload와 New 버튼이 보이나요? New를 누르면 작업 폴더 또는 작업할 파일을 생성할 수 있습니다.

▼ 그림 1-18 작업 폴더 생성

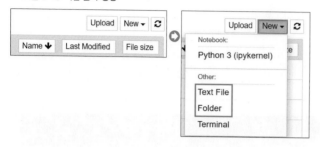

New 〉 Folder를 선택하면 새로운 폴더가 생성됩니다. 생성된 폴더 이름은 'Untitled Folder'입니다.

▼ 그림 1-9 생성된 폴더 확인

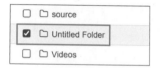

폴더 이름을 변경해 봅시다. 왼쪽 체크 박스에 체크한 후 화면 위쪽에 있는 Rename을 누릅니다.

▼ 그림 1-20 폴더 이름 변경

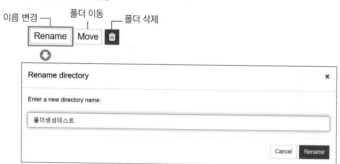

자유롭게 폴더 이름을 변경하세요. 변경된 폴더 이름을 클릭해서 폴더 안으로 이동하면 당장은 아무 파일도 없습니다.

❤ 그림 1-21 폴더 안으로 이동한 상태

이번에는 주피터 노트북 파일을 생성하겠습니다. 오른쪽에 있는 **New**를 누릅니다.

❤ 그림 1-22 주피터 노트북 파일 생성

그리고 Python 3 (ipykernel)을 클릭하면 'Untitled' 이름으로 주피터 노트북 파일이 생성되고 자동으로 실행됩니다. 파일 이름을 클릭하면 원하는 이름으로 변경할 수 있습니다. 책에서는 'HelloPython'으로 변경했습니다.

❤ 그림 1-23 주피터 노트북 파일 이름 변경

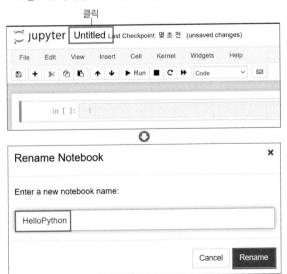

여기까지 주피터 노트북을 생성하고 이름을 설정하는 방법을 배웠습니다. 다음은 주피터 노트북에서 코드를 입력하고 실행하는 방법을 알아보겠습니다.

주피터 노트북 사용법

앞으로 주피터 노트북에서 자주 사용할 기능을 간단히 소개하겠습니다. 다음은 여러분이 꼭 배워야 할 기능입니다.

1. 셀 실행하기

2. 셀 생성하기

3. 작업 경로 확인하기

셀(cell)이란 코드를 입력하는 곳으로, 생성된 주피터 노트북 파일에서 바로 보입니다.

▼ 그림 1-24 주피터 노트북의 셀

이 셀에 간단한 코드를 입력하고 실행하겠습니다. 셀을 선택하고, 셀 안에 다음 코드를 입력하세요.

```
print("Hello World!")
```

▼ 그림 1-25 셀에 코드 입력

다음은 입력된 코드를 실행하겠습니다. 셀을 실행하는 방법은 여러 가지입니다. 그중 하나는 아이콘을 클릭해서 실행하는 방법입니다. 셀을 선택한 상태에서 위쪽 Run을 클릭하세요.

▼ 그림 1-26 위쪽 Run(셀 실행 버튼)을 클릭한 후 셀 출력 결과

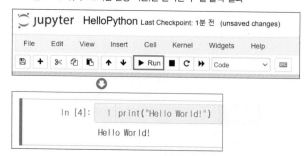

그럼 코드 출력 결과를 볼 수 있습니다. 'Hello World!'가 잘 출력되었지만, 이 방법은 편하지 않습니다. 단축키로 작업하면 속도가 더 오르겠죠? 다음은 알아 두면 좋을 단축키입니다.

▼ 표 1-1 셀 실행 단축키 종류

단축키	설명
[Ctrl] + [Enter]	셀 이동 없이 해당 셀의 코드 실행
[Shift] + [Enter]	해당 셀의 코드를 실행하고 아래 셀로 이동
[Alt] + [Enter]	해당 셀의 코드를 실행하고 아래에 셀을 생성

다음은 셀을 추가하는 방법입니다. 셀 왼쪽을 클릭하면 셀은 파란색으로 변경됩니다. 파란색인 상태에서 [a]를 누르면 해당 셀의 위쪽에 셀이 생성됩니다. [b]를 누르면 셀 아래에 추가로 셀이 생성됩니다. 그럼 삭제하려면 어떻게 하나요? [d]를 두 번 누르면 파란색으로 선택된 셀은 삭제됩니다.

▼ 표 1-2 셀 생성 및 삭제 단축키

공통	단축키	설명
셀을 파란색으로 상태 변경 후	[a]	선택한 셀 위에 셀 생성
	[b]	선택한 셀 아래에 셀 생성
	[d] + [d]	선택한 셀 삭제
	[z]	삭제된 셀 되살리기

다음은 현재 작업 경로를 확인하는 방법입니다. 지금 작업하는 파일 경로를 알아야 외부 데이터를 가져올 수 있기 때문에 작업 경로를 확인하는 방법은 꽤 중요합니다. pwd를 입력한 후 실행하면 셀 아래에서 현재 주피터 노트북 파일 경로를 확인할 수 있습니다.

▼ 그림 1-27 현재 주피터 노트북 파일 경로 확인

```
In [5]:    1  pwd
Out[5]:  'C:₩₩Users₩₩imw20₩₩폴더생성테스트'
```

현재 주피터 노트북 작업 파일 경로를 확인할 수 있고 '폴더생성테스트' 폴더에 있는 것도 알 수 있습니다.

이제 학습에 필요한 기능은 모두 익혔습니다. 다음은 분석에 필요한 라이브러리를 설치하는 방법을 배우겠습니다.

셀을 실행했을 때 에러가 발생하면 에러 메시지로 해당 줄 번호를 알려 줍니다. 따라서 셀에 줄 번호를 표시해 두면 좋습니다. 다음은 셀에서 줄 번호를 볼 수 있게 설정하는 방법입니다.

▼ 그림 1-28 셀에 줄 번호가 보이게 설정

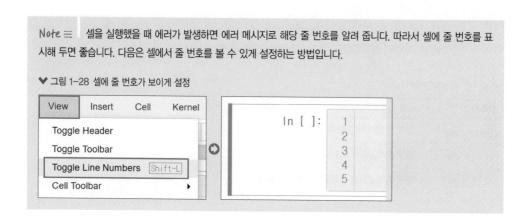

1.1.4 분석에 필요한 라이브러리 설치

파이썬은 자연어 분석을 지원하는 라이브러리가 많이 있습니다. 라이브러리는 계속 업그레이드되기 때문에 '버전'이 생기며 버전에 따라 새롭게 기능이 추가되거나 삭제되기도 합니다. 버전이 변경되면서 설치된 라이브러리끼리 충돌할 때도 있습니다. 그렇기에 여러분이 사용하는 버전과 책에서 안내하는 버전이 다르다면 책에서 정상적으로 작동하던 코드라도 여러분 컴퓨터에서는 에러가 발생할 수 있습니다. 버전 차이 때문에 생긴 에러나 결과 에러가 발생하면 원인을 파악하기 굉장히 어렵습니다. 따라서 이런 상황이 발생하지 않도록 실습할 때는 책에서 안내한 버전으로 꼭 설치해 주세요.

Note ≡ 라이브러리가 모듈, 패키지 등 단어와 혼용되는 경향이 있어 간단히 정리하고 넘어가겠습니다.

- **모듈**: 특정 기능을 수행하는 함수와 관련 변수 등을 모은 것
- **패키지**: 특정 기능과 관련된 여러 모듈을 모은 것
- **라이브러리**: 특정 기능과 관련된 여러 패키지와 모듈을 모은 것

패키지, 모듈, 라이브러리가 서로 혼용되고 있지만 자연어 분석에서 필요한 기능을 설치한다면 보통 라이브러리를 의미합니다. 그리고 패키지와 모듈도 꽤 언급하는데, 책에서는 편의상 '라이브러리'로 용어를 통일해서 사용하겠습니다.

시험 삼아 트위터 데이터를 수집하는 라이브러리를 설치해 보겠습니다. 학습을 시작할 때마다 필요한 라이브러리 버전을 다음과 같이 표로 안내합니다.

▼ 표 1-3 설치할 라이브러리 안내 및 설치 명령어

라이브러리 이름	버전	목적	설치 명령어
tweepy	4.8.0	트위터 데이터 수집	!pip install tweepy==4.8.0

아나콘다는 자주 사용하는 분석 라이브러리가 미리 설치되어 있지만 tweepy는 설치되어 있지 않으므로 설치해 보겠습니다. 라이브러리는 pip 명령어로 설치합니다.

1. 셀에 다음 코드를 입력합니다. 따로 버전을 지정하지 않으면 가장 최신 버전이 설치됩니다.

```
!pip install tweepy==4.8.0
```

2. 4.8.0 버전이 정상적으로 설치되었는지 확인하겠습니다. import 명령어로 tweepy 라이브러리를 가져오고 tweepy 뒤에 .__version__ 명령어를 이어 붙여 실행하면 버전을 확인할 수 있습니다.

```
import tweepy
tweepy.__version__
```

```
'4.8.0'
```

이렇게 실습이 진행될 때마다 안내된 라이브러리 버전을 설치하면 됩니다. 버전을 맞추지 않아도 문제를 일으키지 않는 라이브러리는 그냥 import 명령어로 가져오기만 하면 됩니다.

파이썬은 가장 많은 분석 라이브러리를 가지고 있는 언어입니다. 분석 외에도 종류와 목적이 다양한 라이브러리를 가지고 있습니다. 구글이나 네이버, 카카오 등 주요 IT 기업들도 개발자 또는 분석가를 위해 서비스를 제공할 때 파이썬 언어를 가장 먼저 지원합니다. 이것이 자연어 분석을 할 때 다른 프로그래밍 언어보다 파이썬을 제일 많이 사용하는 이유입니다. 다음 절부터는 실습에서 주로 사용하는 파이썬 기본 문법을 살펴보겠습니다.

1.2 / 파이썬

자연어 분석을 한다면 파이썬 언어 외에는 선택지가 거의 없습니다. 물론 다른 언어로 자연어 분석을 하는 사람도 있지만, 특별한 경우일 뿐 일반적이지 않습니다. 자연어 분석자 대부분은 파이썬을 사용하기에 더 많은 정보를 주고받을 수 있고 자연어 분석도 쉽게 배울 수 있습니다.

책에서는 자연어 분석에 필요한 문법 위주로만 소개합니다.

1.2.1 변수와 데이터 타입

변수(variable)는 값(value)이 저장되는 공간입니다. 변수와 값은 항상 같이 있습니다. 특정한 값을 변수에 저장하고 변수를 불러오면 변수에 저장된 값을 이용할 수 있습니다. 변수에 값을 저장하는 방식은 다음과 같습니다.

> 변수 이름 = 값

이렇게 변수에 값을 저장하는 것을 프로그래밍에서는 '변수를 선언했다'고 합니다. 다음과 같이 age(나이)라는 변수에 3이라는 숫자 값을 저장했다고 합시다. print()에 age 변수를 전달하고 실행하면 '3'이 출력됩니다. 코드를 직접 셀에 입력하고 실행해 봅시다.

```
age = 3
print(age)
```

3

Note ≣ 셀을 실행할 때는 셀을 선택하고 단축키(Ctrl + Enter)를 입력하거나 간단히 셀 왼쪽의 Run을 클릭해도 됩니다.

방금 실행한 print()는 파이썬에 내장된 함수 중 하나입니다. 함수는 단독으로 실행할 수 있고, 값을 전달하면 정해진 규칙에 따라 반환값을 전달하거나 특정 기능을 수행합니다. 함수는 뒤에서 자세히 다루겠습니다.

변수 이름 작성 규칙

변수 이름은 자유롭게 작성해도 되지만, 다른 사람과 원활하게 협업하려고 규칙을 두고 있습니다. 본인만 알아볼 수 있는 변수 이름은 좋지 않습니다. 규칙에는 반드시 지켜야 하는 규칙과 반드시 지켜야 하는 것은 아니지만 지키면 좋은 권장 규칙이 있습니다. 먼저 권장 규칙은 다음과 같습니다.

- 누가 봐도 이해할 수 있는 이름으로 작성합니다.

- 가급적 짧게 작성합니다. 모음을 제거하는 것도 한 방법입니다. 예를 들어 description을 dscrptn으로 작성해 보세요.

- myName 또는 my_name 식으로 작성해 주세요. 첫 번째 예시는 첫 알파벳은 소문자로 하고 다음 단어는 대문자로 시작합니다. 두 번째 예시는 단어마다 밑줄(_)을 입력합니다.

Note ≡ 프로그래밍에서 흔히 사용하는 표기법

다음은 프로그래밍에서 자주 사용하는 표기법입니다. 참고로 알아 두세요.

▼ 표 1-4 다양한 프로그래밍 표기법

표기법 이름	설명	예시
카멜 표기법(camelCase)	첫 문자는 소문자, 그다음은 대문자로 표기	todayWeather, firstWord, userName 등
파스칼 표기법(PascalCase)	첫 문자는 대문자로 표기	TodayWeather, FirstWord, UserName 등
스네이크 표기법(snake_case)	소문자를 쓰고 문자마다 밑줄(_)을 표기	today_weather, first_word, user_name 등

이제 반드시 지켜야 할 규칙을 살펴봅시다.

- 변수 이름을 지을 때는 띄어쓰기를 포함해서 특수 문자가 있으면 안 됩니다. 예를 들어 %age, age^, my age 등은 사용할 수 없습니다. 예외로 밑줄(_)은 사용할 수 있습니다.

- 대문자와 소문자는 엄격히 구분합니다. age와 AGE는 프로그래밍에서는 엄연히 서로 다른 변수입니다.

- 파이썬 문법에 포함된 다양한 예약어는 변수 이름으로 사용할 수 없습니다. 예약어는 False, True, while, for, is, return, def, from, import, if, elif, else, break, and, or, continue, pass, None, class, finally, try, lambda 등이 있습니다. 따로 예약어를 외우지 않아도 됩니다. 주피터 노트북에서 실습할 때 예약어를 입력하면 글자 스타일이 달라서 쉽게 구별할 수 있습니다.

```
In [ ]:    1  lambda weather
```

데이터 타입

데이터 타입은 변수와 값과 마찬가지로 프로그래밍에 필요한 가장 기본적인 지식 중 하나이기 때문에 제대로 알고 넘어가야 합니다. 데이터는 값에 해당합니다. 저장된 값이 무엇이냐에 따라 데이터 타입이 다릅니다. 숫자 값이 저장되면 숫자 타입(numeric type)으로, 문자가 저장되면 문자열 타입(string type)으로 분류합니다. 즉, 데이터 타입은 저장된 데이터의 공통된 특징과 용도에 따라 엄밀히 분류되고 데이터 타입끼리 서로 섞어 사용할 수 없습니다. 주요 데이터 타입을 순서대로 학습하겠습니다.

숫자 타입

숫자 타입은 정수와 실수 타입으로 나누고, 다시 크기에 따라 double, long double 등으로 나눕니다. 하지만 파이썬은 성격이 유연하기에 다른 언어처럼 꼼꼼히 숫자 타입을 따지지 않아도 됩니다. 코드 진행 방향에 따라 자동으로 타입이 변경됩니다. 이것은 처음으로 프로그래밍을 하는 사람에게 큰 장점이 됩니다. 그래서 '숫자 타입에는 정수(int)와 실수(float)가 있다'고만 언급하고 넘어가겠습니다.

데이터 타입을 확인할 때 사용하는 함수는 type()입니다. type() 함수에 변수를 전달하면 해당 변수의 데이터 타입을 반환합니다.

```
age = 20
weight = "75"
pi = 3.14

type(age)
```

```
int
```

출력 결과의 int는 정수라는 의미입니다. age 변수의 데이터 타입은 숫자 타입임을 알 수 있습니다.

코드를 다시 보면 weight 변수에 "75"가 저장되어 있습니다. weight의 데이터 타입은 문자열 타입일까요? 아니면 숫자 타입일까요? 큰따옴표(" ") 또는 작은따옴표(' ')로 감싸면 무조건 문자열 타입으로 인식됩니다. 다음 코드를 입력하고 실행해 보세요.

```
type(weight)
```

```
str
```

여기에서는 75라는 문자로 인식되었습니다. 따라서 문자열 타입을 의미하는 str이 출력됩니다. 같은 방법으로 pi 변수의 데이터 타입을 확인하면 float가 출력됩니다. float는 실수를 의미합니다. 한번 확인해 볼까요?

```
pi = 3.14
type(pi)
```

```
float
```

정수(int)와 실수(float)는 서로 연산할 수 있기 때문에 적어도 자연어 분석 과정 중 둘이 서로 충돌할 일은 없습니다.

이렇게 데이터 타입을 확인하는 것은 중요합니다. 숫자 타입과 글자 타입은 서로 계산할 수 없기 때문입니다. 예를 들어 age 변수에 weight 변수를 나누어 준다면 서로 데이터 타입이 맞지 않아 TypeError가 발생합니다. 당연하지만 숫자와 글자를 서로 연산하는 것은 불가능합니다. 그래서 생성된 변수의 데이터 타입은 코딩 중에 정확히 알고 있어야 합니다. 예를 들어 살펴봅시다. 다음 코드를 입력하고 실행해 보세요.

```
age/weight
```

그럼 다음 에러가 발생합니다.

```
---------------------------------------------------------------------------
TypeError                                 Traceback (most recent call last)
<ipython-input-7-8c8d0fca124b> in <module>()
----> 1 age/weight

TypeError: unsupported operand type(s) for /: 'int' and 'str'
```

문자열 타입

문자열 타입은 큰따옴표("") 또는 작은따옴표('') 사이의 값입니다. 이제부터 편의상 문자열 타입을 문자 타입이라고 하겠습니다. 숫자 값을 입력했더라도 숫자 값 앞뒤에 따옴표가 있다면 문자열 타입으로 처리된다고 했습니다. 문자 타입이 저장된 변수를 생성하고 불러오겠습니다.

```
greeting = "Hello, World!"
print(greeting)
```

```
Hello, World!
```

문자 타입이 여러 행이거나 입력한 그대로 화면에 출력하고 싶을 때는 삼중 큰따옴표("""문자열""")나 삼중 작은따옴표('''문자열''')를 이용합니다.

```
article = '''오늘의 날씨를 말씀드립니다.
중부 내륙 지방에는 많은 비가 내릴 예정이고
남부 해안 지방은 쨍쨍합니다.'''

print(article)
```

```
오늘의 날씨를 말씀드립니다.
중부 내륙 지방에는 많은 비가 내릴 예정이고
남부 해안 지방은 쨍쨍합니다.
```

숫자 타입과 문자열 타입의 데이터 타입을 소개했습니다. 다음은 프로그래밍에서 사용하는 자료 구조를 소개하겠습니다.

1.2.2 자료 구조

앞서 데이터 타입은 변수에 저장된 값의 공통 특징과 용도에 따라 분류한 것이라고 했습니다. 비슷하게 활용되는 데이터 타입이라면 집합 형태로 정의해서 각 집합을 불러와 활용하면 편리합니다. 이런 집합 형태의 데이터를 자료 구조(data structure)라고 합니다. 그리고 각 자료 구조마다 사용할 수 있는 기능들이 있습니다. 자료 구조에는 **리스트**, **딕셔너리**, **튜플**, **세트**가 있습니다. 먼저 리스트 타입부터 살펴보겠습니다.

리스트 타입

변수에는 하나가 아닌 여러 값을 저장할 수 있습니다. 예를 들어 '오늘의 할 일'이라는 변수가 있고, 이 변수에 오늘 오전과 오후로 나누어 해야 할 일을 입력한다면 어떤 일을 해야 할지 정리하기 편합니다. 이렇게 성격이 비슷한 데이터를 묶어서 관리할 수 있게 하는 것이 바로 리스트(list)입니다. 리스트는 다루기 편하기 때문에 데이터 분석에 자주 이용하니 사용법을 잘 숙지해 주세요.

리스트 타입(list type)은 대괄호([ ])를 사용해서 선언합니다. 대괄호 사이에 쉼표(,) 구분자를 사용해서 하나씩 데이터를 저장하면 됩니다. 다음은 리스트 타입을 선언할 때 코드 구조입니다.

> 리스트 타입 변수 이름 = [값1, 값2, ..., 값n]

대괄호 안에는 어떤 자료형이든 사용할 수 있습니다. 하지만 숫자 타입, 문자열 타입을 섞어서 리스트를 만든다면 데이터 전처리 과정에서 숫자 타입과 문자열 타입을 분리하는 코드를 추가해야 하기에 한 가지 타입만 저장하는 습관을 들이는 것이 좋습니다. 서울시 자치구 일부를 리스트 타입으로 만들어 보겠습니다.

```
gu = ['종로구', '강남구', '용산구', '서대문구']
print(gu)
```

```
['종로구', '강남구', '용산구', '서대문구']
```

gu 변수의 데이터 타입을 확인하겠습니다.

```
type(gu)
```

```
list
```

리스트에는 여러 값이 저장되어 있기 때문에 저장된 값마다 인덱스가 부여됩니다. 인덱스는 1부터가 아니라 '0'부터 시작합니다. gu에서 종로구는 0번째 인덱스에 해당하는 값이고 서대문구는 3번째 인덱스에 해당하는 값입니다.

❤ 그림 1-30 리스트 타입 변수 gu에 저장된 값의 인덱스 구조

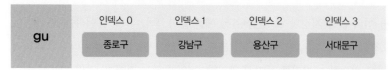

gu에 저장된 값을 가져올 때는 대괄호([ ])와 인덱스를 사용합니다. 코드 구조는 다음과 같습니다.

리스트 타입 변수 이름[인덱스]

예를 들어 인덱스 2의 값인 '용산구'를 가져오고 싶다면 앞 코드 구조에 변수 이름과 인덱스를 전달합니다.

gu[2]

['용산구']

이번에는 인덱스 0의 값인 종로구부터 인덱스 2의 값인 용산구까지 선택하고 싶습니다. 인덱스로 값을 가져올 범위를 지정할 수 있습니다. 범위를 지정할 때는 콜론(:)을 사용합니다.

변수 이름[시작 인덱스:종료 인덱스]

gu[0:2]

['종로구', '강남구', '용산구']

콜론(:) 앞이나 뒤에 인덱스를 지정하지 않으면 자동으로 맨 처음 인덱스 값과 맨 마지막 인덱스 값이 부여되어 전체 값을 가져옵니다.

gu[:]

['종로구', '강남구', '용산구', '서대문구']

인덱스를 뒤에서부터 가져온다면 -1부터 시작합니다. gu에서 인덱스 -1은 '서대문구'에 해당합니다.

▼ 그림 1-31 인덱스를 역순으로 활용할 때

	인덱스 -4	인덱스 -3	인덱스 -2	인덱스 -1
gu	종로구	강남구	용산구	서대문구

```
gu[-1]
```

```
['서대문구']
```

문자열 타입도 인덱스를 가지고 있습니다. '서대문구' 문자열 타입의 인덱스 0은 '서'에 해당합니다. 다양한 예시를 표에 담았습니다. 여러분은 직접 새롭게 리스트 변수를 만든 후 이런저런 인덱스를 입력하여 결과를 확인하고 인덱스에 익숙해지세요.

▼ 표 1-5 인덱스 값에 따른 출력 결과

코드	설명	출력 결과
gu[3][0]	리스트 변수 gu에 접근해서 인덱스 -1에 해당하는 서대문구를 가져오고, '서대문구' 문자열의 인덱스 0에 해당하는 값 '서'를 출력	서
gu[3][3]	리스트 변수 gu에 접근해서 인덱스 -1에 해당하는 서대문구를 가져오고 '서대문구' 문자열의 인덱스 -1에 해당하는 값 '구'를 출력	구
gu[3][:3]	리스트 변수 gu에 접근해서 인덱스 -1에 해당하는 서대문구를 가져오고 '서대문구' 문자열의 인덱스 0부터 2까지 해당하는 값을 출력	'서대문'
gu[::-1]	리스트에 저장된 값을 역순으로 출력	['서대문구', '용산구', '강남구', '종로구']

리스트 타입 메서드

자료 구조마다 이용할 수 있는 기능들이 있습니다. 이것을 메서드(method)라고 합니다. 메서드와 함수를 혼동하기도 하는데, print()나 type()처럼 단독으로 사용할 수 있으면 함수입니다. 하지만 단독으로 사용할 수 없고 데이터 타입과 연결되어서 사용한다면 메서드입니다. 자연어 분석 과정 중 리스트 타입에서 자주 사용되는 메서드는 append(), extend(), count()입니다. append()와 extend() 메서드는 리스트에 데이터를 추가할 때 사용됩니다. 쓰임은 같지만 추가하는 방식이 다릅니다. append() 메서드를 사용하면 리스트 타입 변수에 값을 추가할 때 추가할 데이터가 변형 없이 그대로 전달됩니다. 다음 예시 코드로 append()를 사용해 보겠습니다.

```
gu = ['종로구', '강남구', '용산구', '서대문구']
append_gu = ['은평구', '마포구']

gu.append(append_gu)
print(gu)
```

['종로구', '강남구', '용산구', '서대문구', ['은평구', '마포구']]

append() 메서드로 gu에 리스트 타입 변수 append_gu를 추가했습니다. 출력 결과를 보면 리스트 타입 변수 gu에 append_gu 리스트가 추가되었습니다. 리스트 안에 리스트가 있는 것을 보고 차원이 증가되었다고 하는데요. 차원이 증가되어 '2차원 리스트'라고 합니다. 2차원 리스트에 또 차원이 증가하면 3차원 리스트가 되지요. 차원이 증가하니 내용이 어려워졌지만 자연어 분석을 하면서 인공 지능 모델을 사용하지 않는다면 2차원 이상 증가되지 않으니 걱정하지 마세요.

그런데 무엇 때문에 차원이 증가했을까요? append() 메서드는 전달받은 데이터를 변형 없이 그대로 추가하기 때문입니다. ['은평구', '마포구']는 gu에서 인덱스 값 4를 가집니다. 그래서 gu 변수에서 은평구만 선택하고 싶다면 gu[4][0]으로 해야 합니다.

이번에는 append_gu를 문자열 타입으로 변경해서 append() 메서드로 gu에 데이터를 추가하겠습니다.

```
gu = ['종로구', '강남구', '용산구', '서대문구']
append_gu = '은평구'

gu.append(append_gu)
print(gu)
```

['종로구', '강남구', '용산구', '서대문구', '은평구']

리스트가 2차원으로 증가하지 않고 은평구 값이 변형 없이 추가된 것을 확인할 수 있습니다. 다음은 extend() 메서드입니다. append()와 동일합니다.

```
gu = ['종로구', '강남구', '용산구', '서대문구']
extend_gu = ['은평구', '마포구']

gu.extend(extend_gu)
print(gu)
```

```
['종로구', '강남구', '용산구', '서대문구', '은평구', '마포구']
```

기존 gu 변수의 리스트 차원이 2차원이 되지 않고 은평구와 마포구가 병합되었습니다. extend( ) 메서드로 데이터를 계속 더해 가면 리스트 차원이 증가되지 않아 분석자가 자료 구조를 파악할 때 편리합니다.

리스트 타입으로 생성된 변수는 분석을 진행할수록 정보가 계속 추가되는 경우가 많습니다. 그때 마다 append( )와 extend( ) 메서드를 사용합니다. 뒤에서 실습할 내용에서 append( )와 extend( ) 메서드는 많이 볼 것입니다. 예를 들어 상품 리뷰를 수집할 때 제조사별로 구분하고 싶다면 append( ) 메서드를 사용하고, 구분할 필요가 없다면 extend( ) 메서드를 사용하면 편리합니다. 지금 당장 이해가 어렵더라도 괜찮습니다. 실습에서 이 두 메서드를 자주 사용하므로 자연스럽게 이해할 수 있을 것입니다.

리스트 변수에 저장된 값의 빈도를 셀 때 사용하는 count( ) 메서드도 자연어 분석에서 빈번히 씁니다. 코드 구조는 앞선 메서드들과 동일합니다.

```
gu = ['종로구', '강남구', '용산구', '서대문구', '용산구', '용산구', '용산구']
gu.count('용산구')
```

```
4
```

gu 변수에서 용산구는 네 번 저장되어 있음을 count( ) 메서드로 확인했습니다. 이 세 가지 메서드는 리스트 타입에서 사용 빈도가 높은 편이니 숙지하기 바랍니다.

Note ≡ 함수와 메서드는 '기능을 수행한다'는 점에서 동작이 비슷합니다. 여기에서는 메서드와 함수의 차이가 이런 점이구나 하는 정도로만 알아 두고, 파이썬 프로그래밍 책이 아니므로 이후부터는 편의상 '함수'로 모든 용어를 통일하겠습니다.

딕셔너리 타입

리스트 타입과 함께 자주 사용합니다. 딕셔너리(dictionary)는 우리가 생각하는 그 사전과 구성이 동일합니다. 사전에는 단어가 있고 단어 뜻풀이가 있습니다. 딕셔너리 타입에서는 단어가 키(key)에 해당하고 뜻풀이가 값(value)에 해당합니다. 이 키와 값은 항상 짝으로 구성되고 이 둘을 대응시키는 기호로 콜론(:)을 사용합니다. 키가 있기 때문에 딕셔너리는 리스트와 달리 인덱스가 없습니다. 딕셔너리 구성은 다음과 같습니다.

> 변수 이름 = {key:value, key2:value2, key3:value3, ..., key_n:value_n}

간단하게 딕셔너리 타입으로 된 변수를 선언하겠습니다. 딕셔너리 데이터 타입을 만들 때는 중괄호({})를 사용합니다. 우리나라 섬을 주제로 딕셔너리 타입 변수를 선언해 보겠습니다.

```
dict_variable = {"동해섬":"독도", "남해섬":"제주도", "서해섬":"월미도"}
print(dict_variable)
```

```
{'동해섬':'독도', '남해섬':'제주도', '서해섬':'월미도'}
```

dict_variable 변수의 키는 동해섬, 남해섬, 서해섬이고 대응되는 값은 독도, 제주도, 월미도입니다. 각각의 키와 값을 호출할 수 있습니다. 키를 출력할 때는 keys() 함수를 사용하고, 값을 출력할 때는 values()를 사용합니다. 다음은 함수를 사용하여 dict_variable 변수의 키와 값을 출력하는 예시입니다.

```
print(dict_variable.keys())
print(dict_variable.values())
```

```
dict_keys(['동해섬', '남해섬', '서해섬'])
dict_values(['독도', '제주도', '월미도'])
```

키를 사용해서 독도 값을 출력하고 싶다면 dict_variable["동해섬"]을 입력하세요. 동해섬에 대응된 값을 출력합니다.

```
dict_variable["동해섬"]
```

```
'독도'
```

이번에는 dict_variable 변수에 데이터를 추가하고 변경해 보겠습니다. 다음 표를 확인하세요.

▼ 표 1-6 딕셔너리 타입에 값 추가 및 변경

코드	설명	출력 결과
dict_variable['서울'] = '여의도'	데이터에 키로 '서울', 키에 대응된 값으로 '여의도' 추가	{'동해섬': '독도', '남해섬': '제주도', '서울': '여의도', '서해섬': '월미도'}
dict_variable['동해섬'] = '울릉도'	기존 데이터에서 값 수정	{'동해섬': '울릉도', '남해섬': '제주도', '서울': '여의도', '서해섬': '월미도'}

다음은 자주 사용하지는 않지만 알아 두어야 할 데이터 타입인 튜플과 세트 타입입니다. 자주 사용되지 않더라도 파이썬 문법을 이해하려면 꼭 알아야 합니다. 개념만 이해해도 충분하기 때문에 자세하게 설명하지 않겠습니다.

튜플 타입

튜플(tuple)은 리스트와 마찬가지로 여러 데이터를 묶을 때 사용합니다. 하지만 리스트와 달리 저장된 데이터는 수정할 수 없습니다. 주로 변경되면 안 되는 변수에 사용합니다. 변경되면 안 되는 변수는 생각보다 다양합니다. Pi(π) 값이나 특정 웹 사이트 접속 URL, 비밀번호 등에 해당하는 변수는 튜플 타입으로 생성하면 변경되거나 삭제되지 않을 테니 프로그램이 좀 더 안정적입니다. 튜플 타입 변수를 생성할 때는 소괄호(())를 사용합니다. 다음 코드는 튜플 목적에 맞게 대명사를 튜플 타입 변수로 생성합니다.

```
tuple_type = ('아시아', '아메리카', '아프리카', '유럽')
print(tuple_type)
print("데이터 타입 =", type(tuple_type))
```

```
('아시아', '아메리카', '아프리카', '유럽')
데이터 타입 = <class 'tuple'>
```

생성한 튜플 변수에 저장된 값을 출력하고 데이터 타입도 확인했습니다. 앞서 리스트 타입 때 배운 인덱스 개념은 튜플에도 동일하게 적용됩니다. 인덱스를 사용하여 '아시아'를 출력해 보겠습니다.

```
tuple_type[0]
```

'아시아'

리스트 변수에는 데이터를 추가할 수 있고 수정할 수 있지만 튜플은 불가능하다고 했습니다. 다음 코드처럼 아시아 대신 다른 정보를 입력하면 TypeError가 발생합니다.

```
tuple_type[0] = '중앙아시아'
```

```
-------------------------------------------------------------------------
TypeError                               Traceback (most recent call last)
<ipython-input-21-391809f6cbdf> in <module>()
----> 1 tuple_type[0] = '중앙아시아'

TypeError: 'tuple' object does not support item assignment
```

튜플 데이터 타입은 값을 변경할 수 없다는 안내를 에러 메시지에서 볼 수 있습니다. 이 책에서는 튜플을 거의 사용하지 않기 때문에 이런 자료 구조도 있다는 것만 알고 넘어가세요.

세트 타입

세트(set)는 인덱스가 없고 중복이 허락되지 않는 데이터 집합입니다. 중괄호({})로 데이터를 감싸면 해당 데이터가 저장된 변수는 세트 데이터 타입으로 선언됩니다. 리스트 변수 타입과 유사하지만, 중복 값을 허락하지 않는다는 것이 큰 차이점입니다. 다음 코드는 세트 타입 변수를 생성합니다.

```
set_variable = {'신발', '옷', '신발', '가방', '열쇠'}
print(set_variable)
print("데이터 타입 =", type(set_variable))
```

```
{'신발', '옷', '가방', '열쇠'}
데이터 타입 = <class 'set'>
```

'신발'이 두 번 저장되어 있는데, 출력 결과를 보면 한 번만 출력되는 것을 볼 수 있습니다. 중복해서 출력하지 않는 것이지요. 세트 타입에서 제공하는 함수 중 유용하게 사용하는 것은 집합(교집합, 합집합, 차집합) 관련 함수입니다. 먼저 세트 변수 두 개를 만들겠습니다. 간단하게 하나는 2의 배수고, 나머지는 4의 배수입니다.

```
set_variable1 = {2, 4, 6, 8, 10, 12, 14, 16}
set_variable2 = {4, 8, 12, 16, 20, 24}
```

다음은 교집합 함수(intersection()), 합집합 함수(union()), 차집합 함수(difference())로 set_variable1과 set_variable2의 집합 관계를 코드로 구현해 보겠습니다. 함수에 따른 코드를 입력하고 실행해 보세요.

▼ 표 1-7 세트 타입에서 자주 사용하는 집합 관련 함수

함수	코드	설명	출력 결과
intersection()	set_variable1. intersection(set_ variable2)	set_variable1(2의 배수)과 set_variable2(4의 배수) 변수의 교집합	{4, 8, 12, 16}
union()	set_variable1.union(set_ variable2)	set_variable1(2의 배수)과 set_variable2(4의 배수) 변수의 합집합	{2, 4, 6, 8, 10, 12, 14, 16, 20, 24}
difference()	set_variable1. difference(set_variable2)	set_variable1(2의 배수)에 대한 차집합	{2, 6, 10, 14}

지금까지 파이썬에서 제공하는 다양한 데이터 타입과 자료 구조를 살펴보았습니다. 뒤에서 진행할 예제들의 자료 구조는 주로 리스트와 딕셔너리, 세트로 구성되어 있습니다. 모든 데이터 타입을 숙지해야 다른 분석자들의 프로젝트를 이해하고 참여할 수 있으므로 다양한 데이터 타입과 구조 및 함수에 익숙해지기 바랍니다.

1.2.3 조건문

일이 진행될 때 한 방향으로 진행되는 경우는 적습니다. 계속해서 각종 갈림길을 만나고 선택을 강요받습니다. 예를 들어 출근 시간 때문에 주중에는 항상 7시 기상을 하지만 주말에는 9시에 일어난다면 이 또한 기상 시간에도 갈림길이 있는 것입니다. 주말에는 9시에 일어나야 하지만, 여행을 가는 주말이라면 8시에 일어나야 할 때도 있습니다. 이에 맞추어 알람 시간을 설정한다면 알람에도 다양한 분기점이 존재합니다. 컴퓨터 프로그램 코드도 마찬가지로 분기점이 있습니다. 코드가 실행되다 특정 조건 때문에 진행 순서가 변경되거나 같은 코드가 반복되기도 합니다. 이렇게 경로를 변경하는 구문을 제어문이라고 합니다. 제어문 구성에는 반복문과 조건문이 있습니다. 이절에는 그중 조건문에 해당하는 **if ~ else** 조건문을 배우겠습니다.

먼저 주중에는 7시, 주말에는 9시에 울리는 알람 시계를 조건문으로 표현해 봅시다. 조건(if)이 '주중'이라면 이 조건을 만족(참)할 때 '7시에 알람이 울린다'는 결과가 나올 것이고, 만족하지 않는다(거짓, else)면 '9시에 알람이 울린다'는 결과가 나올 것입니다.

▼ 그림 1-32 if ~ else를 적용한 상황 예시

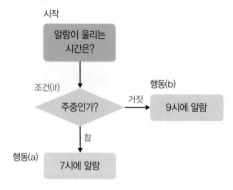

다음은 if ~ else 코드 구조를 확인하고, if ~ else로 구성된 코드를 작성하겠습니다.

```
if [조건]:
∨∨∨∨[조건이 참일 때 실행되는 코드]
else:
∨∨∨∨[조건이 참이 아닐 때 실행되는 코드]
```

if 바로 뒤에 오는 것이 조건입니다. 조건을 만족하면 바로 다음 코드가 이어서 실행되고, 조건을 만족하지 않으면 else에 해당하는 코드 블록이 실행됩니다. if와 else 아래의 코드 블록에는 항상 들여쓰기가 필요합니다. 보통 들여쓰기 4칸이 적용됩니다. 들여쓰기는 편의에 따라 2칸으로 설정하기도 하지만 중요한 점은 들여쓰기가 반드시 있어야 한다는 것입니다. 이 책에서는 들여쓰기 4칸이 기준입니다.

다음 코드는 알람 시계를 if ~ else 문으로 표현한 것입니다. 다음 코드를 입력하고 실행해 보세요.

```
print("시작: 알람 시계가 울리는 시간은?")
term = "주중"

if term == '주중': #❶
    print("조건 만족")
    print("7시에 울린다.")
```

◑ 계속

```
else:                    #❷
    print("조건 불만족")
    print("9시에 울린다.")
```

```
시작: 알람 시계가 울리는 시간은?
조건 만족
7시에 울린다.
```

#❶과 #❷ 코드는 분기점에 해당하는 부분입니다. #❶ 코드는 if 조건입니다. term 변수에 저장된 값이 '주중'입니다. #❶ 코드에 적힌 if 조건을 만족하기 때문에 그다음 코드가 진행되었습니다.

else 코드 뒤에는 if 코드처럼 뒤에 조건을 작성하지 않아도 됩니다. term에 저장된 값이 '주중'이 아니었다면 if 조건을 만족하지 못해 else로 이동되어 '9시에 울린다'가 출력되었을 것입니다.

분기점이 하나만 있을 때도 있지만, 여러 개 있을 때도 많습니다. 주말에는 9시에 알람이 울려야 하지만, 여행 중이라서 8시에 일어나야 하는 상황처럼 다양한 분기점이 있을 때는 **if ~ elif ~ else** 조건문을 사용합니다.

▼ 그림 1-33 여러 분기점을 적용한 상황

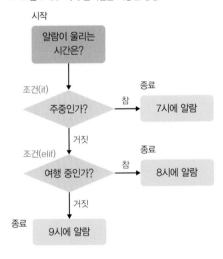

알람이 울려야 하는지 따질 때 첫 번째 조건(if)인 '주중인가'를 확인합니다. 참이면 7시에 알람이 울리고 종료되지만 주중이 아니라면 당연히 주말이 됩니다. 주말인데 지금 여행 중이라는 분기점 (elif)에 해당되면 8시에 알람이 울리고 멈춥니다. 하지만 주중도 아니고 여행 중도 아니면 else 조건에 해당하는 평범한 주말이기 때문에 9시에 알람이 울리고 종료됩니다.

if ~ elif ~ else 조건문은 일반적으로 구조가 다음과 같습니다.

```
    if <1번 조건>:
        조건이 참일 때 실행되는 코드
    elif <2번 조건>:
        1번 조건은 거짓, 2번 조건은 참일 때 실행되는 코드
    else:
        1과 2 조건 모두 참이 아닐 때 실행되는 코드
```

이제 elif를 추가하여 지정된 조건에 알람이 울리는 프로그램을 만들어 보겠습니다. 다음 코드를 입력하고 실행합니다.

```
print("시작: 알람 시계가 울리는 시간은?")
print()

term1 = "주중"
term2 = '여행 중'

now = term1  #❶

if now == term1:
    print("주중입니다. 7시에 알람이 울립니다.")
elif now == term2:
    print("주말이고 여행 중입니다. 8시에 알람이 울립니다.")
else:
    print("평범한 주말입니다. 9시에 알람이 울립니다.")
```

시작: 알람 시계가 울리는 시간은?

주중입니다. 7시에 알람이 울립니다.

#❶ 코드에서 현재 조건(now)이 주중(term1)이기 때문에 이렇게 출력되었습니다. 다양한 출력 결과를 보여 주지 못했지만 코드 구성이 어렵지 않아 쉽게 이해할 수 있을 것입니다.

지금까지 if ~ else로 구성된 조건문을 익혔습니다. 조건문은 반복문과 함께 자주 사용합니다. 주로 자동화 프로그램이 여러 조건문과 반복문으로 구성되어 있습니다. 다음은 반복문을 배우겠습니다.

1.2.4 반복문

컴퓨터 프로그래밍 핵심 중 하나는 자동화입니다. 자동화를 구현할 때는 일정 조건에서 코드를 반복해서 실행하는 반복문인 **for 문**과 **while 문**을 사용합니다. 특정 조건에서 코드가 계속 반복적으로 실행되는 것은 서로 같지만 작동 방식에는 차이가 있습니다. for 문은 반복적으로 실행되려면 범위를 전달해야 하지만, while 문은 특정 조건을 만족할 때까지 계속 반복적으로 실행됩니다. 수학 시험을 앞둔 학생을 예로 들어 보겠습니다. '수학 공부를 해야 하니 시험 범위를 총 열 번 공부하겠다'고 계획한 경우는 for 문 작동 방식과 동일하고, '수학 공부를 해야 하니 이해할 때까지 공부하겠다'고 계획한 경우는 while 문 작동 방식과 동일합니다.

▼ 그림 1-34 for 문과 while 문의 차이

즉, 몇 번을 반복할지 횟수가 정해져 있는 것은 for 문이고 그렇지 않은 것은 while 문의 특징입니다. 이 반복문을 응용하면 자동 메일 보내기 또는 자동 날씨 확인하기 등 우리 일상을 편하게 해주는 프로그램을 만들 수 있습니다. 사실 for 문과 while 문의 개념은 쉽지만 익숙해지기는 어려우므로 연습을 많이 해야 합니다. 먼저 for 문부터 공부하겠습니다.

for 문

for 문은 특정한 범위만큼 코드를 반복적으로 실행합니다. for 문에 범위를 지정하면 지정된 범위 시작부터 끝까지 코드가 반복적으로 실행됩니다. 예를 들어 값 세 개가 있는 리스트 타입 변수와 명령문을 for 문에 연결하면 명령문은 세 번 반복됩니다. 값 100개가 저장된 리스트 구조 값을 for 문에 연결하여 리스트 구조에 저장된 값을 출력하는 명령어를 입력하면, 해당 명령문은 100번 반복하게 됩니다. 이렇게 for 문은 반복될 횟수가 정해져 있으며, 코드 구조는 다음과 같습니다.

```
for <반복 변수> in <반복할 처음과 끝 범위>:
    <반복될 코드>
```

for를 먼저 쓰고 반복할 변수 이름을 입력합니다. for 문을 사용한 사례를 보면 i, j, k 등 간단한 알파벳을 사용할 때가 많습니다. for 문 구성이 간단할 때는 변수 이름을 i, j, k 등으로 지어도 의미를 파악하는 데 별로 어렵지 않지만, 구성이 복잡하고 코드가 어려워지면 의미를 파악하기 어렵기 때문에 권장하지 않습니다(책에서는 비교적 간단한 for 문을 예시로 들기 때문에 i, j, k 등으로 변수 이름을 정했습니다).

for 다음에 반복 변수를 지정하고 in 뒤에 범위 값이 저장된 변수 이름을 입력하면 변수 이름에 저장된 값이 순서대로 호출됩니다. 콜론(:)을 입력한 후 [Enter]를 누르면 자동으로 들여쓰기가 적용됩니다. 그때 반복적으로 실행해야 할 코드를 입력해 주면 for 문 구성하기는 모두 끝납니다.

for 문을 이해하려고 간단한 예시 코드를 살펴보겠습니다. for 문을 사용하여 고객 이름을 하나씩 가져와서 인사하는 코드입니다. 고객 이름 세 개가 저장된 리스트 타입 변수를 지정했고, 변수 이름은 customers입니다. 코드를 실행하면 인사는 총 몇 번 할까요? 결과를 보기 전에 잠시 생각해 보기 바랍니다.

```
customers = ['A고객', 'B고객', 'C고객']

for customer in customers:              #❶
    print(customer, '님, 안녕하세요.') #❷
```

```
A고객 님, 안녕하세요.
B고객 님, 안녕하세요.
C고객 님, 안녕하세요.
```

customers 변수에 저장된 고객 이름은 총 세 개입니다.

#❶: 코드를 살펴보면 customers 변수가 for ~ in 다음에 전달되었고 for ~ in 사이에 customer 변수가 있습니다. customers 변수의 저장된 값을 순서대로 가져와 이 customer 변수에 저장합니다.

#❷: for 문이 실행해야 할 코드에 해당됩니다. 고객 이름을 하나씩 customer에 저장해서 print(customer, '님, 안녕하세요.')가 총 세 번 반복됩니다.

앞 장에서 변수 이름이 선언되면 여기에 저장되는 값이 있어야 한다고 했는데, for 문에는 없어 당황할 수 있습니다. for 문은 변수에 저장될 값을 순차적으로 자동 저장하므로 걱정하지 마세요.

이번에는 숫자 타입이 저장된 리스트 타입 변수를 만들어서 간단한 연산을 for 문으로 구현하겠습니다. 반지름을 전달하면 원 넓이를 계산하는 연산입니다. 전달한 숫자 개수만큼 원 넓이를 계산합니다. 즉, 변수에 숫자 세 개가 있으면 연산은 세 번 반복됩니다.

```
numbers = [2, 3, 4]

for number in numbers:                          #❶
    area = number * number * 3.14               #❷
    print("반지름:", number, ' 원 넓이:', area) #❸
```

```
반지름: 2  원 넓이: 12.56
반지름: 3  원 넓이: 28.26
반지름: 4  원 넓이: 50.24
```

#❶: numbers 변수가 for 문에 연결되고 numbers 변수에 저장된 값이 number 변수에 하나씩 순서 대로 저장됩니다.

#❷: number는 원 넓이를 계산할 때 활용되고, 계산 결과는 area 변수에 저장됩니다.

#❸: number에 저장된 값과 그 저장된 값으로 원의 넓이를 계산한 결과가 출력됩니다.

#❸ 코드를 작성할 때 쉼표와 따옴표가 많아서 코드를 작성하기 불편합니다. 이런 불편함을 덜고 자 문자열에 연결된 함수 중에서 format()을 활용하겠습니다. format() 함수로 앞의 코드를 수정 하겠습니다.

```
numbers = [2, 3, 4]

for number in numbers:
    area = number * number * 3.14
    print("반지름: {}, 원 넓이: {}".format(number, area)) #❶
```

```
반지름: 2  원 넓이: 12.56
반지름: 3  원 넓이: 28.26
반지름: 4  원 넓이: 50.24
```

#❶ 코드에서 문자열 끝에 format( ) 함수를 연결하고 소괄호 안에 값이 출력되어야 할 변수 이름을 넣었습니다. 각 변수 이름은 문자열 내 중괄호({})에 각각 대응됩니다. format( ) 함수를 사용하면 print( ) 함수의 출력 결과를 편집할 때 편리합니다.

> Note ≡ 　데이터를 수집할 때 append( )나 extend( ) 함수 때문에 리스트 타입 변수에 저장된 값이 계속 늘어날 때가 많습니다. 값이 늘어나서 현재 리스트 타입 변수에 저장된 데이터 수를 모를 때 len( ) 함수로 데이터 수를 확인할 수 있습니다. 데이터 수가 확인되면 for 문에서 반복될 횟수도 알 수 있습니다. 다음 코드처럼 numbers 변수에 저장된 데이터 수를 len( ) 함수로 확인하세요.

```
numbers = [2, 3, 4]
len(numbers)
```

```
3
```

for 문으로 구구단 만들기

for 문을 사용해서 구구단 5단을 출력해 보겠습니다. 구구단은 for 문이 진행되는 상황을 직관적으로 알 수 있어 예제로 살펴보기 좋습니다. 한 번에 바로 코드를 짜기보다는 단계별로 생각해 봅시다.

그 전에 자주 사용할 range( ) 함수를 먼저 소개하겠습니다. range( ) 함수는 순차적으로 증가하는 정수를 만듭니다. range( ) 구조는 다음과 같습니다.

> range(시작, 종료, 숫자 간격)

시작과 숫자 간격은 입력하지 않아도 됩니다. 입력하지 않으면 0부터 시작하고 숫자 간격은 1로 지정됩니다. 예를 들어 range(5)를 입력하면 0부터 1씩 증가하고 4에서 종료하여 값을 총 다섯 개 생성합니다. range(1, 5)로 하면 생성된 시작 값은 1이고 종료 값은 4입니다. 종료 값은 입력한 종료 값에서 -1이 더해집니다.

이제 range( ) 함수를 사용하여 for 문으로 구구단 5단을 만들어 보겠습니다. 단계별로 차근차근 살펴봅시다. 첫 번째 단계는 숫자 5를 아홉 번 반복적으로 출력합니다.

▼ 표 1-8 구구단 5단 만들기 – 1단계

코드	출력 결과
`for i in range(9): #❶` `    print(5)`	5 5 5 5 5 5 5 5 5

#❶ 코드의 range( ) 함수에 9만 전달했습니다. 시작 값은 입력하지 않았으니 0부터 시작하여 8에서 종료됩니다. 0부터 8까지 총 아홉 번 for 문 아래 코드가 실행됩니다. 이 경우 숫자 5를 출력하는 print(5)가 아홉 번 실행됩니다.

다음은 5 옆에 1부터 9까지 출력되도록 만들겠습니다. 1부터 1씩 증가해서 9까지 만들면 되겠네요. 동시에 그 수 앞에 곱셈 기호를 표시하겠습니다.

▼ 표 1-9 구구단 5단 만들기 – 2단계

코드	출력 결과
`for i in range(9):` `    print("{} X {}".format(5, i))`	5 X 0 5 X 1 5 X 2 5 X 3 5 X 4 5 X 5 5 X 6 5 X 7 5 X 8

앞의 출력 결과를 보면 5 X 0부터 시작합니다. range( ) 함수에 시작 값을 지정하지 않으면 0부터 시작하기 때문입니다. range(9)를 range(1, 10)으로 수정하면 되지만 여러분이 반복 변수 i에 적응해야 하므로 i를 수정하겠습니다. i+1 이렇게 i에 1을 더해 주면 됩니다.

▼ 표 1-10 구구단 5단 만들기 – 3단계

코드	출력 결과
```for i in range(9):``` ``` print("{} X {}".format(5, i+1))```	5 X 1 5 X 2 5 X 3 5 X 4 5 X 5 5 X 6 5 X 7 5 X 8 5 X 9

결과가 점점 구구단 형태와 비슷해지고 있습니다. 끝으로 출력 화면에 곱한 수의 결과가 보이면 for 문으로 구구단 5단을 구현하는 데 성공한 것입니다.

▼ 표 1-11 구구단 5단 만들기 – 최종 단계

코드	출력 결과
```for i in range(9):``` ``` print("{} X {} = {}".format(5, i+1, 5*(i+1)))```	5 X 1 = 5 5 X 2 = 10 5 X 3 = 15 5 X 4 = 20 5 X 5 = 25 5 X 6 = 30 5 X 7 = 35 5 X 8 = 40 5 X 9 = 45

Note ☰ 파이썬에서 사용하는 연산 기호를 표로 나타냈습니다. 수학에 연산 우선순위가 있듯이 파이썬에도 연산 우선순위가 있습니다. 우선순위는 수학과 동일합니다.

▼ 표 1-12 연산 기호 정리

연산 기호	설명	예시	우선순위
a ** b	a의 b 제곱	$10^5 = 100000$	높음
a % b	a 나누기 b 후, 나머지	10 % 5 = 0	
a // b	a를 b로 나눈 몫의 내림 값	10 // 3 = 3	
a / b	a 나누기 b 후, 몫	10 / 3 = 3.333……	
a * b	a 곱하기 b	10 * 5	
a - b	a 빼기 b	10 - 5	
a + b	a 더하기 b	10 + 5	낮음

이렇게 구구단 5단을 완성했습니다. 구구단을 구현하는 방법은 많지만, 여러분이 for 문 구성과 반복 변수에 익숙해질 수 있는 방식으로 구현했습니다.

이번에는 앞 절에서 배운 if ~ else 조건문을 이용해서 구구단 5단에서 짝수만 출력해 보겠습니다. 코드로 구현하려면 짝수가 어떤 조건인지 스스로 정의해야 합니다. 짝수는 2로 나누었을 때 나머지가 0이라는 점을 이용할 것입니다. %는 나누었을 때 나머지를 확인할 수 있는 연산자입니다. % 연산자를 사용했을 때 나머지가 1이면 홀수, 0이면 짝수입니다. 이제 짝수와 홀수를 구분할 수 있으니 구구단 5단에 적용하겠습니다.

```
for i in range(9):
    result = 5 * (i+1)   #❶
    if result % 2 == 0:  #❷
        print("{} X {} = {}".format(5, i+1, 5*(i+1)))
```

```
5 X 2 = 10
5 X 4 = 20
5 X 6 = 30
5 X 8 = 40
```

#❶: 코드를 보면 구구단 5단이 순서대로 result 변수에 저장됩니다.

#❷: 코드에서 result를 2로 나누고 나머지 값이 0과 같은지 == 기호로 확인합니다. ==는 A와 B가 서로 같은지 확인하는 연산자입니다. 나머지가 0과 같다면 if 조건을 만족하기 때문에 결과가 출력됩니다. else를 추가해서 if 조건을 만족하지 못할 경우 홀수라고 출력되도록 코드를 수정하겠습니다.

```
for i in range(9):
    result = 5 * (i+1)
    if result % 2 == 0:
        print("{} X {} = {}".format(5, i+1, 5*(i+1)))
    else: #❶
        print("{}는 홀수입니다.".format(result))
```

```
5는 홀수입니다.
5 X 2 = 10
15는 홀수입니다.
5 X 4 = 20
25는 홀수입니다.
5 X 6 = 30
35는 홀수입니다.
```

```
5 X 8 = 40
45는 홀수입니다.
```

#❶: 앞 코드에서 if 조건을 만족하지 못하면 '홀수입니다.'가 출력되도록 수정했습니다.

Note ≡   다음은 파이썬에서 자주 사용하는 비교 연산자입니다.

▼ 표 1-13 자주 사용하는 비교 연산자

비교 연산자	설명	예시
a < b	a는 b 미만	5 < 10
a <= b	a는 b 이하	5 <= 10
a > b	a는 b 초과	10 > 5
a >= b	a는 b 이상	10 >= 5
a == b	a는 b와 값이 같은	10 == 10
a != b	a는 b와 다른	10 != 5

대부분 자동화 프로그램은 for 문과 if ~ else 문으로 구성되어 있습니다. 따라서 좀 더 나아가 월요일과 금요일에 고객에게 메시지를 보내는 자동화 프로그램을 for 문과 if ~ else 문으로 간단히 만들어 보겠습니다(완전히 코드를 구현한 것은 아닙니다).

```
days = ['일요일', '월요일', '화요일', '수요일', '목요일', '금요일', '토요일']
members = ['홍길동', '고길동', '임꺽정', '콩쥐']

for day in days:
    if (day=='월요일'):
        for member in members: #❶
            print("{}님 한 주를 시작하는 {} 입니다. \n
                    기운차고 행복한 한 주 보내시기 바랍니다.".format(member, day))

    elif (day=='금요일'):
        for member in members:
            print("{}님 한 주 마무리는 잘 하셨나요? 즐거운 주말 보내시기\n
                    바랍니다.".format(member))
```

```
홍길동님 한 주를 시작하는 월요일 입니다. 기운차고 행복한 한 주 보내시기 바랍니다.
고길동님 한 주를 시작하는 월요일 입니다. 기운차고 행복한 한 주 보내시기 바랍니다.
임꺽정님 한 주를 시작하는 월요일 입니다. 기운차고 행복한 한 주 보내시기 바랍니다.
콩쥐님 한 주를 시작하는 월요일 입니다. 기운차고 행복한 한 주 보내시기 바랍니다.
```

홍길동님 한 주 마무리는 잘 하셨나요? 즐거운 주말 보내시기 바랍니다.
고길동님 한 주 마무리는 잘 하셨나요? 즐거운 주말 보내시기 바랍니다.
임꺽정님 한 주 마무리는 잘 하셨나요? 즐거운 주말 보내시기 바랍니다.
콩쥐님 한 주 마무리는 잘 하셨나요? 즐거운 주말 보내시기 바랍니다.

첫 번째 for 문에서 days 변수를 가져와 일요일부터 토요일까지 값을 호출하고, 호출된 값은 day
에 저장합니다. day 변수에 저장된 값이 월요일이라면 #❶ 코드의 for 문이 실행됩니다. 회원 정
보를 하나씩 가져와서 월요일 인사를 합니다. day 변수에 저장된 값이 금요일이면 #❶ 코드와 마
찬가지로 회원 정보를 하나씩 가져와서 한 주 마무리 인사를 합니다. 지금까지 자동화 프로그램의
간단한 예시였습니다. 앞 코드에 실제 날짜를 확인하는 기능, 이메일을 발송하는 기능만 추가하면
실제로 사용할 수 있습니다.

컴프리핸션

for 문은 코드 줄이 긴 편입니다. 코드는 짧을수록 관리하기 편합니다. 코드 관리란 복사, 이동,
편집을 의미합니다. 복사할 때는 여러 라인을 복사하기보다는 한 줄만 복사하는 것이 작업상 더
편합니다. for 문을 한 줄로 표현한 것이 컴프리핸션(comprehension)입니다. 리스트 타입에 적용
하면 리스트 컴프리핸션이라고 합니다. 파이썬으로 진행한 데이터 분석 사례를 보면 대부분 컴프
리핸션을 사용하고 있습니다. 이 책에서도 일부 for 문은 컴프리핸션으로 코딩했습니다. 리스트
컴프리핸션의 구조는 다음과 같습니다.

> 변수 이름 = [반복 변수 for 반복 변수 in 변수 범위 반복될 코드 블록]

앞서 만든 구구단 5단에서 짝수에 해당하는 것만 모으는 코드를 만들어 보겠습니다. 그리고 이 코
드를 다시 컴프리핸션으로 만들어 결과를 비교하겠습니다.

▼ 표 1-14 for 문과 컴프리핸션 비교

구분	코드	출력 결과

for 문	```python
	even = [] #❶
	for i in range(9):
	    if i % 2 == 0: #❷
	        even.append(i) #❸
	
	print(even)
	``
		[0, 2, 4, 6, 8]

리스트 컴프리핸션 사용	even = [i for i in range(9) if i % 2 == 0]	[0, 2, 4, 6, 8]

#❶ 코드에서 리스트 타입의 변수 even이 선언되었습니다. even 변수는 처음에는 비어 있는데, 연산이 진행되면서 짝수에 해당하는 값만 even에 차례대로 저장될 예정입니다. for 문 아래의 #❷ 코드에는 if 조건문이 있습니다. range(9)로 생성된 값을 순서대로 i에 저장했고 i를 2로 나누었을 때 나머지가 0이라면 #❸ 코드의 append() 함수가 실행됩니다. 비어 있는 even 변수에 append(i) 함수로 짝수인 i 값만 추가됩니다.

이 코드 네 줄을 리스트 컴프리헨션으로 표현하면 표 1-14 아래처럼 한 줄로 표현할 수 있습니다. 결과도 동일하고 코드가 한 줄로 처리되기 때문에 코드를 복사하거나 이동할 때도 편리합니다.

컴프리헨션이 코드를 관리하는 데는 편리하지만 가독성은 좋지 않습니다. 그렇지만 코드를 한 줄로 처리할 수 있는 장점 때문에 간단한 for 구조일 때는 컴프리헨션을 사용합니다. 컴프리헨션을 연습할 때는 앞의 표처럼 for 문을 먼저 완성하고 컴프리헨션으로 수정해 보세요. 곧 숙달됩니다.

while 문

while 문은 for 문과 달리 반복 횟수를 지정하지 않고 반복되는 조건이 지정된다고 했습니다. 이 조건이 참을 유지하는 한 연산이 계속 반복됩니다. 밥을 먹을 때 배부를 때까지 먹는 상황이나 심박수가 150까지 오를 때까지 운동을 반복하는 상황도 while 문의 구조와 동일합니다. while 문 구조는 다음과 같습니다.

```
while(조건):
    〈반복될 코드〉
```

당연하지만 for 문을 사용할 수 없는 상황일 때는 while 문을 사용합니다. 그 상황이란 반복 실행 횟수를 예상할 수 없을 때입니다. 예를 들어 1부터 100까지 숫자를 순서대로 더해서 누적된 값을 구할 때 누적 합산이 100을 초과하는 경우 프로그램 실행을 중단해야 한다면 for 문으로 코딩할 수 있을까요? 반복 실행 횟수를 미리 알 수 없기 때문에 for 문으로 만들 수 없습니다. 그 대신 while 문을 사용해서 누적 합계가 100을 초과한다면 그때는 프로그램이 종료하도록 설정합니다. 반복될 조건은 '누적 합계는 100 이하'입니다. 이 조건을 만족하는 한 계속 덧셈이 반복됩니다. 해당 내용을 while 문으로 작성하겠습니다.

```
i = 0
sum_value = 0
while (sum_value < 101):   #❶
    i = i + 1              #❷
```

62

● 계속

```
    sum_value += i        #❸

    print("더할값 : {}   누적값 : {}".format(i, sum_value))
print()
print("최종값", sum_value)
```

```
더할값 : 1   누적값 : 1
더할값 : 2   누적값 : 3
더할값 : 3   누적값 : 6
더할값 : 4   누적값 : 10
더할값 : 5   누적값 : 15
더할값 : 6   누적값 : 21
더할값 : 7   누적값 : 28
더할값 : 8   누적값 : 36
더할값 : 9   누적값 : 45
더할값 : 10   누적값 : 55
더할값 : 11   누적값 : 66
더할값 : 12   누적값 : 78
더할값 : 13   누적값 : 91
더할값 : 14   누적값 : 105

최종값 105
```

#❶: while 뒤에 '누적 합계(sum_value)는 100 미만' 조건이 있습니다. 이 조건을 만족할 때까지 while 밑의 #❷, #❸ 코드가 반복 실행됩니다.

#❷, #❸: 반복 조건이 참일 때 i 값에 1이 더해지고 sum_value에 i 값이 계속 더해지는 것을 볼 수 있습니다. #❷ 코드에서는 i = i + 1인데, 그 아래 #❸ 코드는 sum_value += i입니다. 표현은 다르지만 의미는 서로 같습니다. sum_value = sum_value + i 이렇게 작성하면 길어지므로 #❷ 코드처럼 작성합니다.

계속 반복되다가 누적 값이 105가 되었습니다. 그러면 while 반복문에 지정한 반복 조건을 만족시킬 수 없습니다. while 반복문이 종료되고 최종 누적 값은 105가 됩니다.

지금까지 학습하면서 for 문과 while 문을 어렵게 느꼈다면 코드 구성이 어려워서가 아니라 우리가 컴퓨터와 다른 방식으로 사고하기 때문입니다. 보통 무언가를 생각할 때 이것저것 한 번에 생각하지 컴퓨터처럼 순서를 세워서 연산하지는 않습니다. 컴퓨터처럼 연산하지 않는데도 코딩을 해야 하니 처음에는 어려운 것이 당연합니다.

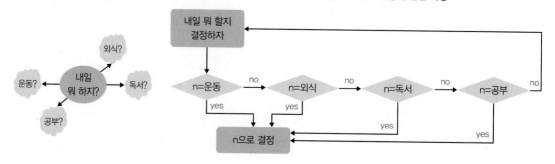

▼ 그림 1-35 사람의 생각 흐름과 프로그래밍 흐름 비교

머릿속 생각 구조를 단번에 컴퓨터처럼 바꿀 수 없습니다. 그저 계속 연습하면서 프로그래밍 언어에 익숙해질 수밖에 없습니다. 그러다 보면 어느 순간 프로그래밍 언어에 감을 잡을 수 있을 것입니다.

1.2.5 함수

파이썬 함수는 수학 시간에 배운 함수와 개념이 동일합니다. 함수는 전달받는 인자 값과 계산 결과를 반환하는 반환값으로 구성됩니다. 프로그래밍 함수의 개념은 수학 함수와 공유하지만 구조는 다양합니다. 인자 값이 없는 함수도 있고 반환값이 없거나 대신 특정 기능만 수행하는 함수도 있습니다. 이렇게 정해진 틀이 없기 때문에 분석 도중에 필요한 함수를 자유롭게 개발해서 사용하면 됩니다. 그리고 특정 분석 기능을 수행하는 함수를 만들면 나중에 다른 분석 프로젝트를 진행할 때 과거에 만든 함수를 가져와서 사용할 수 있습니다. 이것이 분석 중에 약간 시간이 더 걸리더라도 함수로 구현해야 하는 이유입니다. 다음 코드로 함수 구조를 살펴보겠습니다.

```
def 함수 이름(인자1, 인자2, ..., 인자n):
    〈코드〉
    return 반환값
```

함수를 만들 때는 예약어 def로 시작되고 소괄호 끝에는 콜론(:)이 있습니다. 다음 줄은 들여쓰기가 있고 함수가 수행할 코드들이 들어갑니다. 그리고 return으로 반환값을 얻을 수 있습니다. 앞의 함수 구조에는 인자와 반환값 없는 함수도 있습니다.

함수를 생성했다면 정상적으로 함수를 호출할 수 있습니다. 함수를 호출할 때 함수 이름과 인자가 있다면 인자를 입력해야 합니다. 일단 먼저 인자와 반환값 없는 함수를 하나 만들겠습니다. 예시로 컴퓨터를 끄는 함수(실제로는 꺼지지 않음)를 만들겠습니다. 컴퓨터를 끌 때는 인자와 반환값도 없기 때문입니다.

```python
def shutdown():
    """컴퓨터를 끄는 함수"""  #❶
    print("이제 컴퓨터를 끄겠습니다.")
```

#❶ 코드는 shutdown() 함수의 주석입니다. 함수를 만들었다면 함수가 어떤 역할을 하는지 간단히 주석을 넣어 주세요. 그러면 나중에 다시 보았을 때 함수를 이해할 수 있습니다. shutdown() 함수를 만들었는데 소괄호에 인자가 없으니 shutdown() 함수는 전달받는 인자 값이 없는 것입니다. 그리고 return이 없으니 반환값도 없습니다. shutdown() 함수를 호출하면 다음 결과만 얻을 수 있습니다.

```python
shutdown()
```

이제 컴퓨터를 끄겠습니다.

특정 기능만 실행하면 되는 것이라면 이런 형태의 함수로 처리하는 것이 더 간편합니다. 2장에서 데이터를 수집할 때 이런 형태의 함수를 사용합니다. 예를 들어 특정 웹 사이트에 접속하여 정보를 요청할 때 잠시 멈추는 기능은 인자 값과 반환값이 없기에 이런 형태로 함수를 만듭니다. 다음에는 인자 값은 있지만 반환값은 없는 함수를 만들겠습니다. 간단히 원 넓이를 출력하는 함수를 만들겠습니다. 이 함수는 반지름을 인자 값으로 받아 넓이를 계산해서 화면에 결과를 출력합니다.

```python
def calculate_circle_area(radius):
    """반지름을 입력하면 넓이를 화면에 출력한다"""
    area = (radius*radius) * 3.14  #❶
    print("원 넓이 =", area)

calculate_circle_area(radius=3)    #❷
```

원 넓이 = 28.26

calculate_circle_area() 함수에 radius 값을 인자 값으로 전달하면 #❶ 코드에서 인자를 받아 area 변수에 원 넓이 값을 저장합니다. 그리고 print() 함수로 원 넓이 값을 출력합니다. #❷ 코드에서 함수를 호출한 결과 원 넓이가 28.26으로 출력됩니다. radius를 입력하지 않고 calculate_circle_area(3)으로 코딩해도 동일한 결과를 얻을 수 있습니다.

BMI 계산기 만들기

이번에는 여러 인자 값이 있고 하나의 반환값이 있는 함수를 만들어 보겠습니다. 함수 예시는 체질량 지수(Body Mass Index, BMI) 계산입니다. BMI 지수는 키와 몸무게를 서로 계산해서 얻는 결과이며, 이 결과로 현재 몸무게가 정상인지 비만인지 알 수 있습니다.

▼ 그림 1-36 BMI 지수 안내

저체중 BMI < 18.5	정상 18.5 < BMI < 23	과체중 23 < BMI < 25	비만 25 < BMI

BMI 계산은 다음과 같습니다.

$$BMI = 몸무게(kg) / (키(m))^2$$

BMI 함수에 전달될 인자는 키(m)와 몸무게(kg)이며 반환값은 BMI입니다. BMI를 계산하는 함수를 만들어 보겠습니다. 함수를 만들면서 실수의 소수점 자리를 조정하는 round() 함수를 배우겠습니다.

```
def calculate_bmi(height, weight):
    """BMI지수 계산"""
    bmi = weight / (height**2)  #❶
    bmi = round(bmi, 2)         #❷
    return bmi

calculate_bmi(height=1.77, weight=75)
```

23.94

#❶: bmi 값이 계산됩니다. 그런데 소수점이 길어지면 보기가 좋지 않습니다. 이때 round()라는 함수에 실수 값이 저장된 변수와 소수점 자리를 전달하면 소수점 자리를 조정할 수 있습니다.

#❷: bmi 계산 값을 소수점 둘째 자리로 제한하려고 round(bmi, 2) 함수를 사용했습니다.

계산이 끝나고 bmi 값이 반환됩니다. 반환값은 23.94로 나왔습니다. 여기에 앞서 배운 if ~ else를 적용하면 과체중인지 아닌지 안내 메시지도 추가할 수 있습니다.

```
bmi = calculate_bmi(height=1.77, weight=75)

if bmi < 18.5:
    print("저체중입니다.")
elif bmi < 23:
    print('정상입니다.')
elif bmi < 25:
    print('과체중입니다.')
else:
    print('비만입니다.')
```

과체중입니다.

calculate_bmi() 함수에 전달한 인자 값은 변화가 없으므로 bmi는 여전히 23.94입니다. 23.94일 때 어떤 안내를 할지 if ~ else로 구현했습니다. 23.94는 과체중이므로 '과체중입니다.'가 출력되었습니다. 함수에 인자 값을 전달할 때 순서만 지킨다면 간단히 calculate_bmi(1.77, 75)로만 해도 됩니다. 실수로 인자 값을 바꾸어 전달하면 엉뚱한 결과를 얻게 되니 주의하기 바랍니다.

함수로 구성된 함수

함수는 여러 기능을 하나로 합칠 때도 유용합니다. 계산이 진행될 때 1단계, 2단계, 3단계를 거쳐야 결과를 얻을 수 있고, 각 단계는 함수로 구현되어 있다고 합시다. 이때 새롭게 함수를 생성하고 그 안에 모든 단계의 함수를 넣어 주면 새로 만든 함수를 한 번만 호출해도 모든 단계가 진행됩니다. 자연어 분석 과정을 예로 들어 보겠습니다. 분석 과정은 보통 수집하는 기능(1단계), 데이터 전처리하는 기능(2단계), 결과를 저장하는 기능(3단계) 순서로 진행됩니다.

▼ 그림 1-37 3단계로 구성된 자연어 데이터 처리 과정

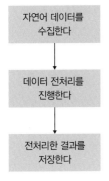

3단계로 되어 있으니 단계마다 함수가 있습니다. 이것을 프로젝트마다 반복해서 사용한다면 함수를 세 번 호출해야 합니다. 이 예시를 새로운 함수로 선언해서 각 단계를 모두 포함하겠습니다. 그리고 함수 이름을 '수집_전처리'라고 짓겠습니다.

▼ 그림 1-38 한 번만 호출하면 수집, 전처리, 결과 저장까지 수행하는 함수

그림 1-38을 보면 수집_전처리 함수는 수집, 전처리, 결과 저장까지 진행합니다. 다음은 함수 개념을 이해할 수 있도록 임의로 작성한 코드입니다.

```python
def collect_data():
    """자연어 데이터를 수집한다"""
    print("데이터를 수집합니다.")

def preprocessing_data():
    """수집한 데이터를 전처리한다"""
    print("데이터를 전처리합니다.")

def save_data():
    """전처리 결과를 저장한다"""
    print("파일을 저장합니다.")

collect_data()
preprocessing_data()
save_data()
```

데이터를 수집합니다.
데이터를 전처리합니다.
파일을 저장합니다.

함수 세 개를 만들었습니다. 각 함수에는 수집 기능, 전처리 기능, 결과 저장 기능이 있습니다. 각 함수를 하나씩 호출한 것이 출력 결과입니다. 자연어 분석 과정에서 보통 수집 기능, 전처리 기능, 결과 저장 기능은 한 번씩은 순서대로 실행되어야 합니다. 그래서 이 세 함수는 하나로 합치면 편리합니다.

이 함수 세 개를 하나로 합치는 것을 구현하겠습니다. 코드 내용은 간단합니다. 새롭게 함수를 만들고 이 안에 수집 기능, 전처리 기능, 결과 저장 기능 함수를 담으면 됩니다.

```python
def collect_to_save():
    """자연어 데이터를 수집, 전처리, 결과 저장하는 함수"""
    collect_data()
    preprocessing_data()
    save_data()

collect_to_save()
```

데이터를 수집합니다.
데이터를 전처리합니다.
파일을 저장합니다.

collect_to_save() 함수를 새롭게 만들었고 이 안에 필요한 함수를 모두 담았습니다. collect_to_save() 함수를 호출하면 데이터 수집부터 저장까지 끝냅니다.

개인 정보 보호 함수 만들기

지금까지 다양한 형태의 함수를 만들었습니다. 난이도를 조금 올려 사람 이름을 입력하면 정보를 보호하려고 가운데 글자를 *표로 치환하는 함수를 만들어 보겠습니다. 함수 구조를 살펴보면 그림 1-39와 같습니다.

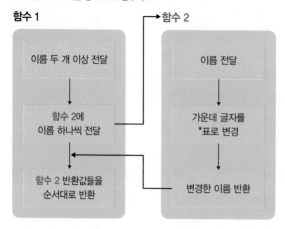

함수 1에 이름 두 개를 전달받으면 함수 2에 이름을 하나씩 전달합니다. 이름을 전달받은 함수 2는 전달받은 이름 가운데를 *표로 치환하고 반환합니다. 함수 1은 함수 2의 반환값들을 받아 와서 순서대로 결과를 반환합니다.

코드 순서상 먼저 함수 2를 만들어야 합니다. 지금까지 배운 제어문, 반복문, append( ) 함수와 더불어 인덱스를 활용하는 enumerate( ) 함수, 문자열을 연결하는 join( ) 함수를 사용합니다.

본격적으로 코드를 구현하기에 앞서 enumerate( )와 join( ) 함수를 알아봅시다.

enumerate( ) 함수는 리스트의 원소에 순서 값을 부여해 줍니다. for 문에서 'in 다음 범위 값'이 전달될 때 이 범위 값을 enumerate( )에 전달하면 전달한 값의 인덱스를 변수로 사용할 수 있습니다. 다음 코드를 봐 주세요.

```python
names = ['홍길동', '고길동', '둘리']     #❶

for index, name in enumerate(names): #❷
    print('names[{}] = {}'.format(index, name))
```

```
names[0] = 홍길동
names[1] = 고길동
names[2] = 둘리
```

#❶: names 리스트 타입 변수가 있습니다. 인덱스 0에 해당하는 값은 '홍길동'이고 인덱스 1에 해당하는 값은 '고길동'입니다. for 문을 사용하여 이름들을 하나씩 가져오겠습니다.

#❷: enumerate() 함수가 있고 이 함수에 names 변수 값이 전달됩니다. 그리고 for 다음 인덱스 값을 받아 줄 index 변수가 선언되어 있습니다. 출력 결과를 보면 인덱스가 활용된 것을 확인할 수 있습니다.

다음은 리스트 타입 변수에 저장된 문자열 타입 값을 조정할 때 사용하는 join() 함수입니다. join() 함수는 리스트 타입 변수에 저장된 문자열 타입들을 서로 연결하는 기능이 있습니다. ['안녕', '하세요'] 이렇게 저장된 변수가 있습니다. 이 변수에 저장된 값 두 개를 join() 함수를 사용하여 '안녕하세요'로 연결하겠습니다.

```
examples = ['안녕', '하세요']
"".join(examples)
```

```
'안녕하세요'
```

"".join(examples)에서 따옴표 사이에 공백을 주거나 해시태그(#) 등을 넣으면 해당 문자가 가운데에 위치하면서 두 문자를 연결합니다. "-".join(examples)를 입력하면 '안녕-하세요'가 출력됩니다.

이제 이름을 보호해 주는 함수를 만드는 지식은 모두 익혔으니 본격적으로 코드로 구현하겠습니다. 먼저 이름에서 가운데 글자를 *표로 바꾸어 주는 함수를 만듭니다.

```
def input_symbol(name):
    """가운데 글자를 *표로 변경한다"""

    result_name = []                       #❶
    for idx, key in enumerate(name):       #❷
        if idx == 1:                       #❸
            symbol = "*"
            result_name.append(symbol)
        else:
            result_name.append(key)

    result_name = ''.join(result_name) #❹

    return result_name

input_symbol(name="홍길동")
```

```
홍*동
```

#❶: result_name 변수는 이름이 한 글자씩 저장되는 곳입니다.

#❷: enumerate() 함수로 전달받은 name 변수의 인덱스를 활용합니다. 인덱스 변수 이름은 idx로 받았고 이름의 각 글자는 key 변수로 선언되었습니다.

#❸: name 변수의 인덱스 값이 1일 때는 가운데 글자 대신 *표가 result_name 변수에 저장됩니다.

#❹: result_name에 저장한 글자들은 join() 함수로 연결했습니다. 출력 결과를 보면 정상적으로 이름의 가운데 글자가 *표로 변경되었습니다.

다음은 여러 이름을 넣고 반환값을 여럿 받도록 함수를 만들겠습니다.

```
def change_names(name1, name2):
    """이름들을 전달받으면 가운데 글자를 *표로 변경하고 반환한다"""
    result_name1 = input_symbol(name1)
    result_name2 = input_symbol(name2)

    return result_name1, result_name2

change_names(name1="홍길동", name2="고길동")
```

('홍*동', '고*동')

change_names() 함수 가운데 방금 만들었던 input_symbol() 함수가 있습니다. change_names() 함수를 호출한 결과를 보면 정상적으로 이름 가운데 글자가 *표로 변경되었습니다. 반환값은 변수로 받을 수 있습니다. 현재 출력된 결과는 변수로 받아 주지 못했기 때문에 활용할 수 없습니다.

```
protected_name1, protected_name2 = change_names(name1="홍길동", name2="고길동")
print(protected_name1, protected_name2)
```

홍*동 고*동

여기에서는 change_names()에 전달된 이름이 두 개뿐이지만 훨씬 더 많은 이름이 전달된다면 change_names() 함수는 비효율적일 수 있습니다. 모든 이름을 일일이 지정해야 하기 때문입니다. 이때는 반복된 일을 처리하는 반복문이기 때문에 for 문을 사용해야 합니다. for 문으로 변경하면 다음과 같습니다.

```
def change_names_for(names):
    """이름을 두 개 이상 받아서 for로 처리하는 구조"""
    changed_names = []                        #❶

    for name in names:
        changed_name = input_symbol(name)     #❷
        changed_names.append(changed_name)    #❸

    return changed_names

change_names_for(names=['홍길동', '고길동'])
```

[홍*동 고*동]

#❶: 빈 리스트 타입은 *표로 치환한 이름 값이 저장되는 곳입니다.

#❷: input_symbol() 함수에 치환한 이름을 반환받습니다.

#❸: append() 함수로 결과가 차례대로 changed_names 변수에 저장되는 구조입니다.

지금까지 함수 구조를 학습했습니다. 자연어 분석을 포함하여 대부분 프로그램 제어문, 반복문, 함수로 구성되어 있습니다. 이제 분석에 필요한 대부분을 익혔습니다. 남은 것은 변수가 동작하는 범위입니다.

1.2.6 변수 범위

함수 내부에서 선언한 변수는 함수 밖에서 사용할 수 없습니다. 반대로 함수 밖에서 선언한 변수는 함수 내부에서 사용할 수 있습니다. 예를 들어 방금 만든 change_names() 함수 내부에 있는 result_name1을 함수 밖에서 불러오면 result_name1이 정의되지 않았다면서 NameError가 발생합니다.

```
result_name1
```

```
---------------------------------------------------------------------------
NameError                                 Traceback (most recent call last)
<ipython-input-50-ce42fa4c86fb> in <module>()
----> 1 result_name1

NameError: name 'result_name1' is not defined
```

함수 내부에서 선언한 변수는 **지역 변수**(local variable)라고 하며, 지역 변수는 함수가 호출될 때만 사용되고 함수 실행이 끝나면 메모리에서 삭제되기 때문에 함수 밖에서는 사용할 수 없습니다. 반대로 함수 밖에서 선언된 변수는 **전역 변수**(global variable)라고 합니다. 함수 내부에서도 전역 변수를 가져와서 사용할 수 있습니다. 지역 변수와 전역 변수를 사용해서 간단한 함수를 만들겠습니다.

```python
age = 30
def age_local():
    age = 10
    print("(지역변수)전 {} 살입니다.".format(age))

def age_global():
    print("(전역변수)전 {} 살입니다.".format(age))

age_local()
age_global()
```

```
(지역변수)전 10 살입니다.
(전역변수)전 30 살입니다.
```

함수 호출 결과를 보면 지역 변수와 전역 변수의 차이를 알 수 있습니다. 이제 파이썬 프로그래밍에 관한 필요한 정보는 모두 익혔으니 데이터 분석에 자주 사용되는 판다스를 배우겠습니다.

> Note ≡ 코드를 실행한 후 에러가 났을 때 에러 메시지를 천천히 읽어 보면 어디를 수정해야 할지 안내하고 있습니다. 그래도 이해하기 어렵다면 에러 메시지를 복사하여 인터넷(구글 등)에서 검색해 보세요. 대부분이 같은 에러를 겪었기 때문에 쉽게 해결 방법을 찾을 수 있습니다. 여러분도 에러가 발생하고 해결하는 과정을 SNS, 블로그, 유튜브에 공유해 보세요.

1.3 판다스

판다스(pandas)는 파이썬으로 데이터를 분석하는 사람이라면 누구나 사용하는 분석 라이브러리입니다. 워낙 기능이 방대하기 때문에 모두 알 수는 없지만, 자주 사용하는 중요한 기능만 모아 '판다스 치트 시트' 공식 문서에 2쪽 분량으로 안내합니다. 여기에서는 자연어 분석 과정에서 자주 사용하는 기능만 다루겠습니다.

▼ 그림 1-40 판다스 치트 시트 1쪽

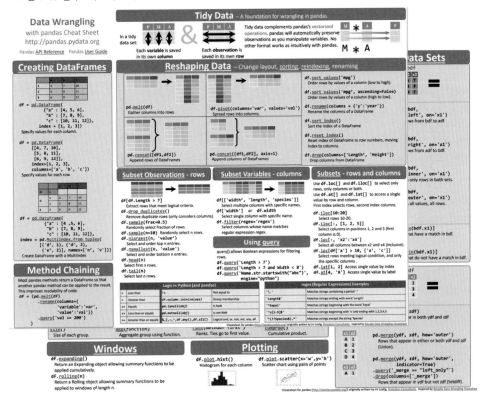

판다스를 사용하려면 데이터 처리 라이브러리인 **넘파이**(numpy)도 필요합니다. 넘파이는 판다스보다 데이터 처리 속도가 빠르고 다양한 데이터 처리 기능을 제공하여 대용량 데이터 처리에 용이하기 때문입니다. 하지만 자연어 분석에서는 많이 사용하지 않으므로 넘파이 기능은 따로 언급하지 않겠습니다.

이미 두 라이브러리는 설치되어 있기 때문에 추가로 설치할 필요는 없지만(이 책을 집필하는 시점에 판다스는 1.3.5 버전, 넘파이는 1.21.6 버전으로 설치됨). 혹여 버전에 따른 에러가 발생할 수 있기 때문에 다음 표를 참고하여 판다스와 넘파이를 책에서 안내하는 버전으로 다시 설치해 주세요.

❤ 표 1-15 판다스 버전 안내 및 설치 명령어

라이브러리 이름	버전	목적	설치 명령어
판다스	1.3.4	데이터 분석	!pip install pandas==1.3.4
넘파이	1.21.5	데이터 분석	!pip install numpy==1.21.5

판다스와 넘파이를 설치했다면 import로 가져오고 버전을 확인하겠습니다.

```
import pandas as pd                    #❶
import numpy as np

print("판다스 버전:", pd.__version__) #❷
print("넘파이 버전:", np.__version__)
```

```
판다스 버전: 1.3.4
넘파이 버전: 1.21.5
```

#❶: import 명령어로 판다스를 가져왔습니다. pandas는 길어서 as를 사용하여 pd로 줄였습니다.

#❷: 설치된 판다스 버전을 확인합니다. 출력 결과를 보면 판다스와 넘파이 버전이 확인됩니다.

이제 판다스 주요 기능을 차근차근 살펴보겠습니다. 판다스는 효율적으로 데이터를 분석할 수 있게 시리즈(series)와 데이터 프레임(data frame)이라는 자료 구조를 제공합니다. 시리즈는 1차원 데이터, 데이터 프레임은 2차원 데이터를 생성하거나 다룰 때 이용합니다.

❤ 그림 1-41 시리즈와 데이터 프레임 비교

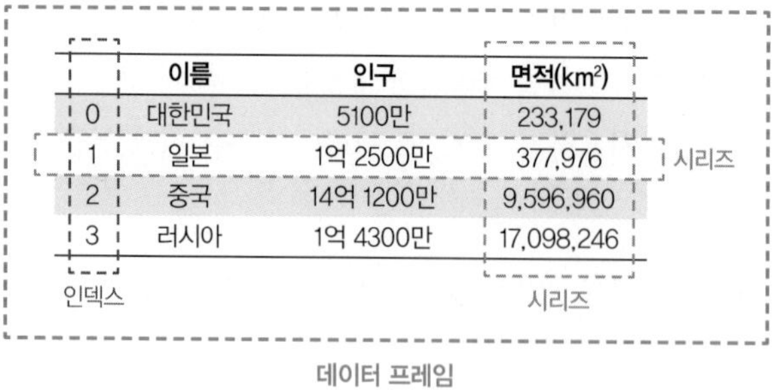

이름
인구
면적(km²)
0
대한민국
5100만
233,179
1
일본
1억 2500만
377,976
2
중국
14억 1200만
9,596,960
3
러시아
1억 4300만
17,098,246
시리즈
인덱스
시리즈
데이터 프레임

시리즈 타입은 1차원 데이터이며, 데이터 프레임은 1차원 시리즈 타입이 쌓여 만들어진 데이터로 이해하면 됩니다. 자연어 분석에서는 데이터 프레임을 더 많이 사용하므로 여기에서는 시리즈 부분을 과감히 생략하고 데이터 프레임을 이용하여 데이터를 생성하겠습니다.

1.3.1 데이터 프레임 생성

다음은 앞서 언급했던 판다스 치트 시트의 'Creating DataFrames' 부분입니다. 이를 참고하여 2차원 형태의 자료 구조인 데이터 프레임을 생성해 보겠습니다.

▼ 그림 1-42 데이터 프레임 생성

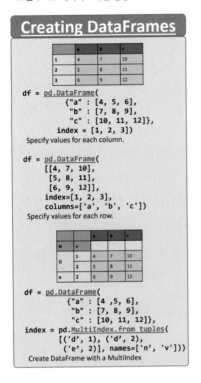

데이터 프레임을 생성하는 함수는 DataFrame()입니다. 셀에 다음 코드를 입력하세요.

```
import pandas as pd

sample_data = {"a": [4, 5, 6],
               "b": [7, 8, 9],
               "c": [10, 11, 12]}           #❶

df = pd.DataFrame(sample_data)              #❷
df_index = pd.DataFrame(sample_data, index=[1, 2, 3]) #❸
```

출력 결과는 다음과 같이 index 파라미터를 지정한 경우와 그렇지 않은 경우에 따라 다릅니다.

▼ 표 1-16 데이터 프레임을 생성할 때 index 파라미터를 지정한 경우(오른쪽)

코드	df	df_index
출력	``` a b c 0 4 7 10 1 5 8 11 2 6 9 12 ```	``` a b c 1 4 7 10 2 5 8 11 3 6 9 12 ```

#❶: sample_data는 딕셔너리(dictionary) 타입 변수입니다. 이 변수에 필요한 정보를 저장하고 데이터 프레임으로 변환합니다.

#❷: DataFrame() 함수로 데이터 프레임을 생성할 때 sample_data를 전달하면 됩니다. 만들어진 데이터 프레임 이름은 df입니다. 출력 결과에서 왼쪽을 보면 해당 df 구조를 볼 수 있습니다. 맨 오른쪽에 0, 1, 2 번호로 구성된 열이 생겼습니다. 이것은 데이터 프레임에서 자동으로 생성한 인덱스입니다.

#❸: 인덱스를 1, 2, 3으로 지정했습니다. 출력 결과에서 오른쪽을 보면 지정해 준 인덱스로 출력되었습니다.

다음은 데이터 프레임을 만들 때 열 이름과 인덱스 이름을 미리 지정하겠습니다.

```
df_1 = pd.DataFrame(
        [[4, 7, 10],
         [5, 8, 11],
         [6, 9, 12]],
        index=[1, 2, 3],
        columns=['a', 'b', 'c']
    )

df_1
```

```
   a  b  c
1  4  7  10
2  5  8  11
3  6  9  12
```

1.3.2 데이터 프레임 형태 조절

실무에서 접하는 데이터 대부분은 정리가 안 되어 있고 크기(m×n)도 제각각입니다. 분석하기 위해 데이터 크기(m×n)를 조절하고 여러 데이터를 합치는 일을 해야 합니다. 가로 방향으로 정리된 데이터를 세로 방향으로 변경하기도 합니다. 또 데이터 프레임에서 필요한 데이터 부분만 다시 추출해야 할 때도 있습니다. 판다스에서는 이를 Reshaping Data로 분류합니다. Reshaping Data의 주요 함수는 pivot(), melt(), concat()입니다. 주로 pivot()과 concat() 함수가 자주 사용되므로 이 두 함수를 소개합니다. 여기에서는 이 함수들을 하나씩 살펴보겠습니다.

❤ 그림 1-43 데이터 형태 조절

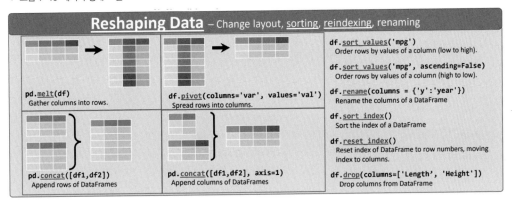

필요한 데이터를 추출하고 정리하는 pivot( )

pivot( ) 함수는 원본 데이터에서 필요한 데이터 부분만 추출해서 간단히 계산하거나 재정렬합니다. 예시를 보이기 전에 먼저 데이터 프레임을 생성하겠습니다.

```python
df = pd.DataFrame({'foo': ['one', 'one', 'one', 'two', 'two', 'two'],
                   'bar': ['A', 'B', 'C', 'A', 'B', 'C'],
                   'baz': [1, 2, 3, 4, 5, 6],
                   'zoo': ['x', 'y', 'z', 'q', 'w', 't']})
df
```

	foo	bar	baz	zoo
0	one	A	1	x
1	one	B	2	y
2	one	C	3	z
3	two	A	4	q
4	two	B	5	w
5	two	C	6	t

숫자 0부터 시작하는 인덱스가 차례대로 정리되고 열은 ['foo','bar','baz','zoo']로 구성된 df 데이터 프레임이 있습니다. pivot()을 사용하여 숫자 인덱스 대신 foo 열에 저장된 값을 인덱스로 지정하고 열은 bar 열에 저장된 값으로 변경하겠습니다.

```
df.pivot(index='foo', columns='bar', values='baz')
```

bar	A	B	C
foo			
one	1	2	3
two	4	5	6

zoo 열에 저장된 값들은 제외되어 필요한 데이터만 선택적으로 볼 수 있습니다. pivot() 함수는 수집한 대량의 데이터에서 필요한 데이터를 선택적으로 추출할 때 편리합니다. 앞의 코드는 df.pivot(index='foo', columns='bar')['baz']로 입력해도 동일한 결과를 얻을 수 있습니다. 정답은 없습니다. 코딩하기 편하고 이해하기 쉬운 것으로 선택하면 됩니다. 이번에는 출력에서 제외된 zoo 열도 함께 출력하겠습니다.

```
df.pivot(index='foo', columns='bar', values=['baz', 'zoo'])
```

	baz			zoo		
bar	A	B	C	A	B	C
foo						
one	1	2	3	x	y	z
two	4	5	6	q	w	t

가로 방향으로 zoo 열이 연결되었습니다. pivot()은 데이터에서 필요한 데이터만 추출하고, 교차 집계도 하는 함수입니다. 교차 집계는 행과 열 방향에 의미를 부여해서 데이터를 교차시키는 방식입니다. 다음은 여러 데이터 프레임을 하나로 연결할 때 사용하는 concat() 함수를 배우겠습니다.

여러 데이터를 이어 주는 concat()

데이터 수집 단계에서는 한 데이터만 수집하지 않습니다. 여러 데이터를 수집하고 성격이 유사한 데이터는 서로 합쳐야 합니다. concat() 함수는 데이터를 합칠 때 사용하는 함수 중 하나입니다. 먼저 데이터 프레임 두 개를 만들어 df1, df2라고 하겠습니다.

```
data1 = [['a', 1],
         ['b', 2]]
data2 = [['c', 3],
         ['d', 4]]

df1 = pd.DataFrame(data1, columns=['letter', 'number']) #❶
df2 = pd.DataFrame(data2, columns=['letter', 'number'])

display(df1)                                              #❷
display(df2)
```

	letter	number
0	a	1
1	b	2

	letter	number
0	c	3
1	d	4

#❶: 코드의 데이터 프레임을 생성할 때 변수를 전달하는 대신 값을 직접 입력해도 됩니다. #❶ 코드를 변형해서 변수 대신 값을 전달할 때는 df1 = pd.DataFrame([['a', 1], ['b', 2]], columns = ['letter', 'number']) 코드로 입력합니다. 이후 concat() 함수를 소개하면서 데이터 프레임을 생성할 때는 데이터 프레임에 변수를 입력하는 대신 직접 값을 전달하겠습니다.

#❷: 코드에서는 display() 함수가 처음 등장했습니다. 한 셀에서 display() 없이 df1, df2를 입력하면 df1 출력 화면에 df2를 덮어쓰기 때문에 df1 결과를 볼 수 없습니다. 각각을 구분해서 출력할 때는 마치 print() 함수처럼 display() 함수를 사용합니다.

이제 df1, df2를 concat() 함수로 합치겠습니다.

```
pd.concat([df1, df2])
```

	letter	number
0	a	1
1	b	2
0	c	3
1	d	4

열 이름이 서로 일치하면 밑으로 연결됩니다. 합쳐야 할 데이터 프레임끼리 열 이름이 서로 일치하지 않다면 결측치로 처리합니다.

```
df3 = pd.DataFrame([['e', 5, 'cat'], ['f', 6, 'dog']],
                    columns=['letter', 'number', 'animal'])
pd.concat([df1, df3]) #❶
```

	letter	number	animal
0	a	1	NaN
1	b	2	NaN
0	e	5	cat
1	f	6	dog

df1과 df3을 concat()으로 연결했습니다. df3에는 df1에 없는 animal 열이 있습니다. 열이 일치하는 부분은 자연스럽게 연결되지만 그렇지 못한 부분은 결측치(NaN)로 처리합니다. 합칠 때 기본값은 합집합(join="outer")입니다. 교집합으로 서로 일치하는 열만 합친다면 join 파라미터를 inner로 하면 됩니다. 그럼 결측치가 있는 열은 삭제됩니다. 코드로 확인하겠습니다.

```
data1 = [['a', 1],
         ['b', 2]]

df1 = pd.DataFrame(data1, columns=['letter', 'number'])

df3 = pd.DataFrame([['e', 5, 'cat'], ['f', 6, 'dog']],
                    columns=['letter', 'number', 'animal'])

pd.concat([df1, df3], join="inner") #❶
```

	letter	number
0	a	1
1	b	2
0	e	5
1	f	6

#❶ 코드의 교집합 설정인 join="inner"를 추가하면 겹치는 열 외에는 모두 사라집니다. 그래서 animal 열은 사라집니다. 교집합("inner")으로 없어지는 데이터가 있기 때문에 처음에는 합집합("outer")으로 진행하여 없어질 데이터를 먼저 눈으로 확인한 후 교집합으로 데이터를 조정해야 데이터 처리 과정에서 실수를 줄일 수 있습니다.

지금까지는 세로 방향으로 데이터를 이어 갔지만 가로 방향으로도 데이터를 이어 갈 수 있습니다. 가로 방향으로 데이터를 이어 갈 때는 axis=1을 추가합니다. 새로운 df4 데이터 프레임을 만들겠습니다.

```python
df4 = pd.DataFrame([['bird', 'polly'], ['monkey', 'george']],
                   columns=['animal', 'name'])
df4
```

	animal	name
0	bird	polly
1	monkey	george

df4와 df1을 concat() 함수로 합칠 때 axis=1로 지정하여 가로 방향으로 합치겠습니다. axis는 기본값이 0입니다. axis=0일 때는 세로 방향으로 합칩니다.

```python
pd.concat([df1, df4], axis=1)
```

	letter	number	animal	name
0	a	1	bird	polly
1	b	2	monkey	george

지금까지 pivot()과 concat() 함수를 다루었습니다. pivot() 함수는 데이터 추출 기능, concat() 함수는 데이터 연결 기능을 한다는 것을 기억하세요. 다음은 생성된 데이터 프레임을 편집할 때 사용하는 함수입니다.

데이터를 정렬하는 sort_values()

데이터를 재구성해서 필요한 형태로 가공했다면 이번에는 데이터 정렬도 해야 합니다. 값이 뒤죽박죽으로 섞인 데이터보다 값이 가지런히 정렬되어야 분석자가 이해하기 쉽고 다음 데이터 처리 작업 계획을 세울 수 있습니다. 이때 사용되는 함수는 sort_values()입니다. sort_values() 함수를 사용하기 전에 새롭게 데이터 프레임을 생성하겠습니다. 이번에 생성되는 데이터 프레임에는 결측치가 함께 있습니다. 결측치를 만들 때는 넘파이(numpy)를 이용하면 간편합니다. 넘파이에서 결측치를 만드는 코드는 np.nan입니다.

```
import numpy as np

df = pd.DataFrame({
        'col1': ['A', 'A', 'B', np.nan, 'D', 'C'], #❶
        'col2': [2, 1, 9, 8, 7, 4],
        'col3': [0, 1, 9, 4, 2, 3],
        'col4': ['a', 'B', 'c', 'D', 'e', 'F']})
display(df)
```

	col1	col2	col3	col4
0	A	2	0	a
1	A	1	1	B
2	B	9	9	c
3	NaN	8	4	D
4	D	7	2	e
5	C	4	3	F

df를 출력하면 col 열의 인덱스 3에 결측치가 있습니다. 먼저 col1 열에 저장된 값을 내림차순으로 정리하겠습니다.

```
df.sort_values(by=['col1'])
```

	col1	col2	col3	col4
0	A	2	0	a
1	A	1	1	B
2	B	9	9	c
5	C	4	3	F
4	D	7	2	e
3	NaN	8	4	D

데이터 프레임 col1 열에 저장된 값이 알파벳 오름차순 순서대로 정리되었습니다. 이번에는 내림차순으로 재정리하겠습니다. 내림차순으로 정리할 때는 sort_values()에 ascending=False를 추가합니다.

```
df.sort_values(by='col1', ascending=False)
```

	col1	col2	col3	col4
4	D	7	2	e
5	C	4	3	F
2	B	9	9	c
0	A	2	0	a
1	A	1	1	B
3	NaN	8	4	D

ascending=False를 입력하지 않으면 기본값인 ascending=True로 전달됩니다. ascending=True는 오름차순 정리입니다. 값을 정리할 때는 11개가 아니라 두 개 이상을 기준으로 정리할 수 있지만, 앞에 전달된 열이 먼저 정리됩니다. 먼저 정리된 순서를 변경하지 않는 조건에서 다음 열에 저장된 값이 정렬됩니다. 코드로 확인해 보겠습니다.

```
df.sort_values(by=['col1', 'col2'])
```

	col1	col2	col3	col4
1	A	1	1	B
0	A	2	0	a
2	B	9	9	c
5	C	4	3	F
4	D	7	2	e
3	NaN	8	4	D

col1 열은 알파벳 순서대로 먼저 정리되고, 정리된 col1 순서가 변경되지 않은 조건에서 col2 열이 오름차순으로 정리된 것을 볼 수 있습니다. 정리된 결과를 보면 결측치가 가장 아래에 있습니다. 때에 따라 결측치가 가장 위에 있을 필요도 있습니다. 이때는 na_position='first'로 설정합니다.

```
df.sort_values(by='col1', ascending=False, na_position='first')
```

	col1	col2	col3	col4
3	NaN	8	4	D
4	D	7	2	e
5	C	4	3	F
2	B	9	9	c
0	A	2	0	a
1	A	1	1	B

sort_values()는 자주 사용하는 데이터 정렬 함수입니다. 사용법에 익숙해지도록 꼭 직접 작성해 보세요. 다음은 열 이름과 인덱스를 변경하는 함수를 배우겠습니다.

이름을 바꾸는 rename()

데이터를 수집하고 정렬하면서 열 이름을 변경하거나 인덱스 값을 변경할 일이 많습니다. 예를 들어 열 이름이 'yy.mm.dd'보다 '날짜'로 했을 때 해당 열에 저장된 값을 이해하기 더 수월합니다. 이번에도 간단히 데이터 프레임을 생성하고 rename() 함수의 다양한 기능을 이용하여 데이터 프레임을 편집하겠습니다.

```
df = pd.DataFrame({"A": [1, 2, 3], "B": [4, 5, 6]})
df
```

	A	B
0	1	4
1	2	5
2	3	6

이 데이터 프레임의 열 이름과 인덱스 값을 rename() 함수를 사용하여 수정하겠습니다.

▼ 표 1-17 rename() 함수 활용 예시

코드	설명	출력 결과
df.rename(columns={"A":"a", "B":"b"})	열 이름 변경	<table><tr><td></td><td>a</td><td>b</td></tr><tr><td>0</td><td>1</td><td>4</td></tr><tr><td>1</td><td>2</td><td>5</td></tr><tr><td>2</td><td>3</td><td>6</td></tr></table>
df.rename({'A':'aa', 'B':'bb'}, axis='columns')		<table><tr><td></td><td>aa</td><td>bb</td></tr><tr><td>0</td><td>1</td><td>4</td></tr><tr><td>1</td><td>2</td><td>5</td></tr><tr><td>2</td><td>3</td><td>6</td></tr></table>
df.rename({1:10, 2:20}, axis='index')	인덱스 값 변경	<table><tr><td></td><td>A</td><td>B</td></tr><tr><td>0</td><td>1</td><td>4</td></tr><tr><td>10</td><td>2</td><td>5</td></tr><tr><td>20</td><td>3</td><td>6</td></tr></table>

지금까지 rename() 함수로 열 이름과 인덱스 값을 변경했습니다.

데이터를 값 크기에 따라 정리하면 인덱스 순서가 섞이고, 데이터를 이어 붙이는 concat() 과정을 거치면 중복 인덱스가 생성됩니다. 이렇게 규칙이 없는 인덱스가 데이터 프레임에 포함되면 예상치 못한 부분에서 잘못된 계산을 하므로 꼭 인덱스도 데이터 전처리에 포함해야 합니다. 다음은 이때 사용하는 함수를 소개합니다.

인덱스를 다루는 sort_index( )와 reset_index( )

인덱스에 저장된 값을 대상으로 정리하는 sort_index()는 sort_values() 함수와 비슷합니다. sort_values() 함수는 열에 저장된 값을 기준으로 데이터 프레임을 정렬한다면 sort_index()는 인덱스 값을 기준으로 정렬합니다. reset_index() 함수는 기존 인덱스 값을 열로 이동시키고 새롭게 인덱스를 0부터 생성합니다. sort_index() 함수부터 소개하겠습니다. 인덱스 값을 무작위로 지정한 데이터 프레임을 만들겠습니다.

```
df = pd.DataFrame([1, 2, 3, 4, 5], index=[100, 29, 234, 1, 150], columns=['A'])
df
```

	A
100	1
29	2
234	3
1	4
150	5

Note ≡ 　코드에 에러가 발생한다면 import numpy as np를 실행한 후 다시 실습해 보세요.

sort_index()를 사용하여 인덱스를 기준으로 내림차순(ascending=False) 또는 오름차순(ascending=True)으로 값을 정렬할 수 있습니다. 기능을 코드와 함께 표로 정리하면 다음과 같습니다.

▼ 표 1-18 sort_index( ) 함수 활용 예시

코드	설명	출력 결과
df.sort_index()	오름차순 정렬(기본값)	<table><tr><td></td><td>A</td></tr><tr><td>1</td><td>4</td></tr><tr><td>29</td><td>2</td></tr><tr><td>100</td><td>1</td></tr><tr><td>150</td><td>5</td></tr><tr><td>234</td><td>3</td></tr></table>

➊ 계속

코드	설명	출력 결과
df.sort_index(ascending=**False**)	내림차순 정렬	 A **234** 3 **150** 5 **100** 1 **29** 2 **1** 4

sort_index() 함수는 인덱스를 정렬할 수 있지만, 때에 따라 삭제하고 0부터 다시 인덱스를 지정하는 것이 더 편리할 때가 있습니다. 이때는 reset_index() 함수를 사용합니다. 이름처럼 데이터 프레임의 인덱스를 초기화할 수 있습니다. 먼저 문자열 타입 인덱스가 있는 데이터 프레임을 만들겠습니다.

```
df = pd.DataFrame([('bird', 389.0),
                   ('bird', 24.0),
                   ('mammal', 80.5),
                   ('mammal', np.nan)],
                  index=['falcon', 'parrot', 'lion', 'monkey'],
                  columns=('class', 'max_speed'))
df
```

	class	max_speed
falcon	bird	389.0
parrot	bird	24.0
lion	mammal	80.5
monkey	mammal	NaN

인덱스 값이 동물로 구성되어 있습니다. 이 인덱스를 열로 이동시킬 때 reset_index() 함수가 어떻게 활용되는지 표로 나타냈습니다.

코드	설명	출력 결과

df.reset_index()	기존 인덱스가 열로 이동	`index class max_speed`
		`0 falcon bird 389.0`
		`1 parrot bird 24.0`
		`2 lion mammal 80.5`
		`3 monkey mammal NaN`

df.reset_index(drop=True)	drop=True 파라미터로 설정해서 기존 인덱스를 데이터 프레임에서 삭제	`class max_speed`
		`0 bird 389.0`
		`1 bird 24.0`
		`2 mammal 80.5`
		`3 mammal NaN`

reset_index( )에 파라미터를 설정하지 않으면 열 이름은 'index'가 되고 기존 인덱스 값이 열로 이동합니다. 그리고 새롭게 인덱스가 0부터 시작하는 것을 볼 수 있습니다. 기존 인덱스 값을 열로 이동시키지 않고 삭제하겠다면 drop=True를 입력합니다. 그럼 기존 인덱스 정보는 사라지고 새롭게 인덱스를 0부터 시작할 수 있습니다. 다음은 불필요한 데이터를 지울 때 사용하는 함수를 소개합니다.

값을 지우는 drop( ), dropna( )

drop( ) 함수는 인자 값으로 어떤 값이 삭제되어야 하는지 전달받습니다. 삭제 조건을 전달하면 데이터 프레임에서 해당 값들을 삭제하고 반환합니다. 반면 dropna( ) 함수는 데이터 프레임에서 결측치가 있을 때 행 또는 열을 삭제하고 반환하는 기능이 있습니다. 데이터를 수집하거나 전처리를 진행하면 필연적으로 결측치가 생성됩니다. 이때 결측치가 많지 않으면 dropna( ) 함수를 사용하기 때문에 자주 사용되는 함수입니다. 먼저 drop( ) 함수부터 실습하겠습니다.

```python
df = pd.DataFrame(np.arange(12).reshape(3, 4), columns=['A', 'B', 'C', 'D'])
df
```

	A	B	C	D
0	0	1	2	3
1	4	5	6	7
2	8	9	10	11

drop( ) 함수로 df 데이터 프레임의 특정 열을 제거하거나 특정 인덱스에 해당하는 행을 제거하겠습니다.

▼ 표 1-20 drop( ) 함수 활용 예시

코드	설명	출력 결과
df.drop(columns=['B', 'C'])	B 열과 C 열을 지정해서 제거	<table><tr><td></td><td>A</td><td>D</td></tr><tr><td>0</td><td>0</td><td>3</td></tr><tr><td>1</td><td>4</td><td>7</td></tr><tr><td>2</td><td>8</td><td>11</td></tr></table>
df.drop([0, 1])	인덱스 0과 인덱스 1에 해당하는 행 제거	<table><tr><td></td><td>A</td><td>B</td><td>C</td><td>D</td></tr><tr><td>2</td><td>8</td><td>9</td><td>10</td><td>11</td></tr></table>
df.drop(index=[0, 1], columns=['B', 'C'])	인덱스 0과 인덱스 1에 해당하는 행 제거 및 B 열과 C 열 제거	<table><tr><td></td><td>A</td><td>D</td></tr><tr><td>2</td><td>8</td><td>11</td></tr></table>

데이터 프레임에서 결측치가 있는 행과 열을 어떻게 삭제할 수 있는지 dropna( ) 함수로 확인하겠습니다. 먼저 결측치가 포함된 데이터 프레임을 생성합니다.

```python
df = pd.DataFrame({"name": ['Alfred', 'Batman', 'Catwoman'],
                   "toy": [np.nan, 'Batmobile', 'Bullwhip'],
                   "born": [np.nan, "1940-04-25", np.nan]})
df
```

	name	toy	born
0	Alfred	NaN	NaN
1	Batman	Batmobile	1940-04-25
2	Catwoman	Bullwhip	NaN

dropna() 함수로 어떻게 결측치를 다룰 수 있는지 표로 나타내겠습니다.

▼ 표 1-21 dropna() 함수 활용 예시

코드	설명	출력 결과
df.dropna()	결측치가 있는 행을 모두 삭제	name toy born 1 Batman Batmobile 1940-04-25
df.dropna(axis=1)	결측치가 있는 열을 모두 삭제	name 0 Alfred 1 Batman 2 Catwoman
df.dropna(subset=['name', 'toy'])	결측치가 있는 열을 subset으로 지정하여 전달하면 전달한 열에서 결측치가 있는 행만 삭제	name toy born 1 Batman Batmobile 1940-04-25 2 Catwoman Bullwhip NaN

지금까지 데이터 크기를 조정하고 데이터 값에 따라 데이터 프레임을 정렬하거나 제거하는 함수를 소개했습니다. 다음은 필요한 데이터만 추출하는 함수를 배우겠습니다.

1.3.3 데이터 추출

데이터 추출(Subset Observations, Subset Variables)은 앞서 배운 pivot() 함수와 유사한 부분도 있습니다. pivot()은 주어진 데이터 프레임에서 필요한 데이터를 추출하여 연산하며, 교차 집계 기능이 있습니다. 즉, 데이터 정리와 분석 목적이 함께 있을 때는 pivot() 함수가 간편합니다. 하지만 단순하게 데이터를 정리할 목적으로만 추출할 때도 있습니다. 이때는 연산 기능이 필요 없습니다. 지금부터 배울 함수는 연산 기능이 제외되어 있습니다. 자연어 분석 과정에는 방대한 어휘량을 처리하기 때문에 분석 대상인 어휘만 선택해서 분석할 때도 꽤 많습니다. 그래서 데이터 추출 함수는 자주 사용되므로 잘 익혀야 합니다. 실제 분석에서 자주 사용되는 함수를 소개하겠습니다.

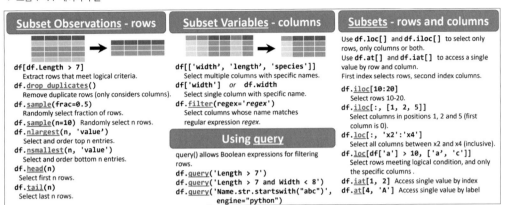

▼ 그림 1-44 데이터 추출

행을 기준으로 데이터 추출

먼저 데이터 프레임을 생성하겠습니다. 그리고 행을 기준으로 데이터를 추출하는 다양한 함수를
소개합니다.

```
df = pd.DataFrame({"ID": [1, 2, 3, 3, 5],
                   "국어": [80, 90, 75, 75, 90],
                   "영어": [85, 100, 70, 70, 95],
                   "수학": [75, 95, 65, 65, 80]})
df
```

	ID	국어	영어	수학
0	1	80	85	75
1	2	90	100	95
2	3	75	70	65
3	3	75	70	65
4	5	90	95	80

df 데이터 프레임에서 일부 값들은 같습니다. ID, 국어, 영어, 수학 열의 인덱스 2~3에 해당하는
값이 같네요. 다양한 방법으로 데이터 프레임에서 필요한 데이터만 행 기준으로 추출하겠습니다.

코드	설명	출력 결과
df[['국어', '영어']]	국어 열과 영어 열 출력	<table><tr><th></th><th>국어</th><th>영어</th></tr><tr><td>0</td><td>80</td><td>85</td></tr><tr><td>1</td><td>90</td><td>100</td></tr><tr><td>2</td><td>75</td><td>70</td></tr><tr><td>3</td><td>75</td><td>70</td></tr><tr><td>4</td><td>90</td><td>95</td></tr></table>
df[df['국어']>80]	국어 열에서 값이 80 초과에 해당하는 행 출력	<table><tr><th></th><th>ID</th><th>국어</th><th>영어</th><th>수학</th></tr><tr><td>1</td><td>2</td><td>90</td><td>100</td><td>95</td></tr><tr><td>4</td><td>5</td><td>90</td><td>95</td><td>80</td></tr></table>
df.drop_duplicates()	모든 값이 중복인 행은 삭제	<table><tr><th></th><th>ID</th><th>국어</th><th>영어</th><th>수학</th></tr><tr><td>0</td><td>1</td><td>80</td><td>85</td><td>75</td></tr><tr><td>1</td><td>2</td><td>90</td><td>100</td><td>95</td></tr><tr><td>2</td><td>3</td><td>75</td><td>70</td><td>65</td></tr><tr><td>4</td><td>5</td><td>90</td><td>95</td><td>80</td></tr></table>
df.drop_duplicates(subset='국어')	국어 열에서 중복 행은 첫 번째 값만 남기고 나머지는 삭제	<table><tr><th></th><th>ID</th><th>국어</th><th>영어</th><th>수학</th></tr><tr><td>1</td><td>2</td><td>90</td><td>100</td><td>95</td></tr><tr><td>4</td><td>5</td><td>90</td><td>95</td><td>80</td></tr></table>
df.head(2)	데이터 프레임 상위 행 두 개를 출력	<table><tr><th></th><th>ID</th><th>국어</th><th>영어</th><th>수학</th></tr><tr><td>0</td><td>1</td><td>80</td><td>85</td><td>75</td></tr><tr><td>1</td><td>2</td><td>90</td><td>100</td><td>95</td></tr></table>
df.tail(2)	데이터 프레임 하위 행 두 개를 출력	<table><tr><th></th><th>ID</th><th>국어</th><th>영어</th><th>수학</th></tr><tr><td>2</td><td>3</td><td>75</td><td>70</td><td>65</td></tr><tr><td>3</td><td>3</td><td>75</td><td>70</td><td>65</td></tr></table>
df.sample(2)	데이터 프레임에서 순서와 관계없이 무작위로 행 두 개를 출력	<table><tr><th></th><th>ID</th><th>국어</th><th>영어</th><th>수학</th></tr><tr><td>0</td><td>1</td><td>80</td><td>85</td><td>75</td></tr><tr><td>3</td><td>3</td><td>75</td><td>70</td><td>65</td></tr></table>
df.sample(frac=0.5)	• 데이터 프레임에서 50%에 해당하는 행을 무작위로 출력 • frac 값 범위는 0에서 1까지이며, 1은 100%를 의미	<table><tr><th></th><th>ID</th><th>국어</th><th>영어</th><th>수학</th></tr><tr><td>1</td><td>2</td><td>90</td><td>100</td><td>95</td></tr><tr><td>4</td><td>5</td><td>90</td><td>95</td><td>80</td></tr></table>

조건별로 데이터 프레임에 저장된 행을 추출하는 과정은 중요합니다. 예를 들어 리뷰 데이터를 수집할 때 가장 많이 등장하는 리뷰는 '배송이 빨라요'입니다. 이 리뷰를 중복 제거해서 하나만 남겨 두지 않고 분석하면 엉뚱한 결과를 도출할 수 있습니다. 해당 제품의 주요 강점이 '배송이 빨라요'가 되면 안 되기 때문입니다. 또 리뷰에 등장하는 어휘가 상당히 많기 때문에 등장 빈도가 특정 값 이상인 어휘만 분석하는 것이 효과적입니다. 그래서 df[df['국어']>80]와 drop_duplicates() 함수는 특히 잘 익혀야 합니다.

head()와 sample() 함수는 앞으로 실습할 내용에서 가장 많이 등장합니다. head() 함수는 가볍게 데이터 상태를 파악할 때 사용하며, sample() 함수는 데이터 전처리를 아직 못했거나 진행 중이라면 무작위로 데이터를 추출해서 부족한 데이터 전처리 부분을 확인할 때 주로 사용합니다.

iloc[ ]와 loc[ ]

iloc[]와 loc[]도 데이터를 행을 기준으로 추출할 때 사용하는 함수입니다. 이 둘의 차이점은 iloc[]는 번호를 사용해서 데이터를 추출할 인덱스와 열을 지정하고, loc[]는 열 이름을 지정합니다. 데이터 프레임에 저장된 열 이름이 길다면 iloc[]를 사용하는 것이 코드를 작성할 때 더 편리합니다. 하지만 loc[]를 사용하면 코드를 더 명확하게 이해할 수 있습니다. iloc[1]보다 loc['국어']가 더 쉽게 의미를 이해할 수 있기 때문입니다. 앞서 생성한 동일한 데이터 프레임을 이용하여 먼저 iloc로 데이터를 추출하겠습니다. iloc[] 코드 구조는 다음과 같습니다.

```
iloc[행 시작 번호:행 종료 번호, 열 시작 번호:열 종료 번호]
```

콜론(:)을 중심으로 시작 번호와 종료 번호를 입력하면 됩니다. 리스트 변수에서 인덱스를 활용하여 값을 선택하는 방법과 동일합니다. 쉼표(,)를 기준으로 쉼표 앞은 행을 선택하는 조건이고 쉼표 뒤는 열을 선택하는 조건을 전달받습니다.

❤ 표 1-23 다양한 함수를 활용한 데이터-열 추출

코드	설명	출력 결과
df.iloc[0,2]	영어 열에서 인덱스 0, 열 2에 해당하는 값 출력	85
df.iloc[1:3]	인덱스 1부터 2까지 해당하는 값 출력	ID 국어 영어 수학 **1** 2 90 100 95 **2** 3 75 70 65

○ 계속

코드	설명	출력 결과
df.iloc[:,:]	전체 행과 열 출력	 　ID 국어 영어 수학 **0** 1 80 85 75 **1** 2 90 100 95 **2** 3 75 70 65 **3** 3 75 70 65 **4** 5 90 95 80
df.iloc[1:4,:]	인덱스 1부터 인덱스 3까지 해당하는 값과 열 전체 출력	 　ID 국어 영어 수학 **1** 2 90 100 95 **2** 3 75 70 65 **3** 3 75 70 65
df.iloc[1:4,:3]	인덱스 1부터 인덱스 3까지 해당하는 값과 열 0부터 열 2까지 출력(ID, 국어, 영어)	 　ID 국어 영어 **1** 2 90 100 **2** 3 75 70 **3** 3 75 70

다음은 loc[ ] 함수로 데이터를 추출하겠습니다. 앞서 설명한 내용에 추가 설명을 하자면 loc[ ] 함수는 열 이름과 데이터 추출 조건을 함께 넣을 수 있습니다. loc[ ] 함수를 사용한 다양한 경우를 표로 나타냈습니다.

❤ 표 1-24 loc[ ]를 활용한 데이터-열 추출

코드	설명	출력 결과
df.loc[:, ['국어','영어']]	국어 열과 영어 열을 선택하여 출력	 　국어 영어 **0** 80 85 **1** 90 100 **2** 75 70 **3** 75 70 **4** 90 95
df.loc[:2, ['국어','영어']]	인덱스 2까지 해당하는 행과 국어 열, 영어 열에 해당하는 값을 출력	 　국어 영어 **0** 80 85 **1** 90 100 **2** 75 70

❍ 계속

코드	설명	출력 결과
df.loc[df['국어']>=80, 　　　　['국어','수학']]	• 조건을 넣어 데이터 추출 • 국어 열에 저장된 값이 80 이상이면 국어 열과 수학 열에 저장된 값 출력	국어　수학 **0**　　80　　75 **1**　　90　　95 **4**　　90　　80

표 맨 아래쪽에 있는 코드는 loc 함수에 추출 조건을 전달해서 데이터를 행 기준으로 추출한 것입니다. 조건을 여러 개 전달해야 한다면 어떻게 해야 할까요? 예를 들어 국어 열에 저장된 값은 80 이상이지만 수학 열에 저장된 값은 80 이하인 값을 추출하려면 어떻게 해야 할까요? 이것을 표현하려면 논리 연산자를 알아야 합니다. 다음 내용은 논리 연산자입니다.

1.3.4 논리 연산자

논리 연산은 특정 조건이 전달되었을 때 참(True)인지 거짓(False)인지 판단합니다. 이 조건은 여러 개 전달할 수 있습니다. 파이썬에서는 a 조건이 참이고 b 조건이 참이어야 한다면 and를 사용하고, a 조건과 b 조건 중 하나만 참이면 될 때는 or를 사용합니다. 파이썬과 판다스는 논리 연산자를 모두 제공하지만, 표현 기호에 차이가 있습니다. 표로 나타내면 다음과 같습니다.

▼ 표 1-25 파이썬과 판다스의 논리 연산자 비교

파이썬 논리 연산자	판다스 논리 연산자	설명
a and b	a & b	a 그리고 b
a or b	a | b	a 또는 b
not a	~ a	a에 해당하지 않음

논리 연산자를 사용해서 데이터 프레임에서 필요한 데이터만 추출하겠습니다. 추출 대상 데이터 프레임은 앞선 iloc[], loc[] 예시와 동일합니다.

▼ 표 1-26 논리 연산자를 활용한 데이터 선택

코드	설명	출력 결과
df[df['국어']==75]	국어 열에 저장된 값 중 75와 동일한 행 출력	<table><tr><td></td><td>ID</td><td>국어</td><td>영어</td><td>수학</td></tr><tr><td>2</td><td>3</td><td>75</td><td>70</td><td>65</td></tr><tr><td>3</td><td>3</td><td>75</td><td>70</td><td>65</td></tr></table>
df[df['국어']!=75]	국어 열에 저장된 값 중 75와 같지 않은 행 출력	<table><tr><td></td><td>ID</td><td>국어</td><td>영어</td><td>수학</td></tr><tr><td>0</td><td>1</td><td>80</td><td>85</td><td>75</td></tr><tr><td>1</td><td>2</td><td>90</td><td>100</td><td>95</td></tr><tr><td>4</td><td>5</td><td>90</td><td>95</td><td>80</td></tr></table>
df[df['국어']>=80]	국어 열에 저장된 값이 80 이상인 행만 출력	<table><tr><td></td><td>ID</td><td>국어</td><td>영어</td><td>수학</td></tr><tr><td>0</td><td>1</td><td>80</td><td>85</td><td>75</td></tr><tr><td>1</td><td>2</td><td>90</td><td>100</td><td>95</td></tr><tr><td>4</td><td>5</td><td>90</td><td>95</td><td>80</td></tr></table>
df[(df['영어']>=80)& (df['국어']>=80)]	영어 열에 저장된 값이 80 이상이고 국어 열에 저장된 값에서 80 이상인 행 출력	<table><tr><td></td><td>ID</td><td>국어</td><td>영어</td><td>수학</td></tr><tr><td>0</td><td>1</td><td>80</td><td>85</td><td>75</td></tr><tr><td>1</td><td>2</td><td>90</td><td>100</td><td>95</td></tr><tr><td>4</td><td>5</td><td>90</td><td>95</td><td>80</td></tr></table>
df[(df['수학']>=70)| (df['국어']>=80)]	수학 열에 저장된 값이 70 이상이거나 국어 열에 저장된 값이 80 이상에 해당하는 행 출력	<table><tr><td></td><td>ID</td><td>국어</td><td>영어</td><td>수학</td></tr><tr><td>0</td><td>1</td><td>80</td><td>85</td><td>75</td></tr><tr><td>1</td><td>2</td><td>90</td><td>100</td><td>95</td></tr><tr><td>4</td><td>5</td><td>90</td><td>95</td><td>80</td></tr></table>
df[~(df['수학']>=70)]	수학 열에 저장된 값에서 70 이상에 해당하지 않는 값만 출력	<table><tr><td></td><td>ID</td><td>국어</td><td>영어</td><td>수학</td></tr><tr><td>2</td><td>3</td><td>75</td><td>70</td><td>65</td></tr><tr><td>3</td><td>3</td><td>75</td><td>70</td><td>65</td></tr></table>

다양한 데이터 추출 함수를 활용하기보다 논리 연산자를 활용하면 코딩이 편리하고 가독성도 좋아집니다. 지금까지 데이터 크기를 정리하거나 정렬하고 추출하는 함수를 배웠습니다. 다음은 데이터를 요약하는 방법을 소개하겠습니다.

1.3.5 데이터 요약

데이터 요약에 관한 내용은 판다스 치트 시트 2쪽에 있습니다.

▼ 그림 1-45 데이터 요약 기능

Summarize Data

`df['w'].value_counts()`
  Count number of rows with each unique value of variable
`len(df)`
  # of rows in DataFrame.
`df.shape`
  Tuple of # of rows, # of columns in DataFrame.
`df['w'].nunique()`
  # of distinct values in a column.
`df.describe()`
  Basic descriptive and statistics for each column (or GroupBy).

pandas provides a large set of <u>summary functions</u> that operate on different kinds of pandas objects (DataFrame columns, Series, GroupBy, Expanding and Rolling (see below)) and produce single values for each of the groups. When applied to a DataFrame, the result is returned as a pandas Series for each column. Examples:

`sum()`
  Sum values of each object.
`count()`
  Count non-NA/null values of each object.
`median()`
  Median value of each object.
`quantile([0.25,0.75])`
  Quantiles of each object.
`apply(function)`
  Apply function to each object.

`min()`
  Minimum value in each object.
`max()`
  Maximum value in each object.
`mean()`
  Mean value of each object.
`var()`
  Variance of each object.
`std()`
  Standard deviation of each object.

데이터 크기가 수만 행을 넘어가면 데이터 추출 기능으로는 데이터 프레임에 저장된 값의 상황을 파악하기 어렵습니다. 그때 데이터 프레임에 저장된 값의 합계나 평균 등 간단한 통계 계산을 하거나 특정 값 빈도를 계산하면 데이터를 파악하는 데 용이합니다. 이를 **데이터 요약**(summarize data)이라고 하는데, 요약된 데이터는 전체 데이터 특징을 간단하고 정확히 정리합니다. 즉, 분석자는 데이터 요약 기능을 잘 알고 있어야 합니다.

먼저 결측치가 포함된 데이터 프레임을 생성하고 이를 데이터 요약으로 분류된 함수를 사용하여 표로 나타내겠습니다.

```python
df = pd.DataFrame({"ID": [1, 2, 3, 4, 5],
                   "국어": [80, 90, 75, 100, 80],
                   "영어": [85, 100, 70, 70, 75],
                   "수학": [75, 95, 65, 95, np.nan]})
df
```

	ID	국어	영어	수학
0	1	80	85	75.0
1	2	90	100	95.0
2	3	75	70	65.0
3	4	100	70	95.0
4	5	80	75	NaN

▼ 표 1-27 데이터 요약 때 사용 빈도가 높은 함수

코드	설명	출력 결과
df['영어'].value_counts()	지정한 열에 저장된 값의 빈도 반환	70 2 85 1 100 1 75 1 Name: 영어, dtype: int64
df.shape	• 지정된 데이터 프레임의 가로세로 크기를 반환 • df 크기는 가로가 다섯 개, 세로가 네 개로 구성되어 있음을 확인	(5, 4)
df['영어'].nunique()	지정된 열에 저장된 값 중 중복되지 않은 값의 수를 반환	4
df['영어'].unique()	지정된 열에 저장된 중복되지 않은 값 나열	array([85, 100, 70, 75])
df.describe()	• 데이터 프레임에 저장된 값의 통계량을 요약 출력 • 개수(count), 평균값(mean), 편차(std), 최솟값(min), 사분위로 구간 네 개를 나누었을 때 25%에 해당하는 값(25%), 중앙값(50%, median), 75%에 해당하는 값(75%), 최댓값(max)을 확인			ID	국어	영어	수학
---	---	---	---	---
count	5.000000	5.0	5.000000	4.0
mean	3.000000	85.0	80.000000	82.5
std	1.581139	10.0	12.747549	15.0
min	1.000000	75.0	70.000000	65.0
25%	2.000000	80.0	70.000000	72.5
50%	3.000000	80.0	75.000000	85.0
75%	4.000000	90.0	85.000000	95.0
max	5.000000	100.0	100.000000	95.0	
df.sum()	데이터 프레임의 각 열에 저장된 값의 합계 반환	ID 15.0 국어 425.0 영어 400.0 수학 330.0 dtype: float64

○ 계속

코드	설명	출력 결과
df[['국어', '영어', '수학']].sum()	지정된 열에 저장된 값의 합계 반환	국어 425.0 영어 400.0 수학 330.0 dtype: float64
df[['국어', '영어', '수학']].median()	지정된 열에 저장된 값들의 중앙값 반환	국어 80.0 영어 75.0 수학 85.0 dtype: float64
df['수학'].std()	• 지정된 열에 저장된 값의 표준 편차 반환 • 데이터 분산 정도를 표시할 때 사용	15.0

첫 번째 value_counts() 함수는 분석에서 많이 사용됩니다. 이 함수에 ascending=False를 전달하여 결과를 내림차순으로 정렬할 수 있습니다. 데이터를 요약하여 데이터에 저장된 값들의 상태를 확인할 때는 시각화하는 방법과 describe() 함수를 사용합니다. 시각화를 이용하여 데이터 분포 상태, 밀집된 정도 및 결측치 현황을 눈으로 확인한다면 describe() 함수는 통계 요약 결과를 얻어 데이터 치우침 정도를 쉽게 파악할 수 있습니다. 다음은 결측치를 어떻게 처리해야 할지 고민해야 할 단계입니다. 판다스는 결측치를 처리할 수 있는 다양한 함수를 제공합니다.

1.3.6 결측치 처리

실무에서 다루는 데이터에는 상상하기 힘들 정도로 많은 결측치가 있습니다. 이 결측치를 어떻게 처리하느냐에 따라 분석 결과는 달라집니다. 결측치를 처리하는 방법은 데이터 분석 과정과 분석 목적마다 다른데, 결측치를 삭제하는 방법과 결측치에 특정 값을 입력하는 방법을 살펴보겠습니다. 결측치가 포함된 데이터 프레임은 앞서 만든 df를 그대로 활용하겠습니다. 수학 열과 인덱스 4에 저장된 값은 결측치입니다. 이 결측치를 다양한 방법으로 처리하겠습니다.

▼ 그림 1-46 결측치 처리

Handling Missing Data

```
df.dropna()
    Drop rows with any column having NA/null data.
df.fillna(value)
    Replace all NA/null data with value.
```

앞서 dropna() 함수를 소개했습니다. dropna() 함수는 결측치를 삭제합니다. 삭제하지 않고 결측치에 특정 값을 채우는 함수는 fillna()입니다.

▼ 표 1-28 결측치를 채우는 fillna()

코드	설명	출력 결과
df.fillna(9999)	결측치에 입력한 값으로 대체	 ID 국어 영어 수학 0 1 80 85 75.0 1 2 90 100 95.0 2 3 75 70 65.0 3 4 100 70 95.0 4 5 80 75 9999.0
df.fillna(df['수학'].mean())	결측치를 지정한 열의 평균값으로 대체	 ID 국어 영어 수학 0 1 80 85 75.0 1 2 90 100 95.0 2 3 75 70 65.0 3 4 100 70 95.0 4 5 80 75 82.5

결측치 처리에 따라 결과가 다르다고 했습니다. 하지만 결측치를 처리하는 방법에 정답은 없습니다. 분석 목적과 데이터 상황에 따라 모두 다르기 때문입니다. 그렇기 때문에 결측치를 어떻게 다룰지 생각하는 힘이 중요합니다. 간단히 결측치를 삭제하면 편하고 결과도 좋을 수 있지만, 전처리할 때마다 결측치를 삭제하면 좋은 결과를 얻기 힘듭니다. 그러므로 본인만의 아이디어를 바탕으로 결측치를 다루길 권장합니다.

1.3.7 열 생성

이번에는 데이터 프레임에 열을 추가하겠습니다. 데이터 프레임의 열들이 서로 관계를 맺는다고 합시다. 예를 들어 몸무게와 키 정보가 저장된 열이 있다면 이 두 열을 이용하여 BMI를 계산하고, 계산 결과로 BMI 열을 생성하여 저장할 수 있습니다. 그럼 몸무게, 키 정보 외에 BMI 정보가 추가되었으니 데이터가 좀 더 풍부한 데이터 프레임이 됩니다. 이를 흔히 피처 엔지니어링(feature engineering)이라고 하는데, 쉽게 말해 새로운 열을 생성하는 것을 의미합니다. 이번 목표는 열을 생성하는 것입니다.

▼ 그림 1-47 열 생성

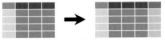

```
df.assign(Area=lambda df: df.Length*df.Height)
    Compute and append one or more new columns.
df['Volume'] = df.Length*df.Height*df.Depth
    Add single column.
pd.qcut(df.col, n, labels=False)
    Bin column into n buckets.
```

먼저 넘파이로 난수를 만들어서 데이터 프레임을 생성하겠습니다.

```
df = pd.DataFrame({"A":range(1, 13),
                   "B":np.random.randint(0, 12, size=12)}) #①
df.head()
```

	A	B
0	1	2
1	2	4
2	3	0
3	4	10
4	5	9

#① 코드는 넘파이에서 제공하는 난수 생성 기능입니다. 0에서 11 사이 임의의 정수를 12개 선택하는 것입니다. 먼저 A 열과 B 열을 합친 후 그 결과를 plus 열에 저장하겠습니다. 두 가지 방식이 있습니다.

✔ 표 1-29 간단하게 열을 생성하는 두 가지 방법

코드	설명	출력 결과
df.assign(plus=**lambda** x:df['A'] + df['B'])	assign() 함수와 람다 함수를 사용하여 열 생성	 　A　B　plus **0**　1　2　3 **1**　2　4　6 **2**　3　0　3 **3**　4　10　14 **4**　5　9　14 **5**　6　0　6 **6**　7　9　16 **7**　8　0　8 **8**　9　9　18 **9**　10　7　17 **10**　11　2　13 **11**　12　3　15
df['plus'] = df['A'] + df['B']	선언한 plus 열에 A 열과 B 열을 합한 값 저장	

표 아래쪽에 있는 코드가 더 간단하지만, 복잡한 계산은 assign()과 람다 함수(lambda)를 사용하는 것이 오히려 더 간단합니다. 여러분도 두 가지 모두 연습해 보면서 익숙해지기 바랍니다. 람다 함수는 데이터를 분석할 때 자주 사용되는데, 데이터를 변형하는 함수가 있다면 해당 함수의 인자는 변수가 아니라 함수로 받는 경우가 많습니다. 람다 함수는 함수를 인자로 전달받을 수 있습니다.

람다 함수를 사용하면 실제 함수를 선언하거나 지역 변수를 선언하는 코드 여러 줄이 필요 없기 때문에 코드가 간결합니다. 람다 함수의 다양한 예제는 뒤에서 실습할 내용(122쪽)에서 매번 등장하므로 예시는 생략하겠습니다. 지금은 plus 열을 생성하기 위해 람다 함수에 전달된 인자 x는 df['A']와 df['B']고 람다 함수의 기능은 df['A'] + df['B']라고 이해하면 됩니다.

plus 열에는 낮은 숫자와 높은 숫자가 저장되어 있습니다. A, B, C 구간으로 나누겠습니다. 구간을 나눌 때는 qcut() 함수가 자주 사용됩니다. qcut() 함수에 양의 정수를 넣으면 해당 정수만큼 구간을 생성합니다. 그리고 그 구간에는 동일한 수의 데이터가 들어갑니다. 3을 넣으면 구간 세 개가 생기고 각 구간에는 동일한 수의 데이터가 들어가지요. qcut() 함수에 전달할 인자는 차례로 '열', '구간 수', '구간 이름'입니다. 코드로 확인하겠습니다.

```python
df = pd.DataFrame({"A":range(1, 13),
                   "B":np.random.randint(0, 12, size=12)})
```

◑ 계속

```
df['plus'] = df['A'] + df['B']

pd.qcut(df['plus'], 3, labels={"A", "B", 'C'}) #❶
```

```
0      A
1      A
2      A
3      B
4      A
5      B
6      B
7      B
8      C
9      B
10     C
11     C
Name: plus, dtype: category
Categories (3, object): ['A' < 'B' < 'C']
```

앞서 df를 설정하고 df['plus']를 생성했다면 #❶ 코드의 qcut() 함수가 정상적으로 실행됩니다. A, B, C 카테고리가 생성되었네요. A가 가장 작고 C가 가장 큰 카테고리로 지정되었습니다. 작은 숫자는 A 카테고리로 지정되고 큰 숫자는 C 카테고리로 지정되었으며 가장 아래 줄에 안내(Categories (3, object): ['A' < 'B' < 'C'])도 있습니다. 이렇게 생성된 값을 기존 데이터 프레임에 새롭게 열을 생성해서 저장하겠습니다.

```
df['category'] = pd.qcut(df['plus'], 3, labels={"A", "B", 'C'})
df
```

	A	B	plus	category
0	1	2	3	A
1	2	4	6	A
2	3	0	3	A
3	4	10	14	B
4	5	9	14	B
5	6	0	6	A
6	7	9	16	C
7	8	0	8	B
8	9	9	18	C
9	10	7	17	C
10	11	2	13	B
11	12	3	15	C

df 데이터 프레임에 category 열을 만들었고 qcut() 결과를 저장했습니다. 이것으로 category 열에서 A 혹은 B를 선택했을 때 어떤 값이 저장되어 있는지 확인할 수 있습니다(예 df[df['category']=='A']). 다음은 데이터를 그룹화하는 함수를 소개하겠습니다.

1.3.8 데이터 그룹화

데이터를 그룹화한다는 것은 데이터 프레임에서 필요한 기준에 따라 새롭게 데이터 프레임을 정렬하는 것입니다. 지금까지 사용했던 데이터 프레임은 데이터 크기가 작기 때문에 그룹화할 필요가 없지만 다양한 값이 저장된 큰 데이터에서는 그룹화하면 데이터 분석이 좀 더 용이합니다.

▼ 그림 1-48 데이터 그루핑 및 연산

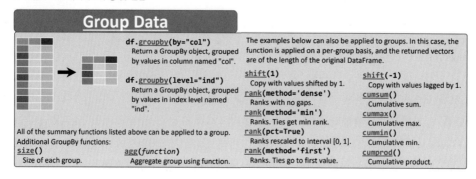

큰 데이터를 가져오기 위해 시각화 라이브러리 seaborn을 가져오겠습니다. seaborn 라이브러리는 다양한 시각화 툴을 제공하지만, 분석용 데이터 세트도 제공합니다.

```
import seaborn as sns

print("seaborn 버전 :", sns.__version__)
```

```
seaborn 버전 : 0.11.2
```

설치된 seaborn 라이브러리 버전은 0.11.2입니다. 보통 seaborn은 sns로 축약해서 사용합니다.

seaborn에서 제공하는 데이터 세트를 가져오는 코드를 실행하겠습니다. 출력 결과를 보면 자동차에 관한 데이터 세트임을 알 수 있습니다.

```
import seaborn as sns

df = sns.load_dataset("mpg")
df.head(3)
```

	mpg	cylinders	displacement	horsepower	weight	acceleration	model_year	origin	name
0	18.0	8	307.0	130.0	3504	12.0	70	usa	chevrolet chevelle malibu
1	15.0	8	350.0	165.0	3693	11.5	70	usa	buick skylark 320
2	18.0	8	318.0	150.0	3436	11.0	70	usa	plymouth satellite

origin 열에 저장된 값은 자동차 생산 국가를 의미합니다. origin 열을 기준으로 데이터 세트를 다양하게 그룹화하겠습니다. 그룹화할 때 자주 사용하는 함수는 groupby()입니다. 이 함수에 정렬 기준을 전달하면 정렬 기준은 인덱스가 되어 새롭게 데이터 프레임을 반환합니다. 다양한 결과를 표로 확인하겠습니다.

❤ 표 1-30 데이터 그룹화에 사용되는 groupby() 함수 활용

코드	설명	출력 결과
df.groupby(by="origin").size()	• origin 열에 저장된 값의 빈도 반환(value_counts()와 유사) • europe, japan, usa 값 빈도 확인 가능	origin europe 70 japan 79 usa 249 dtype: int64
df.groupby(by="origin").min()	인덱스가 origin이고, 각 열의 최솟값 반환	<table><tr><td></td><td>mpg</td><td>cylinders</td><td>displacement</td></tr><tr><td>origin</td><td></td><td></td><td></td></tr><tr><td>europe</td><td>16.2</td><td>4</td><td>68.0</td></tr><tr><td>japan</td><td>18.0</td><td>3</td><td>70.0</td></tr><tr><td>usa</td><td>9.0</td><td>4</td><td>85.0</td></tr></table>
df.groupby(by="origin").mean()	인덱스가 origin이고, 각 열의 평균값 반환	<table><tr><td></td><td>mpg</td><td>cylinders</td><td>displacement</td></tr><tr><td>origin</td><td></td><td></td><td></td></tr><tr><td>europe</td><td>27.891429</td><td>4.157143</td><td>109.142857</td></tr><tr><td>japan</td><td>30.450633</td><td>4.101266</td><td>102.708861</td></tr><tr><td>usa</td><td>20.083534</td><td>6.248996</td><td>245.901606</td></tr></table>
df.groupby(by="origin")[['horsepower', 'weight']].mean()	인덱스가 origin이고, 지정한 열의 평균값을 반환	<table><tr><td></td><td>horsepower</td><td>weight</td></tr><tr><td>origin</td><td></td><td></td></tr><tr><td>europe</td><td>80.558824</td><td>2423.300000</td></tr><tr><td>japan</td><td>79.835443</td><td>2221.227848</td></tr><tr><td>usa</td><td>119.048980</td><td>3361.931727</td></tr></table>

지면 한계로 반환된 데이터 프레임의 일부 열만 나타냈습니다. 실제로 결과를 출력하면 전체 열을 볼 수 있습니다. groupby() 함수는 데이터 압축 효과도 있고 원하는 기준에 따라 데이터 프레임을 재정렬할 수 있어 데이터를 편리하게 파악할 수 있습니다. 다음은 실질적인 결과를 얻는 분석을 하겠습니다.

순위를 구할 때 사용하는 rank()

데이터를 집계할 때 순위를 구하는 경우가 꽤 많습니다. 예를 들어 게임 판매 순위 구하기 또는 세금을 많이 내는 상위 기업 열 개 찾기 등에서 순위를 구합니다. 리뷰를 분석한다면 어떤 리뷰가 가장 '좋아요' 수가 많은지 찾을 필요도 있습니다. 판다스에서는 순위를 구하는 rank() 함수를 제공하기 때문입니다. seaborn 라이브러리에서 가져온 df 데이터 프레임에는 실린더(cylinder) 열이 있습니다. 실린더 열에서 실린더 숫자가 크고 낮을 때 rank()가 어떻게 활용될 수 있는지 보겠습니다. 먼저 실린더 값이 어떻게 있는지 확인하겠습니다.

```
df = sns.load_dataset("mpg")

print(df['cylinders'].unique()) #❶
display(df.head(3))             #❷
display(df.tail(3))             #❸
```

array([8, 4, 6, 3, 5])

	mpg	cylinders	displacement	horsepower	weight	acceleration	model_year	origin	name
0	18.0	8	307.0	130.0	3504	12.0	70	usa	chevrolet chevelle malibu
1	15.0	8	350.0	165.0	3693	11.5	70	usa	buick skylark 320
2	18.0	8	318.0	150.0	3436	11.0	70	usa	plymouth satellite

...

	mpg	cylinders	displacement	horsepower	weight	acceleration	model_year	origin	name
395	32.0	4	135.0	84.0	2295	11.6	82	usa	dodge rampage
396	28.0	4	120.0	79.0	2625	18.6	82	usa	ford ranger
397	31.0	4	119.0	82.0	2720	19.4	82	usa	chevy s-10

seaborn에서 제공하는 자동차 데이터를 불러와 df에 저장해야 합니다.

#❶: 실린더 열에 저장된 데이터가 무엇인지 확인합니다. print( )로 저장된 데이터를 확인하니 8, 4, 6, 3, 5가 나오네요. 실린더는 3부터 8까지 있습니다.

#❷: head(3) 함수로 df의 상위 세 개 행을 출력합니다.

#❸: tail(3) 함수로 df의 하위 세 개 행을 출력합니다.

실린더 수가 많거나 작을 때 rank( ) 함수로 데이터를 그룹화하겠습니다. rank( ) 함수에는 다양한 정렬 기준이 있습니다. 다음 표에서 파라미터 값 변화를 잘 살펴보세요.

▼ 표 1-31 rank( ) 함수를 활용한 순위 찾기

코드	설명	출력 결과
df['cylinders']. rank(method='min')	• min으로 설정하면 높은 값은 값을 가지는 그룹을 낮은 순위로 설정 • 실린더 8은 가장 큰 수이며, 높은 값을 부여	0 296.0 1 296.0 2 296.0 3 296.0 4 296.0 . . . 393 5.0 394 5.0 395 5.0 396 5.0 397 5.0 Name: cylinders, Length: 398, dtype: float64
df['cylinders']. rank(method='dense')	• dense 설정은 min과 유사하지만, 부여하는 값을 1씩 상승 • 실린더 값이 3이면 1, 실린더 값이 8이면 5로 지정	0 5.0 1 5.0 2 5.0 3 5.0 4 5.0 . . . 393 2.0 394 2.0 395 2.0 396 2.0 397 2.0 Name: cylinders, Length: 398, dtype: float64

◐ 계속

코드	설명	출력 결과
df['cylinders'].rank(ascending=**False**, method='dense')	• dense 기준으로 오름차순 정리 • 실린더 열에서는 8이 가장 크므로 1로 지정하고, 4는 네 번째로 크기 때문에 4로 지정	0 1.0 1 1.0 2 1.0 3 1.0 4 1.0 ... 393 4.0 394 4.0 395 4.0 396 4.0 397 4.0 Name: cylinders, Length: 398, dtype: float64

이렇게 구한 값을 데이터 프레임 열 생성으로 추가할 수 있습니다. 예를 들어 df['실린더_순위'] = df['cylinders'].rank(ascending=**False**, method='dense')하면 rank() 결과가 실린더_순위 열에 저장됩니다. 이렇게 rank() 함수로 얻은 순위 정보는 자연어 분석에서 유용하게 사용됩니다. 예를 들어 '좋아요' 수가 높거나 조회 수, 혹은 댓글 수가 많은 리뷰를 rank() 결과로 분석하면 순위별 분석 결과를 얻을 수 있습니다. 아니면 순위가 낮은 정보들은 과감히 분석에서 제외시켜 데이터를 효과적으로 압축할 수 있습니다.

1.3.9 데이터 병합

데이터 분석 과정에서 여러 데이터를 수집했다면 유사한 데이터는 합치는 것이 좋습니다. 앞서 concat() 함수를 소개했습니다. concat() 함수는 데이터를 이어 준다면 이번에 배울 merge() 함수는 서로를 자연스럽게 융합시켜 주는 형태입니다.

▼ 그림 1-49 데이터 병합

서로 병합할 데이터 프레임 두 개를 만들고 다양한 조건으로 병합하겠습니다.

```
adf = pd.DataFrame({"x1": ["A", "B", "C"], "x2": [1, 2, 3]})
bdf = pd.DataFrame({"x1": ["A", "B", "D"], "x3": ["T", "F", "T"]})

display(adf)
display(bdf)
```

	x1	x2
0	A	1
1	B	2
2	C	3

	x1	x3
0	A	T
1	B	F
2	D	T

각 데이터 프레임을 보면 공통으로 있는 열은 x1로, 기준이 됩니다. merge() 함수에서 합칠 기준을 설정하는 파라미터는 on입니다.

▼ 표 1-32 merge( ) 함수를 활용한 데이터 병합

코드	설명	출력 결과
pd.merge(adf, bdf, on='x1')	공통된 x1 열을 기준으로 기본값인 교집합(how= 'inner')으로 병합	 x1 x2 x3 **0** A 1 T **1** B 2 F
pd.merge(adf, bdf, how='right', on='x1')	공통된 x1 열을 기준으로 병합하고 how='right'를 지정할 때 bdf의 x1 열에 있는 값은 보존하고 right 에 해당하는 adf의 x1 열은 제외	 x1 x2 x3 **0** A 1.0 T **1** B 2.0 F **2** D NaN T
pd.merge(adf, bdf, how='left', on='x1')	공통된 x1 열을 기준으로 병합하고 how='left'를 지 정할 때 adf의 x1 열에 있는 값은 보존하고 left에 해 당하는 bdf의 x1 열은 제외	 x1 x2 x3 **0** A 1 T **1** B 2 F **2** C 3 NaN
pd.merge(adf, bdf, how='outer', on='x1')	공통된 x1 열을 기준으로 합집합	 x1 x2 x3 **0** A 1.0 T **1** B 2.0 F **2** C 3.0 NaN **3** D NaN T

지금까지 판다스 치트 시트에서 자주 사용되는 함수를 중심으로 학습했습니다. 함수를 모두 외울 수는 없으므로 치트 시트를 프린트해서 주변에 놓고 필요할 때마다 찾아보세요. 자주 찾으면 자연 스레 외울 수 있습니다. 이제 드디어 기본 단계 학습은 종료했으니 판다스에 익숙해지려는 목적에 서 인구 데이터와 병원 진료 내역 정보를 분석해 보겠습니다. 판다스에 익숙해지면 자연어 데이터 분석도 어색하지 않습니다.

DATA ANALYSIS

1.4 경기도 인구 데이터 분석

이 절에서는 지금까지 배운 판다스를 이용하여 경기도 인구 데이터를 분석해 봅니다. 연령대별로 어떤 동네에 거주하고 있는지에 따라 학교와 공원, 카페가 어디에 밀집되어 있는지 파악할 수 있 습니다.

데이터는 경기데이터드림(https://data.gg.go.kr/portal/mainPage.do)에서 '주민등록인구 집계 현황'을 검색하면 내려받을 수 있습니다. 이때 파일은 .csv 확장자로 내려받습니다. 혹시 내려받을 때 에러가 발생하거나 인구 데이터 자체를 찾을 수 없다면 책에서 제공하는 파일을 사용해 주세요.

▼ 그림 1-50 공공 기관에서 제공하는 경기도 주민등록인구 현황 데이터

번호	연도	월	행정구역구분명	행정구역명	총 인구수	0~9세	10~19세	20~29세	30~39세	40~49세
2	2023	09	시군	경기도 가평군	61,976	2,779	4,372	5,681	5,383	7,
3	2023	09	읍면동	경기도 가평군 가평읍	19,969	1,026	1,682	2,060	1,919	2,
4	2023	09	읍면동	경기도 가평군 북면	3,753	105	172	209	224	
5	2023	09	읍면동	경기도 가평군 상면	5,562	128	206	432	375	1,
6	2023	09	읍면동	경기도 가평군 설악면	9,634	441	733	849	776	1,
7	2023	09	읍면동	경기도 가평군 조종면	9,432	578	715	950	1,072	1,
8	2023	09	읍면동	경기도 가평군 청평면	13,626	501	864	1,181	1,017	1,
9	2023	09	시군	경기도 고양시	1,076,376	71,373	99,484	135,648	143,858	169,
10	2023	09	구	경기도 고양시 덕양구	496,791	36,345	41,549	59,384	72,876	79,
11	2023	09	읍면동	경기도 고양시 덕양구 고양동	28,565	1,559	2,830	3,219	2,700	4,
12	2023	09	읍면동	경기도 고양시 덕양구 관산동	35,272	1,539	2,540	3,739	3,542	4,
13	2023	09	읍면동	경기도 고양시 덕양구 능곡동	18,090	1,127	1,331	2,204	2,584	2,

· 항목명을 클릭하면 데이터 정렬이 가능합니다.(▲ 오름차순, ▼ 내림차순) [XLS] [CSV] [JSON] [XML] [TXT] [다운로드]

13 / 114,985

> **Note** 시계열 데이터를 분석할 때 가장 최신 시점은 제외해야 하는데, 데이터 누수(data leakage)를 방지하기 위해서입니다. 데이터 누수란 분석할 때 미래 정보를 사용하여 과거나 현재의 데이터를 예측하거나 분석하는 상황을 의미합니다. 이는 실제 상황에서는 불가능한 상황이므로 분석 결과의 신뢰성이 부족합니다. 예를 들어 주식 가격 데이터를 다룬다고 가정해 봅시다. 오늘의 주식 가격을 예측하려고 내일의 주식 가격 정보를 사용하는 것은 불가능합니다. 따라서 가장 최신 시점의 데이터는 특별한 처리 없이는 사용하지 않는 것이 일반적입니다. 예를 들어 최근 5년간 인구 현황을 분석할 때 현재가 2024년이라면 분석할 데이터는 2018년부터 2023년까지입니다.

내려받으면 현재 작업 중인 주피터 노트북에 있는 폴더에 data 폴더를 생성한 후 그 아래로 이동하세요.

▼ 그림 1-51 주민등록인구 집계 현황 파일 이동

다음은 실습에 필요한 라이브러리 및 버전입니다. 이미 설치되어 있어 추가로 설치할 필요는 없지만 버전 에러가 발생한다면 해당 버전으로 다시 설치해 주세요.

▼ 표 1-33 실습에 필요한 라이브러리 안내

라이브러리 이름	버전	목적	설치 명령어
판다스	1.3.4	데이터 분석	!pip install pandas==1.3.4
matplotlib	3.5.1	데이터 시각화	!pip install matplotlib==3.5.1
IPython	8.2.0	데이터 시각화 옵션	!pip install IPython==8.2.0

이제 필요한 라이브러리를 모두 가져오겠습니다.

```
import pandas as pd

import matplotlib.pyplot as plt
%matplotlib inline
plt.rc('font', family='Malgun Gothic')        #❶
plt.rcParams['axes.unicode_minus'] = False #❷

from IPython.display import set_matplotlib_formats
set_matplotlib_formats('retina')
```

데이터 분석과 시각화는 판다스와 matplotlib을 사용합니다. %matplotlib inline을 입력하면 그래프 출력 명령어인 plt.show()를 생략할 수 있어 편리합니다.

#❶: 한글 폰트 설정입니다.

#❷: 그래프를 출력할 때 마이너스 부호가 있으면 글자가 깨지는 현상을 방지하려고 입력했습니다.

아래쪽 IPython은 깨끗하고 또렷한 화면의 그래프를 얻고자 가져왔습니다. 굳이 불러오지 않아도 되지만, 출력된 그래프가 선명해서 복사하여 발표 자료나 문서 자료에 붙이기 좋습니다. 이제 경기도 인구 데이터를 가져와서 화면에 출력하겠습니다. CSV 확장자 파일을 불러올 때 사용하는 판다스 함수는 read_csv()입니다.

먼저 파일을 가져오려면 파일 경로를 확인해야 합니다. 파일 경로를 확인할 수 있는 가장 간단한 방법은 윈도에서 해당 파일이 있는 곳으로 이동하여 파일 위에서 마우스 오른쪽 버튼을 눌러 속성을 확인하는 것입니다. 물론 주피터 노트북에서 파일 경로를 확인할 수 있는 명령어도 있지만, 어려운 명령어를 배우기보다는 익숙한 방법으로 배우는 것이 더 좋지요. **속성**을 선택하면 파일 위치가 보입니다. 이 위치를 복사합니다.

▼ 그림 1-52 파일 위치 확인

책에서 복사한 파일 경로는 F:\pytmc\gilbut\data입니다. 이 경로에 \를 꼭 추가한 후 filepath에 저장하면 폴더 안에 옮겨 둔 파일을 불러올 수 있습니다. 이제 저장된 파일을 불러올까요?

```
#각자 파일이 저장된 경로 넣기
filepath = 'F:\pytmc\gilbut\data\'                #①
population = pd.read_csv(filepath + "경기도_주민등록인구집계현황_2022_05.csv",
                            encoding='euc-kr') #②

population.head(2)
```

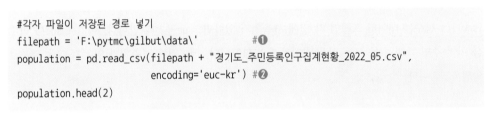

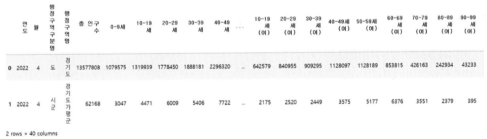

2 rows × 40 columns

#①: 경기도 인구 데이터 경로입니다. 각자 파일이 저장된 경로를 넣어 줍니다.

#②: 인구 데이터 확장자가 CSV이므로 read_csv() 함수로 데이터를 가져옵니다. read_csv() 함수에 파일 경로와 인코딩을 인자로 받습니다. 인구 데이터가 저장될 때 인코딩 방식이 'euc-kr'이기 때문에 동일한 저장 인코딩 방식으로 데이터를 불러와야 합니다. 인코딩이 일치하지 않으면 데이터에 저장된 문자들이 깨져서 출력됩니다. 인코딩을 지정하지 않고 파일 불러오기를 하면 기본값인 utf-8로 불러옵니다. 글자가 깨져서 출력된다면 cp949, euc-kr, utf-16 세 인코딩 방식 중하나입니다.

출력 결과를 보면 열이 총 40개 있습니다. 연도, 월, 행정구역명, 총 인구수, 나이별, 성별로 분리되어 집계된 것을 볼 수 있습니다. 경기도 인구 데이터 크기를 확인하겠습니다.

```
print("데이터 크기 :", population.shape)
```

데이터 크기 : (104401, 40)

데이터 크기는 행 수가 10만 4401개, 열이 40개로 되어 있습니다. 많은 데이터가 있으니까 일부 결측치가 있을지도 모릅니다. 결측치를 확인할 때는 .isnull()과 sum() 함수를 함께 사용합니다. isnull() 함수는 데이터 프레임 각 열에 결측치가 있다면 True를 반환합니다. 여기에 sum() 함수를 이어 주면 True 수를 모두 합해서 합계를 반환합니다. 데이터에 결측치가 있는지 다음 코드로 확인하겠습니다.

```
population.isnull().sum()
```

```
연도              0
월               0
행정구역구분명     0
행정구역명        0
총 인구수        0
0~9세           0
10~19세          0
...
dtype: int64
```

모든 열에서 결측치 합계는 0입니다. 결측치가 잘 정제된 데이터입니다. 데이터 열 내용을 살펴보면 연령별, 성별로 데이터가 구성되어 있음을 알 수 있습니다. 이제 젊은 세대가 많이 사는 지역이 어디인지 정의해야 합니다. 이 분석에서는 40대 이하 여성이 많이 사는 지역을 젊은 세대가 많이 사는 지역으로 정의합니다. 이렇게 정의한 이유는 40대 이하 여성이 지역 맘카페에 가입하고, 학령기에 들어선 아이들의 학부모이기 때문입니다. 10대와 40대가 함께 살고 있으므로 해당 지역은 전체적으로 젊은 지역으로 간주할 수 있습니다. 그럼 이제 열 40개 중에서 여성들에 해당하는 열만 가져옵니다.

```
popula_female = population.iloc[:,-12:]                              #❶
popula_info = population.iloc[:,:4]                                  #❷
pop_female_info = pd.concat([popula_info, popula_female], axis=1) #❸
```

	연도	월	행정구역구분명	행정구역명	총 인구수 (여)	0-9세 (여)	10-19세 (여)	20-29세 (여)	30-39세 (여)	40-49세 (여)	50-59세 (여)	60-69세 (여)	70-79세 (여)	80-89세 (여)	90-99세 (여)	100세 이상 (여)
0	2022	4	도	경기도	6743949	527236	642579	840955	909295	1128097	1128189	853815	426163	242934	43233	1453
1	2022	4	시군	경기도 가평군	30122	1510	2175	2520	2449	3575	5177	6376	3551	2379	395	15
2	2022	4	읍면동	경기도 가평군 가평읍	9601	517	784	959	845	1245	1590	1792	1013	732	117	7

#❶: 열을 끝에서 12개 가져옵니다. 여기는 여성들 정보만 있습니다. 이 데이터 프레임을 popula_female이라고 이름 지었습니다.

#❷: population 데이터 프레임에서 왼쪽부터 연도, 월, 행정구역구분명, 행정구역명 네 개를 가져와 이 데이터 프레임을 popula_info로 이름 지었습니다. 이 두 데이터 프레임을 합치고, 합친 데이터를 주요 분석 대상으로 삼습니다.

#❸: concat() 함수로 합칩니다. 파라미터에 axis=1을 넣어 가로 방향으로 합치고, 합친 결과를 pop_female_info로 이름 지었습니다. pop_female_info 출력 결과를 보면 정상적으로 여성에 해당하는 데이터를 모두 가져왔다는 것을 확인할 수 있습니다.

이제 연도별로 어느 정도 행이 있는지 value_counts()로 확인하겠습니다.

```
pop_female_info['연도'].value_counts().sort_index()
```

```
2008    8066
2009    7088
2010    7100
2011    7140
2012    7169
2013    7195
2014    7246
2015    7307
2016    7326
2017    7300
2018    7335
2019    7214
2020    7167
```

```
2021    7276
2022    2472
Name: 연도, dtype: int64
```

value_counts() 함수로 결과를 출력하면 높은 값을 기준으로 내림차순 정렬되어 왼쪽의 연도 정보가 섞이게 됩니다. 그럼 연도별 인구 변화 상황을 확인하기 어렵습니다. 연도는 인덱스에 해당하고, 인덱스를 정렬하는 함수는 sort_index()입니다. sort_index()를 함께 사용하여 2008년부터 2022년까지 결과를 순서대로 출력했습니다. 2008년에는 8066행이 있었지만, 2021년에는 7276행이 있습니다. 여성 인구가 감소했음을 짐작할 수 있습니다. 마지막 결과를 보면 2022년도 데이터는 2472행입니다. 다시 말하지만, 시계열 데이터 분석에서 가장 최근 분석일은 제외해야 합니다. 예를 들어 올해 누적 매출 실적을 6월에 분석하고 있다면 6월은 분석하지 않고 추정치로 처리해야 합니다. pop_female_info 데이터 프레임에서 2022년도를 비교 연산자 not(!=)을 사용하여 제외하겠습니다.

```python
pop_female_info = pop_female_info[pop_female_info['연도']!=2022]
```

다음은 열 이름을 rename() 함수로 수정하겠습니다. 열 이름 '10~19세 (여)'에 있는 (여) 정보는 필요하지 않습니다. 어차피 모두 여성 정보만 있기 때문입니다. 간단히 '10대'로 변경합니다.

```python
pop_female_info.rename(columns={"0~9세 (여)": "10대_미만",
                                "10~19세 (여)": "10대",
                                "20~29세 (여)": "20대",
                                "30~39세 (여)": "30대",
                                "40~49세 (여)": "40대",
                                "50~59세 (여)": "50대",
                                "60~69세 (여)": "60대"
                               }, inplace=True)
```

rename()을 사용해서 열 이름을 모두 변경했습니다. rename() 함수에 입력된 파라미터에서 inplace=True로 설정되어 있습니다. 그럼 pop_female_info 데이터 프레임에 변경된 내용이 pop_female_info에 그대로 적용됩니다. 코드로 표현하면 pop_female_info = pop_female_info.rename(변경할 내용)과 동일합니다. 앞으로 inplace=True 파라미터는 자주 등장합니다. 다음은 70세 이상에 해당하는 열을 모두 '70대 이상'으로 변경하겠습니다.

```
pop_female_info['70대_이상'] = pop_female_info["70~79세 (여)"] +
                              pop_female_info["80~89세 (여)"] +
                              pop_female_info["90~99세 (여)"] +
                              pop_female_info["100세 이상 (여)"]


pop_female_info.info() #❶
```

```
<class 'pandas.core.frame.DataFrame'>
Int64Index: 101929 entries, 2472 to 104400
Data columns (total 17 columns):
 #   Column           Non-Null Count    Dtype
---  ------           --------------    -----
 0   연도              101929 non-null   int64
 1   월               101929 non-null   int64
 2   행정구역구분명        101929 non-null   object
 3   행정구역명          101929 non-null   object
 4   총 인구수 (여)      101929 non-null   int64
 5   10대_미만         101929 non-null   int64
 6   10대             101929 non-null   int64
 7   20대             101929 non-null   int64
 8   30대             101929 non-null   int64
 9   40대             101929 non-null   int64
 10  50대             101929 non-null   int64
 11  60대             101929 non-null   int64
 12  70~79세 (여)      101929 non-null   int64
 13  80~89세 (여)      101929 non-null   int64
 14  90~99세 (여)      101929 non-null   int64
 15  100세 이상 (여)    101929 non-null   int64
 16  70대_이상         101929 non-null   int64
dtypes: int64(15), object(2)
memory usage: 14.0+ MB
```

Note ≡ 코드 길이가 가로로 길어지면 가독성이 떨어집니다. 이때 길어진 코드 중간에 \를 입력하고 [Enter]를 입력하여 줄바꿈하면 코드 가독성이 좋아집니다.

70대_이상 열을 새로 생성했고, 70세 이상에 해당하는 열을 모두 더한 결과를 저장했습니다. 코드가 길어지면 '\'를 입력해서 다음 줄로 넘기면 됩니다. #❶ 코드의 info() 함수로 데이터 프레임에 저장된 데이터 정보를 요약해서 확인했습니다.

출력 결과를 보면 필요한 내용이 모두 기재되어 있습니다. 맨 위 데이터는 연도입니다. 연도는 10만 1929행이 non-null, 즉 결측치가 아닌 값이 10만 1929행 있습니다. 그리고 데이터 타입은 int64, 즉 정수로 확인됩니다. 두 번째 인덱스의 '행정구역구분명' 데이터는 데이터 타입이 object 입니다. object 타입은 string과 같습니다.

아래쪽의 인덱스 12에 해당하는 '70~79세 (여)'부터 인덱스 15의 '100세 이상 (여)'까지 데이터는 더 이상 필요 없습니다. drop() 함수로 해당 열을 삭제하고 정리된 결과는 df_female 변수에 새롭 게 저장하겠습니다.

```
df_female = pop_female_info.drop(['70~79세 (여)', '80~89세 (여)', '90~99세 (여)',
                                  '100세 이상 (여)'], axis=1)

df_female.head(2)
```

	연도	월	행정구역구분명	행정구역명	총 인구수 (여)	10대_미만	10대	20대	30대	40대	50대	60대	70대_이상
2472	2021	12	도	경기도	6738152	537188	642942	850446	916828	1127941	1122217	839319	701271
2473	2021	12	시군	경기도 가평군	30135	1579	2137	2560	2494	3589	5219	6290	6267

출력된 df_female 데이터 프레임을 보면 행정구역구분명이 있습니다. 행정구역 중에 면, 리는 시 골 지역이기 때문에 당연히 40대 이하 인구가 많이 살고 있지 않습니다. 그래서 면, 리 정보는 현 재 필요 없습니다. 행정구역구분명에 '동'을 포함한 행만 가져오겠습니다. 동이 포함되면 시, 구, 동이 되고 자연스럽게 도시 지역을 중심으로 데이터가 정리됩니다. 그리고 동으로 정리하면 경기 도 전체 인구, 자치시 전체 인구 등 인구 합계 정보는 자연스럽게 제외할 수 있습니다.

열에서 특정 글자가 포함된 행만 가져오는 함수는 contains()입니다. contains() 함수에 특정 글 자를 인자로 넣어 주면 해당 글자가 포함된 행을 가져옵니다. contains() 함수가 적용될 열에는 .str을 붙여 해당 열을 문자열 타입으로 지정합니다.

```
df_female_dong = df_female[df_female['행정구역명'].str.contains('동')]
df_female_dong.head()
```

	연도	월	행정구역구분명	행정구역명	총 인구수 (여)	10대_미만	10대	20대	30대	40대	50대	60대	70대_이상
2482	2021	12	읍면동	경기도 고양시 덕양구 고양동	14790	978	1460	1605	1483	2476	2463	2183	2142
2483	2021	12	읍면동	경기도 고양시 덕양구 관산동	17991	953	1323	1903	1797	2594	3428	3158	2835
2484	2021	12	읍면동	경기도 고양시 덕양구 능곡동	7460	383	539	932	797	1086	1534	1158	1031
2485	2021	12	읍면동	경기도 고양시 덕양구 대덕동	1025	42	58	161	99	118	167	187	193
2486	2021	12	읍면동	경기도 고양시 덕양구 삼송동	13198	1289	832	1521	2478	2152	1956	1618	1352

str.contains( ) 함수에 '동'을 입력하여 행정구역명에 '동'이 포함된, 즉 조건을 만족(True)하는 행을 모두 가져왔습니다. 가져온 결과는 df_female_dong으로 이름 지었습니다. 출력 결과에서 맨 위의 행을 보면 '경기도 고양시 덕양구 고양동'입니다. 데이터를 추출했기 때문에 데이터 크기가 많이 줄었습니다. df_female_dong.head( )로 데이터 크기를 확인하니 7만 1478행입니다.

동마다 동일한 인구가 살고 있다면 40대 이하 여성들의 인구수를 찾아서 내림차순으로 정리하면 분석은 끝납니다. 하지만 지역마다 인구 분포가 다르기 때문에 해당 지역에서 40대 이하 여성들의 비율(%)을 구해야 합니다.

$$40대\ 이하\ 여성\ 비율(\%) = \frac{40대\ 이하\ 인구\ 합계}{해당\ 지역\ 전체\ 인구수} \times 100$$

그리고 50대 이상 여성 비율(%)도 함께 구하겠습니다. 50대 이상 여성 비율(%)은 다음과 같이 정의합니다. 50대 이상 여성 비율(%) 정보로 고령화가 심한 동을 찾을 수 있습니다.

$$50대\ 이상\ 여성\ 비율(\%) = \frac{50대\ 이상\ 인구\ 합계}{해당\ 지역\ 전체\ 인구수} \times 100$$

40대 이하 인구 합계 값은 under40s에 저장하고, 50대 이상 인구 합계 값은 over50s에 저장하겠습니다.

```
under40s = df_female_dong['10대_미만'] + df_female_dong['10대'] +
            df_female_dong['20대'] + df_female_dong['30대'] + df_female_dong['40대']
over50s = df_female_dong['50대'] + df_female_dong['60대'] + df_female_dong['70대_이상']

under40_percent = round((under40s/df_female_dong['총 인구수 (여)'])*100, 2) #❶
over50_percent = round((over50s/df_female_dong['총 인구수 (여)'])*100, 2)   #❷

df_female_dong['40대_이하_여성비율(%)'] = under40_percent
df_female_dong['50대_이상_여성비율(%)'] = over50_percent

df_female_dong.head(2)
```

	연도	월	행정구역구분명	행정구역명	총 인구수 (여)	10대_미만	10대	20대	30대	40대	50대	60대	70대_이상	40대_이하_여성비율(%)	50대_이상_여성비율(%)
2482	2021	12	읍면동	경기도 고양시 덕양구 고양동	14790	978	1460	1605	1483	2476	2463	2183	2142	54.10	45.90
2483	2021	12	읍면동	경기도 고양시 덕양구 관산동	17991	953	1323	1903	1797	2594	3428	3158	2835	47.63	52.37

10대_미만 열부터 40대 열까지 모두 합하고 under40s에 저장했습니다. over50s에는 50대 열부터 70대_이상 열까지 합한 값이 저장되어 있습니다.

#❶: under40s를 '총 인구수 (여)'로 나누었고 100을 곱해서 40대 이하 여성 비율(%)을 구한 것입니다. round( ) 함수로 결과를 소수점 두 자리로 고정했습니다. 결과는 under40_percent로 저장했습니다.

#❷: 앞의 내용과 같습니다. 결과를 출력하겠습니다.

행정구역명을 보니 도, 시, 구, 동이 모두 함께 있습니다. 여기에서 시와 동으로 분리하겠습니다. 자치구를 분리하지 않는 이유는 시에 따라 자치구가 없기도 하기 때문입니다. 예로 화성시 동탄동이 있습니다. 시와 동을 분리할 때 split( ) 함수를 사용하겠습니다. split( ) 함수는 문자열을 인자에 전달된 값을 기준으로 분리해서 리스트로 반환합니다. 아무 값도 전달하지 않으면 띄어쓰기를 기준으로 문자열을 분리하여 리스트로 반환합니다. '경기도 고양시 덕양구 고양동'을 분리하여 반환해 보겠습니다.

```
x = "경기도 고양시 덕양구 고양동"
print("split() 적용 전 :", x)
print("split() 적용 후 :", x.split())
print("동 추출 결과 :", x.split()[-1])
print("시 추출 결과 :", x.split()[1])
```

```
split() 적용 전 : 경기도 고양시 덕양구 고양동
split() 적용 후 : ['경기도', '고양시', '덕양구', '고양동']
동 추출 결과 : 고양동
시 추출 결과 : 고양시
```

출력 결과를 보면 띄어쓰기를 기준으로 모두 분리되어 리스트 타입으로 저장된 것이 보입니다. 인덱스를 기준으로 보자면, 시는 인덱스 1에 해당하고 동은 인덱스 끝인 -1에 해당합니다. 이를 이용하여 람다 함수에 split( )를 전달하고 행정구역명에 저장된 정보를 시와 동으로 분리하겠습니다.

```
df_female_dong['동'] = df_female_dong['행정구역명'].apply(lambda x:x.split()[-1]) #❶
df_female_dong['시'] = df_female_dong['행정구역명'].apply(lambda x:x.split()[1])
```

#❶ 코드는 람다 함수를 사용했습니다. 람다 함수에 전달한 x는 df_female_dong['행정구역명'] 열에 저장된 각 저장 값입니다. 이 저장된 값이 x가 되어 순서대로 split( ) 함수와 연결됩니다. 전달된 x는 split( )를 사용하여 띄어쓰기 기준으로 분리되고 리스트로 저장됩니다. 동 정보는

split( ) 반환 결과에서 가장 끝에 있으니 인덱스 −1입니다. 그리고 시 정보는 반환 결과에서 두 번째에 있으니 인덱스 1입니다. df_female_dong 데이터 프레임 일부를 무작위로 출력하겠습니다.

```
df_female_dong.sample( )
```

	연도	월	행정구역구분명	행정구역명	총 인구수 (여)	10대_미만	10대	20대	30대	40대	50대	60대	70대_이상	40대_이하_여성비율(%)	50대_이상_여성비율(%)	동	시
46294	2015	12	읍면동	경기도 성남시 분당구 야탑2동	9364	718	1026	1299	1377	1609	1544	925	866	64.38	35.62	야탑2동	성남시

새롭게 생성한 동 열과 시 열이 보이고 정보도 제대로 저장되었습니다. 시와 동 정보는 하나로 다시 합치겠습니다. 경기도에 시는 다르지만 동 이름은 같은 경우가 있기 때문입니다.

```
df_female_dong['시-동'] = df_female_dong['시'] + " " + df_female_dong['동'] #①
df_result = df_female_dong[['연도', '시', '동', '시-동', '총 인구수 (여)',
                    '40대_이하_여성비율(%)', '50대_이상_여성비율(%)']] #②
df_result.isnull().sum()
```

```
연도                    0
시                     0
동                     0
시-동                   0
총 인구수 (여)            0
40대_이하_여성비율(%)       32
50대_이상_여성비율(%)       32
dtype: int64
```

#①: 시 열과 동 열을 합쳐 df_female_dong['시-동'] 열을 새로 만들었습니다. 40대 이하 여성 인구 비율(%)을 보는 것이 목적이기 때문에 10대와 20대 정보는 불필요합니다.

#②: 필요한 열만 가져왔습니다. 이제 데이터 전처리가 끝났다고 생각하여 df_result에 저장했습니다. 데이터 프레임 전체에 연산을 적용하거나 필요한 데이터를 추출할 때마다 결측치를 확인해야 합니다.

다시 한 번 결측치를 확인해 보니 결측치가 32개 생겨났습니다. 앞서 한 분석에서는 결측치가 없었는데 갑자기 생겼습니다. 이것이 어찌된 일인지 확인해야 합니다. 그럼 결측치에 해당하는 행을 가져오면 되겠네요. 이때는 isnull()을 사용합니다.

```
df_result[df_result['40대_이하_여성비율(%)'].isnull()]
```

	연도	시	동	시-동	총 인구수 (여)	40대_이하_여성비율(%)	50대_이상_여성비율(%)
3082	2021	화성시동부출장소	화성시동부출장소	화성시동부출장소 화성시동부출장소	0	NaN	NaN
3083	2021	화성시동탄출장소	화성시동탄출장소	화성시동탄출장소 화성시동탄출장소	0	NaN	NaN
3693	2021	화성시동부출장소	화성시동부출장소	화성시동부출장소 화성시동부출장소	0	NaN	NaN
3694	2021	화성시동탄출장소	화성시동탄출장소	화성시동탄출장소 화성시동탄출장소	0	NaN	NaN
4302	2021	화성시동부출장소	화성시동부출장소	화성시동부출장소 화성시동부출장소	0	NaN	NaN
4303	2021	화성시동탄출장소	화성시동탄출장소	화성시동탄출장소 화성시동탄출장소	0	NaN	NaN

isnull() 함수는 전달된 데이터 프레임에서 결측치가 있으면 True로 반환한다고 했습니다. True로 반환된 행들이 출력되었습니다. True에 해당하는 행을 모두 출력해 보면 여성 비율(%)을 구할때 결측치가 생겼습니다. 40대 이하 여성이 없는데 100으로 나누는 연산이 들어갔기 때문에 NaN으로 반환된 것입니다. 그럼 결측치가 있는 행은 dropna() 함수로 모두 삭제해도 문제없습니다. 그리고 최근 5년치 데이터만 가져오겠습니다.

```
df_result.dropna(inplace=True)              #❶
df_resent = df_result[df_result['연도']>2015] #❷
df_result.sample(3)
```

	연도	시	동	시-동	총 인구수 (여)	40대_이하_여성비율(%)	50대_이상_여성비율(%)
61733	2013	의정부시	의정부3동	의정부시 의정부3동	7053	59.00	41.00
58101	2014	용인시	유림동	용인시 유림동	16193	76.16	23.84
97730	2008	성남시	신촌동	성남시 신촌동	1855	76.87	23.13

#❶: dropna() 함수로 결측치가 있는 행을 모두 삭제했고, inplace=True로 설정하여 df_result에 변경한 내용을 적용했습니다.

#❷: 2016년부터 2021년까지 해당하는 데이터만 선택하여 df_resent에 저장했습니다. 이것으로 데이터 전처리는 모두 완료했습니다.

이제 연도별 인구 상황을 요약하겠습니다. 연도별 인구 상황을 파악하기 위해 여러 통계적 분석을 적용할 수 있지만, 이 실습은 판다스에 익숙해지는 것이 목표입니다. 그래서 단순히 평균만 이용해서 인구 데이터를 분석하겠습니다. 분석에는 groupby(), reset_index(), sort_values() 함수를 사용합니다.

```
df_resent_group = df_resent.groupby(['시-동'])['40대_이하_여성비율(%)',
                          "50대_이상_여성비율(%)"].mean()              #❶
df_resent_group.reset_index(inplace=True)                            #❷
df_resent_group.sort_values(by='40대_이하_여성비율(%)', ascending=False)[:20] #❸
```

	시-동	40대_이하_여성비율(%)	50대_이상_여성비율(%)
474	화성시 동탄4동	85.645833	14.354167
471	화성시 동탄1동	83.195833	16.804167
473	화성시 동탄3동	82.473611	17.526389
477	화성시 동탄7동	81.555000	18.445000
483	화성시 새솔동	81.477708	18.522292
476	화성시 동탄6동	81.381458	18.618542
478	화성시 동탄8동	81.288148	18.711852
267	시흥시 배곧동	81.220000	18.780000
266	시흥시 배곧2동	80.545000	19.455000
216	수원시 광교1동	80.375694	19.624306
237	수원시 영통2동	80.110833	19.889167
475	화성시 동탄5동	80.090000	19.910000
472	화성시 동탄2동	79.932639	20.067361
436	평택시 고덕동	79.715000	20.285000
223	수원시 망포2동	78.495152	21.504848
265	시흥시 배곧1동	78.420000	21.580000
437	평택시 동삭동	78.240000	21.760000
252	수원시 태장동	78.194615	21.805385
447	평택시 용이동	77.736786	22.263214
95	김포시 김포2동	77.580667	22.419333

#❶: groupby() 함수로 데이터를 그룹화했습니다. 시-동 열은 groupby()로 만든 데이터 프레임에서 인덱스가 됩니다. 그리고 40대_이하_여성비율(%)과 50대_이상_여성비율(%) 데이터를 가져오고 평균값으로 정렬하여 df_resent_group에 저장했습니다.

#❷: reset_indext() 함수로 기존 '시-동' 인덱스를 열로 이동시키고 인덱스를 0부터 새롭게 지정했습니다.

#❸: sort_values() 함수로 데이터를 40대_이하_여성비율(%)을 기준으로 내림차순 정렬(ascending=False)했고 상위 20개([:20])만 출력했습니다.

출력 결과를 보면 화성시 동탄4동이 1위로 40대_이하_여성비율(%)이 85.64%나 됩니다. 그다음 8위까지 모두 화성시에서 나타났습니다. 결과를 보면 대체로 신도시입니다. 신도시인 만큼 아무래도 새롭게 조성된 곳이니 젊은 인구가 많이 유입된 것이지요.

반대로 50대_이상_여성비율(%) 열을 내림차순으로 정리하여 어느 도시에서 인구 노령화가 빠르게 진행되고 있는지 확인할 수 있습니다. sort_values() 함수로 직접 확인하길 바랍니다.

이제 matplotlib을 이용하여 결과를 시각화하겠습니다.

```
df_top20 = df_resent_group.sort_values(by='40대_이하_여성비율(%)',
                                        ascending=False)[:20] #❶

x = df_top20['시-동']                                          #❷
y = df_top20['40대_이하_여성비율(%)']                            #❸

plt.figure(figsize=(10, 5))
plt.title("2016 ~ 2021년, 40대 이하 여성이\n가장 많이 사는 지역 상위 20개 동", fontsize=15)
plt.bar(x, y, alpha=0.7, color='darkgreen')                   #❹
plt.xticks(size=12, rotation=45)
plt.yticks(size=12)
plt.ylabel("%", size=15)
plt.ylim(70, 90)                                              #❺
plt.grid(True, alpha=0.2)
```

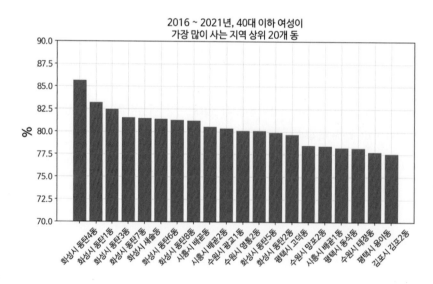

#❶: 젊은 여성들이 많이 사는 동네 상위 20개를 df_top20에 저장했습니다.

#❷: 그래프 X축으로 사용할 값은 df_top20에서 인덱스에 해당하고 이를 x에 저장합니다.

#❸: 40대_이하_여성비율(%) 열에 저장된 값을 y에 저장합니다.

#❹: 핵심 코드입니다. 막대 그래프로 설정했고 #❷, #❸에서 지정한 x, y 값을 순서대로 전달합니다. 알파 값을 조정해서 투명도를 조절할 수 있고 색도 지정할 수 있습니다. 여기까지만 하고 출력해도 결과를 얻을 수 있지만 더 설정하겠습니다. 그냥 출력하면 x축 인덱스에 해당하는 마을 이름들이 서로 빼곡히 겹치기 때문에 보기 힘듭니다. 글자가 회전하면 서로 겹치는 글자들이 없어지기 때문에 보기 좋습니다.

#❺: 상위 20개에 해당하는 마을들의 40대_이하_여성비율(%)을 보면 모두 70% 이상입니다. y축이 0부터 시작하기보다 70부터 시작해서 90에서 끝나도록 ylim() 함수로 지정합니다.

다음은 진료 데이터를 분석해 봅시다. 진료 데이터를 분석하며 다양한 데이터를 병합하는 과정과 함수를 생성하는 방법에 익숙해져 봅시다.

> **Note** ≡ matplotlib에서 지원하는 다양한 색 목록을 확인해 보세요.
> **URL** https://matplotlib.org/3.1.0/gallery/color/named_colors.html

DATA ANALYSIS

1.5 국민건강보험공단 진료 내역 정보 전처리

이번에는 국민건강보험공단 진료 내역 정보를 분석하겠습니다. 진료 내역 정보에는 국민들의 개인 정보를 보호하는 수준에서 어떤 진료를 받았는지, 진단명은 무엇인지, 입원일이 언제인지 등 정보가 저장되어 있습니다. 파일이 상당히 크기 때문에 공공데이터포털에서 내려받는 데 시간이 조금 걸립니다. 이번 실습에는 3장 자연어 분석 실습에서 사용할 데이터를 준비하는 것이 목적이지만, 그보다 직접 함수를 만들고 데이터를 합치거나 병합하는 과정이 핵심입니다.

▼ 그림 1-53 공공데이터포털에서 제공하는 진료 내역 정보(https://www.data.go.kr/data/15007115/fileData.do)

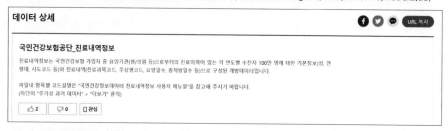

1.5.1 설정 및 데이터 가져오기

진료 데이터는 지난 인구 데이터보다 더 큰 용량입니다. 파일을 공공데이터포털에서 내려받거나 책과 함께 제공되는 소스 코드에서 내려받아도 됩니다. 내려받은 파일은 지난 인구 데이터 분석 때 사용한 폴더에 저장하면 됩니다.

새롭게 주피터 노트북 파일을 만드세요. 그리고 필요한 라이브러리와 데이터를 가져오겠습니다.

```python
import pandas as pd

import matplotlib.pyplot as plt
%matplotlib inline

plt.rc('font', family='NanumBarunGothic')

from IPython.display import set_matplotlib_formats
set_matplotlib_formats('retina')

doctor_data_1 = pd.read_csv('F:\pytmc\gilbut\data\HP_T20_2020_1.CSV',
                            encoding='cp949') #①
doctor_data_2 = pd.read_csv('F:\pytmc\gilbut\data\HP_T20_2020_2.CSV',
                            encoding='cp949')
doctor_data_3 = pd.read_csv('F:\pytmc\gilbut\data\HP_T20_2020_3.CSV',
                            encoding='cp949')

doctor_data_1.head(2)
```

	기준 년도	가입자 일련번 호	진료내역의 연번호	성별 코드	연령 대코 드	시도 코드	요양개 시일자	서식 코드	진료과 목코드	주상병 코드	부상병 코드	요양 일수	입내 원일 수	심결가 산율	심결요양급 여비용총액	심결본인 부담금	심결보험 자부담금	총처 방일 수	데이터 기 준일자
0	2020	29	3724043	1	17	41	2020-12- 21	3	1	I109	E785	1	1	0.15	11540	1500	10040	0	2021-12- 28
1	2020	29	3495225	1	17	41	2020-12- 14	3	1	I109	E785	1	1	0.15	11540	1500	10040	7	2021-12- 28

#❶ 코드는 read_csv() 함수로 CSV 파일을 가져오게 합니다. 여러분 PC에 저장된 진료 내역 데이터가 입력한 경로에 있는지 꼭 확인하세요. 저장될 때 사용한 진료 내역 데이터의 인코더는 cp949입니다. 그 때문에 불러올 때도 encoding='cp949'로 설정해야 합니다. 데이터 중 하나인 doctor_data_1의 상위 행 두 개를 출력해서 데이터에 저장된 정보들을 살펴보면 진료 내역에 관한 다양한 정보가 있습니다.

1.5.2 데이터 연결 및 필요한 열만 추출

이 분석에서는 진료과목코드, 주상병코드, 성별코드, 연령대코드를 파악해서 여성들을 나이별로 분류하고 어떤 진료를 자주 받고 어떤 병을 앓고 있는지 파악하려고 합니다. 그래서 처방 일수나 보험금 정보는 필요하지 않습니다. 뒤에서 불필요한 정보는 제외하겠습니다. 먼저 불러온 doctor_data_1부터 doctor_data_3까지 데이터를 concat() 함수로 연결하겠습니다.

```
doctor_data = pd.concat([doctor_data_1, doctor_data_2, doctor_data_3]) #❶
target_cols = ['성별코드','연령대코드','진료과목코드','주상병코드','부상병코드']
doctor_data_short = doctor_data[target_cols]                              #❷

print("2020년 진료행위 총 :", doctor_data_short.shape[0], "회")            #❸
doctor_data_short.head(2)
```

2020년 진료행위 총 : 11727248 회

	성별코드	연령대코드	진료과목코드	주상병코드	부상병코드
0	1	17	1	I109	E785
1	1	17	1	I109	E785

#❶: concat() 함수로 데이터를 합친 후 변수 이름을 doctor_data로 지정했습니다. 상병, 연령, 성별, 진료과목에 관한 열만 필요합니다. 필요한 열을 선택하여 target_cols에 저장했습니다.

#❷: 코드를 이용하여 target_cols 정보를 doctor_data에 전달해서 필요한 데이터 프레임만 추출했고 결과를 doctor_data_short에 저장했습니다.

#❸: 코드를 이용하여 doctor_data_short 데이터 크기와 현재 데이터 현황을 보겠습니다. 데이터 크기는 1172만 7248행입니다. 그리고 필요한 열만 정상적으로 추출된 것을 확인할 수 있습니다.

1.5.3 다른 데이터와 데이터 합치기 1

이제 각 열에 저장된 정보를 알기 쉽게 변환해야 합니다. 예를 들어 진료과목코드에 1로 저장되어 있으면 무슨 진료과목인지 알 수 없습니다. 이제부터 코드 대신 정의로 대체하는 작업을 하겠습니다. 첫 번째로 진료과목 코드부터 시작하겠습니다. 진료과목 코드에 저장된 숫자가 무엇을 의미하는지 파악해야 합니다. 보건 의료 빅데이터 개방 시스템(https://opendata.hira.or.kr/)에서도 진료과목 코드에 관한 데이터를 제공하지만 찾기 어려우므로 이 책에서 제공하는 파일을 사용하세요.

```
#진료과목 코드 정보가 저장된 경로로 입력
treat_code = pd.read_excel('F:\pytmc\gilbut\data\진료과목코드정보.xlsx') #❶

treat_code.dropna(inplace=True)                                          #❷

treat_code.head(2)
```

	코드구분		설명	코드	명칭
0	진료과목코드	분석차원_진료과목코드	0	일반의
1	진료과목코드	분석차원_진료과목코드	1	내과

#❶: 진료과목 코드 정보 파일은 엑셀 파일입니다. read_excel() 함수로 엑셀 파일을 불러옵니다. 데이터를 가져올 때 sheet_name에 이름을 정확히 기재하면 해당 시트에 있는 데이터를 가져옵니다. sheet_name을 입력하지 않으면 첫 시트에 있는 데이터를 기본값으로 가져옵니다.

#❷: 데이터에 있을지 모르는 결측치를 삭제했습니다. head()로 데이터를 출력하니 진료과목 코드에 대응되는 진료과목을 볼 수 있게 되었습니다. 코드구분 열과 설명 열은 필요하지 않은 데이터이므로 삭제합니다. 그리고 rename() 함수로 코드와 명칭의 이름을 변경합니다.

```
treat_code = treat_code[['코드', '명칭']] #❶
treat_code.rename(columns={'코드':'진료과목코드_str', "명칭":"진료과목"},
                  inplace=True)           #❷
treat_code.head(3)                        #❸
```

	진료과목코드_str	진료과목
0	0	일반의
1	1	내과
2	2	신경과

#**1**: 필요한 열만 가져왔습니다.

#**2**: rename( ) 함수로 열 이름을 변경했습니다. 코드 열은 '진료과목코드_str'로 변경되고, 명칭 열은 '진료과목'으로 변경되었네요.

#**3**: treat_code의 상위 행 세 개를 출력하니 원하는 형태의 데이터를 얻을 수 있었습니다.

다음은 진료과목코드_str 열에 저장된 데이터 자료형을 변경하겠습니다.

진료과목코드_str 열에 저장된 값은 숫자 타입(int)입니다. 이 숫자 타입을 두 자리 문자열 타입(str)으로 변경하겠습니다. 예를 들어 1은 '01'로 변경됩니다. 행정부에서 제공하는 데이터들은 통일되지 않은 경우가 대부분입니다. 데이터 전처리 학습이 목적이니 어떻게 하면 두 자리 문자열 타입으로 변경할 수 있는지 배워 봅시다. 이때는 zfill( ) 함수를 사용합니다.

```
code = '1'
print("zfill()에 2로 지정하면 ", code.zfill(2))
print("zfill()에 3으로 지정하면 ", code.zfill(3))


zfill()에 2로 지정하면 01
zfill()에 3으로 지정하면 001
```

변경해야 할 문자열 타입 데이터 뒤에 zfill( ) 함수를 붙이고 인자로 글자 길이를 전달하면 됩니다. 1을 01로 변경할 때는 앞서 제시한 예시처럼 zfill(2)로 지정하면 됩니다. zfill( )과 람다 함수로 treat_code의 진료과목코드_str에 저장된 값을 두 자리 문자열 타입으로 변경하겠습니다.

```
treat_code['진료과목코드_str'] = treat_code['진료과목코드_str'].apply(lambda
                              x:str(x).zfill(2)) #1
treat_code.head(3)
```

	진료과목코드_str	진료과목
0	00	일반의
1	01	내과
2	02	신경과

#**1** 코드의 람다 함수로 진료과목코드_str 열에 저장된 값을 순서대로 x 변수에 저장한 후 str(x)로 데이터 타입을 문자열 타입으로 변경시켰습니다. 혹시 숫자로 저장되어 있을 수 있으니까요. 문자열 타입으로 변경된 x는 zfill(2) 함수에 따라 두 자리로 바뀌었습니다. 이 과정을 코드 한 줄로 해결했습니다. head( )로 데이터 프레임을 출력하니 원하는 형태로 데이터가 변경되었습니다.

이제 doctor_data_short 데이터 프레임을 수정하겠습니다. doctor_data_short는 데이터 세 개가 이어졌기 때문에 각 인덱스는 세 번씩 반복됩니다. 인덱스를 초기화하고 0부터 시작하겠습니다. 이 때는 reset_index() 함수를 사용합니다. 인덱스를 초기화하고 데이터 프레임을 출력하겠습니다.

```
doctor_data_short.reset_index(drop=True, inplace=True) #❶
doctor_data_short.head(1)
```

	성별코드	연령대코드	진료과목코드	주상병코드	부상병코드	진료과목코드_str
0	1	17	1	I109	E785	01

#❶ 코드의 reset_index() 함수로 인덱스에 저장된 값을 0부터 순서대로 다시 지정했습니다. drop=True로 설정하여 기존 인덱스 정보가 열로 이동되는 것을 막고, inplace=True로 설정하여 doctor_data_short에 변경된 내용이 적용되었습니다. 상위 행 하나를 출력해 보니 진료과목코드_ str 열이 추가되어 있고 1에서 01로 변경된 것이 보입니다. 이제 진료과목코드_str 열이 저장된 treat_code와 doctor_data_short를 합치겠습니다.

데이터를 합칠 때는 concat()과 merge()를 주로 사용합니다. 데이터를 이어 붙일 때는 concat()을 사용하고, 특정 열을 기준으로 두 데이터 프레임을 합칠 때는 merge()를 사용합니다.

```
doctor_data_short = pd.merge(doctor_data_short, treat_code, how='left',
                             on='진료과목코드_str')
doctor_data_short.head(2)
```

	성별코드	연령대코드	진료과목코드	주상병코드	부상병코드	진료과목코드_str	진료과목
0	1	17	1	I109	E785	01	내과
1	1	17	1	I109	E785	01	내과

merge()에서 왼쪽 데이터 프레임은 doctor_data_short고, 오른쪽 데이터 프레임은 treat_code입니다. 두 데이터 프레임을 합칠 때 how='left'를 주었는데, 왼쪽 데이터 프레임을 기준으로 합친다는 의미입니다. 그리고 합칠 때 기준이 되는 열은 진료과목코드_str입니다. 합치고 결과를 출력하니 오른쪽에 진료과목 열이 있습니다.

이제 2020년 한 해 동안 사람들이 많이 내원한 진료 과목이 무엇인지 살펴보겠습니다. 그다음 주상병코드 열에 저장된 코드 의미를 파악하겠습니다.

```python
print("2020년 진료과목별 진료횟수 Top20")
doctor_data_short['진료과목'].value_counts()[:20]
```

```
2020년 진료과목별 진료횟수 Top20

내과           3862137
정형외과         2109860
이비인후과         965156
안과            830926
피부과           625814
외과            404613
소아청소년과        399236
산부인과          395229
정신건강의학과       375525
가정의학과         346533
비뇨기과          326217
신경외과          263112
신경과           235572
마취통증의학과       199868
재활의학과         155763
응급의학과         100935
일반의            47631
흉부외과           30657
영상의학과          17239
성형외과           16529
Name: 진료과목, dtype: int64
```

우리나라 국민들은 내과와 정형외과에 가장 많이 내원했습니다. 결과를 간단히 막대 그래프로 시각화하겠습니다. 시각화하면 숫자로는 파악하기 힘든 의미가 잘 나타납니다.

```python
x_hospitals = list(doctor_data_short['진료과목'].value_counts().index)   #❶
y_hos_values = doctor_data_short['진료과목'].value_counts().values        #❷

plt.figure(figsize=(6, 10))
plt.barh(x_hospitals, y_hos_values)                                     #❸
```

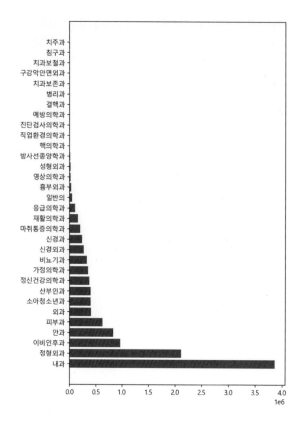

#**①**: 인덱스에 해당하는 값입니다. value_counts()로 얻은 출력 결과에서 인덱스 부분에 해당합니다.

#**②**: 진료과목 열에 저장된 값의 빈도를 파악합니다.

#**③**: 막대 그래프를 그리되, 인덱스에 해당하는 진료 과목이 y축에 있습니다.

시각화 결과를 보면 상위에 위치한 진료과목들이 대체로 동네에서 흔히 볼 수 있는 병원들입니다. 동네 병·의원에는 내과가 많은 것을 예상할 수 있습니다. 다음은 어떤 병명인지 구해 보겠습니다.

▼ 그림 1-54 공공데이터포털에서 제공하는 병명 정보(https://www.data.go.kr/data/15067467/fileData.do)

1.5.4 다른 데이터와 데이터 합치기 2

상병코드 의미를 해석할 수 있는 상병코드 데이터는 다행히 공공데이터포털에서 제공합니다. 공공데이터포털에서 '건강보험심사평가원_상병마스터'를 검색하면 됩니다. 혹시 찾을 수 없다면 책에서 제공하는 데이터를 사용해 주세요. 데이터를 가져오겠습니다.

```
#데이터가 저장된 경로로 입력
disease_code = pd.read_csv('F:\pytmc\gilbut\data\건강보험심사평가원_상병마스터_20220731.
                            csv', encoding='cp949')

disease_code.head(2)
```

	상병기호	한글명	영문명	완전코드 구분	주상병사용 구분	법정감염병 구분	성별구분	상한연령	하한연령	양·한방 구분	부가정보 변경내역
0	A000	비브리오 콜레라 01 콜레라형균에 의한 콜레라	Cholera due to Vibrio cholerae 01, biovar chol...	NaN	NaN	제2급	NaN	NaN	NaN	양·한방 공통	NaN
1	A000	고전적 콜레라	Classical cholera	NaN	NaN	NaN	NaN	NaN	NaN	양·한방 공통	NaN

필요한 정보는 상병기호 열과 한글명 열입니다. 왼쪽 열 두 개만 선택하면 되므로 이번에는 iloc를 사용하겠습니다. 그리고 '상병기호' 열 이름을 '주상병코드'로 변경하겠습니다.

```
disease_code = disease_code.iloc[:,:2] #❶
disease_code.rename(columns={"상병기호":"주상병코드"}, inplace=True)
disease_code.head(2)
```

	주상병코드	한글명
0	A00	콜레라
1	A000	비브리오 콜레라 01 콜레라형균에 의한 콜레라

iloc로 전체 행에서 왼쪽 두 번째까지만 선택한 내용이 #❶ 코드입니다. 그리고 rename으로 열 이름을 주상병코드로 변경했습니다. 이제 disease_code와 doctor_data_short에는 서로 공통된 열 이름이 있습니다. 그럼 두 데이터 프레임을 merge()로 합칠 수 있겠네요.

```
doctor_data_short = pd.merge(doctor_data_short, disease_code, on='주상병코드',
                            how='left')
doctor_data_short.head(2)
```

	성별코드	연령대코드	진료과목코드	주상병코드	부상병코드	진료과목코드_str	진료과목	한글명
0	1	17	1	I109	E785	01	내과	기타 및 상세불명의 원발성 고혈압
1	1	17	1	I109	E785	01	내과	고혈압(동맥성)(본태성)(원발성)(전신)

이번 전처리에는 주상병코드만 다루었습니다. 주상병코드는 내원한 환자의 주요 병명입니다. 다른 추가적인 병이 있다면 부상병코드에 값이 생성됩니다. 지금까지 만든 데이터 프레임에는 환자가 어느 병원에 가서 어떤 진단을 받았는지 알기 쉽게 정리되어 있습니다. 남은 것은 환자의 성별과 나이를 알기 쉽게 정리하는 것입니다. 성별과 나이를 알려 주는 함수를 직접 개발해 보겠습니다.

1.5.5 함수를 사용한 데이터 처리

이제 성별코드와 연령대코드만 남았습니다. 성별코드에서 남자는 1에 해당하고, 여자는 0에 해당합니다. 성별코드 전처리는 좀 더 쉽습니다. 연령대코드는 숫자가 1에서 17 이상으로 증가합니다. 1과 2는 9세 미만에 해당하는 식으로 데이터가 구성됩니다. 성별코드 숫자가 전달되면 성별 정보를 반환하는 함수와 연령대코드 숫자가 전달되면 나이대를 반환하는 함수를 만들겠습니다.

```python
def findSex(num):
    """성별코드를 해석하는 함수"""
    if num == 1:
        return "남"
    else:
        return "여"

def ageCode(num):
    """연령대 분류하는 함수"""
    if (num==1) or (num==2):
        return "9세미만"
    elif (num==3) or (num==4):
        return "10대"
    elif (num==5) or (num==6):
        return "20대"
    elif (num==7) or (num==8):
        return "30대"
    elif (num==9) or (num==10):
        return "40대"
    elif (num==11) or (num==12):
        return "50대"
```

● 계속

```
    elif (num==13) or (num==14):
        return "60대"
    elif (num==15) or (num==16):
        return "70대"
    elif num == 17:
        return "80대"
    else:
        return "80대이상"
```

두 함수 모두 if ~ else로 구성된 간단한 구조입니다. 만든 함수는 람다 함수를 사용하여 doctor_data_short에 적용하고 반환값은 새롭게 열을 만들어서 저장하겠습니다.

```
doctor_data_short['성별'] = doctor_data_short['성별코드'].apply(lambda
                            x:findSex(num=x)) #❶
doctor_data_short['연령대'] = doctor_data_short['연령대코드'].apply(lambda
                            x:ageCode(num=x))


doctor_data_short.head(3)
```

	성별코드	연령대코드	진료과목코드	주상병코드	부상병코드	진료과목코드_str	진료과목	현글명	성별	연령대
0	1	17	1	I109	E785	01	내과	기타 및 상세불명의 원발성 고혈압	남	80대
1	1	17	1	I109	E785	01	내과	고혈압(동맥성)(본태성)(원발성)(전신)	남	80대
2	1	17	1	I109	E785	01	내과	기타 및 상세불명의 원발성 고혈압	남	80대

람다 함수로 findSex()에 성별코드 정보를 인자 값으로 전달했습니다. 그리고 반환된 값이 doctor_data_short의 성별 열에 저장되는 것이 #❶ 코드이며, 다음 코드도 대상만 바뀌었을 뿐 내용은 같습니다. findSex(num=x)로 입력했지만 findSex(x)로 해도 동일한 결과를 얻을 수 있습니다. 코드 가독성을 위해 findSex(num=x)로 했습니다.

출력 결과를 보니 데이터가 예전보다 더 직관적이며 필요한 내용이 모두 들어 있습니다. 이제 데이터를 저장할 차례입니다. CSV 확장자로 저장할 때는 to_csv() 함수를 사용하고 인자로 저장될 경로와 파일 이름을 전달합니다. 파일 이름 앞에 파일 경로를 지정하지 않으면 현재 작업하는 주피터 노트북 파일이 있는 폴더에 저장되므로 doctor_data_short.to_csv(filepath+"/2020년_진료정보.csv", index=False)로 결과를 저장합니다. 따라서 엑셀로 저장할 수 없을 정도로 데이터가 크기 때문에 CSV 확장자로 저장했습니다. 저장된 데이터는 3장에 나오는 실습에서 활용합니다. 지금까지 배운 것을 토대로 2장에서는 본격적으로 데이터를 수집하겠습니다.

2장

스크래퍼로
데이터 수집

자연어를 분석하려면 데이터를 수집하는 것이 필수입니다. 데이터 수집 없이는 분석할 대상이 없기 때문입니다. 수집한 데이터를 사용하여 분석하면 자연어 처리 분야에서 유용한 정보를 추출하고, 문제 해결 및 의사 결정에 활용할 수 있습니다. 또 분석자가 직접 데이터를 수집하는 과정에서 데이터를 온전히 이해하고 파악했기 때문에 더욱 훌륭한 분석 결과를 얻을 수 있습니다. 따라서 여러분이 앞으로 가장 많이 연습해야 할 부분은 데이터 수집입니다.

데이터를 수집하려면 데이터 수집 도구인 '스크래퍼'가 꼭 필요합니다. 데이터 분석자라면 반드시 스스로 스크래퍼를 만들 줄 알아야 하므로 이 장에서는 스크래퍼가 무엇인지 살펴보고 다양한 종류의 스크래퍼를 만들어 보면서 데이터를 직접 수집해 보겠습니다.

2.1 / 스크래퍼란

인터넷에는 온갖 정보가 있습니다. 이 책에서는 상품을 구매하고 작성한 상품 리뷰와 인터넷 카페에 올린 글, SNS, 유튜브에서 생성된 글이 대상입니다. 이런 글을 주제별로 모아서 분석하면 사람들에게 어떤 니즈가 있는지 알 수 있습니다. 설문 조사를 하여 고객 니즈를 분석할 수도 있지만, 비용과 시간을 고려하면 인터넷에서 고객 니즈를 먼저 파악한 후 불충분한 내용은 설문 조사를 진행하는 편이 더욱 효과적입니다.

보통은 웹 페이지에서 고객이 작성한 글을 수집해서 니즈를 파악하고는 합니다. 이때 주로 인터넷에서 자료를 수집하는 **크롤러**(Crawler)나 **스크래퍼**(Scraper) 프로그램을 사용합니다. 실무에서는 크롤러와 스크래퍼 용어를 구분 없이 사용하고 있지만 이 둘은 조금 다릅니다.

- **크롤러**: 특정 웹 사이트 내 '모든' 하이퍼링크를 순회하면서 자료 수집
- **스크래퍼**: 웹 페이지에서 '필요한' 부분만 수집

구글이나 네이버 같은 검색 엔진이 대표적인 크롤러 프로그램입니다. 검색 엔진은 특정 웹 사이트에 접속한 후 해당 웹 사이트에 저장된 모든 정보를 수집하고 데이터베이스에 저장합니다. 검색 엔진 덕에 이용자가 다양한 정보를 열람할 수 있다는 점에서 알 수 있듯이, 크롤러는 개발하는 데 시간이 오래 걸리고 난이도도 상당합니다. 하지만 자연어 분석할 때는 필요한 데이터만 있으면 되므로 우리는 스크래퍼만 사용하면 됩니다.

스크래퍼는 웹 사이트에서 제공하는 정보 중 일부만 수집하기 때문에 비교적 코드가 간단합니다. 대표적인 스크래퍼 프로그램으로는 가격 비교 사이트가 있습니다. 가격을 비교하고자 여러 쇼핑몰에서 정보를 수집한다고 상상해 봅시다. 여기에서 제일 필요한 정보는 무엇일까요? 바로 제품 가격입니다. 따라서 가격 정보만 가져오는 프로그램만 개발하면 되므로 복잡한 프로그래밍 지식이 필요 없고 개발하기도 훨씬 쉽습니다. 책에서도 기능을 구현하는 데 꼭 알아야 할 개념만 설명할 것입니다.

또 스크래퍼를 개발할 때 한 가지 주의할 점도 숙지해 주세요. 스크래퍼를 제대로 구현하지 못할 때는 데이터를 수집하려는 웹 사이트가 저장된 서버에 과도한 부하를 줄 수 있습니다. 가장 흔히 하는 실수가 짧은 시간 동안 서버에 자료를 여러 번 요청하는 경우입니다. 서버는 여러 번 자료를 요청받으면 해당 IP를 차단합니다. 즉, IP가 차단되기 때문에 웹 사이트에 더 이상 접속할 수 없습니다. 개인 PC에서는 며칠 혹은 일주일 정도 지나면 자동으로 차단이 해제되거나 IP를 차단시킨 업체에 연락하여 차단된 IP를 해제해 달라고 요청할 수 있습니다. 하지만 PC가 회사나 공용 공간에 있다면 문제가 커집니다. 회사 IP는 여러 사람이 함께 쓰는 유동 IP이기 때문에 특정 IP가 차단되면 본인뿐만 아니라 동료들의 PC도 함께 차단됩니다. 따라서 이 부분을 주의해야 하며, 자세한 내용은 차차 설명할 것입니다. 지금은 간단한 스크래퍼를 한번 만들어 보겠습니다.

> Note ≡
>
> - **유동 IP**: 컴퓨터를 켤 때마다 IP 주소가 변경됩니다. 집과 회사는 대부분 유동 IP를 사용합니다. 유동 IP는 보안성이 높고, 이동성이 좋기 때문에 일반적으로 휴대폰 같은 이동 통신망에 이용됩니다.
> - **고정 IP**: 네트워크 장비, 서버 등은 고정 IP를 사용합니다. 네이버가 유동 IP를 사용한다면 네이버 웹 페이지 주소가 매번 바뀌기 때문에 우리는 네이버 서비스를 이용할 수 없습니다.

2.2 스크래퍼 첫걸음

스크래퍼를 개발하려면 인터넷에서 정보를 어떻게 가져오는지 알고 있어야 합니다. 즉, 인터넷 통신 구조를 알아 두면 이를 바탕으로 서버에서 클라이언트로 전송되는 방식을 좀 더 쉽게 이해할 수 있습니다. 또 웹 사이트에 적절한 형식으로 요청하고 반환된 HTML에서 데이터를 분석하고 필요한 정보를 추출할 때 오류가 생기지 않게 도와줍니다. 그럼 가장 먼저 웹 브라우저와 서버가 어떻게 통신을 주고받는지, HTML 개념은 무엇인지 간단하게 살펴본 후 첫 스크래퍼를 만들어 보겠습니다.

2.2.1 클라이언트와 서버의 개념

크롬(Chrome)이나 엣지(Edge) 등 인터넷 웹 브라우저를 이용하여 어떤 웹 사이트에 접속한다고 가정해 봅시다. 이때 웹 사이트 주소를 입력하여 웹 페이지를 요청하는 쪽을 **클라이언트**라고 하며, 요청에 응답하여 웹 페이지를 표시하는 쪽을 **서버**라고 합니다.

▼ 그림 2-1 웹 브라우저와 서버의 통신 과정

예를 들어 우리가 길벗출판사 웹 사이트를 보고 싶어서 웹 브라우저에서 주소를 입력했다고 합시다. 그러면 클라이언트의 웹 브라우저가 HTTP 형식으로 길벗출판사 웹 사이트가 저장된 서버에 데이터를 요청하면, 서버가 이에 응답하여 HTML 파일을 제공합니다. 그리고 웹 브라우저가 받은 HTML 파일을 곧바로 시각화하여 모니터에 출력해 주므로 비로소 길벗출판사 웹 페이지를 볼 수 있는 것입니다.

우리가 보는 인터넷 웹 페이지는 HTML(Hyper Text Markup Language)로 구성되어 있는데, 이 HTML을 주고받을 때 사용하는 프로토콜이 바로 HTTP(Hyper Text Transfer Protocol)입니다. 여기에서 프로토콜이란 웹에서 데이터를 주고받을 때 지켜야 할 규칙을 의미합니다. 최근에는 보안(secure)이 강화되면서 HTTP에 보안 기능을 더한 형식인 HTTPS를 사용합니다.

실제로 크롬 브라우저에서 길벗출판사 웹 사이트(https://www.gilbut.co.kr)에 접속해 보세요.

▼ 그림 2-2 길벗출판사 웹 사이트 첫 화면

화면에서 마우스 오른쪽 버튼을 누른 후 **페이지 소스 보기**를 선택하면 다음과 같이 HTML 파일을 볼 수 있습니다.

▼ 그림 2-3 웹 사이트 HTML 구성

2.2.2 알아야 할 HTML 기초 지식

웹 브라우저는 HTML 정보를 분석하여 우리가 흔히 보는 웹 페이지 형태로 출력한다고 했습니다. 그럼 웹 페이지는 어떻게 구성되어 있을까요?

▼ 표 2-1 웹 페이지를 구성하는 세 가지

HTML	웹 페이지를 만드는 데 사용하는 언어로 제목, 사진, 표, 본문, 강조할 글 등 웹 페이지의 다양한 요소를 정의합니다. 웹 페이지의 구조와 내용을 정의하고 있기 때문에 전체적인 뼈대를 구성하고 있다고 생각하면 됩니다.
CSS	CSS는 Cascading Style Sheet 약어입니다. HTML은 웹 요소가 어떤 역할을 하는지 알려 준다면, CSS는 이 웹 요소를 편집하거나 위치를 옮겨 주는 등 역할을 합니다. 쉽게 생각하면 HTML은 건축물 뼈대라면 CSS는 건물 내장재나 건물 외관을 보기 좋게 해 주는 디자인적인 역할을 담당합니다.
JavaScript	웹 페이지에서 사용자가 마우스를 클릭하여 어떤 정보를 팝업창으로 보거나 경고창을 보기도 하고, 마우스를 특정 웹 요소에 올리면 해당 웹 요소 색이 변하거나 애니메이션이 실행되는 등 다양한 일이 발생합니다. 이런 효과를 줄 때 주로 사용하는 언어가 바로 자바스크립트(JavaScript)이며, 줄여서 JS라고 합니다.

스크래퍼는 HTML에서 필요한 정보가 저장된 **태그**(tag)를 찾고 태그에 연결된 값을 취합니다. 그래서 HTML 지식만 알고 있어도 충분합니다. 스크래퍼를 개발하면서 자연스럽게 HTML 지식이 훨씬 더 풍부해질 것이니 너무 크게 걱정하지 않아도 됩니다.

그렇다면 태그란 무엇일까요? 태그는 필요한 정보가 저장된 곳을 안내하는 표시이며, 시작 태그 〈〉와 종료 태그 〈/〉로 구성되고 값은 태그 사이에 위치합니다. 이때 태그 사이에 위치한 값을 요소(element)라고 합니다. 길벗출판사 웹 페이지를 예로 들어 설명하겠습니다. 그림 2-3에 나오는 길벗출판사 웹 페이지의 HTML 소스를 보면 굉장히 복잡해 보이지만 규칙이 있습니다. 웹 브라우저 위쪽 안내는 〈title〉 태그에 있고, 책 소개글은 〈content〉 태그에 있습니다. 여러분이 길벗출판사 웹 페이지에서 책 정보를 수집하고 싶다면 〈content〉 태그에 저장된 값을 가져오면 됩니다.

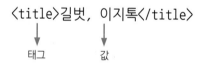

이제 태그가 무엇인지 알았으니 태그를 사용하여 간단한 HTML을 만들어 보겠습니다.

2.2.3 HTML 파일 생성

VSCode(Visual Studio Code: 비주얼 스튜디오 코드)나 PyCharm(파이참) 같은 개발 프로그램으로 만들면 편리하지만, 간단한 HTML 파일은 메모장으로 만들어도 충분하므로 여기에서는 메모장 프로그램을 사용하겠습니다.

Note ≡　VSCode, PyCharm은 대표적인 통합 개발 환경(Integrated Development Environment, IDE)입니다. 통합 개발 환경(IDE)은 소프트웨어 코딩, 디버깅 및 테스트를 위한 포괄적인 도구를 제공하는 소프트웨어 애플리케이션입니다. 여기에는 일반적으로 코드를 편집할 수 있는 편집창, 만든 코드를 실행하거나 테스트하는 도구, 프로그램을 분해하는 디버깅 도구, 코딩 때 사용한 라이브러리들의 버전 제어 및 프로젝트 관리 도구 같은 기능이 포함됩니다. IDE를 사용하면 대규모 작업과 협업이 용이하고 다양한 서비스를 이용하여 프로그래밍 생산성을 높일 수 있습니다.

메모장 앱을 연 후 다음 코드를 입력하세요.

```
<!DOCTYPE html>                         #❶
<html lang="ko">                        #❷
<head>                                  #❸
    <meta charset="UTF-8">              #❹
</head>
<body>                                  #❺
    <h3>스크래퍼를 만들기 위해 알아야 할 정보</h3>  #❻
    <p>정보와 규칙</p>
    <ul class="information">            #❼
    <li>
        URL : 수집하고 싶은 정보가 저장된 웹 주소<br>
        (Ex: www.gilbut.co.kr)
    </li>
    </ul>
    <ul class="information">
    <li>
    서버에 접속해 정보를 요청하는 시간 간격은 1초 이상<br>
    </li>
    </ul>
</body>
</html>
```

#❶: 이 파일이 HTML 파일이라고 웹 브라우저에 알리는 역할을 합니다.

#❷: 이 HTML 파일은 한글 정보를 포함한다는 것을 의미합니다.

#❸, #❹: <head>는 웹 페이지에 직접적으로 출력되는 내용은 없지만, 웹 페이지 인코딩 내용을 포함하거나 폰트 크기, 색상 등 안내 내용이 포함됩니다. 스크래퍼는 <head>에 해당하는 내용은 수집하지 않으므로 여러분은 JS나 CSS를 따로 배우지 않아도 됩니다.

#❺: 스크래퍼가 수집할 정보가 있는 곳입니다.

#**❻**: 제목 정보입니다. 웹 페이지에서 제목을 수집할 때는 이 태그를 가져와야 합니다.

#**❼**: 웹 페이지에서 태그는 계속 중복됩니다. 하지만 class가 추가되면 동일한 태그라도 다른 경로를 가집니다. 이런 특성을 이용하여 웹 페이지를 디자인하는데, 스크래퍼에서는 특정한 class를 갖는 태그만 선택해서 정보를 선택적으로 수집할 수 있게 합니다.

그다음 파일 이름에 'first_html.html'처럼 확장자(.html)를 함께 입력하여 저장하면 HTML 파일이 완성됩니다.

❤ 그림 2-4 HTML 파일 만들기

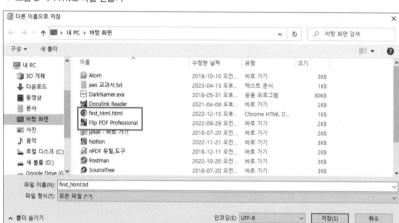

Note ≡ 　웹 페이지를 구성하는 태그 중에서 〈class〉와 〈id〉가 많이 보이는데, 이 태그들은 무엇을 의미할까요? class와 id 속성은 모두 웹 페이지 특정 요소에 대한 스타일이나 동작을 정의하는 데 사용되기는 하지만, 분명한 차이가 있습니다.

• **class**: 공유된 특성을 기반으로 요소를 '그룹화'해서 동일한 CSS 규칙으로 스타일을 지정할 수 있도록 합니다. 예를 들어 여러 단락에 동일한 글꼴 스타일과 색상을 적용하려는 경우 모두 동일한 클래스 이름을 지정하고 CSS 파일에서 스타일 규칙을 한 번에 정의할 수 있습니다.

• **id**: 웹 페이지에서 특정 요소를 고유하게 식별하는 데 사용됩니다. 이렇게 하면 '해당 요소에만' 특정 스타일이나 동작을 적용할 수 있습니다. 예를 들어 웹 페이지의 고유한 탐색 메뉴 또는 헤더를 지정한 후 이 요소에만 특정 CSS 규칙을 적용할 수 있습니다.

즉, class는 여러 요소를 함께 그룹화하는 데 사용할 수 있는 반면에 id는 고유해야 하며, 웹 페이지의 단일 요소에만 할당할 수 있습니다.

저장한 파일을 더블클릭하여 작성한 코드가 화면에 어떻게 출력되는지 확인해 봅시다.

▼ 그림 2-5 작성한 HTML을 웹 브라우저로 열었을 때 결과

단순한 웹 페이지이기는 하나, 모든 웹 페이지의 표준을 충실히 따르고 있습니다. 이 웹 페이지의 HTML에 디자인 역할의 CSS, 기능 역할의 JS를 더하면 흔히 볼 수 있는 화려한 웹 페이지로 탈바꿈합니다.

스크래퍼를 개발할 때 필요한 HTML 지식은 충분히 익혔으니 이제 웹 페이지에서 제공하는 정보를 수집하는 간단한 스크래퍼를 만들어 보겠습니다.

2.2.4 간단한 스크래퍼 만들기

이제 HTML 파일도 살펴보았고 태그 의미도 파악했으니 드디어 스크래퍼를 만들어 볼 차례입니다. 우리가 만들 스크래퍼는 길벗출판사 웹 사이트에 접속하여 어떤 책 종류가 있는지 수집하는 스크래퍼입니다. 먼저 스크래퍼가 접속할 URL을 파악해야겠네요. URL은 https://www.gilbut.co.kr/search/search_book_list입니다.

▼ 그림 2-6 길벗출판사 책 정보가 있는 화면

크롬 브라우저에서 해당 웹 페이지에 접근한 후 마우스 오른쪽 버튼을 눌러 **검사**를 선택하면 태그를 편하게 찾을 수 있는 도움창이 열립니다. 우리는 취업/수험서 카테고리를 기준으로 실습할 예정이므로 메뉴에서 취업/수험서 항목 위에서 마우스 오른쪽 버튼을 눌러 **검사**를 선택합니다.

▼ 그림 2-7 필요한 태그 정보 가져오기

그러면 도움창에서 '취업/수험서' 정보가 저장된 태그로 이동합니다. 다음과 같이 취업/수험서 부분의 태그를 선택한 후 마우스 오른쪽 버튼을 눌러 Copy › Copy selector를 선택합니다. 태그의 전체 경로를 얻을 수 있습니다.

▼ 그림 2-8 Copy selector로 태그 정보 가져오기

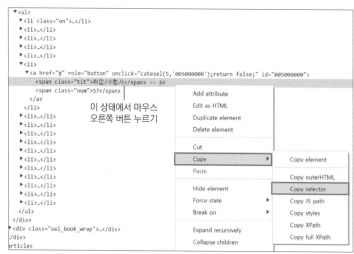

[그림 2-8]의 항목이 보이지 않는다면 코드 왼쪽의 화살표를 눌러 보세요.

▼ 그림 2-9 원하는 항목 찾기

```
···                    ▼<a href="#" role="button" onclick="catesel(5,'005000000');ret
                       urn false;" id="005000000"> == $0
                         <span class="tit">취업/수험서</span>
                         <span class="num">58</span>
                       </a>
```

이제 메모장을 열어서 [Ctrl] + [V]로 붙여 넣고 내용을 확인해 보세요.

▼ 그림 2-10 태그 정보 확인

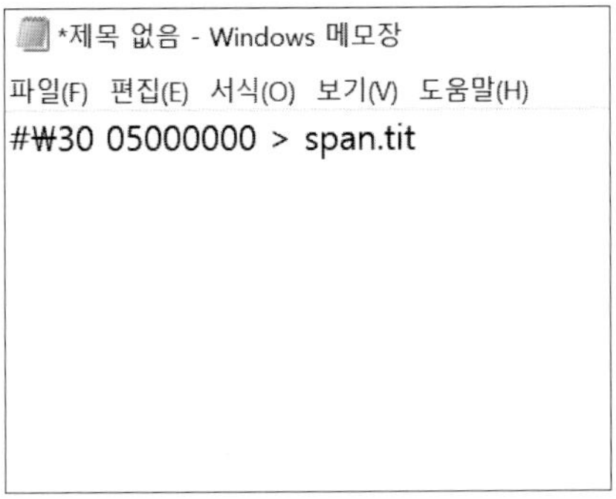

```
📋 *제목 없음 - Windows 메모장
파일(F) 편집(E) 서식(O) 보기(V) 도움말(H)
#\30 05000000 > span.tit
```

> Note ☰ 앞처럼 결과가 나오지 않는다면 '취업/수험서' 텍스트 위에 정확히 마우스 화살표를 올리고 Copy selector를 선택했는지 확인하세요.

'취업/수험서' 정보가 저장된 태그 전체 경로를 볼 수 있습니다. 가장 상위 경로부터 마지막 경로까지 >로 구분해서 안내하고 있습니다. 마지막 경로는 span.tit입니다.

```
태그 상위 > id=05000000
      태그 하위 > span class=tit
            값 > 취업/수험서
```

이제 책 종류가 저장된 태그 정보와 구조를 알았으니 스크래퍼를 만들 차례입니다. 일반적으로 자주 사용되는 스크래퍼에는 서버에 접속하여 HTML 파일을 요청하는 requests 라이브러리[1]와 HTML 파일을 분석하는 bs4 라이브러리가 필요합니다. 이때 bs4 라이브러리는 이미 설치되어 있으므로 따로 설치하지 않아도 됩니다.

새로운 주피터 노트북 파일을 만들고 다음 코드를 작성한 후 실행해 보세요.

```
import requests            #❶

url = "https://www.gilbut.co.kr/search/search_book_list"
response = requests.get(url) #❷
html = response.text        #❸

html
```

\r\n\<html\>\n\<head\>\n\t\<meta charset="UTF-8"\>\n\t\<!-- \<meta content="width=device-width,user-scalable=no,initial-scale=1.0,minimum-scale=1.0,maximum-scale=1.0" name="Viewport"\> --\>\n\t\<meta content="width=1400" name="Viewport"\>\n\t\<title\>길벗, 이지톡\</title\>\n\t\<link rel="alternate" media="only screen and (max-width: 640px)" href="https://www.gilbut.co.kr/m/search/search_book_list"\>\n\t\<meta http-equiv="Pragma" content="no-cache"\>\n\t\<meta http-equiv="Cache-Control" content="no-cache"\>\n\t\<!----\>\n\t\<link rel="shortcut icon" href="/favicon.ico"\>\n\t\<meta name="description" content="IT, 어학, 자기계발, 재테크, 인문, 여행 등 학습과 실용 분야 출판"\>\n\t\<meta name="keywords" content=""\>\n\t\<meta name="author" content="길벗, 이지톡"\>\n\n\t\<meta property="og:type" content="website"\>\n\t\<meta property="og:title" content="길벗, 이지톡"\>\n\t\<meta property="og:description" content="IT, 어학, 자기계발, 재테크, 인문, 여행 등 학습과 실용 분야 출판"\>\n\t\<meta property="og:image" content="http://www.gilbut.co.kr/images/common/gilbut.png"\>\n\t\<meta property="

#❶: 설치한 requests 라이브러리를 불러옵니다.

#❷: requests의 get( ) 함수에 접속할 웹 페이지 URL을 전달하여 서버 응답을 요청합니다. 서버 응답 결과는 **response** 변수에 저장됩니다.

#❸: response 변수에 저장된 결과에서 HTML 파일 내용만 따로 추출하여 html 변수에 결과를 저장합니다.

---

1 함수로 구성된 패키지 모음을 의미합니다.

html 변수를 호출하여 출력된 결과를 보니 HTML 파일 정보를 가져와 저장되었다는 것을 알 수 있습니다. 스크래퍼의 첫 단추인 HTML 수집이 완료되었네요.

HTML 정보를 얻었으니 다음은 수집한 HTML을 분석할 차례입니다. 이때는 앞서 설치한 BeautifulSoup 라이브러리를 사용합니다. BeautifulSoup 라이브러리에 분석할 HTML 내용을 입력하고 파싱(parsing)을 위한 파서(parser)를 지정합니다. 단어가 조금 새롭네요. 파싱은 HTML을 분석하여 태그 중심으로 정보를 정렬하는 것이고, 파서는 파싱하는 방법입니다.

> **Note** ☰ HTML을 분석할 때 사용하는 BeautifulSoup는 보통 다음 순서로 사용합니다.
>
> **1. 수집한 HTML을 파싱합니다.**
>
> **2. 파싱 결과에서 필요한 태그를 선택할 때 사용합니다.**

이제 수집한 HTML을 BeautifulSoup를 이용하여 파싱하고 필요한 태그를 선택할 차례입니다.

```
from bs4 import BeautifulSoup           #❶

soup = BeautifulSoup(html, 'lxml')  #❷
categorys = soup.select("span.tit") #❸

print("categorys 출력", categorys)  #❹
```

```
categorys 출력
[<span class="tit">전체 도서</span>, <span class="tit">컴퓨터/IT활용</span>, ... 이하 생략
```

#❶: bs4 라이브러리의 BeautifulSoup를 가져옵니다.

#❷: BeautifulSoup 함수에 html을 넣고 파서를 'lxml'로 지정하여 전달하면 BeautifulSoup는 HTML을 파싱하고, 결과를 soup 변수에 저장합니다. 파싱 결과를 변수에 저장할 때 관용적으로 변수 이름을 'soup'로 정합니다.

#❸: soup에서 'span.tit' 태그를 가진 정보를 모두 추출하고 결과를 categorys 변수에 저장합니다. 이 부분이 스크래퍼에서 필요한 정보를 수집하는 단계입니다. 스크래퍼 코드는 비교적 단순하다는 것을 알 수 있네요.

#❹: categorys 변수에 저장된 값을 출력합니다.

Note ≡ 파서는 다음과 같이 세 가지 종류가 있습니다. 이 책에서 파서는 lxml만 사용합니다. lxml로 파싱하면 일부 결과가 누락되는 경우도 간혹 생기지만 대부분 lxml 파서로 충분합니다.

▼ 표 2-2 파서의 종류

파서 종류	설명
lxml	처리 속도가 빠르고 결과도 대부분 lxml을 이용하기 때문에 인터넷에서 추가 정보를 찾기에 용이합니다. 그 대신 일부 정보는 누락될 때가 종종 있습니다.
html5lib	느린 편이지만 구조가 복잡한 HTML 파일의 파싱에 적용하면 좋은 효과를 얻을 수 있습니다. 그리고 웹 페이지가 HTML5로 작성되었다면 결과가 매우 좋습니다.
html.parser	lxml과 html.parser 특징을 모두 가지고 있습니다. 빠르지는 않지만 누락되는 정보는 별로 없습니다.

출력 결과를 보니 책 종류가 모두 정상적으로 수집되어 있네요. 변수 타입은 리스트로 확인됩니다.

결과에 태그 정보가 함께 있으니 읽기 불편합니다. 태그를 삭제하여 좀 더 읽기 편하게 만들어 보겠습니다. 태그를 삭제하려면 얻은 값인 categorys 뒤에 .text로 text에 해당하는 값만 선택하면 됩니다.

```
cate = categorys[0]
print("태그 정보 제거 전 :", cate)
print("태그 정보 제거 후 :", cate.text)
```

태그 정보 제거 전 : <span class="tit">전체 도서</span>
태그 정보 제거 후 : 전체 도서

우리는 1장에서 배운 리스트 컴프리핸션을 적용하여 다음과 같이 category_text 변수에 문자형만 저장하겠습니다.

```
category_text = [cate.text for cate in categorys]
category_text
```

['전체 도서', '컴퓨터/IT활용', 'IT 전문서', 'IT자격증 수험서', '취업/수험서', '경제/경영', '자기계발', '인문/교양', '여행', '취미/건강/가정', '자녀교육', '토익, 오픽 등', '영어', '중국어', '일본어', '기타 외국어', '빠른조회', '공유하기', 'FAQ', '1:1문의', '최근 본 도서', '모바일로 열기']

Note ≡   스크래퍼는 for 문을 많이 사용합니다. 그래서 코드 길이가 길고 가독성이 떨어지기 때문에 리스트 컴프리헨션을 사용하는 것이 훨씬 좋습니다. 하지만 초보자에게는 오히려 리스트 컴프리헨션이 더 불편하고 가독성이 떨어집니다. 하지만 리스트 컴프리헨션으로 코딩하는 연습이 필요합니다. 이 코드를 풀어서 쓰면 다음과 같습니다.

```
category_text = []
for cate in categorys:
    tmp = cate.text
    category_text.append(tmp)
```

태그 없이 출력되어 훨씬 깔끔해졌습니다. 그런데 책 종류만 출력되면 좋겠는데 FAQ, 최근 본 도서처럼 책 종류가 아닌 정보도 함께 있습니다. 왜 그럴까요? 책 종류가 아닌 정보에도 span.tit 태그가 있기 때문입니다. 따라서 필요한 책 정보만 얻으려면 인덱스를 이용하여 특정 값을 지정하거나 if ~ else 문을 사용해야 합니다.

여기에서는 if ~ else 문을 사용하여 책 종류와 상관없는 키워드인 '도서, 모바일, 문의, FAQ, 조회, 공유'가 포함되면 출력 결과에서 제외시키겠습니다. 주의할 점은 다음과 같이 if 문 다음에 오는 코드를 입력할 때는 소괄호로 각각의 조건을 감싸야 한다는 것입니다.

```
fin_category = []
for book in category_text:
    if ('도서' not in book)and('모바일' not in book)and('문의' not in book) and\
       ('FAQ' not in book)and('조회' not in book)and('공유' not in book):
        fin_category.append(book)

fin_category
```

['컴퓨터/IT활용', 'IT 전문서', 'IT자격증 수험서', 'IT교육교재', '취업/수험서', '경제/경영',
'자기계발', '인문/교양', '여행', '취미/건강/가정', '자녀교육', '토익, 오픽 등', '영어', '중국
어', '일본어', '기타 외국어']

출력 결과를 보니 원하는 책 정보를 모두 가져왔네요. 이렇게 스크래퍼로 수집한 결과를 엑셀 파일로 저장하면 모든 과정이 끝납니다.

지금까지 살펴보았듯이 requests 라이브러리로 만든 스크래퍼는 다음 순서로 진행됩니다.

| URL 전달 | > | HTML 수집 | > | HTML 파싱 | > | 정보 수집 | > | 전처리 | > | 결과 저장 |

이제 본격적으로 requests 라이브러리를 이용하여 실무에서 사용할 수 있는 스크래퍼를 만들겠습니다.

DATA ANALYSIS

2.3 requests 라이브러리를 활용한 커뮤니티 정보 수집

requests 라이브러리로 만든 스크래퍼는 소스 코드가 간단해서 나중에 수정하기가 편합니다. 그래서 스크래퍼를 처음 개발한다면 가장 먼저 배워야 할 것은 requests 라이브러리를 이용하는 방식입니다. 이 절에서는 requests 라이브러리를 이용하여 웹 사이트에 올라온 편의점 관련 게시물을 수집하는 스크래퍼를 개발하겠습니다. 게시물을 모두 수집할 수 없기 때문에 수집 대상은 '편의점에서 판매하는 제품'으로 한정했습니다. 편의점 관련 게시물을 수집해 보고 편의점에서 자주 팔리는 제품이 무엇인지 알아봅시다.

여기에서는 '디시인사이드'라는 국내 문화 커뮤니티에 올라온 게시물로 실습을 진행합니다. 디시인사이드(https://www.dcinside.com)에 접속합니다.

❤ 그림 2-12 디시인사이드 접속 화면

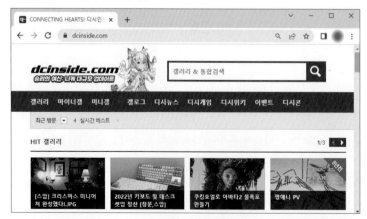

디시인사이드는 다양한 주제에 대응되는 게시판(이하 갤러리)이 있고 편의점 갤러리도 따로 있지만 편의점이란 주제는 특정 갤러리에만 나타나는 주제가 아닙니다. 따라서 검색창에 편의점을 검색하고 검색 결과를 수집하겠습니다. 검색창에 '편의점'을 입력하고 Enter 를 누릅니다.

▼ 그림 2-13 디시인사이드 검색창

검색 결과를 보면 편의점을 언급한 모든 게시물을 볼 수 있습니다.

▼ 그림 2-14 편의점 검색 결과

좀 더 아래로 내려서 **게시물 더보기**를 클릭하면 편의점을 언급한 모든 게시물을 웹 페이지별로 볼수 있습니다. 게시물을 더 보고 싶다면 번호를 클릭하여 해당 페이지로 넘어가면 됩니다.

▼ 그림 2-15 검색 결과 페이지 아랫부분에서 페이지 번호 확인

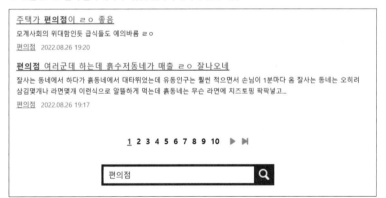

이제 스크래퍼가 접속할 URL 정보를 가져올 차례입니다.

2.3.1 스크래퍼 제작 첫 단계는 URL 찾기부터

requests 라이브러리로 정보를 수집할 때 중요한 점은 URL을 제대로 가져오는 것입니다. 현재 URL은 https://search.dcinside.com/post/sort/latest/q/.ED.8E.B8.EC.9D.98.EC.A0.90입니다. 8페이지로 넘어가서 다시 URL을 확인해 보면 https://search.dcinside.com/post/p/8/sort/latest/q/.ED.8E.B8.EC.9D.98.EC.A0.90으로 URL이 달라져 있습니다. 달라진 내용은 페이지 정보에 해당하는 p/8이 추가된 정도입니다. 다른 페이지 번호를 클릭하면 URL의 p/8 부분만 계속 변경됩니다. 즉, 페이지를 클릭하면 상단의 URL 정보가 바뀝니다.

그럼 모든 페이지를 클릭하고 URL을 가져와야 할까요? 그럴 필요는 없습니다. 앞서 배운 for 문과 format() 함수만 있으면 모든 웹 페이지의 URL을 작성할 수 있습니다.

이제 스크래퍼를 만들어 보겠습니다. 새로운 주피터 노트북을 열고 필요한 라이브러리를 가져오는 코드를 작성합니다. 따로 버전 안내를 하지 않은 라이브러리는 버전과 관계없이 에러를 일으키지 않기 때문에 안내한 버전만 체크하고 설치하면 됩니다.

```
import requests
from bs4 import BeautifulSoup

import time #❶
import pandas as pd
```

> Note ☰   책과 동일하게 코딩을 했지만 에러가 발생한다면 버전 차이로 발생한 에러일 가능성이 있습니다. 이때는 필요한 라이브러리를 !pip install 라이브러리==버전 명령어로 설치하면 됩니다.

time 라이브러리(#❶)는 모든 스크래퍼 프로그램에 반드시 사용되는 패키지입니다. 처음 스크래퍼를 만들 때 수집 대상 서버에 부담을 주어서는 안 된다고 했었죠? 서버에 정보를 빠르게 많이 요청하면 서버에 부하가 생겨 서버가 멈추거나 클라이언트 PC의 IP를 차단하기 때문이었습니다. 이런 일을 피하려면 스크래퍼가 서버에 정보를 요청할 때마다 코드 실행을 잠시 멈추어야 합니다. 코드 실행을 멈추는 데 사용하는 라이브러리가 바로 time입니다. 서버에 정보를 요청한 후 time.sleep(3)을 입력하면 3초간 스크래퍼가 중지됩니다. 서버에 부하를 주지 않도록 안전하게 항상 1초 이상으로 설정해 주세요.

수집에 필요한 라이브러리를 설치했다면 이제는 URL을 찾아봅시다. 페이지 번호를 클릭하면 URL 주소에서 페이지 번호에 해당되는 'p/숫자' 부분만 변경된다는 것은 알고 있습니다. for 문과 format() 함수로 페이지별로 URL을 가져오겠습니다.

```
url = 'https://search.dcinside.com/post/p/{}/q/.ED.8E.B8.EC.9D.98.EC.A0.90'  #❶

for page in range(1, 10):                                                    #❷
    print(url.format(page))                                                  #❸
```

```
https://search.dcinside.com/post/p/1/q/.ED.8E.B8.EC.9D.98.EC.A0.90
https://search.dcinside.com/post/p/2/q/.ED.8E.B8.EC.9D.98.EC.A0.90
https://search.dcinside.com/post/p/3/q/.ED.8E.B8.EC.9D.98.EC.A0.90
https://search.dcinside.com/post/p/4/q/.ED.8E.B8.EC.9D.98.EC.A0.90
https://search.dcinside.com/post/p/5/q/.ED.8E.B8.EC.9D.98.EC.A0.90
https://search.dcinside.com/post/p/6/q/.ED.8E.B8.EC.9D.98.EC.A0.90
https://search.dcinside.com/post/p/7/q/.ED.8E.B8.EC.9D.98.EC.A0.90
https://search.dcinside.com/post/p/8/q/.ED.8E.B8.EC.9D.98.EC.A0.90
https://search.dcinside.com/post/p/9/q/.ED.8E.B8.EC.9D.98.EC.A0.90
```

#❶: url 변수에 편의점 검색 결과에 해당되는 URL 주소를 넣습니다. 그런데 페이지 번호에 따라 '/p/숫자' 부분이 변경되므로 이 부분을 p/{}처럼 중괄호({})로 감쌌습니다. 이 비어 있는 중괄호에 숫자가 들어가면서 URL 주소가 완성됩니다.

#❷: for 문의 range() 함수로 숫자 1부터 10까지 하나씩 페이지 번호가 생성되고, 그 숫자가 page 변수에 저장됩니다.

#❸: page 변수는 숫자가 저장된 값입니다. #❷ 코드가 처음 시작될 때 page 변수에는 숫자 1이 저장되어 있습니다. 그래서 처음에 format(page)는 format(1)이 됩니다. format(1)은 url 변수의 비어 있는 중괄호({})에 전달됩니다. url 변수에 저장된 ...post/p/{}/q/.ED...이 ...post/p/1/q/.ED...으로 되어 접속할 수 있는 URL 주소가 완성되었네요.

URL이 있으니 다음 순서는 HTML 정보 수집과 파싱입니다.

2.3.2 HTML 수집과 파싱

HTML 수집과 파싱은 requests 라이브러리와 BeautifulSoup 라이브러리의 lxml로 한다고 했습니다. 먼저 1페이지에 해당되는 URL만 전달해서 해당 페이지의 HTML을 수집하고 파싱하겠습니다. 파싱하고 필요한 게시물 정보를 제대로 수집할 수 있다는 것이 확인되면, 수집 기능을 함수로 만들고 for 문으로 1페이지부터 끝까지 순서대로 순회하면서 함수로 정보를 수집하면 됩니다.

> Note ≣ 스크래퍼를 개발할 때 함수와 for 문을 많이 사용합니다. 혹시 함수와 for 문을 사용하기 어렵다면 다시 for 문과 함수 부분을 학습하고 오기 바랍니다(53쪽).

다음 코드를 입력하고 실행해 보세요.

```
response = requests.get(url.format(1))  #❶
html = response.text                    #❷
soup = BeautifulSoup(html, 'lxml')      #❸
print(soup)
```

```
...생략...
<p class="link_dsc_txt">밥 생각 없어서 간단하게 <b>편의점</b>에서 라면 ㄹ ㅇ 저 조합에 1,100원
개꿀이네 ㅋㅋㅋ</p>
<p class="link_dsc_txt dsc_sub"><a class="sub_txt" href="https://gall.dcinside.com/
board/lists?id=majak" target="_blank">마작</a><span class="date_time">2022.08.06
20:34</span></p>
</li>
...생략...
```

#❶: 수집하고 싶은 1페이지 주소를 requests 라이브러리의 get() 함수에 전달한 후 그 값을 response 변수에 저장했습니다.

#❷: response는 서버 응답이 저장되어 있습니다. response에 저장된 값을 가져오기 위해 .text를 붙이면 HTML을 모두 가져올 수 있습니다. 가져온 HTML은 html 변수에 저장했습니다.

#❸: 저장된 html 정보를 BeautifulSoup 라이브러리의 lxml로 파싱하여 soup 변수에 저장했습니다.

soup 변수를 출력하니 편의점 게시물이 확인됩니다. 이제 **필요한 정보**가 있는 태그를 찾으면 됩니다.

2.3.3 정보 수집하기

먼저 게시물 제목의 태그를 찾겠습니다. 방법은 앞서 소개한 방법과 동일합니다. 크롬 브라우저에서 검사창(Ctrl + Shift + I 또는 마우스 오른쪽 버튼을 누르고 **검사** 선택)을 엽니다. 다음과 같이 순서대로 왼쪽 위의 화살표를 클릭한 후 위쪽 게시물 제목에 마우스 오버하거나 클릭하여 정보를 복사합니다.

▼ 그림 2-16 필요한 태그 정보 수집

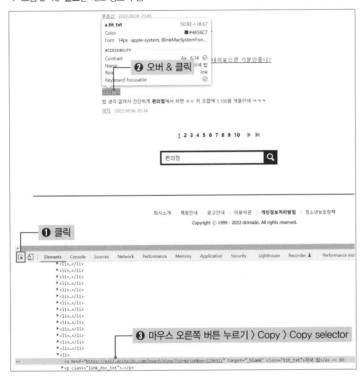

게시물 제목을 클릭하지 않고 마우스 오버하면 팝업으로 게시물 태그를 보여 줍니다. 이번에는 마우스 오버로 얻은 게시물 태그 a.tit_txt를 이용하겠습니다.

```
title_soup = soup.select('a.tit_txt')      #❶
titles = [title.text for title in title_soup] #❷

titles[:4]
```

```
[ '스벅 배스킨 편의점 삼겹살 족발 회 왜 다비싸냐?',
 '편의점 갈땐 마스크 꼭 쓰자 코로나 옮긴대',
 '1등되면 편의점 차려도 될까',
 '보닌 편의점 시급 8244원에 주휴수당 없는데???' ]
```

게시물 제목 정보를 수집할 때는 select() 함수를 사용했습니다.

#❶: select() 함수에 게시물 태그를 a.tit_txt로 전달했고 결과를 title_soup 변수로 받았습니다. a.tit_txt는 <a class="tit_txt">게시물 제목</a>의 접근 경로입니다.

#❷: #❶ 코드의 결과가 저장된 title_soup 변수에는 길벗출판사 웹 사이트에서 책 종류 정보를 수집했던 것처럼 태그 정보도 함께 있습니다. 이 태그 정보를 제외하고 문자형만 추출하여 titles 변수에 저장합니다.

게시물 제목이 수집되었으니 게시물 제목만 수집하는 함수를 만들고 정상적으로 작동하는지 확인하겠습니다.

```python
def find_titles(soup):
    """게시물 제목을 수집한다"""
    title_soup = soup.select('a.tit_txt')
    titles = [title.text for title in title_soup]

    return titles

titles = find_titles(soup)
titles[:-4]
```

```
[ '스벅 배스킨 편의점 삼겹살 족발 회 왜 다비싸냐?',
 '편의점 갈땐 마스크 꼭 쓰자 코로나 옮긴대',
 '1등되면 편의점 차려도 될까',
 '보닌 편의점 시급 8244원에 주휴수당 없는데???' ]
```

함수 이름은 find_titles()로 했습니다. find_titles() 함수가 받는 인자는 soup입니다. 함수에 soup를 전달하고 호출하니 결과가 만족스럽습니다.

다음에는 게시물 내용을 수집하겠습니다. 방법은 게시물 제목 태그를 찾았던 과정과 동일합니다.

▼ 그림 2-17 게시물 내용 정보가 있는 태그 가져오기

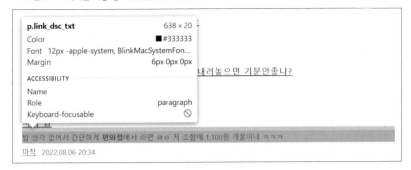

게시물 제목 바로 아래에 게시물 본문이 있습니다. 이 본문에 마우스 오버하거나 클릭한 후 Copy selector를 선택하면 게시물 본문에 해당되는 태그 정보를 얻을 수 있습니다. 게시물 본문 태그는 p.link_dsc_txt입니다. 이 태그를 select() 함수에 전달해서 본문을 추출하겠습니다. 다음 코드를 작성한 후 실행하세요.

```
content_soup = soup.select('p.link_dsc_txt')
contents = [content.text for content in content_soup]

contents[-10:]
```

```
[ '밥 생각 없어서 간단하게 편의점에서 라면 ㄹㅇ 저 조합에 1,100원 개꿀이네 ㅋㅋㅋ',
 '마작2022.08.06 20:34',
 '원가가 얼만데 특히 배스킨 너무비쌈 3분의일 정도로 내려야함 이러니 구구콘먹지 구구콘 개혜자다',
 '치킨2022.08.06 20:33',
 '마스크 안쓰면 병균덩어리 취급당함 ㅜㅜ',
 '코로나 바이러스2022.08.06 20:30',
 '그냥 동네에 조만한 편의점 차리고 알바두고 워라벨 즐기기 가능??',
 '로또2022.08.06 20:30',
 '3개월이상하면 시급 최저로 맞춰준대 ㅇㅇ 내 주위 편의점 알바하는 친구들 나처럼 다 최저 못받던데
정상임?',
 '편의점2022.08.06 20:29' ]
```

게시물 제목을 수집했던 코드와 동일합니다. 그런데 출력 결과를 보니 좀 이상합니다. 처음에는 본문이 있고 다음에는 갤러리와 날짜 정보가 교대로 등장합니다.

수집된 정보를 보니 규칙이 있네요. 처음은 본문 내용, 다음은 갤러리와 날짜 정보가 나열됩니다. 그럼 리스트 변수에서 인덱스가 0, 2, 4 등 짝수일 때는 본문이고, 홀수일 때는 갤러리와 날짜가 나옵니다. 직접 contents 변수에 인덱스를 붙여 확인하겠습니다.

```
print("본문 내용 :", contents[0], contents[2])
print("갤러리 및 날짜 정보 :", contents[1], contents[3])
```

본문 내용 : 밥 생각이 없어서 ...(생략)... 원가가 얼만데 특히 ...(생략)...
갤러리 및 날짜 정보 : 마작 2022.08.06 20:34 치킨 2022.08.06 20:33

짝수일 때만 남겨서 게시물 본문을 수집하는 함수까지 만들겠습니다. 함수 이름은 find_content
라고 지었습니다.

```
def find_content(soup):
    """게시물 본문과 게시판 및 작성일을 수집한다"""
    content_soup = soup.select('p.link_dsc_txt')
    contents = [content.text for content in content_soup]

    contents_text = []
    etc = []
    for idx, content in enumerate(contents):     #❶
        if idx % 2 == 0:                          #❷
            contents_text.append(content)
        else:
            etc.append(content)

    return contents_text, etc

contents_text, etc = find_content(soup)          #❸
print(contents_text[-2:])
print(etc[-2:])
```

```
['그냥 동네에 조만한 편의점 차리고 알바로두고 워라벨 즐기기 가능??',
 '3개월이상하면 시급 최저로 맞춰준대 ㅇㅇ 내 주위 편의점 알바하는 친구들 나처럼 다 최저 못받던데
정상임?']
['로또2022.08.06 20:30',
 '편의점2022.08.06 20:29']
```

find_content() 함수는 게시물 본문과 게시물 작성 시간 정보를 수집하고 각각 분리해서 반환합
니다.

#❶: for 문에 인덱스를 활용할 수 있도록 enumerate() 함수를 사용했습니다. enumerate()에서 생
성된 인덱스를 받는 변수는 idx입니다.

#**❷**: if ~ else 문에서 idx를 2로 나누었을 때 나머지가 0이면 해당 인덱스에 대응되는 정보는 게시물 본문입니다. 본문은 append( ) 함수를 사용하여 contents_text에 저장됩니다. idx를 2로 나누었을 때 나머지가 0이 아니면(else) 게시물이 작성된 갤러리와 작성 시간에 해당됩니다. 이 정보는 etc 변수에 저장됩니다. 함수는 contents_text와 etc를 반환합니다.

#**❸**: find_content( ) 함수를 호출했고 함수 반환값은 contents_text와 etc 변수에 저장됩니다.

출력해 보니 본문과 날짜 정보가 분리되었습니다.

이제 URL도 준비되었고 게시물 제목, 본문, 작성 시간까지 수집할 수 있는 함수가 모두 준비되었습니다. 스크래퍼를 만들 준비가 되었으니 for 문을 사용하여 편의점 검색 결과 정보를 100페이지까지 수집하겠습니다.

```
titles = []
contents = []
etcs = []

for i in range(1, 101):
    print("100 페이지 중 현재 {} 페이지".format(i))  #❶
    response = requests.get(url.format(i))          #❷
    html = response.text                            #❸
    soup = BeautifulSoup(html, 'lxml')              #❹
    title = find_titles(soup)                       #❺
    content, etc = find_content(soup)               #❻

    titles.extend(title)
    contents.extend(content)                        #❼
    etcs.extend(etc)

    time.sleep(1)                                   #❽
```

```
...생략...
100 페이지 중 현재 4 페이지
100 페이지 중 현재 5 페이지
100 페이지 중 현재 6 페이지
100 페이지 중 현재 7 페이지
...생략...
```

맨 위쪽 변수 세 개(titles, contents, etcs)는 게시물 제목, 본문, 작성 시간 정보가 저장될 변수입니다. 1페이지부터 100페이지까지 데이터만 수집하기로 했으므로 for 문과 range() 함수를 사용하여 숫자 1부터 100까지 반복되도록 합니다.

#❶: 현재 수집 진행 상황을 알 수 있게 했습니다. 화면 변화 없이 장시간 수집하고 있으면 마치 컴퓨터가 멈춘 것처럼 보이므로 안심할 수 있게 안내 상황을 출력합니다.

#❷: url 변수에 페이지 번호가 1부터 전달되고 완성된 URL은 requests.get()에 전달됩니다. 그럼 HTML을 포함한 응답 정보가 response 변수에 저장됩니다.

#❸, #❹: response.text로 HTML 정보만 추출해서 html에 저장했습니다. 다음은 BeautifulSoup로 파싱하고 결과를 soup 변수에 저장했습니다.

#❺, #❻: find_titles()와 find_content() 함수로 게시물 제목, 본문, 작성 시간 정보를 얻었습니다. 이렇게 기능을 함수로 구현하면 코드 가독성이 좋아집니다. 혹시 NameError가 나타난다면 함수를 실행하지 않아 발생한 에러입니다. 앞서 작성한 find_titles()와 find_content() 함수를 찾아가서 해당 함수를 실행한 후 다시 #❺, #❻ 코드를 실행하면 NameError를 해결할 수 있습니다.

#❼: 수집한 게시물 제목, 본문, 작성 시간 정보를 titles, contents, etcs 변수에 extend() 함수로 더했습니다.

#❽: 가장 중요한 코드입니다. 수집 대상의 서버에 부담을 주지 않도록 for 문 아래의 수집 내용이 진행될 때마다 1초씩 코드 실행을 멈추어 줍니다. 다시 한 번 말하지만 상대 서버에 부담을 주어서는 안 됩니다.

출력 결과를 보면 페이지마다 정보를 수집하고 있습니다. 데이터를 모두 수집했으면 그다음 단계는 무엇일까요? 바로 **전처리 과정**입니다.

2.3.4 데이터 전처리: 정규 표현식

자연어 분석에서 데이터 전처리란 수집한 데이터에서 불필요한 정보를 제거하고, 마구잡이로 섞여 있는 정보를 분리하거나 정렬하는 과정입니다. 정규 표현식은 불필요한 정보를 제거할 때 이용합니다. 수집한 정보를 보면 한글뿐만 아니라 이모지도 있고 초성도 있습니다. 이런 문자들은 제거하면 데이터 분석이 편리합니다. 문자열에서 필요한 정보를 추출하는 것을 정규 표현식(regex)이라고 합니다.

정규 표현식을 사용하려면 re 라이브러리를 가져와야 합니다.[2] 먼저 정규 표현식에서 사용하는 패턴 예시입니다.

▼ 표 2-3 정규 표현식에서 자주 사용하는 패턴

정규 표현식 예	설명
[가-힣]	자음 '가'부터 '힣' 중 한 개
[a-z]	알파벳 소문자 a부터 z 중 한 개
[0-9]	숫자 0부터 9 중 한 개
\d	숫자 한 개
x+	한 개 이상 x
x{2}	x가 두 개인 경우
^	문자열의 처음
[가-힣]+	자음 '가'부터 '힣'까지 한 개 이상 자음 가져오기(한글만 추출할 때 주로 이용)
[a-zA-Z0-9]+	영어, 숫자 정보 한 개 이상 가져오기

이런 패턴 예시를 혼합해서 문자형에서 추출할 조건을 만들어야 합니다. 정규 표현식을 연습해 볼 목적으로 문자형 변수에서 전화번호를 추출하는 정규 표현식과 한글만 추출하는 정규 표현식을 만들어 보겠습니다. 먼저 전화번호를 추출하는 정규 표현식입니다.

```
import re

phone_number = "제 연락처는 010-1234-5678 이에요"
pattern_number = r"\d{3}-\d{4}-\d{4}"              #❶
number = re.search(pattern_number, phone_number)   #❷
print("번호 추출 결과 :", number.group())            #❸
```

번호 추출 결과 : 010-1234-5678

#❶: 정규 표현식 패턴입니다. 해석하면 숫자 세 개가 일치하고 뒤에 - 표시가 있으며, 다시 숫자 네 개가 등장하면서 뒤에 - 표시가 있는 패턴입니다. 이 패턴이 마치 필터처럼 작동하여 이 패턴에 일치하는 값만 추출합니다.

#❷: 만든 패턴을 re.search() 함수에 전달하고 다음 전화번호가 저장된 문자열 변수 phone_number를 전달하면 패턴에 일치하는 값만 number 변수에 저장됩니다.

#❸: 정규 표현식 결과를 그룹화해서 출력되도록 합니다.

출력 결과를 보니 전화번호가 잘 추출되었습니다.

다음은 자연어 분석에서 자주 사용되는 한글을 추출하는 정규 표현식 예시입니다.[3]

```
kor_eng_text = "'안녕하세요'는 영어로 Hello 인가요?"
kor_pattern = '[가-힣]+'
kor = re.compile(kor_pattern).findall(kor_eng_text)  #❶
print("추출 1단계 :", kor)                              #❷
print("추출 2단계 :", " ".join(kor))                    #❸
```

```
추출 1단계 : ['안녕하세요', '는', '영어로', '인가요']
추출 2단계 : 안녕하세요 는 영어로 인가요
```

kor_eng_text 변수를 보면 영어와 특수 문자가 함께 있습니다. 여기에서 한글만 추출하는 정규 표현식을 만들면 '[가-힣]+'입니다. 해석하면 가부터 힣까지 일치하는 문자를 한 개 이상 가져오라는 의미입니다.

#❶: search() 대신 compile()을 사용했습니다. search()와 역할은 동일하지만, compile()이 속도가 빠르기 때문에 대용량 문자열 데이터 처리에 적합합니다. 패턴을 compile()로 인식시키고 findall(kor_eng_text)로 연결하면 입력된 패턴이 kor_eng_text를 분석합니다. 분석 결과는 kor에 저장합니다.

#❷: kor을 출력하면 리스트 타입이며 어절[4]이 분리되어 있습니다.

#❸: kor에 저장된 값을 하나의 문자열로 연결하려고 " ".join()을 사용했습니다. join()으로 어절을 연결시켜 한 문장으로 만들었습니다.

지금까지 수집한 내용을 판다스(pandas)의 데이터 프레임으로 만들겠습니다. 데이터 프레임 외에도 다양한 저장 방법이 있지만 데이터 프레임으로 저장해야 판다스의 다양한 기능을 사용할 수 있기 때문에 데이터 프레임으로 저장하길 권장합니다.

---

3 앞서 import re로 re 라이브러리를 이미 불러왔기 때문에 여기에서는 따로 불러오지 않습니다.

4 문장 성분의 최소 단위로 띄어쓰기 단위가 됩니다.

```
df = pd.DataFrame({"게시물제목":titles, "내용":contents, "기타 정보":etcs})
df
```

	게시물제목	내용	기타정보
0	왜민증검사안함	편의점사장님들 너무해 나 민증꺼낼 준비되어잇는데 나 안 삭앗는데	ENTP2022.08.06 21:11
1	2022년 보호직 합격수기입니다.	메리트였죠. 영어는 원래도 자신있던 만큼 공시 공부하면서 제일 적게 비중을 뒀습니다...	공무원2022.08.06 21:04

필요한 정보가 모두 있지만 기타정보 열을 보면 정보가 혼재되어 있습니다. 살펴보니 갤러리 이름, 작성 시간 순서입니다. 한 열에는 한 종류 값만 저장되어야 깔끔한 데이터고 나중에 활용 가치가 있습니다. 데이터 수집 목표는 편의점을 언급한 글이기 때문에 갤러리 이름 정보는 중요하지 않습니다. 하지만 시간은 중요한 정보입니다. 시간을 분석하면 사람들이 어떤 시간에 편의점을 언급하는지 추정할 수 있기 때문입니다. 예를 들어 밤 시간에 편의점을 자주 언급한다면 밤 시간에 어울리는 제품을 판매하거나 할인 행사하는 것을 기획할 수 있습니다. 그래서 시간과 날짜 정보를 기타정보 열에서 추출하겠습니다. 추출할 때는 정규 표현식을 이용하겠습니다.

이제 편의점 데이터에서 정규 표현식으로 날짜 정보만 추출하겠습니다.

```
import re

etc_info = "편의점2022.06.02 19:33"        #❶

pattern = r"\d{4}.\d+.\d+"              #❷
result = re.search(pattern, etc_info)  #❸
date = result.group()                  #❹

print("입력 정보 :", etc_info)
print("정규 표현식 처리 후 결과 :", date)
```

```
입력 정보 : 편의점2022.06.02 19:33
정규 표현식 처리 후 결과 : 2022.06.02
```

정규 표현식 적용 대상은 etc_info 변수에 저장했습니다.

#❶: 저장된 값에서 연도, 월, 일 정보를 추출합니다. etc_info의 날짜 패턴을 보면 '연도.월.일' 형식입니다. 사이마다 마침표(.)가 있네요. 숫자가 나오고 다음에 마침표(.)가 있으면 날짜 정보입니다.

#❷: 날짜 패턴을 정규 표현식으로 표현한 것입니다.

#❸: search()에 날짜 패턴과 날짜 패턴이 적용될 문자열을 인자로 넣어 주면 문자열과 일치하는 패턴은 result 변수에 저장됩니다.

#❹: result 변수에 저장된 결과를 그룹으로 묶어 date에 저장했습니다.

출력 결과를 보니 날짜 정보가 추출되었습니다.

날짜를 추출하는 정규 표현식과 시간을 추출하는 정규 표현식은 거의 동일합니다. etc_info에서 시간 정보는 숫자 다음 콜론(:)이 있습니다. 그럼 시간을 추출하는 정규 표현식은 r"\d+:\d+"입니다.

이제 날짜를 추출하는 find_date() 함수를 만들고 동시에 시간을 추출하는 find_time() 함수를 같이 만들겠습니다.

```python
def find_date(text):
    """날짜를 찾는다"""
    pattern = r"\d+.\d+.\d+"
    result = re.search(pattern, text)
    date = result.group()

    return date

def find_time(text):
    """시간을 찾는다"""
    pattern = r"\d+:\d+"
    result = re.search(pattern, text)
    time = result.group()

    return time

text = "만화2022.05.31 17:34"
time_result = find_time(text=text)
date_result = find_date(text=text)

print("입력 정보 :", text)
print("날짜 정보 :", time_result)
print("시간 정보 :", date_result)
```

입력 정보 : 만화2022.05.31 17:34
날짜 정보 : 17:34
시간 정보 : 2022.05.31

날짜와 시간을 추출하는 함수를 각각 만들었고 각 함수가 정상적으로 작동하는지 확인하고자 text 변수를 만들어 각 함수에 전달했습니다. 결과를 보면 모든 함수가 정상적으로 동작합니다. 그럼 이제 람다 함수[5]로 편의점 수집 정보가 저장된 df 데이터 프레임의 기타정보 열에 앞의 두 함수를 적용합니다.

```
df['날짜'] = df['기타정보'].apply(lambda x:find_date(x))      #❶
df['작성시간'] = df['기타정보'].apply(lambda x:find_time(x)) #❷
df.sample(3)
```

	게시물제목	내용	기타정보	날짜	작성시간
2225	편의점은 휴가가 없는게 아입네요	그런거 바랄만한 일을 하는것도 아니니 어쩔 수 없군요	밀리언 라이브2022.08.03 21:15	2022.08.03	21:15
908	지금 당장 택배보내려면 어디가야하나	일찍 퇴근했어야했는데 늦었네 그냥 편의점택배보내야하나?	당근마켓2022.08.05 17:59	2022.08.05	17:59
1060	솔직히 우리는 자율주행이 젤 쓸모없다	신경망쓰이고 공간다 차지하지 아무런 쓸모가없다 모든건 택배로 받고살고 어쩔때는 두달...	통이점이 온다2022.08.05 13:19	2022.08.05	13:19

#❶: find_date() 함수로 df의 기타정보 열에 저장된 값에서 날짜 정보를 추출하고, 추출 결과는 날짜 열에 저장합니다.

#❷: find_time() 함수를 사용하여 기타정보 열에서 게시물 작성 시간을 추출합니다. 추출된 결과는 작성시간 열에 저장합니다.

날짜 열이 새로 생성되어 날짜 정보만 저장되고 작성시간 열에는 시간 정보만 저장되었습니다. 다음은 날짜 정보에서 요일 정보만 추출하겠습니다.

날짜와 요일 정보 추출하기

요일 정보를 추출하려면 날짜 정보 데이터 타입을 문자형에서 날짜형으로 변경해야 합니다. 그리고 날짜를 인식해서 해당하는 요일 정보를 받아야 합니다. 필요한 라이브러리를 가져와 이 과정을 코드로 간단하게 구현하겠습니다.

```
from dateutil.parser import parse #❶

date = "2022.06.04"

dateinfo = parse(date)              #❷
```

◐ 계속

---

5 1장을 참고합니다. 간단하고 단일 기능을 즉석에서 만들 때 사용합니다.

```
print("date 변수의 데이터 타입 :", type(date))
print("dateinfo 변수의 데이터 타입 :", type(dateinfo))
print("연도 정보 :", dateinfo.year)
print("월 정보 :", dateinfo.month)
print("일 정보 :", dateinfo.day)
```

```
date 변수의 데이터 타입 : <class 'str'>
dateinfo 변수의 데이터 타입 : <class 'datetime.datetime'>
연도 정보 : 2022
월 정보 : 6
일 정보 : 4
```

요일 정보를 얻으려면 날짜 정보 데이터 타입을 문자형(string)에서 날짜(datetime) 형식으로 변경해야 합니다.

#❶: dateutil 라이브러리는 문자형에서 날짜(datetime) 형식으로 변경할 때 필요합니다.

#❷: dateutil 라이브러리의 parse() 함수에 날짜 정보를 전달하면 문자형인 날짜 정보가 날짜형으로 타입이 변경됩니다.

출력 결과를 보면 문자형(str)인 date 변수가 날짜형으로 변경된 것을 확인할 수 있습니다. 날짜 정보에는 연도, 월, 일 정보가 있고 dateinfo.year를 입력하면 dateinfo의 연도 정보를 반환합니다.

날짜 정보를 모두 얻었으니 요일 정보를 얻을 수 있습니다. 요일 정보를 얻을 때는 calendar 라이브러리를 사용합니다. calendar 라이브러리의 weekday() 함수에 dateinfo 변수에 담긴 연도, 월, 일 정보를 전달하면 됩니다.

```
import calendar #❶

calendar.weekday(dateinfo.year, dateinfo.month, dateinfo.day)
```

```
5
```

calendar 라이브러리를 불러왔고 weekday()에 연도, 월, 일 정보를 순서대로 전달하면 '5'가 출력됩니다. 프로그래밍에서 첫 순서는 0부터입니다. 0은 월요일이고 1은 화요일을 의미합니다. 그러므로 5는 토요일이라는 의미입니다.

지금까지 내용을 바탕으로 요일 정보를 반환하는 find_day() 함수를 만들겠습니다.

```python
def find_day(date):
    """요일 정보를 반환한다"""
    try:
        dateinfo = parse(date)                          #❶

        days = ['월요일', '화요일', '수요일', '목요일', '금요일', '토요일', '일요일']
        day = days[calendar.weekday(dateinfo.year,
                    dateinfo.month, dateinfo.day)] #❷

        return day
    except:
        return "알수없음"                               #❸

day = find_day(date="2022.06.04")                       #❹
print("오늘은 {}입니다.".format(day))
```

오늘은 토요일입니다.

#❶: 함수의 인자로 전달된 date 변수가 날짜형(datetime)으로 변경되고 dateinfo 변수에 저장됩니다. 그 아래에 days 변수가 있는데, days 변수에는 월요일부터 일요일까지 저장되어 있습니다. days[0]은 월요일이고 days[5]는 토요일입니다.

#❷: weekday()에 dateinfo 변수의 연도, 월, 일 정보가 입력되고 그 결과로 0에서 6 사이의 숫자가 반환됩니다. 반환된 숫자는 days 변수의 인덱스로 활용됩니다.

#❸: 에러가 발생하면 코드 실행이 중지되지 않고 '알수없음'을 반환하게 합니다.

#❹: find_day() 함수에 2022.06.04가 전달되고 반환값은 day에 저장됩니다.

출력 결과를 보니 day에 저장된 값은 토요일입니다. 그런데 코드를 보니 try ~ except 문이 사용되었습니다. df 데이터 프레임에 저장된 날짜 열에는 알 수 없는 날짜 정보도 포함되어 있기 때문입니다. 분석 불가능한 날짜 정보가 parse()에 전달되면 TypeError가 발생됩니다. 그래서 #❸ 코드에서 TypeError가 발생되면 코드 실행을 중지하는 대신 '알수없음'을 반환하도록 find_day() 함수를 구현했습니다.

그럼 앞서 얻은 df 데이터 프레임의 날짜 열에 저장된 값을 value_counts() 함수로 출력해 보겠습니다.

```
df['날짜'].value_counts()
```

```
...생략...
2022.08.03        403
22022.08.05         4
22022.08.04         3
22022.08.03         3
482022.08.05        3
22022.08.06         3
9992022.08.03       2
9992022.08.04       2
1012022.08.03       1
...생략...
```

출력 결과를 보면 날짜 정보에 저장된 값 중 이해할 수 없는 값도 포함된 것을 확인할 수 있습니다. 이런 이상치(outlier)가 많으면 데이터 전처리에 시간이 걸리더라도 다른 방법을 찾아야 합니다. 하지만 이 경우처럼 많지 않을 때는 추가 전처리를 하지 않아도 됩니다. 필요한 주요 정보는 충분히 얻었기 때문입니다.

완성한 find_day() 함수를 람다 함수에 적용하여 df의 날짜 열에 적용하겠습니다. 그리고 작성시간 열에 저장된 값에서 split()로 시간 부분을 추출하겠습니다. 혹시 df 데이터 프레임을 선언하지 않았다면 다시 앞 페이지로 돌아가서 df 선언과 날짜 열, 작성시간 열을 생성해야 합니다.

```
df['요일'] = df['날짜'].apply(lambda x:find_day(x))                #❶
df['시간(H)'] = df['작성시간'].apply(lambda x:x.split(":")[0])  #❷
df.sample(3)
```

	게시물제목	내용	기타정보	날짜	작성시간	요일	시간(H)
2031	우리편의점 달골중에	앞 술집에서 일하는분인데 맨날 마스크 안쓰고 화난얼굴로 담배 주라고함	우울중2022.08.04 01:24	2022.08.04	01:24	목요일	01
394	이 벤톨리사장 부자임??	세차.편의점사장 7년째변틀리 유지중	자동차2022.08.06 10:23	2022.08.06	10:23	토요일	10
1700	창업하고 점장하나 뽑는게 부수입으로 좋을까?	월 700은 챙길 비틱 아니고 근데 투자같은거 1도 모름 맨날 현금으로 살아두니까 ...	편의점2022.08.04 15:30	2022.08.04	15:30	목요일	15

#❶: 람다 함수를 사용하여 find_day() 함수를 날짜 열에 적용해서 반환받은 결과를 요일 열에 저장합니다.

#❷: 작성시간 열에 저장된 값을 split()를 사용하여 콜론(:)을 기준으로 분리하고, 분리된 결과의 인덱스 0에 해당하는 값을 가져와 시간(H) 열에 저장합니다.

이것으로 모든 전처리가 끝났습니다. 이제 남은 단계는 저장 단계입니다.

2.3.5 결과 저장

데이터가 크지 않기 때문에 df 데이터 프레임을 엑셀 파일로 저장하겠습니다. 저장한 후에는 다시 저장한 파일을 불러와서 제대로 저장되었는지 확인해야 합니다.

```
#저장할 경로 설정 후 저장
import os                                                          #❶

SAVE_FILE_PATH = './Data/'                                         #❷
if not os.path.exists(SAVE_FILE_PATH):                             #❸
    os.makedirs(SAVE_FILE_PATH)                                    #❹

df.to_excel(SAVE_FILE_PATH+'디시인사이드_편의점게시물.xlsx', index=False) #❺
```

#❶: 파일을 저장할 때 파일이 저장될 경로가 정확하지 않으면 FileNotFoundError가 발생합니다. 그럼 파일이 저장될 경로를 전달하고, 해당 경로에 파일을 저장하면 에러가 발생할 일이 없지요. 이때는 폴더 또는 파일 생성 또는 실행 관련 기능이 담긴 os 라이브러리를 사용합니다.

#❷: SAVE_FILE_PATH에 파일이 저장될 경로를 입력했습니다. 경로를 책과 동일하게 해도 되지만, 경로를 변경해도 실습에 어려움은 없습니다.

#❸, #❹: os 라이브러리를 활용한 내용입니다. SAVE_FILE_PATH에 해당하는 폴더가 현재 없다면 os.makedirs()가 SAVE_FILE_PATH에 해당하는 폴더를 생성합니다.

#❺: to_excel() 함수로 df 데이터 프레임을 저장합니다. index=False로 하면 인덱스는 엑셀 파일에 저장되지 않습니다.

> Note ≣ 저장될 데이터의 행(row) 수가 1만 개가 넘어가면 엑셀보다 CSV 파일로 저장하길 권합니다. 파일 크기가 커지면 엑셀로 저장되지 않을 수도 있기 때문입니다. CSV 파일로 저장할 때는 다음 코드를 사용합니다.
>
> ```
> df = pd.to_csv('파일 이름.csv')   #CSV 파일 저장
> df = pd.read_csv('파일 이름.csv') #CSV 파일 불러오기
> ```

저장할 폴더 경로와 파일 이름은 자유롭게 정해도 됩니다. 그 대신 어디에 어떤 이름으로 저장했는지 알고 있어야 3장에서 데이터를 불러와 분석할 수 있으니 잘 기록해 두세요. 이제 마지막으로 저장한 파일을 불러와서 저장 상태를 확인하고 실습을 마무리하겠습니다.

```
df = pd.read_csv(SAVE_FILE_PATH+'디시인사이드_편의점게시물.xlsx')
df.head(3)
```

	게시물제목	내용	기타정보	날짜	작성시간	요일	시간(H)
0	너무 급해서그러는데 진짜 400원만 도와주실분...	이틀 전부터 암것도 못먹고 너무 배고파 힘들어서... 편의점에 가장 싼 라면이 800...	컴퓨터 본체	2023.07.31 19:51	2023.07.31	19:51	월요일	19
1	집앞 편의점에 알새우칩 사러갔는데 없었어	과자 잘 안먹는데 순간 땡기더라고 눈물을 머금고 허니빠다칩 사옴 - dc offic...	이세계아이돌	2023.07.31 19:49	2023.07.31	19:49	월요일	19
2	조선족이 편의점 접수하고고갔는데	편견이라 그런가 이거 왜캐 마약일거같지? 들어보지도 못하거 이거 확인하는법 따로 없...	편의점	2023.07.31 19:48	2023.07.31	19:48	월요일	19

수집하고 전처리한 모든 내용을 정상적으로 저장했습니다. 수집한 편의점 게시물 정보는 3장 실습에서 활용하겠습니다. 다음 실습은 requests 라이브러리로 수집할 수 없는 웹 페이지 정보를 수집하는 스크래퍼입니다.

2.4 무엇이든 수집하는 selenium 라이브러리

URL만 있다면 requests 라이브러리로 모든 웹 페이지를 수집할 수 있습니다. 그런데 URL을 찾을 수 없다면 어떻게 해야 할까요? URL을 찾을 수 없는 웹 페이지가 있다니 이상하죠? 먼저 URL을 찾을 수 없다는 의미를 이해해야겠네요. 유튜브(https://www.youtube.com/)에 한번 접속해 봅시다.

▼ 그림 2-18 유튜브 첫 화면

그림 2-18과 같이 **음악** 탭을 클릭하고 이전 화면의 URL과 비교해 보니 URL이 서로 같습니다. 음악 관련 정보를 수집하려고 했는데 URL이 서로 같으면 굉장히 난감할 것입니다.

이때 사용하는 것이 바로 **selenium 라이브러리**입니다. selenium 라이브러리는 가상의 웹 페이지를 생성한 후 거기에 수집하길 원하는 웹 페이지를 띄우고 그 웹 페이지에서 HTML 정보를 수집합니다. 이 가상 웹 브라우저를 제어하는 주체는 사람이 아니라 '프로그램'입니다.

계속해서 유튜브를 예로 들어 봅시다. selenium 라이브러리를 이용하여 가상 웹 브라우저가 유튜브에 접속하고 음악 채널을 클릭하면, 가상 웹 브라우저 화면에 음악 채널이 나타납니다. 그리고 현재 웹 브라우저에 나타난 HTML 정보를 수집합니다.

selenium 라이브러리로 스크래퍼를 만들면 대부분의 웹 페이지에서 데이터를 수집할 수 있지만 그 웹 페이지에 가상 웹 브라우저가 직접 접속해야 합니다. 또 웹 브라우저 조작 단계마다 1~3초 정도 프로그램을 일시 정지해야 한다는 단점이 있습니다. 가상 웹 브라우저 조작 사이에 프로그램을 일시 정지하지 않으면 웹 브라우저가 멈추는 문제가 생기기 때문입니다. 잠깐 정지되는 시간이 소요되기 때문에 정보를 수집하는 시간이 길어질 수 있습니다. 동일한 정보를 수집해도 requests 라이브러리로 하면 5분이면 끝날 일을 selenium 라이브러리를 사용하면 30분 이상 걸리기도 합니다.

하지만 최근에 URL 정보를 제공하지 않는 웹 페이지가 점점 늘어나고 있고, 유명한 웹 사이트는 대부분 URL에 변화가 없기 때문에 실무에서는 거의 selenium 라이브러리로 스크래퍼를 개발합니다. 따라서 이 절에서는 selenium 라이브러리를 이용하여 네이버 카페, 중고나라처럼 URL에 변화가 없는 웹 사이트에서 정보를 수집하고 분석해 볼 것입니다.

selenium 라이브러리를 이용한 스크래퍼는 requests 라이브러리를 이용하는 방식에서 '가상 웹 브라우저 실행(조작)' 단계만 추가하면 만들 수 있습니다.

▼ 그림 2-19 selenium 라이브러리를 이용한 스크래퍼 프로그램 개발 과정

우선 이 '가상 웹 브라우저 실행(조작)' 단계를 좀 더 살펴본 후 본격적으로 실습해 보겠습니다.

2.4.1 가상 웹 브라우저 사용 준비

가상 웹 브라우저 실행(조작) 단계를 간단히 정리하면 다음과 같습니다.

1. 가상 웹 브라우저를 실행합니다.

2. 가상 웹 브라우저를 명령어로 조작하여 원하는 웹 사이트에 접속합니다.

3. 가상 웹 브라우저가 접속한 웹 페이지에서 해당 웹 사이트 정보를 수집합니다.

처음에는 생소할 수 있지만 반복해서 실습하다 보면 금세 익숙해질 것입니다.

2.4.2 양질의 정보가 있는 네이버 카페

네이버 카페는 보통 회원 가입이 까다롭거나 등업 조건이 어려워서 데이터 질이 훨씬 좋습니다. 데이터 질(quality)이란 유용한 정보가 많고 비속어나 초성 표현이 많이 없다는 의미입니다. 이번에는 네이버 대표 카페 중 하나인 '레몬테라스'에 올라온 게시글에서 정보를 수집해 보겠습니다.

레몬테라스 카페는 인테리어부터 결혼, 육아, 미용 등 여성에 초점을 맞춘 콘텐츠가 있는 카페입니다. 여기에서 여성 건강과 관련된 글이 많은 게시판을 찾아 해당 게시판의 글을 selenium 라이브러리로 수집하겠습니다.

URL 찾기

먼저 레몬테라스 카페에 접속합니다(https://cafe.naver.com/remonterrace).

▼ 그림 2-20 레몬테라스 카페 첫 화면

여성 건강과 관련된 글이 있는 게시판 이름은 '미용,건강,다이어트 노하우'입니다(2023년 3월 기준). 화면 왼쪽에서 해당 게시판을 찾고, 다음과 같이 게시판을 Ctrl 을 누른 상태에서 마우스 왼쪽

버튼으로 누르면 새 창이 열립니다. 그럼 위쪽에서 변경된 URL을 볼 수 있습니다. 그냥 게시판을 클릭하면 해당 게시판으로 이동하지만 URL은 변경되지 않습니다.

❤ 그림 2-21 게시판 URL 가져오기

이 방법은 URL을 쉽게 찾을 수 없을 때 사용할 수 있는 가장 간단한 방법 중 하나입니다. URL 주소를 최대한 상세하게 찾은 후 selenium 라이브러리를 이용하면 데이터 수집 시간을 단축할 수 있습니다.

이제 게시판 아래의 페이지 번호를 찾아 다음 페이지를 클릭해 보세요. 페이지 번호를 클릭해도 위쪽 URL은 변하지 않습니다. 이제 페이지 번호가 포함된 URL을 찾을 수 없으니 지금부터 selenium 방식을 사용해야 할까요? 아직 아닙니다. 크롬 브라우저의 검사창을 이용하면 페이지 번호가 포함된 URL을 찾을 수 있습니다.

검사창을 열고 **Network** 탭을 클릭하세요. 검사창 아래 화면이 빈 화면으로 나타난다면 다시 **미용, 건강,다이어트 노하우** 게시판을 클릭하고 2페이지 번호를 클릭하세요. **Network > Type**을 클릭하면 Type(여기에서 타입은 'document')을 기준으로 웹 페이지를 구성하는 파일을 정렬할 수 있습니다.

❤ 그림 2-22 게시판 URL 찾아보기 1

그림 그림 2-23과 같이 페이지 번호가 있는 URL이 나옵니다. 다음과 같이 클릭하고 화면 오른쪽을 보면 'Request URL'이 있습니다.

▼ 그림 2-23 게시판 URL 찾아보기 2

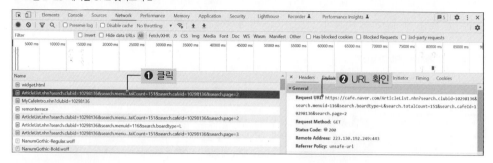

해당 URL을 살펴보면 페이지 번호가 포함된 URL이 보입니다. 이 URL을 복사해서 가져오면 다음과 같습니다.

```
"https://cafe.naver.com/remonterrace?iframe_url=/ArticleList.nhn%3Fsearch.
clubid=10298136%26search.menuid=116%26search.boardtype=L%26search.
totalCount=151%26search.cafeId=10298136%26search.page=2"
```

이것이 레몬테라스의 '미용,건강,다이어트 노하우' 게시판을 수집하는 URL입니다. page=1부터 시작할 수 있지만 1페이지는 공지 사항이 대부분이라 2페이지부터 수집합니다.

> **Note ≡** 페이지 번호가 있는 URL을 찾았기 때문에 디시인사이드 스크래퍼를 개발할 때와 동일하게 requests 라이브러리를 사용할 수 있습니다. 그러나 네이버 특유의 페이지 번호 구성 방식을 익히기 위해 selenium 라이브러리를 사용하겠습니다. 자세한 내용은 뒤에서 페이지 번호를 다룰 때 소개하겠지만, 이 특이한 페이지 번호 구성 방법은 국내 다양한 웹 쇼핑몰에서도 사용되기 때문에 보통 selenium으로 스크래퍼를 만듭니다.

URL을 찾았으니 이제 스크래퍼를 구성할 차례입니다. 우선 새로운 주피터 노트북을 열고 selenium을 사용할 수 있도록 설치해 줍니다.

```
!pip install selenium==4.10.0
```

가상 웹 브라우저 실행하기

스크래퍼에 필요한 라이브러리를 모두 가져오고 가상 웹 브라우저로 레몬테라스 게시판에 접근하는 코드를 구현할 차례입니다. 먼저 가상 웹 브라우저를 실행할 수 있게 크롬 가상 브라우저 드라이버를 내려받겠습니다.

> Note ≡ 크롬창 오른쪽 위에서 **도움말** › chrome **정보**를 선택하면 다음과 같이 버전을 확인할 수 있습니다.

▼ 그림 2-24 크롬 버전 확인

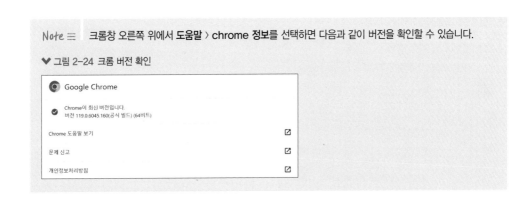

https://chromedriver.chromium.org/downloads에 접속해서 해당 버전에 맞는 크롬 드라이버를 내려받으면 되지만, 최신 크롬 드라이버는 해당 페이지에 없을 때가 많습니다. 현재 120 버전이 최신 버전이며(2023년 12월 기준), 119 버전과 120 버전 드라이버를 내려받을 수 있는 URL은 다음과 같습니다.

▼ 표 2-4 크롬 가상 웹 브라우저 드라이버 내려받기 링크

드라이버 버전	OS 버전	내려받기 링크
119	윈도 64비트	https://edgedl.me.gvt1.com/edgedl/chrome/chrome-for-testing/119.0.6045.105/win64/chromedriver-win64.zip
	윈도 32비트	https://edgedl.me.gvt1.com/edgedl/chrome/chrome-for-testing/119.0.6045.105/win32/chromedriver-win32.zip
	맥북	https://edgedl.me.gvt1.com/edgedl/chrome/chrome-for-testing/119.0.6045.105/mac-x64/chromedriver-mac-x64.zip
120	윈도 64비트	https://edgedl.me.gvt1.com/edgedl/chrome/chrome-for-testing/120.0.6099.28/win64/chromedriver-win64.zip
	윈도 32비트	https://edgedl.me.gvt1.com/edgedl/chrome/chrome-for-testing/120.0.6099.28/win32/chromedriver-win32.zip
	맥북	https://edgedl.me.gvt1.com/edgedl/chrome/chrome-for-testing/120.0.6099.28/mac-x64/chromedriver-mac-x64.zip

URL을 웹 브라우저에 입력하면 자동으로 압축 파일을 내려받습니다. 압축 파일을 풀면 chromedriver.exe 파일이 있습니다. 이 파일을 마우스 오른쪽 버튼으로 눌러 **속성**을 선택합니다.

▼ 그림 2-25 크롬 드라이버 파일 속성

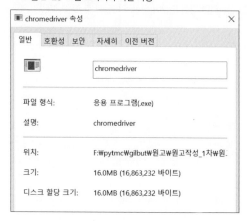

나타난 정보에서 설치된 위치를 복사하여 메모장이나 어딘가 기록해 두세요. 이제 가상 웹 브라우저를 만드는 코드를 작성해 보겠습니다. 앞서 찾아낸 URL을 넣어 줍니다.

```python
import pandas as pd

from selenium import webdriver
from selenium.webdriver.common.by import By
from selenium.webdriver.chrome.service import Service

from bs4 import BeautifulSoup
import time

import warnings                                              #❶
warnings.filterwarnings("ignore")

#chromedriver가 설치된 경로 넣기
service = Service(executable_path='./data/chromedriver.exe') #❷
driver = webdriver.Chrome(service=service)                   #❸

#앞서 찾아낸 URL 넣기
page_url = "https://cafe.naver.com/remonterrace?iframe_url=/
            ArticleList.nhn%3Fsearch.clubid=10298136%26search.menuid=
            116%26search.boardtype=L%26search.totalCount=151%26search.
            cafeId=10298136%26search.page=2"

driver.get(page_url)                                         #❹
```

#❶: 코드가 실행되지만 라이브러리 버전 업그레이드를 안내하거나 에러가 발생할 수도 있다는 주의 메시지가 등장하는 경우가 빈번하게 있습니다. 대부분 안내 메시지는 불필요하기 때문에 화면에 출력하지 않도록 warnings 라이브러리를 불러옵니다.

#❷: 가상 웹 드라이버를 인식하는 코드입니다. 각자 앞서 기록해 두었던 chromedriver.exe 파일이 저장된 경로를 넣어 줍니다.

#❸: #❷에서 설정한 가상 웹 드라이버를 가상 웹 브라우저에 전달합니다.

#❹: 수집 대상 게시판의 URL 정보가 page_url 변수에 저장되어 있는데요. 가상 웹 드라이버에 page_url 변수를 전달하여 해당 페이지에 접속하게 합니다.

가상 웹 브라우저에서 해당 게시판에 접속했습니다. 가상 웹 브라우저를 조절하여 데이터를 수집하면 됩니다.

▼ 그림 2-26 가상 웹 브라우저 접속

> Note ☰ 잘 만든 스크래퍼는 마치 사람이 이용하는 것과 비슷합니다. 가상 웹 브라우저가 다음 페이지로 이동할 때 정확히 3초마다 움직이는 것이 아니라 가끔은 3.6초 또는 5.91초마다 이동하면 더 안정적인 스크래퍼가 됩니다. 이 책에서는 소개하지 않지만 가상 드라이버에 각종 플러그인을 미리 설치하는 것도 좋은 방법입니다.

가상 웹 브라우저가 로딩한 웹 페이지 내용을 내려받아 BeautifulSoup로 파싱하고 게시물, 조회수, 댓글 수, 작성일 태그를 찾아야 합니다. HTML 파일을 가져오고 파싱하여 soup 변수에 저장하겠습니다.

HTML 수집과 파싱

가상 웹 브라우저의 현재 화면을 구성하는 HTML을 가져오겠습니다.

```
Html = driver.page_source         #❶
Soup = BeautifulSoup(html, 'lxml') #❷
soup
```

```
<html lang="ko"><head>
<meta content="noindex, nofollow" name="robots"/>
<meta content="text/html;charset=utf-8" http-equiv="Content-Type"/>
<meta content="requiresActiveX=true" http-equiv="X-UA-Compatible"/>
<title>미용,건강,다이어트 노하우,레몬테라스 [인테리어,리폼,DIY,요리,결혼,육아] : 네이버 카페
</title>
<link href="/favicon.ico?2" rel="shortcut icon" type="image/x-icon"/>
<meta content="always" name="referrer"/>
...생략...
```

#❶: 가상 웹 브라우저의 현재 화면에 출력된 HTML을 가져왔습니다.

#❷: BeautifulSoup로 파싱하는 과정입니다.

출력 결과를 살펴볼까요? Ctrl + F로 아무 게시물 제목이나 찾아보세요. 아마 게시물 제목을 찾을 수 없을 것입니다. 왜일까요? 이 게시판은 HTML 파일이 하나로 구성되지 않고 하나 더 추가되어 있기 때문입니다. 즉, 그림 2-27과 같이 이 웹 페이지는 HTML 두 개로 구성되어 있는데, 최상단 HTML은 게시판 메뉴들로 구성되어 있고 게시물 정보가 저장된 곳은 하위 HTML에 있습니다. 방금 수집한 HTML은 게시판 메뉴로만 구성되어 있습니다. 따라서 우리는 게시물 제목으로 구성된 HTML을 수집해야 합니다.

❤ 그림 2-27 HTML 두 개로 구성된 네이버 카페

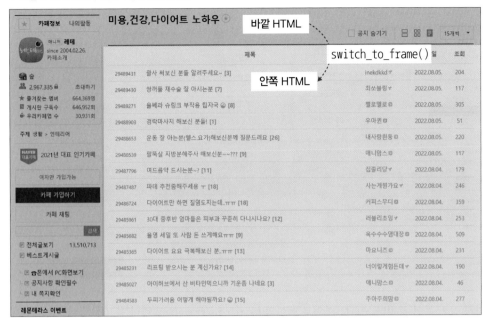

이렇게 웹 페이지가 HTML 여러 개로 구성된 경우 다른 HTML로 이동하려면 **iframe 태그**를 사용해야 합니다. 그럼 iframe 태그를 사용하여 상위에서 하위 HTML로 이동하겠습니다.

레몬테라스 카페로 돌아가 임의의 게시물 제목을 검사창에서 찾은 후 상위 태그로 쭉 이동하면서 iframe 태그를 찾습니다. 필자는 iframe을 빨리 찾으려고 게시판에서 최상단 게시물을 선택했습니다.

```
<iframe name="cafe_main">
    <태그>
        <태그>
            <태그>
                <태그>
                    <a...>게시물 제목</a>
```

▼ 그림 2-28 게시물에서 iframe 태그 찾기

다시 작업 중인 주피터 노트북 파일로 돌아와 switch_to_frame() 명령어[6]를 실행하여 가상 웹 브라우저가 해당 iframe이 있는 HTML 정보를 가져올 수 있게 합니다.

```
driver.switch_to.frame('cafe_main') #❶
html = driver.page_source
soup = BeautifulSoup(html, 'lxml')
soup
```

```
...생략...
<a class="article" href="/ArticleRead.nhn?clubid=10298136&amp;page=2&amp;menu
id=116&amp;boardtype=L&amp;articleid=29251726&amp;referrerAllArticles=false"
onclick="clickcr(this, 'gnr.title','','',event);">
                    채식주의가 위험할 수 있는 이유

                    </a>
<span class="list-i-img"><i class="blind">사진</i></span><span class="list-i-upload"><i
class="blind">파일</i></span>
<a class="cmt" href="/ArticleRead.nhn?clubid=10298136&amp;page=2&amp;menuid=116&amp;
boardtype=L&amp;articleid=29251726&amp;referrerAllArticles=false&amp;commentFocus=
true" onclick="clickcr(this, 'gnr.cmt','','',event);">
...생략...
```

---

6 iframe의 name을 전달하면 해당 iframe이 속한 HTML로 이동하는 명령어입니다.

#**❶**: switch_to.frame()에 방금 찾은 iframe 이름인 cafe_main을 전달했습니다.

이후 HTML 수집과 파싱 과정은 동일합니다. soup를 출력해 보니 게시물 제목이 정상적으로 출력되네요. 파싱까지 완료했으니 다음은 필요한 정보를 수집할 차례입니다.

정보 수집하기

레몬테라스 카페에서 제목만 수집해도 좋은 데이터를 얻을 수 있습니다. 보통 제목은 본문 내용을 압축하기 때문입니다. 그럼 최종적으로 제목과 댓글 수, 조회 수, 작성한 날짜 정보를 수집하는 함수를 만들어 보겠습니다.

▼ 그림 2-29 수집 대상 게시판의 게시물

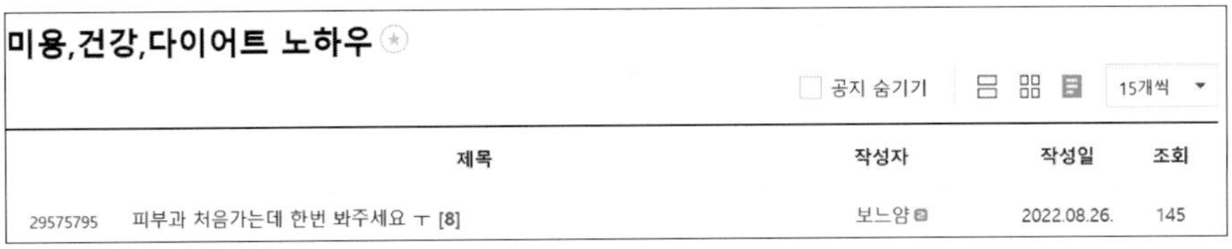

	제목	작성자	작성일	조회
29575795	피부과 처음가는데 한번 봐주세요 ㅜ [8]	보느암	2022.08.26.	145

미용,건강,다이어트 노하우 공지 숨기기 15개씩

먼저 포스팅 제목과 댓글 수를 수집하는 함수부터 시작합시다. 제목을 수집하는 코드입니다.

```
title_source = soup.select('td.td_article > div.board-list > div')
title_source[0]
```

```
<div class="inner_list">
<a class="article" href="/ArticleRead.nhn?clubid=10298136&amp;page=2&amp;menu
id=116&amp;boardtype=L&amp;articleid=29575795&amp;referrerAllArticles=false"
onclick="clickcr(this, 'gnr.title','','',event);">
피부과 처음가는데 한번 봐주세요 ㅜ
</a>
<a class="cmt" href="/ArticleRead.nhn?clubid=10298136&amp;page=2&amp;menuid=116&amp;
boardtype=L&amp;articleid=29575795&amp;referrerAllArticles=false&amp;commentFocus=
true" onclick="clickcr(this, 'gnr.cmt','','',event);">
    [<em>8</em>]
        </a>
</div>
```

게시물 정보와 연결된 태그(**td.td_article > div.board-list > div**)를 찾아 select()에 전달해서 그 결과 중 인덱스 0에 해당되는 값을 출력했습니다. 태그에 부등호(>)가 있습니다. 부등호는 경로를 나타냅니다. td.td_article에서 출발하여 div.board-list 태그에서 div 태그 경로에 이르면 필요한 게시물 정보가 있다는 의미입니다. 맨 끝의 div만 입력하면 HTML에서 사용된 모든 div가 수집되는 문제가 발생합니다. 그래서 부등호를 이용하여 경로를 지정하면 div 태그에 연결된 정보를 수집할 때 필요한 내용만 수집할 수 있습니다.

출력 결과에서 표시된 내용을 보면 게시물 제목과 댓글 수 정보를 알 수 있습니다. title_source 변수에는 게시물 제목과 댓글 정보가 함께 있으니 분리해야 합니다. 게시물 제목은 a 태그의 'article' class에 저장되었고 댓글 수 정보는 a 태그의 'cmt' class에 저장되었습니다.

이를 이용해서 다음과 같이 정보를 분리할 수 있습니다.

```
title_source[1].select('a.article')[0]
```

```
<a class="article" href="/ArticleRead.nhn?clubid=10298136&amp;page=2&amp;menu
id=116&amp;boardtype=L&amp;articleid=29575795&amp;referrerAllArticles=false"
onclick="clickcr(this, 'gnr.title','','',event);">
피부과 처음가는데 한번 봐주세요 ㅜ
</a>
```

다시 select() 함수에 게시물 제목 태그를 전달하여 게시물 제목을 추출했습니다.

태그 정보는 필요 없으므로 get_text() 함수를 입력하고 strip() 함수를 붙여 앞뒤 공백을 삭제합니다.

```
title_source[1].select('a.article')[0].get_text().strip()
```

```
피부과 처음가는데 한번 봐주세요 ㅜ
```

제목에 해당하는 내용을 정상적으로 얻었네요. 같은 방법으로 댓글 수를 추출하는 코드를 만들겠습니다.

```
title_source[1].select('a.cmt')[0].get_text().strip()
```

```
'[8]'
```

댓글 수 여덟 개가 출력되었습니다. 게시물 제목을 추출하는 과정과 동일하며, 차이점은 댓글 수 정보가 있는 태그('a.cmt')입니다. 게시물 제목과 댓글 수를 찾는 과정을 완성했으니 이 과정을 함수로 만들겠습니다.

```python
def getTitle_numReplys(soup):
    """포스팅 제목과 댓글 수를 수집한다"""
    titles = []
    num_replys = []

    title_source = soup.select('td.td_article > div.board-list > div')  #❶

    for title in title_source:
        t = title.select('a.article')[0].get_text().strip()              #❷
        titles.append(t)

    for rep in title_source:
        try:
            num = rep.select('a.cmt')[0].get_text().strip()              #❸
            num_replys.append(num)
        except:
            num_replys.append([0])                                       #❹

    return titles, num_replys
```

게시물 제목과 댓글 수를 수집하는 함수 이름은 getTitle_numReplys()로 지었습니다. 코드 구성을 살펴보면 2.3절에서 디시인사이드 관련 실습에서 만들었던 함수와 구조가 동일합니다.

#❶: 게시물 제목과 댓글 수 정보는 title_source 변수에 저장합니다.

#❷: title_source에 저장된 값을 하나씩 for 문으로 가져와 title 변수에 저장하고 제목만 추출하여 titles 변수에 저장합니다.

#❸: title_source에서 댓글 수 정보만 따로 가져와 num_replys 변수에 저장합니다.

#❹: 댓글 수가 없다면 'a.cmt' 태그 자체가 없기 때문에 에러가 발생합니다. 에러가 발생하지 않도록 예외 처리를 합니다. 댓글 수가 없다는 것은 개수가 0이라는 의미이므로 num_replys 변수에 append()로 [0]을 넣어 줍니다. [0]으로 넣는 이유는 댓글 수 값 형태가 '[숫자]'이기 때문입니다.

다음으로 게시물 조회 수를 수집하는 함수를 만들겠습니다.

```python
views = soup.select('td.td_view')
views
```

```
[ ...생략...
 <td class="td_view">103</td>,
 <td class="td_view">56</td>,
 <td class="td_view">77</td>,
 ...생략... ]
```

출력 결과를 보면 수집된 조회 수 정보가 보입니다. 페이지별로 포스팅이 총 15개가 있으니 조회 수 정보도 총 15개가 보일 것입니다.

조회 수에 해당하는 태그 경로를 레몬테라스 카페의 검사창에서 찾아보겠습니다. 앞서 했던 방법과 동일해서 어느 정도 익숙해졌을 것 같네요.

▼ 그림 2-30 조회 수 태그 정보 찾기

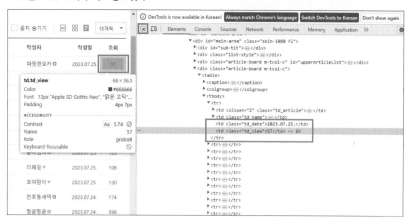

그림 2-30과 같이 검사창에서 왼쪽 아래에 있는 버튼을 누르고 조회 수에 마우스 오버하면 조회 수 태그 정보 td.td_view를 볼 수 있습니다. td.td_view를 select()로 전달한 것이 앞의 코드입니다.

태그 정보를 제외하고자 get_text() 함수를 사용하고, 이 과정을 리스트 컴프리헨션으로 코딩하여 함수로 구성하겠습니다.

```python
def getViews(soup):
    """게시물 조회 수를 수집한다. 페이지당 15개"""
    views = [view.get_text() for view in soup.select('td.td_view')]

    return views
```

188

이제 마지막으로 게시물 작성일 정보를 수집하는 함수가 필요합니다. 게시물 작성일을 수집하는 코드는 게시물 조회 수를 수집하는 함수와 동일합니다. 단 조회 수에 연결되는 태그가 아니라 게시물 작성일에 해당하는 태그를 입력합니다.

```python
def getDates(soup):
    """게시물 작성일을 수집한다. 페이지당 15개"""
    dates = [d.get_text() for d in soup.select('td.td_date')]

    return dates
```

필요한 함수를 모두 만들었으니 모든 함수를 한 번씩 실행해서 결과를 확인하겠습니다.

```python
titles, num_replys = getTitle_numReplys(soup)
views = getViews(soup)
dates = getDates(soup)

print("첫 번째 게시물 제목 :", titles[0])
print("첫 번째 게시물 댓글 수 :", num_replys[0])
print("첫 번째 게시물 조회 수 :", views[0])
print("첫 번째 게시물 작성일 :", dates[0])
```

```
첫 번째 게시물 제목 : 피부과 처음가는데 한번 봐주세요 ㅜ
첫 번째 게시물 댓글 수 : [8]
첫 번째 게시물 조회 수 : 145
첫 번째 게시물 작성일 : 2022.08.26.
```

모든 함수가 정상적으로 작동합니다.

지금까지 과정을 정리해 봅시다.

1. URL에 접속합니다.

2. 상위 HTML에서 switch_to_frame()을 사용하여 게시물 정보가 있는 하위 HTML로 이동합니다.

3. 게시판 페이지 번호를 클릭하여 필요한 정보를 함수로 수집합니다.

이 과정을 반복하여 정보를 수집하는 것이 스크래퍼입니다. 그림으로 간단히 나타내면 그림 2-31과 같습니다.

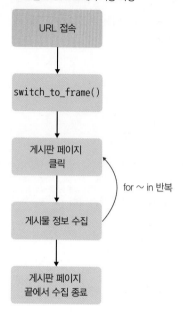

❤ 그림 2-31 스크래퍼 작동 과정

URL 접속

↓

switch_to_frame()

↓

게시판 페이지 클릭

게시물 정보 수집

for ~ in 반복

↓

게시판 페이지 끝에서 수집 종료

그렇다면 게시판 페이지를 매번 새로 클릭해야 하는데 자동으로는 불가능할까요? 정답부터 이야기하자면 가능합니다. 조금 복잡하게 느껴질 수 있지만 한번 익혀 두면 매우 유용합니다.

게시물 아래에 페이지 번호가 있죠. 가상 웹 브라우저를 제어하는 selenium에는 마우스 클릭 동작을 지원하는 기능이 있습니다. 이 기능을 사용하려면 특정 페이지의 어떤 위치에서 마우스를 클릭해야 할지 알려 주어야 합니다. 이 위치(경로)는 Xpath 기능을 이용하면 손쉽게 알아낼 수 있습니다.

> Note ☰ Xpath는 eXtensible Markup Language(XML)라는 데이터를 저장하고 전송하려고 설계된 마크업 언어로, 작성된 문서에서 특정 부분이나 정보를 찾을 때 사용하는 언어입니다. 웹 페이지는 XML로 구성되기 때문에 Xpath를 사용하여 정보를 찾을 수 있지요.

먼저 크롬에서 검사창을 열고 다음 과정을 거쳐 Xpath 정보를 가져오겠습니다. 그림 2-32와 함께 봐 주세요.

▼ 그림 2-32 게시판 페이지 번호 정보 수집

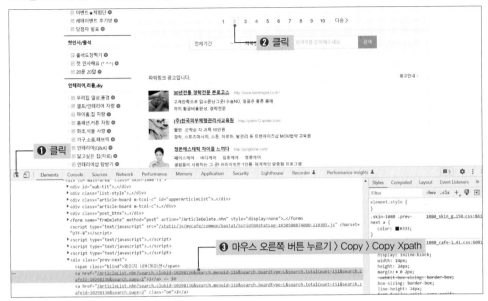

1. 게시판 페이지가 있는 가상의 웹 브라우저에서 Ctrl + Shift + I 를 눌러 개발자 도구를 켭니다.

2. 개발자 도구 창 왼쪽 위에 있는 화살표를 클릭합니다.

3. 게시판 페이지에서 2페이지를 클릭합니다.

4. 그러면 [Elements] 탭에서 회색으로 링크가 선택되는데, 여기에서 마우스 오른쪽 버튼을 누른 후 Copy 〉 Copy Xpath를 선택하면 링크가 복사됩니다.

복사한 Xpath를 Button1 변수에 저장합니다. Ctrl + V 로 Xpath를 바로 붙여 넣으면 됩니다.

```
Button1 = '//*[@id="main-area"]/div[6]/a[1]' #각자 복사한 Xpath 붙여 넣기
```

이 Button1 변수에 저장된 Xpath를 가상 웹 브라우저에 전달하면 가상 웹 브라우저가 페이지 번호 1을 마우스로 클릭합니다. '페이지 번호 1을 마우스로 클릭하시오'를 코드로 나타내면 driver.find_element_by_Xpath(Button1).click() 형태입니다. 이 코드를 사용하여 1페이지에서 12페이지까지 차례대로 클릭하게 해 보겠습니다.

```
Button1 = '//*[@id="main-area"]/div[6]/a[1]'
Button2 = '//*[@id="main-area"]/div[6]/a[2]'
Button3 = '//*[@id="main-area"]/div[6]/a[3]'
Button4 = '//*[@id="main-area"]/div[6]/a[4]'
Button5 = '//*[@id="main-area"]/div[6]/a[5]'
Button6 = '//*[@id="main-area"]/div[6]/a[6]'
Button7 = '//*[@id="main-area"]/div[6]/a[7]'
Button8 = '//*[@id="main-area"]/div[6]/a[8]'
Button9 = '//*[@id="main-area"]/div[6]/a[9]'
Button10 = '//*[@id="main-area"]/div[6]/a[10]'
ButtonNext = '//*[@id="main-area"]/div[6]/a[11]' #다음 페이지

Button11 = '//*[@id="main-area"]/div[6]/a[2]'
Button12 = '//*[@id="main-area"]/div[6]/a[3]'
Button13 = '//*[@id="main-area"]/div[6]/a[4]'
Button14 = '//*[@id="main-area"]/div[6]/a[5]'
Button15 = '//*[@id="main-area"]/div[6]/a[6]'
Button16 = '//*[@id="main-area"]/div[6]/a[7]'
Button17 = '//*[@id="main-area"]/div[6]/a[8]'
Button18 = '//*[@id="main-area"]/div[6]/a[9]'
Button19 = '//*[@id="main-area"]/div[6]/a[10]'
Button20 = '//*[@id="main-area"]/div[6]/a[11]'
ButtonNext_1 = '//*[@id="main-area"]/div[6]/a[12]' #다음 페이지
```

자세히 보니 ButtonNext = '//*[@id="main-area"]/div[6]/a[ ] 형태가 한 번씩 반복됩니다. 10페이지를 기준으로 페이지가 통으로 바뀌어서 Xpath에 저장되는 내용도 앞처럼 변경되기 때문입니다. 10~12페이지의 Xpath 정보를 살펴보면 확실히 알 수 있습니다. 이런 형태의 웹 페이지는 여러분도 많이 보았을 것입니다. 실제로 굉장히 많이 사용되는 페이지 번호 방식이며, 이를 익히기 위해 requests 대신 selenium 라이브러리를 이용했습니다. 사소하지만 이런 변칙 때문에 스크래퍼를 개발할 때는 주의할 점이 많습니다.

이 버튼들은 앞으로 전역 변수(74쪽)로 사용합니다. 그리고 Button2부터 ButtonNext까지 하나로 묶고, Button11부터 ButtonNext_1까지 하나로 묶어 리스트로 관리하겠습니다.

```
Buttons_round1 = [Button2, Button3, Button4, Button5, Button6,
                  Button7, Button8, Button9, Button10, ButtonNext]

Buttons_round2 = [Button11, Button12, Button13, Button14, Button15, Button16,
                  Button17, Button18, Button19, Button20, ButtonNext_1]
```

이제 for 문으로 각 Button에 해당하는 페이지를 클릭하여 이동하고 정보를 수집하겠습니다. 앞서 실습했던 코드를 바탕으로 페이지를 이동하고 정보를 수집하는 코드를 마저 완성해 보겠습니다. 여기에서 Button1은 제외해서 공지글의 데이터는 수집되지 않도록 했습니다. 지면 한계상 라이브러리를 불러오는 코드는 앞서 언급했으므로 이 부분을 제외한 전체 코드를 담았습니다.

```python
def getTitle_numReplys(soup):
    """포스팅 제목을 수집한다. 페이지당 15개"""
    titles = []
    num_replys = []

    title_source = soup.select('td.td_article > div.board-list > div')

    for title in title_source:
        t = title.select('a.article')[0].get_text().strip()
        titles.append(t)

    for rep in title_source:
        try:
            num = rep.select('a.cmt')[0].get_text().strip()
            num_replys.append(num)
        except:
            num_replys.append([0])

    return titles, num_replys

def getViews(soup):
    """포스팅 조회 수를 수집한다. 페이지당 15개"""
    views = [v.get_text() for v in soup.select('td.td_view')]

    return views

def getDates(soup):
    """포스팅 작성일을 수집한다. 페이지당 15개"""
    dates = [d.get_text() for d in soup.select('td.td_date')]

    return dates

service = Service(executable_path='./data/chromedriver.exe')
driver = webdriver.Chrome(service=service)

#페이지 버튼 Xpath 모음
```

◑ 계속

```
Button1 = '//*[@id="main-area"]/div[6]/a[1]'
Button2 = '//*[@id="main-area"]/div[6]/a[2]'
Button3 = '//*[@id="main-area"]/div[6]/a[3]'
Button4 = '//*[@id="main-area"]/div[6]/a[4]'
Button5 = '//*[@id="main-area"]/div[6]/a[5]'
Button6 = '//*[@id="main-area"]/div[6]/a[6]'
Button7 = '//*[@id="main-area"]/div[6]/a[7]'
Button8 = '//*[@id="main-area"]/div[6]/a[8]'
Button9 = '//*[@id="main-area"]/div[6]/a[9]'
Button10 = '//*[@id="main-area"]/div[6]/a[10]'
ButtonNext = '//*[@id="main-area"]/div[6]/a[11]'  #10페이지까지

Button11 = '//*[@id="main-area"]/div[6]/a[2]'
Button12 = '//*[@id="main-area"]/div[6]/a[3]'
Button13 = '//*[@id="main-area"]/div[6]/a[4]'
Button14 = '//*[@id="main-area"]/div[6]/a[5]'
Button15 = '//*[@id="main-area"]/div[6]/a[6]'
Button16 = '//*[@id="main-area"]/div[6]/a[7]'
Button17 = '//*[@id="main-area"]/div[6]/a[8]'
Button18 = '//*[@id="main-area"]/div[6]/a[9]'
Button19 = '//*[@id="main-area"]/div[6]/a[10]'
Button20 = '//*[@id="main-area"]/div[6]/a[11]'
ButtonNext_1 = '//*[@id="main-area"]/div[6]/a[12]'

Buttons_round1 = [Button2, Button3, Button4, Button5, Button6, Button7,
                  Button8, Button9, Button10, ButtonNext]
Buttons_round2 = [Button11, Button12, Button13, Button14, Button15, Button16,
                  Button17, Button18, Button19, Button20, ButtonNext_1]

#각자 수집한 페이지 URL
page_url = "https://cafe.naver.com/remonterrace?iframe_url=/ArticleList.
           nhn%3Fsearch.clubid=10298136%26search.menuid=116%26search.
           boardtype=L%26search.totalCount=151%26search.
           cafeId=10298136%26search.page=2"

driver.get(page_url)                     #❶
time.sleep(3)                            #❷

driver.switch_to.frame('cafe_main')      #❸

all_titles = []                          #❹
all_num_replys = []                      #❺
```

❍ 계속

```
all_views = []                      #❻
all_dates = []                      #❼

#1페이지부터 10페이지까지 수집
for click in Buttons_round1:        #❽
    driver.find_element(By.XPATH, click).click()
    time.sleep(2)

    html = driver.page_source
    soup = BeautifulSoup(html, 'lxml')

    titles, num_replys = getTitle_numReplys(soup)
    views = getViews(soup)
    dates = getDates(soup)

    all_titles.append(titles)
    all_num_replys.append(num_replys)
    all_views.append(views)
    all_dates.append(dates)

#11페이지부터 131페이지까지 수집
cnt = 0
while(cnt<12):                      #❾
    print(cnt)

    for click in Buttons_round2:
        driver.find_element(By.XPATH, click).click()
        time.sleep(2)

        html = driver.page_source
        soup = BeautifulSoup(html, 'lxml')

        titles, num_replys = getTitle_numReplys(soup)
        views = getViews(soup)
        dates = getDates(soup)

        all_titles.append(titles)
        all_num_replys.append(num_replys)
        all_views.append(views)
        all_dates.append(dates)

    cnt += 1                        #❿
```

#❶: 수집할 웹 페이지 주소를 가상 웹 드라이버에 전달합니다.

#❷: 가상 웹 브라우저가 실행될 때까지 충분한 시간을 주려고 3초간 쉬었습니다.

#❸: 게시물 정보가 있는 iframe으로 이동합니다.

#❹~#❼: 게시물 제목, 게시물 댓글 수, 게시물 조회 수, 게시물 작성일이 저장될 변수입니다. 각 정보들은 앞서 만든 getTitle_numReplys(), getViews(), getDates() 함수로 수집합니다.

#❽: Xpath를 활용한 for 문입니다. 첫 번째 for 문은 페이지 번호 2부터 10까지 하나씩 가져옵니다. 가장 먼저 가져온 페이지 번호를 driver.find_element(By.XPATH, click).click()에 전달하고 클릭합니다. 그럼 해당 페이지 번호로 가상 웹 페이지가 이동합니다. 이동하는 동안 잠시 기다려야 하므로 2초 동안 코드 실행을 멈추도록 설정했습니다. 다음은 HTML 파일을 가져오고 BeautifulSoup로 파싱한 결과인 soup 변수에 저장했습니다. 그리고 getTitle_numReplys(), getViews(), getDates() 함수에 soup를 전달하여 함수 반환값을 all_titles, all_num_replys, all_views, all_dates에 저장합니다.

10페이지까지 수집을 종료하면 다음은 11페이지부터 수집할 차례입니다.

#❾: for 문과 while 문으로 구성되어 있습니다. for 문이 Buttons_round2에 저장된 첫 번째 값부터 마지막 값까지 하나씩 가져와 데이터를 한 번 수집하면 cnt 값이 1 증가합니다. while 반복 조건에 따라 cnt 값이 12가 될 때까지 for 문을 총 11번 반복합니다.

반복문 안의 getTitle_numReplys(), getViews(), getDates() 함수가 실행되고 반환값이 all_titles, all_num_replys, all_views, all_dates에 저장됩니다.

#❿: for 문이 작동할 때마다 cnt 변수에 1이 더해지고 12가 되면 while 문은 종료됩니다. while 문이 실행되는 조건을 12까지로 했지만 더 큰 숫자를 하거나 더 작은 숫자로 바꾸어도 됩니다. 하지만 숫자가 너무 커지면 수집 시간이 너무 오래 걸리니 적당히 작은 숫자로 하는 것이 좋습니다.

수집이 모두 끝나면 다음은 전처리를 할 차례입니다.

데이터 전처리

지금까지 수집한 정보를 데이터 프레임으로 변경하고, 정규 표현식으로는 간단한 전처리만 진행하겠습니다.

```
import re

all_titles_ = sum(all_titles, [])                                    #❶
all_num_replys_ = sum(all_num_replys, [])
all_views_ = sum(all_views, [])
all_dates_ = sum(all_dates, [])

df = pd.DataFrame({"title":all_titles_, "replys":all_num_replys_,
                   "views":all_views_, "date":all_dates_})           #❷

df['replys'] = df['replys'].astype("str")                            #❸
df['replys'] = df['replys'].apply(lambda x:re.findall("\d+", x)[0])  #❹
df.head(0)
```

	title	replys	views	date
0	채식주의가 위험할 수 있는 이유	4	383	2022.06.03.
1	관리하려면 피부과 필수인가요?;ㅜ	17	398	2022.06.03.
2	얼굴 열 내리기 방법 도와주세요ㅠㅠㅠㅠ	10	167	2022.06.03.
3	삭센다 드신분들 안먹고 빠진건가요 덜먹은건가요	10	325	2022.06.03.
4	피티 2주차	6	130	2022.06.03.
...		...	...	...
5095	여자 헤어스타일	2	173	2020.12.23.

#❶: 2차원으로 구성된 all_titles 변수를 1차원으로 변경합니다.

#❷: 판다스로 데이터 프레임을 만들고 df에 수집한 값을 저장합니다.

#❸: 전처리를 시작합니다. astype("str") 함수로 replys 열에 저장된 값을 문자형으로 변경합니다.

#❹: 마찬가지로 replys 열에 저장된 값에서 정규 표현식을 이용하여 숫자만 추출해서 다시 replys 열에 저장합니다.

출력 결과를 보니 replys 열에는 숫자만 추출된 것을 확인할 수 있습니다. 전처리를 완료했으니 이제 결과를 저장하겠습니다.

결과 저장하기

수집 결과는 엑셀 파일로 저장하겠습니다. 파일을 저장하면 끝으로 가상 웹 브라우저가 닫히도록 해야겠네요.

```
filepath = './data'
df.to_excel(filepath+"/레몬테라스_포스팅_데이터.xlsx", index=False)

driver.close()
```

마지막 줄의 driver.close() 코드를 입력하면 가상 웹 브라우저가 종료됩니다. 게시물 정보 360
여 개는 데이터를 분석하기에 충분한 양은 아닙니다. 2장에서는 스크래퍼를 간단하게 구현해 보
려고 적은 양만 저장했고, 3장 실습을 위해 정보 5000여 개가 저장된 파일을 따로 제공할 예정입
니다.

이제 쇼핑몰 정보를 수집하는 스크래퍼를 만들어 보겠습니다.

2.4.3 생생한 고객 의견을 들을 수 있는 쇼핑몰 리뷰 수집

B2C 기업(Business To Consumer: 기업과 소비자 간 거래) 대부분은 제품 리뷰에 많은 관심이
있습니다. 제품 리뷰를 바탕으로 다음 제품을 기획하거나 새로운 제품 아이디어를 얻기도 합니다.
그런 의미에서 네이버 쇼핑몰은 다양한 제품을 다루고 많은 사람이 리뷰를 남기는 곳이니 데이터
분석자에게는 이상적인 데이터 저장소입니다. 네이버에서 화장품을 판매하는 뷰티윈도 쇼핑몰은
최근 5년 사이에 급성장한 화장품 쇼핑몰 중 하나입니다. 이번에는 뷰티윈도에서 메이크업 쿠션
제품 구매 리뷰를 수집하는 스크래퍼를 개발해 보겠습니다.

개발 순서는 앞서 했던 과정과 동일합니다.

1. URL을 먼저 찾습니다.

2. selenium으로 해당 제품 페이지에 접근합니다.

3. Xpath를 이용하여 리뷰를 페이지별로 클릭한 후 데이터를 수집합니다.

먼저 URL을 확인하겠습니다.

URL 찾기

네이버 뷰티윈도 웹 사이트(https://shopping.naver.com/beauty/home)에 접속합니다.

▼ 그림 2-33 네이버 뷰티윈도 웹 사이트 화면

네이버 쇼핑에서 '메이크업 쿠션'을 검색한 후 **쇼핑윈도** 탭을 클릭합니다.

▼ 그림 2-34 뷰티윈도 내에서 제품 검색

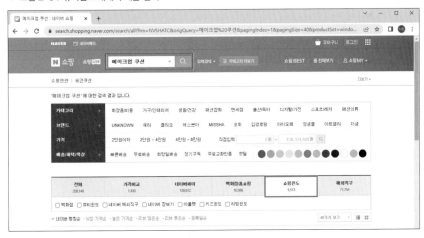

많은 상품 정보가 있는 전체 탭을 선택하지 않은 이유는 해당 탭에는 너무 많은 쇼핑몰이 있고, 쇼핑몰마다 형태가 모두 달라서 매우 많은 스크래퍼를 개발해야 하기 때문입니다. 이렇게 되면 나중에 스크래퍼를 유지하고 관리하기가 매우 힘듭니다. 하지만 쇼핑윈도 탭의 쇼핑몰은 형태가 하나라 스크래퍼 하나만 개발해도 모든 제품 정보를 수집할 수 있습니다.

쇼핑윈도 탭을 선택했을 때 위쪽에 표시되는 URL을 복사합니다. 다음과 같이 스크래퍼를 만들 때 url 변수에 저장해 둘 것입니다.

```
url = "https://search.shopping.naver.com/search/all?frm=NVSHATC&origQuery=%EB%A9%94
%EC%9D%B4%ED%81%AC%EC%97%85%20%EC%BF%A0%EC%85%98&pagingIndex={}&pagingSize=40&product
Set=window&query=%EB%A9%94%EC%9D%B4%ED%81%AC%EC%97%85%20%EC%BF%A0%EC%85%98&sort=review
&timestamp=&viewType=list"
```

쇼핑윈도 탭에서 제품 목록 아래로 이동하면 페이지 번호들이 있습니다. 이런저런 번호를 클릭하면서 URL의 어느 부분이 변경되는지 확인하세요. 앞의 URL에서 색으로 표시한 pagingIndex={}가 페이지 번호가 전달되는 곳임을 확인할 수 있습니다.

가상 웹 브라우저 실행

스크래퍼의 기본 구조는 네이버 카페의 데이터를 수집할 때와 동일하고, tqdm 라이브러리만 추가되었습니다. tqdm 라이브러리는 현재의 수집 상황을 계산해서 출력해 주는 라이브러리입니다.

새로운 주피터 노트북 파일을 만들고 !pip install tqdm==4.62.3을 입력하여 tqdm 라이브러리를 설치합니다. 현재 수행 중인 계산이 완료될 때까지 남은 시간이 얼마나 되는지 안내해 주는 편리한 함수를 가지고 있습니다.

```
import pandas as pd

from selenium import webdriver
from selenium.webdriver.chrome.service import Service
from selenium.webdriver.common.keys import Keys     #❶
from selenium.webdriver.common.by import By         #❷
from tqdm import tqdm notebook

from bs4 import BeautifulSoup
import time

import re
import warnings
warnings.filterwarnings("ignore")

url = https://search.shopping.naver.com/search/all?frm=NVSHATC&origQuery=%EB%A9%94%EC
%9D%B4%ED%81%AC%EC%97%85%20%EC%BF%A0%EC%85%98&pagingIndex={}&pagingSize=40&productSet
```

○ 계속

```
=window&query=%EB%A9%94%EC%9D%B4%ED%81%AC%EC%97%85%20%EC%BF%A0%EC%85%98&sort=review&
timestamp=&viewType=list #❸
```

#❶: Keys는 가상 웹 브라우저에 키보드 입력 값을 전달하는 기능을 제공합니다. 주로 가상 웹 브라우저가 출력 결과의 맨 아래까지 페이지를 내릴 수 있게 [Page Down]을 입력하는 용도로 사용합니다.

#❷: By는 가상 웹 브라우저가 선택자(CSS) 또는 Xpath를 선택할 수 있게 합니다.

#❸: 코드에 있는 URL은 제품 정보가 있는 URL입니다. 제품 리뷰 정보가 있는 URL은 아닙니다. 먼저 페이지 번호마다 있는 제품들의 URL을 수집하고, 각 제품 URL에 접속해서 제품 리뷰를 수집할 계획이므로 우선 제품 정보 URL을 넣었습니다.

이제 가상 웹 브라우저를 실행하고 URL을 전달하여 가상 웹 브라우저를 쇼핑윈도로 이동시키겠습니다.

```
service = Service(executable_path='./data/chromedriver.exe')
driver = webdriver.Chrome(service=service) #❶
driver.get(url.format(1))                  #❷
time.sleep(3)                              #❸
```

#❶: 가상 웹 브라우저를 불러옵니다. 이때 각자 앞서 기록해 두었던 chromedriver.exe 파일이 저장된 경로를 넣어 줍니다.

#❷: 가상 웹 브라우저에서 접속해야 할 URL 정보를 전달했습니다. format(1)로 지정했으니 쇼핑윈도 1페이지입니다. 해당 페이지에는 제품 정보 40개가 있습니다. 혹시 이해하기 조금 어렵다면 print(url.format(1))을 입력하여 출력 결과에서 ...pagingIndex=1&pagingSize40...으로 되어 있는 부분을 확인해 보세요.

#❸: 웹 브라우저가 실행될 때까지 잠시 3초간 코드 실행을 멈춥니다.

HTML 수집과 파싱

가상 웹 브라우저가 수집할 페이지에 접속했습니다. 이제는 HTML을 수집하고 파싱할 차례입니다.

```
body = driver.find_element(By.CSS_SELECTOR, 'body') #❶
for down in range(13):                               #❷
```

❍ 계속

201

```
        body.send_keys(Keys.PAGE_DOWN)                   #❸
        time.sleep(0.8)

    html = driver.page_source                             #❹
    soup = BeautifulSoup(html, 'lxml')                    #❺
```

#❶: 이전 코드에서 Keys를 사용하여 가상 웹 브라우저가 출력 결과 맨 아래까지 내려가게 하는
과정 중 하나입니다. 현재 가상 웹 브라우저에 메인 화면('body')이 선택되도록 하고 body에 저장
했습니다.

#❷, #❸: for 문을 사용하여 총 13번 동안 가상 웹 브라우저에서 보이는 페이지 화면을 가장 아
래로 내리라는 의미입니다. 화면을 내리지 않으면, 가상 웹 브라우저는 현재 웹 브라우저에 로딩
된 정보만 수집하므로 가장 아래에 있는 제품 정보는 수집할 수 없습니다.

#❹, #❺: HTML을 수집하고 BeautifulSoup를 이용하여 파싱합니다.

이제 soup 변수에서 제품 URL 정보 40개를 찾으면 됩니다. URL 정보를 찾을 때 늘 그러했듯이
크롬의 검사창을 활용합니다. 가상의 웹 브라우저에서 화면을 내리는 동작은 자주 사용하는 기능
이니 함수로 만들어서 사용하겠습니다.

```
def page_down():
    """페이지 다운키 13번 입력"""
    body = driver.find_element(By.CSS_SELECTOR, 'body')
    for down in range(16):
        body.send_keys(Keys.PAGE_DOWN)
        time.sleep(0.8)
```

웹 브라우저에 [Page Down]을 13번 입력하는 page_down() 함수를 만들었습니다.

정보 수집: 개별 제품 URL

파싱한 결과가 저장된 soup 변수에서 '각 제품들의 등록일'과 '각 제품들의 상세 페이지를 볼 수 있
는 URL'을 수집하겠습니다. 개별 제품 URL 정보로 가상 웹 브라우저에서 개별 제품에 다시 접속
한 후 HTML 수집과 파싱을 진행하여 제품들의 해시태그, 가격 정보 등을 가져올 예정입니다.

먼저 soup 변수에서 제품 판매 시작일 정보를 가져오겠습니다. 제품 판매일 정보는 제품 리스트
페이지에 제품별로 표기되어 있습니다.

▼ 그림 2-35 판매 제품 등록일 정보

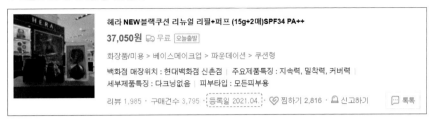

제품 등록일 정보가 저장된 태그를 찾겠습니다. 크롬 검사창을 열고 다음과 같이 화살표 아이콘을
마우스로 클릭합니다. 그리고 등록일에 마우스 오버&클릭하면 제품 등록일 정보가 저장된 태그를
찾을 수 있습니다.

▼ 그림 2-36 판매 제품에 관한 태그 정보 가져오기 1

얻은 태그 정보를 select() 함수에 전달하여 등록일 정보를 수집하겠습니다. 다음 코드를 작성해
주세요.

```
days = []
for day in soup.select("span.product_etc__LGVaW"): #❶
    if '등록일' in day.text:                      #❷
        days.append(day.text)

days[:3]
```

['등록일 2021.03.', '등록일 2020.11.', '등록일 2021.09.']

#❶: select() 함수에 등록일 정보가 있는 태그를 전달했습니다. 반환값은 리스트 형태고 for 문으로 등록일 정보가 저장된 day 변수를 하나씩 가져옵니다. 네이버 스마트 스토어의 웹 페이지가 변경된다면 변경에 맞추어서 CSS도 조금씩 수정됩니다. 변경된 내용이 있더라도 class에 저장된 값만 변경되니, class에 저장된 값을 가져와 select() 함수에 입력하세요.

#❷: day.text 결과에 '등록일'이 있다면 days 변수에 저장합니다. days 변수를 호출하면 저장된 등록일 정보를 볼 수 있습니다.

다음은 제품 URL을 soup에서 찾는 과정입니다. URL 정보는 보통 a 태그의 href에 저장되어 있습니다. 이유는 HTML 언어 구조가 권장하는 방식이기 때문입니다. 그림 2-36과 같이 아무 제품이나 이름을 클릭하고 화살표 아이콘을 클릭하세요. 그럼 검사창 아래에 해당 제품에 접속할 수 있는 URL이 a 태그의 href에 저장되어 있는 것을 확인할 수 있습니다. 파싱한 soup에서 href 정보만 가져오면 모든 제품 URL을 수집하게 됩니다. 마우스 오른쪽 버튼을 눌러 **Copy** 〉 **Copy selector**를 선택해서 태그 정보를 복사하세요.

▼ 그림 2-37 판매 제품에 관한 태그 정보 가져오기 2

복사한 태그 정보를 가지고 모든 제품 URL 정보를 가져오는 코드를 작성합니다.

```
#태그 정보에서 div부터만 가져오기
url_soup = soup.select('div.product_info_area__xxCTi 〉
                div.product_title__Mmw2K 〉 a') #❶
```

◐ 계속

```
cushion_urls = []
for a in url_soup:                                    #❷
    tmp = a.attrs['href']
    cushion_urls.append(tmp)

print("수집한 제품URL 수 :", len(cushion_urls))
print("첫 번째 URL :\n", cushion_urls[0])
```

```
수집한 제품URL 수 : 40
첫 번째 URL :
https://cr.shopping.naver.com/adcr.nhn?x=By%2BiBPv1mCcflNf8fc4%2BIf%2F%2F%2Fw%3D%3DsvF
QmIAiSGbHI2EAsb6yBnpNIPRIdzLW%2F5Ha8VbtLCk0kwQmKn5tDvD3T6bVApU6FXAPEzozKJcv7CAIllCp3Jg
NX01Z9zswWsKv2Ryjjl7Ou3IQbCjnUJC3gussfVtL1BPqi%2BX%2BQKQTcvNQ9tIdvnkdvtNTaEHUU%2Bz7jSf
8g4HuNmSPE4VqJZqn8PcpArt2tErdiovJLgFKJ89HCkhWrQELycL6p89POBWGDC5o%2BcMDjPEu8GQaeXJmS6%
2FDAatsxP2tfKoQ0NQPyiad34AQ6K9%2FdVvwtcOUlbNrGLU3RUnrzqmBB%2BumrF%2FN0xogpLRdHa2h41yhY
8jPdusBIbXogVVS3dYvrWwkslrfOMJHgRw8lTCwLTFGNrAEsFDBrlJnhlQfisCvcKHZ740FXttdL%2FG2QJgOO
vhQQ4kmee8lOIhHdiqwxDW1sOlz6zNK1TXnd91vkDWbgi0%2FZRXV4jgZVl4S5jBieuslog0htcvOaPSXpCTlj
QE0m6nbkESEYwZeqcTpquVr%2FuzyYIkXRrI%2FBHoOuAKV6RXG1Is03XJLviBfGoGiB8ttTWVaPETYz1XNhk4
7Xf0mKg8tsK7Hgugz%2FD88Wy7Bfa9Yh19kn90D80I5oaKZHilHbuauHUigNM5KA&nvMid=83015752883&cat
Id=50005288
```

#❶ : soup에 저장된 제품 정보 중 URL에 해당되는 경로만 select() 함수에 전달합니다. 태그 경로 정보 중에서 div:nth-child 이후 경로만 가져와 select()에 전달하여 결과를 url_soup에 저장합니다. 생략하더라도 url_soup에는 href 정보와 제품 이름 등 다양한 정보가 함께 있습니다.

#❷ : href 태그에 저장된 URL 정보만 추출하여 for 문으로 cushion_urls에 저장합니다. 코드를 해석하면 리스트 구조인 url_soup 변수에 0번째 인덱스에 저장된 값을 a 변수에 저장하고, attrs() 함수를 사용하여 a 변수에서 href에 해당하는 정보만 가져와 tmp 변수에 저장합니다. tmp 변수는 다시 각 제품 URL 정보가 저장될 cushion_urls에 저장됩니다.

출력 결과를 보면 1페이지의 제품 URL 정보 40개를 수집했고 첫 번째 URL을 출력해서 접속하면 해당 제품 페이지로 이동합니다. 이제 앞의 코드를 3페이지까지 반복하도록 for 문으로 만들면 제품 URL 정보를 수집하는 스크래퍼는 완성됩니다. 3페이지까지 쿠션 제품 정보 총 120개를 수집하게 됩니다.

Note ≡   #❷ 코드를 리스트 컴프리핸션으로 표현하면 cushion_urls = [a.attrs['href'] for a in url_soup]입니다.

지금까지 만든 코드를 for 문으로 이어 붙이겠습니다. 페이지를 클릭할 때마다 가상 웹 브라우저를 실행하고 현재 페이지 URL을 수집한 후 제품 URL을 추출하는 코드를 만들겠습니다. 웹 페이지를 이동할 때는 기존 가상 웹 브라우저를 종료(driver.close())하고 새롭게 가상 웹 브라우저를 열어 가상 웹 브라우저에 필요한 메모리를 절약하겠습니다.

```python
#soup.select()에는 각자 앞서 넣었던 태그 정보 저장
all_cushion_urls = []                                    #❶
days = []
for i in range(1, 4):                                    #❷
    driver = webdriver.Chrome(service=service)
    driver.get(url.format(i))
    time.sleep(3)

    page_down()                                          #❸

    html = driver.page_source
    soup = BeautifulSoup(html, 'lxml')

    url_soup = soup.select('div.product_info_area__xxCTi >
                            div.product_title__Mmw2K > a')  #❹

    cushion_urls = []                                    #❺
    for a in url_soup:
        tmp = a.attrs['href']
        cushion_urls.append(tmp)

    all_cushion_urls.extend(cushion_urls)                #❻

    for day in soup.select("span.product_etc__LGVaW"):
        if '등록일' in day.text:
            days.append(day.text)

    driver.close()                                       #❼
    time.sleep(1)
```

⊙ 계속

```
print("수집한 제품 등록일 수 :", len(days))
print("수집한 제품URL 수 :", len(all_cushion_urls))
```

```
수집한 제품 등록일 수 : 120
수집한 제품URL 수 : 120
```

#❶: all_cushion_urls에 수집할 제품 URL 120개가 저장됩니다.

#❷: 수집할 웹 페이지 번호가 1부터 3까지 변경되면서 자료를 수집합니다.

#❸: 가상 웹 브라우저가 화면 페이지를 13번 내려가도록 Page Down 을 입력하는 함수가 실행됩니다. 그다음 HTML 수집 및 파싱하는 과정이 이어지고 그 결과가 soup 변수에 저장되는 것을 볼 수 있습니다.

#❹: soup에서 제품 URL 정보가 포함된 정보를 추출했습니다.

#❺: for 문을 사용하여 attrs['href']로 각 제품 URL을 수집하고 cushion_urls에 저장합니다.

#❻: 페이지별로 수집한 내용을 all_cushion_urls에 저장합니다.

#❼: 수집이 종료된 가상 웹 브라우저는 닫아 줍니다.

수집한 URL은 총 120개입니다. 수집한 URL은 저장해서 다음에 활용할 수 있게 하겠습니다. 이렇게 정보를 수집할 때마다 저장하면 나중에 다시 재수집하는 수고를 덜 수 있습니다.

```
df_url = pd.DataFrame({"url":all_cushion_urls, "sale_date":days}) #❶
df_url.to_excel('쿠션_제품_URL.xlsx', index=False)                  #❷
product_urls = df_url['url'].tolist()                           #❸
sales_date = df_url['sale_date'].tolist()                       #❹
```

#❶: 수집한 제품 URL 120개를 데이터 프레임으로 저장합니다. 변수 이름은 df_url로 했습니다.

#❷: to_excel() 함수로 df_url을 엑셀 파일로 저장합니다.

#❸, #❹: 제품 URL은 계속 사용해야 해서 제품 URL을 product_urls 변수에 저장하고, 제품 판매일 정보를 sales_date 변수에 저장합니다.

> Note ≡   수집한 정보는 항상 저장하고 엑셀 파일로 저장하길 권장합니다. 저장한 정보가 향후 어떻게 활용될지 모르고 동료에게 공유할 수도 있는데, 협업하는 동료 대부분은 엑셀로 공유받는 것을 더 선호하기 때문입니다.

정보 수집: 리뷰를 제외한 제품 주요 정보

제품의 주요 정보를 수집할 차례입니다. 먼저 각 제품 URL에 접속해서 수집할 정보를 먼저 정의해 보겠습니다.

▼ 그림 2-38 수집할 판매 제품 주요 정보

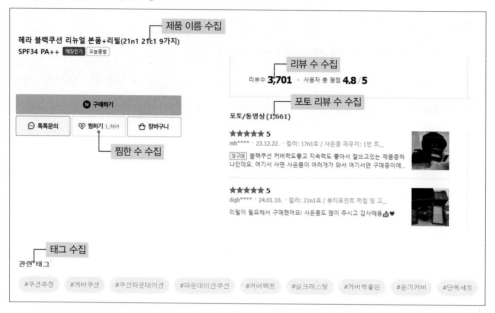

제품 이름, 찜한 수, 리뷰 수, 포토 리뷰 수, 제품 해시태그를 제품의 기본 정보로 수집하겠습니다. 그리고 가장 중요한 리뷰와 관련 정보는 따로 수집할 예정입니다. 제품 해시태그는 무심코 지나칠 수 있는 정보이지만, 연도별로 수집해서 분석하면 제품 출시 트렌드를 파악할 수 있는 고마운 정보가 됩니다.

수집할 정보를 정의했으니 가상 웹 브라우저로 수집할 제품 URL에 접속하겠습니다. 수집할 때 필요한 라이브러리는 동일하며 수집 방식도 동일합니다. 바로 이어서 진행합니다.

```
driver = webdriver.Chrome(service=service)

driver.get(product_urls[0]) #❶
page_down()
time.sleep(3)

html = driver.page_source
soup = BeautifulSoup(html, 'lxml')
```

앞선 제품 URL을 수집했을 때와 동일하며 차이점은 #❶ 코드의 드라이버에 전달한 제품 URL입니다.

가상 웹 브라우저에서 얻은 HTML을 파싱까지 완료했습니다. 파싱하는 과정까지는 익숙해졌을 것 같네요. 이제 soup를 사용하여 제품 기본 정보를 수집하겠습니다. select() 함수로 필요한 정보를 추출하는 것은 동일하니 바로 함수로 만들겠습니다.

먼저 해시태그를 수집하는 getHashTags(soup) 함수입니다. 코드부터 볼까요?

```
def getHashTags(soup):
    """해시태그를 반환"""
    try:                                                              #❶
        elements = []
        for i in range(1, 21):
            Xpath = f'//*[@id="REVIEW"]
                    /div/div/div[3]/div[1]/div[2]/div/div/div/div/button[{i}]'  #❷
            found_elements = driver.find_elements(By.XPATH, xpath)
            if found_elements:
                elements.extend(found_elements)
        tags = [elements[i].text for i in range(len(elements))]       #❸
        return tags
    except:
        return "없음"
```

#❶: try ~ except 구문이 나옵니다. 함수가 soup를 인자로 받고 명령을 실행했을 때 수집한 해시태그가 없다면 함수는 '없음'으로 반환합니다.

#❷: 해시태그 정보가 있는 Xpath입니다. Xpath을 찾고 found_elements가 있다면(True) elements = []에 found_elements를 저장합니다.

#❸: 리스트 컴프리핸션으로 수집한 해시태그를 정렬하여 텍스트만 가져와 tags에 저장합니다.

이제 나머지 함수들을 보겠습니다. getHastTags()를 제외하면 모두 간단한 함수입니다.

```
#각 soup.select()에는 제품 기본 정보에 상응하는 태그 정보 넣기
def getHashTags(soup):                                                #❶
    """해시태그를 반환"""
    try:
        elements = []
        for i in range(1, 21):
```

◑ 계속

```
                    Xpath = f'//*[@id="REVIEW"]
                        /div/div/div[3]/div[1]/div[2]/div/div/div/div/button[{{i}}]'
                found_elements = driver.find_elements(By.XPATH, Xpath)
                if found_elements:
                    elements.extend(found_elements)
            tags = [elements[i].text for i in range(len(elements))]
            return tags
        except:
            return "없음"


def getProductName(soup):
    """제품 이름을 반환"""
    name = soup.select_one(div._1edd07u4UC > h3').text          #❷
    return name


def getNumLikes(soup):
    """찜한 수를 반환"""
    try:
        likes = soup.select_one("span._2muLN5Fzlb").text        #❸
        return likes
    except:
        return "없음"


def getNumReviews(soup):
    """리뷰 수를 반환"""
    try:
        num_review = soup.select_one('strong._2pgHN-ntx6').text  #❹
        return num_review
    except:
        return "없음"


def getNumPhotoReviews(soup):
    """포토 리뷰 수를 반환"""
    try:
        photo_review = soup.select_one("li:nth-child(1) > a > em").text #❺
        return photo_review
    except:
        return "없음"


tags = getHashTags(soup)                                         #❻
name = getProductName(soup)
likes = getNumLikes(soup)
num_review = getNumReviews(soup)
```

⊙ 계속

```
photo_review = getNumPhotoReviews(soup)

product_data = {"name":[name],                              #❼
                'tag':[tags],
                'likes':[likes],
                "num_review":[num_review],
                "num_photo":[photo_review],
                "url":[url],
                "sales_date":[sales_date[0]]
                }

product_info_df = pd.DataFrame(data=product_data)           #❽
save_name = re.compile("[^가-힣]+").sub("", name)            #❾
product_info_df.to_excel('./data/{}_info_test.xlsx'.format(save_name),
                         index=False)                       #❿


product_info_df
```

	name	tag	likes	num_review	num_photo	url	sale_day
0	구찌 쿠션 드 보떼 컴팩트 쿠션 파운데이션 14g	['#촉촉한수분감', '#촉촉한사용감', '#윤기커버', '#부드러운사용감', '#...	찜 4,203	50	(20건)	https://cr.shopping.naver.com/adcr.nhn?x=hgdmo...	등록일 2022.01.

#❶: getHashTags() 함수는 앞서 설명했습니다.

#❷~#❺: 해시태그를 수집하는 함수인 getHashTags()부터 포토 리뷰 수를 수집하는 getNumPhotoReviews() 함수까지 총 다섯 개를 정의합니다. 함수를 구성하는 내용은 앞선 내용들과 동일합니다. 단지 차이는 select() 함수에 전달해야 하는 엘리먼트 경로 정보뿐입니다. 모든 함수에는 try ~ except 문이 있습니다. 제품에 따라 리뷰가 없거나, 해시태그가 없거나, 아무도 찜하지 않은 제품이 있을 수 있습니다. 이런 제품이 있는 것을 고려하지 않고 select()에 태그를 전달해서 정보 수집 조건을 전달하면 수집할 정보가 없기 때문에 AttributeError가 발생하며 코드 실행은 중지됩니다. 그래서 try ~ except를 활용하여 반환할 정보가 없을 때는 에러가 아닌 '없음'을 출력하도록 구현했습니다.

#❻: getHashTags() 함수에 soup 변수를 전달하여 해시태그를 반환받았습니다. photo_review = getNumPhotoReviews(soup)까지는 반복입니다.

#❼: 수집한 기본 정보를 데이터 프레임으로 저장하려고 딕셔너리 구조인 product_data에 제품 기본 정보를 저장합니다.

#**❽**: product_data를 사용하여 데이터 프레임으로 수집 결과를 만들었습니다.

#**❾**: 정규 표현식으로 제품 이름에서 한글만 추출하여 save_name에 저장합니다. 수집한 정보를 저장할 때는 save_name을 사용합니다. 제품 이름 사이에 특수 문자가 사용되는 경우가 종종 있습니다. 특정한 특수 문자(%, * 등)가 포함되면 파일이 저장되지 않기 때문에 제품 이름에서 한글만 추출했습니다.

#**❿**: 마지막으로 수집한 정보를 엑셀 파일로 저장합니다.

출력 결과를 보면 원하는 정보가 수집된 것을 확인할 수 있습니다.

다량의 정보를 수집하는 스크래퍼를 만들 때 이렇게 수집 결과를 바로 저장해 두는 습관을 가지면 예상치 못한 에러가 발생해도 처음부터 다시 데이터를 수집하는 일을 피할 수 있습니다. 다음은 리뷰 수집으로 넘어가겠습니다.

정보 수집: 리뷰와 관련 정보 수집

리뷰를 수집할 때 점수와 작성일도 같이 수집하겠습니다. 점수 정보를 모으면 점수별로 리뷰를 분류할 수 있고 작성일 정보에서는 어느 계절에 많이 팔렸는지 유추할 수 있는 정보가 됩니다. 리뷰는 고객이 인터넷에 남겨 준 제품 피드백이니 잘 분석하면 좋은 인사이트를 얻을 수 있습니다.

▼ 그림 2-39 수집할 리뷰 및 관련 정보

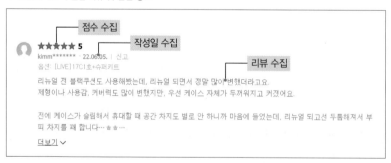

제품 리뷰는 페이지마다 20개씩 있습니다. 한 페이지에서 20개를 모으고 다음 페이지를 클릭하여 다시 20개씩 모으는 것을 반복하면 됩니다. 지금은 리뷰, 날짜, 평점 20개를 모으는 함수를 만들겠습니다. 앞서 다룬 방법과 마찬가지로 CSS Selector를 사용하는 방법과 Xpath를 사용하는 방법이 있습니다. 이번에는 Xpath를 사용하여 리뷰를 작성한 날짜, 리뷰 내용, 평점 정보를 수집하겠습니다.

▼ 그림 2-40 리뷰 평점 Xpath 선택

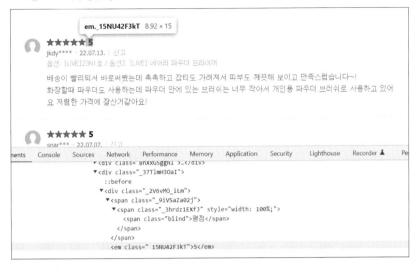

Note ≡　　CSS Selector를 사용하면 웹 페이지 구조를 쉽게 파악할 수 있는 장점이 있습니다. 그렇기 때문에 CSS Selector를 사용하여 스크래퍼를 개발하면 좋지만, 내용과 구성이 자주 변경되는 쇼핑몰 웹 페이지 스크래퍼를 개발 한다면 Xpath를 사용하는 편이 더 좋습니다. 웹 페이지 구조가 조금 변경되어도 CSS Selector와 달리 Xpath는 정 확히 원하는 정보를 찾아 주기 때문입니다. 네이버 쇼핑몰은 네이버 카페와 달리 변화가 많은 곳이기 때문에 Xpath로 개발하는 편이 유지 보수 관점에서 좀 더 편리합니다.

그럼 Xpath를 사용하여 평점 정보를 수집하는 코드를 작성해 봅시다.

```python
def collectDateReviewScore(soup):
    """전달받은 수프에서 페이지별 날짜, 리뷰, 점수를 반환한다"""

    #리뷰 평점 20개
    elements_ratings = []                                           #❶
    for num in range(1, 25):
        xpath_rating = f'//*[@id="REVIEW"]
                    /div/div/div[3]/div[2]/ul/li[{num}]
                    /div/div/div/div[1]/div/div[1]/div[1]/div[2]/div[1]/em'  #❷
        elements = driver.find_elements(By.XPATH, xpath_rating)     #❸
        elements_ratings.extend(elements)                          #❹

    rev_points = [element.text for element in elements_ratings]    #❺

    #리뷰 작성일 20개
    elements_dates = []
```

○ 계속

```
        for num in range(1, 25):
            xpath_date = f'//*[@id="REVIEW"]
                        /div/div/div[3]/div[2]/ul/li[{num}]
                        /div/div/div/div[1]/div/div[1]/div[1]/div[2]/div[2]/span'
            elements = driver.find_elements(By.XPATH, xpath_date)
            elements_dates.extend(elements)

        rev_dates = [element.text for element in elements_dates]

        #리뷰 20개
        elements_rev = []
        for num in range(1, 25):
            xpath_rev = f'//*[@id="REVIEW"]
                        /div/div/div[3]/div[2]/ul/li[{num}]
                        /div/div/div/div[1]/div/div[1]/div[2]/div/span'
            elements = driver.find_elements(By.XPATH, xpath_rev)
            elements_rev.extend(elements)

        revs = [element.text for element in elements_rev]              #❻
        stops = ['한달사용기', "재구매", "BEST"]                          #❼
        revs = [rev for rev in reviews if rev not in stops]           #❽

        return rev_points, rev_dates, revs
```

collectDateReviewScore() 함수는 제품 평점, 리뷰 작성일, 리뷰 정보를 각 20개씩 반환합니다. 함수를 세부적으로 살펴보겠습니다.

#❶: 리뷰 평점 정보가 저장되는 곳입니다.

#❷: 리뷰 평점의 Xpath를 xpath_rating 변수에 저장했습니다. 중간에 num이 있습니다. 숫자가 1부터 24까지라면 모두 선택하게 합니다.

#❸: driver에서 find_elements() 함수로 xpath_rating에 해당하는 모든 정보를 선택하여 리스트로 반환합니다.

#❹: ❸에서 반환받은 정보를 elements_ratings에 extend() 함수로 저장합니다.

#❺: elements_ratings에는 평점 정보와 함께 HTML 스크립트도 같이 있습니다. HTML 스크립트는 필요 없으니 text() 함수로 평점 정보만 선택하여 rev_points에 저장합니다. 이 줄은 리스트 컴프리핸션으로 작성되었네요.

214

리뷰 작성일 정보 수집은 리뷰 평점 수집과 동일한 과정이라 생략합니다. 리뷰 정보 수집도 대부분 동일하기 때문에 차이가 있는 코드만 설명합니다.

#❻: 리뷰 정보를 수집한 결과에는 HTML 스크립트도 함께 있습니다. HTML 스크립트를 제거하고 텍스트만 선택하도록 리스트 컴프리헨션을 작성했습니다.

#❼, #❽: revs 변수에는 불필요한 리뷰인 '한달사용기', '재구매', 'BEST'가 있습니다. 이 불필요한 리뷰를 stops에 넣고, revs에 저장된 리뷰가 stops에는 없는 리뷰만 revs에 저장합니다.

함수를 실행하여 리뷰 정보를 수집하겠습니다.

```python
driver = webdriver.Chrome(service=service)
driver.get(product_urls[0])                                    #❶
time.sleep(3)

#리뷰 버튼 클릭
driver.find_element(By.XPATH, '//*[@id="_productTabContainer"]/div/ul/li[3]/a').click()

html = driver.page_source
soup = BeautifulSoup(html, 'lxml')

rev_points, rev_dates, revs = collectDateReviewScore(soup) #❷
name = soup.select_one('h3').text

print('제품 이름 :', name)
print('일부 리뷰 점수 :\n', rev_points[:3])
print()
print('일부 리뷰 작성일 :\n', rev_dates[:3])
print()
print('일부 리뷰 내용 :\n', revs[:3])
```

제품 이름: 헤라 블랙쿠션SPF34/PA++15gx2(본품1개+리필1개)
일부 리뷰 점수 :
 ['5', '4', '5']

일부 리뷰 작성일 :
 ['22.06.05.', '22.07.14.', '22.07.09.']

일부 리뷰 내용 :
 ['리뉴얼 전 블랙쿠션도 사용해봤는데, 리뉴얼 되면서 정말 많이 변했더라고요.\n제형이나 사용감, 커버력도 많이 변했지만, 우선 케이스 자체가 두꺼워지고 커졌어요.\n\n전에 케이스가 슬림해서 휴대할 때 공간 차지도 별로 안 하니까 마음에 들었는데, ...생략...

#①: 불러온 가상 웹 브라우저에 제품 URL을 전달합니다.

#②: 파싱 결과가 저장된 soup를 collectDateReviewScore()에 전달하여 결과를 받습니다.

반환받은 결과 중 세 개만 출력했습니다. 결과를 보면 평점, 리뷰 작성일, 리뷰 내용이 정상적으로 수집된 것을 확인할 수 있습니다. 이제 페이지별로 이동하면서 이 함수를 실행하면 됩니다. 앞서 다룬 Xpath를 사용하면 됩니다.

> **Note ≡**   206쪽 노트에서 언급했듯이 리뷰 버튼 정보는 자주 변경되는 편입니다. 따라서 각자 PC 환경에 따라 이 부분은 실행이 안 될 수도 있습니다. 이때는 다음 순서대로 진행해 주세요.
>
> **1.** 새로 열린 크롬창에서 **리뷰 › 개발자 도구**를 클릭합니다.
>
> **2.** 개발자 도구 창의 코드에서 왼쪽 위에 있는 화살표를 클릭하여 리뷰 메뉴에 해당하는 full Xpath를 복사합니다 (Copy › Copy full Xpath).
>
> **3.** 복사한 full Xpath를 '//*[@id="_productTabContainer"]/div/ul/li[3]/a' 자리에 넣습니다.
>
> 실습에서는 바로 상위 수준인 productTabContainer의 Xpath를 찾아 상대 경로로 넣어 주었습니다. 예를 들어 실습 환경에 따라 /*[@id="_productFloatingTab"]/div/div[3]/ul/li[2]/a로 나올 때도 있었으니 참고해 주세요.

제품 URL을 수집할 때처럼 20페이지까지 Xpath를 수집할 필요는 없습니다. 다음 페이지 리뷰를 볼 때는 **다음** 버튼을 클릭하면 됩니다.

▼ 그림 2-41 페이지 번호 중 [다음] 버튼 클릭

따라서 [다음] 버튼의 Xpath 정보를 가져와 해당 Xpath를 계속 클릭하면 됩니다. 하지만 [다음] 버튼 Xpath는 계속 변합니다. 메모장이나 빈 셀에 계속 복사해 온 Xpath를 붙여 넣어 보세요. 처음에는 //*[@id="REVIEW"]/div/div[3]/div[2]/div/div/a[8]입니다. 그런데 다시 [다음] 버튼의 Xpath는 //*[@id="REVIEW"]/div/div[3]/div[2]/div/div/a[9]로 변했습니다. 이렇게 클릭할 때마다 변하면서 최종적으로는 //*[@id="REVIEW"]/div/div[3]/div[2]/div/div/a[12]>에서 더 이상 변하지 않습니다. 따라서 스크래퍼를 개발할 때 첫 번째 클릭할 때와 두 번째, 세 번째, 네 번째 클릭할 때는 Xpath 정보를 다르게 전달해야 합니다.

Note ☰ 하지만 모든 웹 사이트가 페이지 Xpath를 이렇게 구성하고 있지는 않고 1부터 시작하는 곳이 더 많습니다. 그런데 정보가 많이 있는 웹 사이트는 대체로 Xpath 구성을 특이하게 만들어 스크래퍼 개발 난이도가 높은 편입니다.

간단하게 page_cnt 변수를 만들고 숫자 0을 저장합니다. 페이지 [다음] 버튼을 클릭할 때 page_cnt는 1씩 더해지도록 하고 page_cnt에 저장된 값에 따라 Xpath를 다르게 전달하도록 코드를 작성하겠습니다.

```python
#다음 버튼 정보
nxt_page_xpath = '//*[@id="REVIEW"]/div/div/div[3]/div[2]/div/div/a[8]'
element = driver.find_element(By.XPATH, nxt_page_xpath)
page_cnt = 0
if page_cnt == 0:                         #❶
    driver.execute_script("arguments[0].scrollIntoView({block: 'center'});",
                          element) #❷
    time.sleep(1.1)
    #다음 페이지 클릭
    driver.find_element(By.XPATH, '//*[@id="REVIEW"]
                        /div/div/div[3]/div[2]/div/div/a[8]').click()

elif page_cnt == 1:                       #❸
    driver.execute_script("arguments[0].scrollIntoView({block: 'center'});",
                          element)
    time.sleep(1.1)
    #다음 페이지 클릭
    driver.find_element(By.XPATH, '//*[@id="REVIEW"]
                        /div/div/div[3]/div[2]/div/div/a[9]').click()

elif page_cnt == 2:
    driver.execute_script("arguments[0].scrollIntoView({block: 'center'});",
                          element)
    time.sleep(1.1)
    #다음 페이지 클릭
    driver.find_element(By.XPATH, '//*[@id="REVIEW"]
                        /div/div/div[3]/div[2]/div/div/a[10]').click()

elif page_cnt == 3:
    driver.execute_script("arguments[0].scrollIntoView({block: 'center'});",
                          element)
    time.sleep(1.1)
```

◑ 계속

```
    #다음 페이지 클릭
    driver.find_element(By.XPATH, '//*[@id="REVIEW"]
                       /div/div/div[3]/div[2]/div/div/a[11]').click()

else:
    driver.execute_script("arguments[0].scrollIntoView({block: 'center'});",
                       element)
    time.sleep(1.1)
    #다음 페이지 클릭
    driver.find_element(By.XPATH, '//*[@id="REVIEW"]
                       /div/div/div[3]/div[2]/div/div/a[12]').click()
page_cnt += 1
```

#❶: 크롬 브라우저 화면에 클릭할 리뷰 버튼을 가운데로 가져오는 코드입니다. execute_script() 함수는 자바스크립트 코드를 실행합니다. 즉, 이 함수 안 내용은 자바 스크립트 코드인데요. 자바 스크립트 코드 공부는 이 책 범위를 벗어나기 때문에 이런 코드가 있다는 정도로만 알고 있으면 됩니다. 크롬 브라우저 화면에 클릭할 버튼을 찾지 못하면 실행이 안 되는 경우가 종종 있습니다. 이 코드는 그런 일을 방지하는 코드로 이해하면 됩니다.

#❷: page_cnt가 0일 때는 이 줄의 Xpath가 선택되어 실행됩니다. 클릭하면 #❸의 page_cnt에 1 이 더해집니다.

#❸: page_cnt 값이 1이면 이 줄의 Xpath가 실행되는 구조입니다.

이렇게 if ~ else로 구성하면 모든 페이지 리뷰를 수집할 수 있습니다.

이제 지금까지 만든 함수와 코드를 합쳐 전체 스크래퍼 코드를 구성하겠습니다. 제품 URL에 접속 하여 제품 기본 정보를 찾아 저장하고, 리뷰 및 리뷰 관련 정보를 찾아 저장하는 스크래퍼입니다.

전체 코드

```
import pandas as pd

from selenium import webdriver
from selenium.webdriver.chrome.service import Service
from selenium.webdriver.common.keys import Keys
from selenium.webdriver.common.by import By
from tqdm import tqdm_notebook
```

🔵 계속

```python
from bs4 import BeautifulSoup
import time

import re
import warnings
warnings.filterwarnings("ignore")

def getHashTags(soup):
    """해시태그를 반환"""
    try:
        elements = []
        for i in range(1, 21):
            Xpath = f'//*[@id="REVIEW"]
/div/div/div[3]/div[1]/div[2]/div/div/div/div/button[{i}]'
            found_elements = driver.find_elements(By.XPATH, Xpath)
            if found_elements:
                elements.extend(found_elements)
        tags = [elements[i].text for i in range(len(elements))]
        return tags
    except:
        return "없음"


def getProductName(soup):
    """제품 이름을 반환"""
    name = soup.select_one('div._1edd07u4UC > h3').text
    return name


def getNumLikes(soup):
    """찜한 수를 반환"""
    try:
        likes = soup.select_one('span._2muLN5Fzlb').text
        return likes
    except:
        return "없음"


def getNumReviews(soup):
    """리뷰 수를 반환"""
    try:
        num_review = soup.select_one('strong._2pgHN-ntx6').text
        return num_review
    except:
        return "없음"
```

◐ 계속

```python
def getNumPhotoReviews(soup):
    """포토 리뷰 수를 반환"""
    try:
        photo_review = soup.select_one("li:nth-child(1) > a > em").text
        return photo_review
    except:
        return "없음"


def collectDateReviewScore(soup):
    """전달받은 수프에서 페이지별 날짜, 리뷰, 점수를 반환한다"""

    #리뷰 평점 20개
    elements_ratings = []
    for num in range(1, 25):
        xpath_rating = f'//*[@id="REVIEW"]
                        /div/div/div[3]/div[2]/ul/li[{num}]
                        /div/div/div/div[1]/div/div[1]/div[1]/div[2]/div[1]/em'
        elements = driver.find_elements(By.XPATH, xpath_rating)
        elements_ratings.extend(elements)

    rev_points = [element.text for element in elements_ratings]

    #리뷰 작성일 20개
    elements_dates = []
    for num in range(1, 25):
        xpath_date = f'//*[@id="REVIEW"]
                    /div/div/div[3]/div[2]/ul/li[{num}]
                    /div/div/div/div[1]/div/div[1]/div[1]/div[2]/div[2]/span'
        elements = driver.find_elements(By.XPATH, xpath_date)
        elements_dates.extend(elements)

    rev_dates = [element.text for element in elements_dates]

    #리뷰 20개
    elements_rev = []
    for num in range(1, 25):
        xpath_rev = f'//*[@id="REVIEW"]
                    /div/div/div[3]/div[2]/ul/li[{num}]
                    /div/div/div/div[1]/div/div[1]/div[2]/div/span'
        elements = driver.find_elements(By.XPATH, xpath_rev)
        elements_rev.extend(elements)

    revs = [element.text for element in elements_rev]
```

● 계속

```python
        stops = ['한달사용기', "재구매", "BEST"]
        revs = [rev for rev in reviews if rev not in stops]

        return rev_points, rev_dates, revs

def page_down():
    body = driver.find_element(By.CSS_SELECTOR, 'body')
    for down in range(16):
        body.send_keys(Keys.PAGE_DOWN)
        time.sleep(0.8)

df_url = pd.read_excel('./data/쿠션_제품_URL_test.xlsx')
product_urls = df_url['url'].tolist()
REVIEW_BUTTON = '//*[@id="_productTabContainer"]/div/ul/li[3]/a'

service = Service(executable_path='./data/chromedriver.exe')
for url in tqdm_notebook(product_urls[:2]): #❶
    #제품 페이지에 접속
    driver = webdriver.Chrome(service=service)
    driver.get(url)
    time.sleep(3)

    page_down()

    html = driver.page_source
    soup = BeautifulSoup(html, 'lxml')

    #기본 정보 불러오기 & 저장하기
    tags = getHashTags(soup)
    name = getProductName(soup)
    likes = getNumLikes(soup)
    num_review = getNumReviews(soup)
    photo_review = getNumPhotoReviews(soup)

    product_data = {"name":[name],
                    'tag':[tags],
                    'likes':[likes],
                    "num_review":[num_review],
                    "num_photo":[photo_review],
                    "url":[url],
                    "sales_date":[sales_date[0]]}

    product_info_df = pd.DataFrame(data=product_data)
```

◐ 계속　　**221**

```python
save_name = re.compile("[^가-힣]+").sub("", name)

#리뷰 정보 수집하기 & 저장하기
all_dates = []
all_scores = []
all_reviews = []

#다음 버튼 정보
nxt_page_xpath = '//*[@id="REVIEW"]/div/div/div[3]/div[2]/div/div/a[8]'
element = driver.find_element(By.XPATH, nxt_page_xpath)

page_cnt = 0
for i in range(3):                       #❷
    if i % 10 == 0:
        print("{}/120".format(i))
    try:
        html = driver.page_source
        soup = BeautifulSoup(html, 'lxml')
        price = soup.select_one("div.WrkQhIlUY0 > div > strong >
                                span._1LY7DqCnwR").text

        scores, dates, reviews = collectDateReviewScore(soup)
        name = soup.select_one('h3').text

        all_dates.extend(dates)
        all_scores.extend(scores)
        all_reviews.extend(reviews)

        #다음 버튼으로 위치 이동
        if page_cnt == 0:
            driver.execute_script("arguments[0].scrollIntoView({block: 'center'});",
                                element)
            time.sleep(1.1)
            #다음 페이지 클릭
            driver.find_element(By.XPATH, '//*[@id="REVIEW"]
                            /div/div/div[3]/div[2]/div/div/a[8]').click()

        elif page_cnt == 1:
            driver.execute_script("arguments[0].scrollIntoView({block: 'center'});",
                                element)
            time.sleep(1.1)
            driver.find_element(By.XPATH, '//*[@id="REVIEW"]
```

⊙ 계속

```
                                     /div/div/div[3]/div[2]/div/div/a[9]').click()

        elif page_cnt == 2:
            driver.execute_script("arguments[0].scrollIntoView({block: 'center'});",
                                    element)
            time.sleep(1.1)
            driver.find_element(By.XPATH, '//*[@id="REVIEW"]
                            /div/div/div[3]/div[2]/div/div/a[10]').click()

        elif page_cnt == 3:
            driver.execute_script("arguments[0].scrollIntoView({block: 'center'});",
                                    element)
            time.sleep(1.1)
            driver.find_element(By.XPATH, //*[@id="REVIEW"]
                            /div/div/div[3]/div[2]/div/div/a[11]').click()

        else:
            driver.execute_script("arguments[0].scrollIntoView({block: 'center'});",
                                    element)
            time.sleep(1.1)
            driver.find_element(By.XPATH, '//*[@id="REVIEW"]
                            /div/div/div[3]/div[2]/div/div/a[12]').click()

        page_cnt += 1
    except:
        all_dates.append("없음")
        all_scores.append("없음")
        all_reviews.append("없음")
        break

driver.close()

review_info = {"review_date":all_dates,
               "review_score":all_scores,
               "reviews":all_reviews}

review_info_df = pd.DataFrame(review_info)
review_info_df['name'] = name
review_info_df['url'] = url
review_info_df['price'] = price

review_info_df.to_excel('./data/쿠션_{}_review_test.xlsx'.format(save_name),
                        index=False)
```

세부적인 코드 내용은 앞서 설명했습니다. 그래서 코드에 관한 세부적인 설명보다 코드 진행 순서와 관련된 주요 설명을 주석으로 남겼습니다.

네이버 쇼핑몰 수집 스크래퍼는 난이도가 높은 편입니다. 네이버 쇼핑몰뿐만 아니라 다른 웹 페이지 정보를 수집하는 스크래퍼를 만들더라도 처음에는 제목 수집처럼 쉬운 것을 만들어 함수로 만들고, 다음은 날짜나 가격 같은 정보를 수집하는 함수를 만듭니다. 이런 식으로 함수를 꾸준히 만들어 쌓은 후 하나로 연결하면 스크래퍼가 완성됩니다.

스크래퍼를 개발할 때 보통 전처리 과정을 포함하지만 이번에는 전처리할 내용이 많기 때문에 3장에서 전처리를 진행하겠습니다. 그래도 수집한 데이터를 하나 가져와서 저장된 내용을 살펴볼까요? 일단 잘 수집해서 저장되었다는 것까지는 확인할 수 있습니다.

```
review_info_df.head(3)
```

	review_date	review_score	reviews	name	url	price
0	22.09.04.	5	마스크에 묻어나지 않는 쿠션을 찾다가\n구매했어요\n커버력은 톤업 크림 위에 바르면...	헤라 블랙쿠션 SPF34/PA++15gx2(본품1개+리필1개)	https://cr.shopping.naver.com/adcr.nhn?x=HOUK4...	59,400
1	22.09.13.	5	와ㅠㅠ와ㅠㅠ너무 좋아요ㅠㅠㅠ주문한 쿠션은 말 할 것도 없고 함께 보내주신 파우치, ...	헤라 블랙쿠션 SPF34/PA++15gx2(본품1개+리필1개)	https://cr.shopping.naver.com/adcr.nhn?x=HOUK4...	59,400

이것으로 네이버 뷰티윈도 스크래퍼를 개발했습니다. 제품 리뷰 하나를 수집할 때는 보통 15~20분이 걸립니다. 따라서 제품 120개를 수집하려면 2400분(40시간)이 필요합니다. 여러분은 이 스크래퍼가 정상 작동하는지만 확인한 후 코드 실행을 중지하고 책에서 제공하는 첨부 파일로 3장 실습에 활용해 주세요. 그러니 #❶ 코드에는 [:2]로 하고 #❷ 코드에는 3 정도로 설정하면 충분합니다.

> Note ≡ 코드 실행을 중지하는 방법은 현재 실행 중인 셀을 선택하고 주피터 노트북 위에 있는 중지 버튼(■)을 클릭하면 됩니다.

지금까지 스크래퍼를 개발하면서 selenium을 이용했습니다. 2장에서 수집한 데이터를 바탕으로 3장에서는 본격적으로 데이터 분석을 하겠습니다.

3^장

수집한 데이터로
자연어 분석

자연어 분석은 인간 언어를 계산적 방법을 이용하여 분석하고 이해하는 과정입니다. 인공 지능, 머신 러닝, 데이터 과학 등 과학 분야에서도 자연어 분석은 중요한 역할을 담당하며, 산업에서도 중요한 역할을 하고 있습니다. 조직과 기업이 고객 피드백, 소셜 미디어 게시물 및 제품 리뷰 등 대량의 비정형 데이터에서 통찰력을 얻을 수 있도록 지원하기 때문입니다.

자연어 분석은 감정 분석, 텍스트 분류, 텍스트 생성 등 작업을 수행하는 데 사용됩니다. 예를 들어 감정 분석은 긍정적, 부정적, 중립적 텍스트의 감정 톤을 계산해서 구분합니다. 또 텍스트 분류는 뉴스 기사, 제품 리뷰, 소셜 미디어 게시물 등 다른 범주로 텍스트를 분류합니다. 텍스트 생성은 알고리즘을 사용하여 주어진 프롬프트 또는 입력을 기반으로 새 텍스트를 생성합니다.

자연어 분석의 중요성은 귀중한 통찰력을 제공하고 데이터 중심 결정을 내릴 수 있는 능력에 있습니다. 예를 들어 조직은 감정 분석으로 고객이 제품이나 서비스를 어떻게 느끼는지 이해하고, 이를 제품에 적용하여 제품 품질을 개선하는 데 사용할 수 있습니다. 또 데이터 입력 및 데이터 정리 등 많은 작업을 자동화함으로써 더 중요한 작업에 시간을 분배하고 리소스를 확보할 수 있습니다. 이처럼 자연어 분석의 중요성을 이해하고 산업에 빠리 적용하는 것은 기업에 매우 중요한 상황이 되었습니다.

자연어 데이터를 분석하는 데 단순한 방법도 있고 복잡한 방법도 있습니다. 대체로 여러분이 보았던 분석 방법들은 화려한 시각적 효과를 더한 방법이라서 자연어 분석은 어렵다고 느꼈을 것 같네요. 아니면 자연어 분석이라는 막연한 단어 때문에 어렵게 느꼈을 수도 있습니다.

실무에서 자주 접하는 시장 조사, 고객 반응 분석, 트렌드 관찰 같은 분석 주제는 쉬운 알고리즘으로도 충분히 정확하고 좋은 결과를 얻을 수 있습니다.

▼ 그림 3-1 수집한 데이터에서 맥락을 찾아 분석 계획 세우기

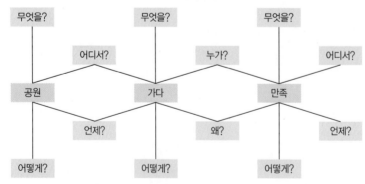

맥락을 찾는 것이 중요하고
찾는 방법은 다양하다

쉽게 분석되지 않는 데이터라면 분석 방법에 문제가 있다기보다 수집한 데이터에 문제가 있을 가능성이 매우 높습니다. 데이터 분석 과정은 이론적으로 간단할수록 분석 결과가 우수합니다. 보통 심플한 논리로 얻은 분석 결과들이 유연하게 실무에 적용됩니다.

> "더 적은 수의 논리로 설명이 가능하다면 많은 수의 논리를 세우면 안 된다."
>
> – 오컴의 면도날

본격적으로 자연어 분석을 실습할 차례입니다. 이 장에서는 앞서 처리한 데이터를 이용하여 직접 분석해 보고 제품 기획에 활용해 보겠습니다. 먼저 여러 가지 자연어 분석 이론을 소개하고 설명하기보다는 실습하면서 자연스럽게 하나씩 소개하겠습니다. 분석 상황에 좀 더 몰입하고자 여러분과 필자는 함께 데이터 분석을 하는 동료고, 우리에게 분석을 맡길 의뢰자가 나타났다고 상상해 봅시다.

DATA ANALYSIS

3.1 내가 그 편의점만 가는 이유

편의점은 시장 트렌드가 빨리 반영되는 곳입니다. 인터넷에서 무언가가 유행하기 시작하면 얼마 지나지 않아 편의점에서 해당 유행이 반영된 제품이 판매됩니다. 이렇게 편의점 업계 종사자들은 늘 세상 트렌드를 주시하고 빠르게 적응해서 수익을 얻고 있습니다.

그래서 여러분이 꼭 편의점 업계에 일하고 있지 않더라도 편의점 변화는 눈여겨볼 필요가 있습니다.

오늘 우리에게 찾아온 의뢰인은 편의점에 출시할 신제품 또는 신규 서비스를 준비하고 있습니다. 의뢰인이 요청한 분석 주제를 살펴볼까요?

> **의뢰사항** ☰ 편의점은 매장 크기가 작은 편이라 신제품 또는 신규 서비스를 적용시키기 꽤 어렵습니다. 편의점 특성상 신제품 초도 생산량은 매우 많을 수밖에 없는데 반응이 좋지 못하면 폐기할 수밖에 없습니다. 근데 폐기 비용이나 유통 판매량이나 차이가 거의 없을 정도로 폐기 비용이 높습니다. 그래서 아주 신중하게 기획하고 있는데, 자연어 분석으로 우리 고객들이 원하는 무언가를 찾고 그것을 편의점에 적용시킬 계획입니다.

일단 우리는 편의점에서 어떤 내용이 언급되는지 살펴보아야 합니다. 다행히 2장에서 관련 내용을 모두 수집했습니다. 수집한 데이터에서 제품과 관련된 정보가 무엇인지, 해당 제품이 어떻게 판매되고 있는지 등 제품을 구매하는 고객이 처한 상황을 이해해야 신규 제품 또는 서비스를 제안할 수 있을 것입니다.

이번에 사용할 라이브러리는 다음과 같습니다. 먼저 주피터 노트북 파일을 새롭게 만들고 다음 라이브러리를 설치합니다. 따로 버전을 소개하지 않은 라이브러리는 버전 관리를 하지 않아도 에러를 발생시키지 않습니다.

▼ 표 3-1 실습에 필요한 라이브러리 안내

라이브러리	버전	목적
kiwipiepy	0.17.0	한글 데이터 분석

> Note ☰ 필요한 라이브러리는 !pip install 라이브러리==버전 명령어로 설치합니다.

3.1.1 커뮤니티 데이터 불러오기

2장에서 수집한 디시인사이드 데이터를 가져오겠습니다. 책 내용과 동일한 데이터로 분석하겠다면 책에서 제공하는 데이터를 사용해 주세요.

```
import pandas as pd
pd.set_option('display.max_rows', 100)  #❶

import re
from kiwipiepy import Kiwi          #❷
```

↻ 계속

```
import matplotlib.pyplot as plt
%matplotlib inline
plt.rc('font', family='Malgun Gothic')
plt.rcParams['axes.unicode_minus'] = False

from IPython.display import set_matplotlib_formats
set_matplotlib_formats('retina')

#각자 데이터가 저장되어 있는 경로 및 파일 이름으로 넣어야 함
filepath = './data'
dc = pd.read_excel(filepath+"/디시인사이드_편의점게시물.xlsx")
dc.head(2)
```

	게시물제목	내용	기타정보	날짜	작성시간	요일	시간(H)
0	편의점 손님	편의점 일하시는 분들 밤 7시에서 아침 7시 야간 12시간 일하는데 손님이 90~1...	편의점2022.06.02 19:33	2022.06.02	19:33	목요일	19
1	축구 몇시부터야? 편의점 다 녀와도 될까? 15분거리임	아이스크림 먹으면서 보고싶어 감자칩이랑	기타 국내 드라마 2022.06.02 19:32	2022.06.02	19:32	목요일	19

이번 분석부터는 살펴볼 행이 많습니다.

#➊: 판다스가 출력하는 데이터 프레임 행 수를 최대 100행까지 늘렸습니다. 100 대신 None으로 설정하면 모든 행을 볼 수 있지만, 컴퓨터 연산 속도가 매우 저하되는 문제가 생기므로 100 이하로 설정하세요.

#➋: 형태소를 분석하려고 설치한 kiwipiepy 라이브러리를 가져왔습니다.

형태소 분석 내용은 조금 뒤에서 자세히 다루겠습니다. 가져온 데이터 구성을 보면 게시물 제목과 내용, 작성일 정보를 파악할 수 있습니다.

> Note ☰   형태소는 단어가 문법 의미를 가질 수 있는 최소 단위이며, 형태소 분석은 글을 형태소까지 분해하고 형태소 품사를 얻는 것을 의미합니다. 예를 들어 '공부하다'는 글을 형태소 분석한다면 [공부, 하, 다]라는 형태소를 얻고, 품사는 [명사, 접미사, 연결 어미]입니다. 자세한 내용은 뒤에서 다룹니다.

3.1.2 데이터 전처리 1: 정규 표현식

데이터에서 제목 부분과 내용 부분을 합치겠습니다. 정규 표현식을 이용하여 한글만 추출하겠습니다.

```python
print('데이터 크기 확인 :', dc.shape)
dc['글'] = dc['게시물제목'] + " " + dc['내용']
dc['글'] = dc['글'].astype('str')                                    #❶
dc['글_한글'] = dc['글'].apply(lambda
                        x:" ".join(re.compile("[가-힣]+").findall(x))) #❷
dc.head(2)
```

데이터 크기 확인 : (2496, 8)

	게시물제목	내용	기타정보	날짜	작성시간	요일	시간(H)	글	글_한글
0	편의점 손님	편의점 일하시는 분들 밤 7시에서 아침 7시 야간 12시간 일하는데 손님이 90~1...	편의점 2022.06.02 19:33	2022.06.02	19:33	목요일	19	편의점 손님 편의점 일하시는 분들 밤 7시에서 아침 7시 야간 12시간 일하는데 손...	편의점 손님 편의점 일하시는 분들 밤 시에서 아침 시 야간 시간 일하는데 손님이 명...
1	축구 몇시부터야? 편의점 다녀와도 될까? 15분거리임	아이스크림 먹으면서 보고싶어 감자칩이랑	기타 국내 드라마2022.06.02 19:32	2022.06.02	19:32	목요일	19	축구 몇시부터야? 편의점 다녀와도 될까? 15분거리임 아이스크림 먹으면서 보고싶어	축구 몇시부터야 편의점 다녀와도 될까 분거리임 아이스크림 먹으면서 보고싶어 감자칩이랑

출력 결과를 보니, 데이터는 행이 총 2496개, 열은 여덟 개로 구성되어 있습니다. 데이터에서 게시물제목 열과 내용 열을 합쳐 글 열에 저장했습니다.

#❶: 글 열에 저장된 데이터 타입을 문자열로 지정했습니다. 간혹 결측치[1]처럼 데이터 타입이 문자열이 아닐 때가 있기 때문입니다. 문자열로 지정했기 때문에 정규 표현식으로 한글만 추출할 수 있습니다.

#❷: 정규 표현식으로 한글만 추출했습니다. 람다 함수를 사용했고 findall(x)로 문자열을 전달합니다. findall() 함수는 전달받은 결과를 리스트로 반환합니다. 이렇게 리스트로 데이터를 반환받으면 결과가 토큰화되어 ['편의점', '손님', …, '감자칩'] 형태처럼 됩니다. 문장으로 결과를 반환받아야 하므로 findall(x)로 받은 리스트 타입 결과를 "".join()에 넣어 자연스러운 문장으로 만들었습니다. 문장 결과는 글_한글 열에 저장됩니다.

> Note ≡ 토큰은 어절이라는 뜻입니다. '편의점 손님' 문장의 토큰은 ['편의점', '손님']입니다.

출력 결과를 보면, 문장 형태로 자연스럽게 저장된 것을 확인할 수 있습니다. 문장에는 명사, 동사, 형용사, 부사 등 다양한 정보가 있습니다. 하지만 이 모든 정보를 다루기보다는 명사만 추출

---

1 데이터에 값이 없는 것입니다.

하여 문맥을 분석하는 것이 더 효율적입니다. 명사는 목적어와 주어를 모두 포함하기 때문입니다. 그럼 명사를 추출하려면 어떻게 해야 할까요?

3.1.3 데이터 전처리 2: 형태소 분석

형태소란 문법적 의미를 가질 수 있는 단어의 최소 형태입니다. 예를 들어 '나는 학교에 간다'는 문장은 세 어절로 구성되어 있습니다. 그리고 이 문장의 형태소는 ['나','는','학교','에','가','ㄴ다'] 총 여섯 개로 구성됩니다. 여기에서 '나'는 체언의 대명사에 해당되고 조사 '는'은 보조사에 해당됩니다. 학교는 일반 명사입니다. 이렇게 대명사, 보조사, 일반 명사 등을 **품사**라고 합니다. 파이썬에는 문장을 입력하면 자동으로 형태소를 분석해 주는 다양한 라이브러리가 있습니다. 다양한 라이브러리 중에서 편의를 위해 kiwipiepy를 사용하겠습니다. 먼저 키위 형태소 분석기를 이용하여 입력한 문장의 형태소를 분석하고 명사를 추출하는 과정을 진행하겠습니다.

> Note ≡ 체언, 용언 등 평소에 잘 사용하지 않는 개념이 등장해서 당황했을 것 같습니다. 국어 문법을 잘 몰라도 뒤에 이어질 학습이 어렵지는 않습니다. 하지만 AI를 이용하여 문장을 생성하는 것처럼 전문적인 주제를 다룰 때는 어느 정도 문법을 알고 있어야 합니다.

> Note ≡ 형태소 분석기 kiwipiepy는 https://github.com/bab2min/kiwipiepy에 자세히 소개되어 있습니다. 방문해서 사용법 외에도 다양한 정보를 보기 바랍니다.

```
kiwi = Kiwi()          #❶

text = '나는 학교에 간다'
kiwi.tokenize(text) #❷
```

```
[Token(form='나', tag='NP', start=0, len=1),
 Token(form='는', tag='JX', start=1, len=1),
 Token(form='학교', tag='NNG', start=3, len=2),
 Token(form='에', tag='JKB', start=5, len=1),
 Token(form='가', tag='VV', start=7, len=1),
 Token(form='ㄴ다', tag='EF', start=7, len=2)]
```

#❶: 키위 형태소 분석기를 가져와 kiwi에 저장했습니다.

#❷: 형태소 분석 함수 tokenize()에 text를 전달하여 형태소 분석을 시켰습니다.

출력 결과에서 분석된 형태소와 품사를 확인할 수 있습니다. 여기에서 품사는 tag 변수에 저장된 값을 지칭합니다. 입력한 문장에서 명사 모두를 가져오고 싶다면 다음과 같이 코드를 작성합니다.

```python
text = '나는 학교에 간다'
result = kiwi.tokenize(text)

nouns = []
for token in result:
    if token.tag == 'NNG': #❶
        nouns.append(token.form)

print("입력한 문장에서 명사 추출 결과 :", nouns)
```

```
입력한 문장에서 명사 추출 결과 : ['학교']
```

#❶: 토큰의 품사가 일반 명사에 해당하면 비어 있는 nouns에 해당 형태소(form)가 저장되도록 했습니다.

> Note ☰   명사를 추출하는 for 문을 리스트 컴프리핸션으로 표현하면 nouns = [token.form for token in result if token.tag=='NNG']입니다.

이제 형태소 분석기를 활용하여 명사를 추출하는 기능을 하는 함수를 만들겠습니다. 명사 열을 생성한 후 명사만 추출하는 함수를 글_한글 열에 적용해서 명사를 추출하고 명사 열에 결과를 저장하겠습니다.

```python
def find_nouns(text):
    """입력된 문장에서 명사 추출해 리스트로 반환"""
    tokens = kiwi.tokenize(text)

    target_words = []
    for wrd in tokens:
        if 'NN' in wrd.tag:          #❶
            if len(wrd.form) > 1: #❷
                target_words.append(wrd.form)
```

↻ 계속

```
        return target_words

dc['명사'] = dc['글_한글'].apply(lambda x:find_nouns(x))
dc.sample(3)
```

	게시물제목	내용	기타정보	날짜	작성시간	요일	시간(H)	글	글_한글	명사
839	내가 좋아하는 사람이 날 좋아해주고	알맹이가 없어 내 몸은 늙어만 가는데 같은 신체나이를 가진 사람들과 비교했을때 나는...	모태솔로 2022.06.01 02:05	2022.06.01	02:05	수요일	2	내가 좋아하는 사람이 날 좋아해주고 알맹이가 없어 내 몸은 늙어만 가는데 같은 신체...	내가 좋아하는 사람이 날 좋아해주고 알맹이가 없어 내 몸은 늙어만 가는데 같은 신체...	[사람, 알맹이, 신체, 나이, 사람, 비교, 사람, 중요, 가치, 결여, 편의점,...
2047	35살 백수) 20일 만에 외출함	편의점 나간다 응원해줘라	비트코인 2022.05.30 10:58	2022.05.30	10:58	월요일	10	35살 백수) 20일 만에 외출함 편의점 나간다 응원해줘라	살 백수 일만에 외출함 편의점 나간다 응원해줘라	[백수, 외출, 편의점, 응원]
269	편의점 그만둘때 유예기간 얼마나 두고 말함	2주? 바로 그만두고싶은데	편의점 2022.06.02 04:24	2022.06.02	04:24	목요일	4	편의점 그만둘때 유예기간 얼마나 두고 말함 2주? 바로 그만두고싶은데	편의점 그만둘때 유예기간 얼마나 두고 말할 주 바로 그만두고싶은데	[편의점, 유예, 기간]

#❶: 명사를 추출하는 find_nouns() 함수는 앞서 실습한 코드 내용과 동일합니다. 키위 형태소 분석기에서 명사 품사는 공통적으로 NN을 포함합니다.

#❷: 품사에 NN이 포함되고 형태소 길이가 2 이상이면 target_words 리스트 변수에 저장합니다. 형태소 길이가 1이면 분석 결과를 이해할 수 없습니다. 예를 들어 '곳, 때, 예, 것' 명사는 의미 파악이 되지 않습니다.

글_한글 열에 람다 함수로 find_nouns() 함수를 적용하여 반환된 명사들은 명사 열에 저장합니다. 결과를 보면 명사 열에는 명사들이 저장되어 있습니다. 분석에 필요한 전처리는 끝났습니다. 이제 분석할 차례입니다.

3.1.4 데이터 분석 1: 많이 등장한 단어를 찾아 주는 다빈도 단어 분석

편의점 관련 글에서 어떤 명사가 가장 많이 등장했을까요? 리스트 변수에서 사용할 수 있는 함수 중 count()도 있지만 명사를 리스트로 전달하면 모든 명사의 빈도를 한 번에 찾아 주는 Counter() 함수가 더 편리합니다. Counter() 함수로 편의점에 관한 게시물에서 어떤 명사가 가장 많이 등장했는지 보겠습니다.

Note ≡ count( ) 함수로 다빈도 단어를 찾아볼까요? 라면이 두 번 언급되고 김밥이 한 번 언급된 리스트 타입의 변수를 만들겠습니다.

```
nouns = ['라면', '라면', '김밥']
nouns.count('라면')
```

2

데이터 크기가 크지 않고 특정 단어 한두 개의 빈도를 센다면 count( ) 함수도 편리하지만, 대용량 데이터를 다룬다면 Counter( ) 함수를 사용하세요.

```
from collections import Counter                #❶

noun_lists = dc['명사'].tolist()                #❷
noun_list = sum(noun_lists, [])                #❸
noun_sent = " ".join(noun_list)                #❹
noun_tokens = noun_sent.split()                #❺

common_words = Counter(noun_tokens).most_common() #❻

keys = []
counts = []
for i in range(len(common_words)):
    key = common_words[i][0]                   #❼
    count = common_words[i][1]                 #❽

    keys.append(key)
    counts.append(count)

dc_count = pd.DataFrame({"단어":keys, "빈도":counts})
dc_count.describe()                            #❾
```

	빈도
count	5718.000000
mean	3.677160
std	38.154721
min	1.000000
25%	1.000000
50%	1.000000
75%	2.000000
max	2775.000000

#❶: 다빈도 단어를 구할 수 있는 Counter() 함수를 가져옵니다.

#❷: dc 데이터 프레임의 명사 열에 저장된 값을 모두 리스트 타입으로 가져와 noun_lists 변수에 저장했습니다. noun_lists 변수에 저장된 리스트는 2차원입니다. 리스트 안에 리스트가 있다는 의미입니다.

#❸: 2차원을 1차원으로 변환합니다. 1차원으로 축소된 리스트 변수가 noun_list에 저장되었습니다.

#❹: noun_list에 저장된 값을 하나의 문자열로 변환합니다.

#❺: noun_sent를 split() 함수를 사용하여 띄어쓰기 기준으로 모두 토큰화하고 noun_tokens에 저장했습니다.

#❻: Counter()와 most_common() 함수로 자주 등장한 토큰을 계산하여 다빈도 단어를 구했습니다. 즉, common_words에 다빈도 단어 결과가 저장되어 있습니다.

이 변수만 호출하여 저장된 값을 확인해도 분석 결과를 확인할 수 있지만, 데이터 프레임으로 변환해야 판다스에서 제공하는 다양한 기능을 이용할 수 있어 데이터 프레임으로 변환하는 코드가 밑에서 이어집니다. for 문으로 common_words에 저장된 결과를 하나씩 가져와 정리합니다.

#❼, #❽: 등장한 단어와 이 단어의 빈도입니다. dc_count 데이터 프레임에 빈도 결과가 저장되었습니다. 곧바로 dc_count를 호출하기 전에 등장한 단어 빈도들의 통계 요약 결과를 먼저 보아야 합니다. 등장한 단어 어휘는 굉장히 많아서 어떤 단어 어휘를 대상으로 분석할지 기준을 세워야 합니다.

#❾: describe()로 등장한 단어들의 빈도를 통계 요약 형태로 확인할 수 있습니다.

결과를 보면 단어가 총 5718개 등장하고 평균 등장 빈도는 3.677160입니다. 그리고 등장 빈도의 표준 편차는 38.154721이며 중위 값(50%)은 1입니다. 가장 많이 등장한 단어 빈도 수는 2775회입니다.

그럼 4회 이상 등장한 단어만 선택해서 분석하겠습니다.

```
dc_count[dc_count['빈도']>3][:100]
```

	단어	빈도
0	편의점	2775
1	알바	478
2	시간	212
3	사람	211
4	야간	185
5	생각	185

...생략...

등장한 빈도를 내림차순으로 행을 100개 출력했습니다. 책에는 지면 한계로 상위 여섯 개만 나타
냈습니다. 살펴보니 다빈도 단어 분석은 데이터 압축 효과가 매우 크기 때문에 편의점 관련 게시
물에 어떤 내용이 주로 있는지 파악하기 쉽지만, 등장한 단어들 간 관계는 알 수 없다는 단점이 있
습니다. 분석자가 추론할 수 있지만 어디까지나 추론이기 때문에 다른 방법이 필요합니다. 편의점
데이터에서 '야간'과 '알바'가 많이 등장했고, 직관적으로 '야간 알바'를 떠올릴 수는 있지만 데이터
로 증명했다고 말하기는 곤란합니다. '야간' 단어와 '알바' 단어가 함께 사용되었다는 것을 데이터
로 구할 수 있어야 '야간 알바'라는 단어가 의미를 가질 수 있습니다. 이때는 nGram 분석법으로
단어 간 관계를 파악합니다.

그럼 nGram으로 단어들의 관계를 분석해 보겠습니다.

3.1.5 데이터 분석 2: 자주 등장하는 짝꿍 단어를 찾아 주는 nGram 분석

nGram은 문자열에서 추출한 요소 n개로 구성된 문자열입니다. '파이썬 자연어 분석'이란 문자열
을 nGram으로 분석한다면 n = 2(bigram)일 때 결과는 '파이썬-자연어'와 '자연어-분석'입니다. n
= 3(trigram)일 때는 '파이썬-자연어-분석'이 됩니다. n이 커지면 자연어 데이터를 압축하는 효과가
커져 쉽게 데이터 내용을 파악할 수 있는 장점이 있는 대신 색다른 키워드들은 찾을 수 없습니다.
보통 n은 2(bigram) 또는 3(trigram) 조건에서 분석합니다. nGram(n=2)으로 편의점 데이터를 분
석하여 특정 제품과 함께 등장하는 제품을 찾겠습니다. 어떤 제품 조합이 나타날지 궁금하네요.

다음 코드는 for 문과 판다스 기능을 이용하여 nGram을 반환하는 함수입니다. 다음 getGram()
함수에 들어가는 인자 n을 2로 하면 bigram으로 수집하고, n을 3으로 하면 trigram으로 수집합
니다. 실습에서는 n을 2로 하지만 나중에 3으로도 해 보기 바랍니다. trigram으로 분석한다면 n
만 변경하면 되므로 함수 안 내용은 변경하지 않아도 됩니다.

```
def getGram(tokens, n):
    """분절된 단어를 전달하면 nGram을 반환"""
    bigrams = []
    for i in range(0, int(len(tokens))):      #❶
        tmp = tokens[i:i+n]                     #❷
        if len(tmp) > 1:                        #❸
            bigrams.append(tmp)

    ngram_result = pd.DataFrame(data={'nGram':bigrams})
    ngram_result['nGram'] = ngram_result['nGram'].apply(lambda x:" ".join(x))
    ngram_result = ngram_result['nGram'].value_counts().to_frame()
    ngram_result.reset_index(inplace=True)

    return ngram_result

bigram = getGram(noun_list, n=2)
bigram[bigram['count']>1][:100]
```

	index	nGram
0	편의점 알바	287
1	편의점 편의점	112
2	편의점 야간	87
3	사람 편의점	66
4	편의점 도시락	45
5	편의점 매출	45

토큰과 n을 입력하면 n에 따라 nGram을 반환하는 getGram() 함수를 만들었습니다.

#❶: for 문이 시작되고 어디까지 계산할지 지정한 내용입니다. 전체 토큰 수가 5718개니 for 문 적용 범위는 0부터 5717까지입니다.

#❷: 인덱스 i에 n = 2를 더해 nGram을 구성합니다.

#❸: 2Gram 길이가 2 이상이면 리스트 변수 bigrams에 저장합니다.

여기까지가 nGram을 구하는 전체 코드입니다. 다음 코드는 nGram 결과를 데이터 프레임으로 변환하는 과정입니다. 만든 데이터 프레임은 value_counts()로 정리해서 반환합니다. 결과를 보면 편의점과 자주 등장한 제품을 볼 수 있는데, 상위 일부분을 책에 실었습니다. 출력한 데이터 프레임을 살펴보면 김밥, 샌드위치, 라면 등 조합이 보입니다.

```
bigram[bigram['index'].str.contains('김밥')]
```

	index	nGram
56	편의점 김밥	16
393	편의점 삼각김밥	4
587	참치 김밥	3
616	김밥 샌드위치	2
675	컵라면 김밥	2

2Gram에서는 도시락, 음료수, 맥주, 김밥, 햄버거, 샌드위치, 라면, 치킨, 커피가 다른 제품과 함께 언급됩니다. 예를 들어 김밥과 샌드위치, 컵라면과 김밥 조합이 보입니다. 앞서 다빈도 단어에서 찾은 제품들 목록에서 나온 제품은 맥주, 도시락, 음료수, 김밥, 샌드위치, 라면, 치킨, 커피입니다. 두 그룹에서 자주 등장하는 제품을 '주요 제품 단어'로 선정하겠습니다.

3.1.6 데이터 분석 3: 편의점 주력 제품 찾기

이번에는 '주요 제품 단어'가 포함된 글이 있다면 해당 단어를 글의 주요 주제로 지정하겠습니다. 예를 들어 김밥이 주요 제품 단어라고 할 때, '편의점 김밥이 맛있다'는 글에서 주요 주제는 '김밥'이 됩니다. 김밥과 컵라면이 함께 등장하면 김밥-컵라면이 주요 주제가 됩니다. 이렇게 주요 주제를 구하면 사람들이 편의점에서 자주 구매하는 제품 조합 또는 단일 제품을 확인할 수 있습니다.

```
bigram[bigram['nGram'].str.contains('제품 이름')]
```

우선 주요 제품을 기준으로 문서를 분류하는 label_product() 함수를 만들겠습니다.

```
necessary_pds = ['맥주', '도시락', '음료수', '김밥', '샌드위치', '라면', '치킨', '커피']

def label_product(product):                                    #❶
    """제품 기반으로 문서 분류"""
    labels = []
    for word in necessary_pds:
        if word in text:
            labels.append(word)
    label = "-".join(labels)
    return label

dc['label'] = dc['글'].apply(lambda x:label_product(x)) #❷
dc['label'].value_counts()[1:15]
```

```
라면           80
맥주           51
커피           45
도시락         45
김밥           32
음료수         29
치킨           22
샌드위치       17
김밥-라면        7
맥주-치킨        3
김밥-커피        2
김밥-샌드위치     2
도시락-라면       2
라면-치킨        2
Name: label, dtype: int64
```

#❶: necessary_pds에 저장된 주요 제품을 하나씩 가져오고 dc 데이터 프레임의 글 열에 저장된 값을 하나씩 가져옵니다. 글 열에 저장된 값에 주요 제품이 있다면 그 주요 제품을 labels 변수에 저장합니다.

#❷: 람다 함수인 label_product()를 글 열에 적용하고 결과를 label 열에 저장했습니다. 그리고 label 열을 기준으로 빈도를 센 결과를 출력했습니다.

결과를 보면 라면에 관한 글이 가장 많고 다음은 맥주, 커피 순서입니다. 빈도를 숫자로 확인하기보다 그래프로 확인하면 라면이 다른 제품에 비해 편의점 주력 제품이라는 것을 쉽게 느낄 수 있습니다. 결과를 그래프로 시각화하겠습니다.

```
x = dc['label'].value_counts()[1:15].index
y = dc['label'].value_counts()[1:15].values

plt.figure(figsize=(8, 5))
plt.title('게시물에서 찾은 편의점 기호 식품 빈도', size=15)
plt.barh(x, y)
plt.xlabel('빈도', size=13)
```

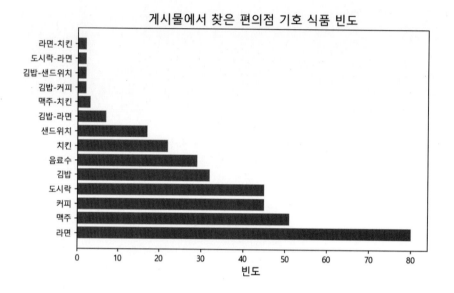

그래프를 보면 편의점 주력 제품을 확인할 수 있습니다. 커피가 라면과 맥주 뒤를 이어 3등을 차지했습니다. 커피가 도시락보다 더 많이 언급된 것이 의외입니다. 치킨도 자주 팔리는 제품이네요. 식품들을 보면 편의점 안에서도 충분히 섭취할 수 있는 제품입니다.

그럼 편의점은 고객이 구매한 제품을 식사하는 동안 추가 서비스를 이용하도록 유도하면 더 좋지 않을까요? 예를 들어 식사하는 곳에서 핸드폰을 충전할 수 있도록 충전기를 가까이 배치하거나, 편의점 내 카페나 레스토랑에서 흔히 들을 수 있는 음악을 틀어 주는 서비스를 한다면 큰 추가 비용 없이 시작할 수 있습니다. 그리고 가능하다면 고객이 식사하면서 세탁물 서비스를 편의점에서 이용할 수 있다면 좋겠네요. 원룸이 많은 곳에는 편의점과 세탁소가 서로 근처에 있는 경우가 많습니다.

그리고 서비스가 아닌 제품 기획을 한다면 커피-김밥 조합을 이용하는 것이 더욱 좋습니다. 김밥을 먹고 난 후 라떼보다 콜드브루 같이 뒷맛이 깔끔한 커피를 구매할 수 있게 제품 진열을 변경하거나 커피-김밥 기획 세트 제품들을 준비할 수 있겠습니다.

지금까지 사용한 분석법은 다빈도 단어 분석과 nGram입니다. 이 둘만으로도 데이터를 효과적으로 파악할 수 있습니다. 하지만 **TFIDF** 알고리즘을 사용하면 특정 제품이 언급된 글에서 어떤 키워드가 중요한지 분석할 수 있습니다. 이번에는 TFIDF 알고리즘를 배워 보겠습니다.

3.1.7 데이터 분석 4: TFIDF로 편의점 주요 키워드 찾기

자연어 분석에서 사용하는 분석법은 대부분 단어 출현 빈도를 기반으로 합니다. 그런데 많이 등장했다고 해서 중요한 단어는 아니라는 것은 앞선 다빈도 단어 분석으로 알고 있습니다. 편의점 데이터에서 '편의점' 단어가 가장 많이 등장하는데, 이 '편의점' 단어가 중요한 단어는 아니라는 것이지요. 즉, TFIDF 분석법이 말하고자 하는 것은 '모든 문서에서' 공통으로 자주 등장하는 단어는 중요한 단어가 아니라는 것입니다.

TFIDF 의미를 하나씩 보겠습니다. TF(Term Frequency)(단어 빈도)는 전체 문서 중 하나의 문서에서 해당 단어가 등장하는 빈도입니다. DF(Document Frequency)(문서 빈도)는 해당 단어가 전체 문서에서 등장하는 빈도입니다. IDF(Inverse Document Frequency)(역문서 빈도)는 DF의 역수입니다. 즉, TFIDF는 단어 빈도에 해당하는 TF에 IDF를 곱해 해당 단어의 중요도를 계산하는 방식입니다. 이 알고리즘을 생각해 보면, 특정 문서에서 자주 등장하는 단어일수록 중요도가 커집니다. 반대로 모든 문서에서 많이 등장하는 단어는 중요하지 않습니다. 이렇게 편의점 데이터에서 자주 등장한 '편의점' 단어는 중요하지 않다는 것을 수학적으로 구현하게 되었습니다.

편의점 게시물에서 자주 등장하지만 중요하지 않은 단어는 '편의점'이라고 했습니다. 하지만 일부 문서군에서 '근무 환경'이나 '맥주' 등 단어 출현 빈도가 높다면 편의점 문서 데이터에서 '근무 환경'과 '맥주'의 중요도는 높습니다. TFIDF는 계산이 간단한 편이기 때문에 빅데이터 처리에 효과적이면서 결과가 좋아 실무에서 자주 사용하며, 직접 코드로 구현한 예를 쉽게 인터넷에서 볼 수 있습니다. 하지만 직접 코드로 구현하면 만들어야 할 함수가 많아지기 때문에 TFIDF를 제공하는 sklearn 라이브러리를 이용하겠습니다. 먼저 TFIDF를 이해할 수 있게 간단한 문서군부터 만들고, 그다음 TFIDF를 적용하여 주요 키워드를 찾는 예시를 소개하겠습니다.

```
from sklearn.feature_extraction.text import TfidfVectorizer #❶

docs = [
    '편의점 에서 가장 맛있는 건 치킨 입니다. 역시 치킨',
    '편의점 도시락 요새 맛있어요',
    '커피 편의점 에서 파는 군요'
```

↻ 계속

```
]

tfidf_vect = TfidfVectorizer()                                    #②

tfidf_vect.fit(docs)                                              #③
tfidf_array = tfidf_vect.transform(docs).toarray()               #④
tfidf_voca = tfidf_vect.vocabulary_                              #⑤

df_exam = pd.DataFrame(data=tfidf_array, columns=tfidf_voca,
                       index=['문서1','문서2','문서3'])

df_exam.T                                                         #⑥
```

	문서1	문서2	문서3
편의점	0.334689	0.000000	0.000000
에서	0.000000	0.000000	0.504611
가장	0.000000	0.546454	0.000000
맛있는	0.334689	0.000000	0.000000
치킨	0.000000	0.546454	0.000000
입니다	0.254540	0.000000	0.383770
역시	0.334689	0.000000	0.000000
도시락	0.000000	0.546454	0.000000
요새	0.334689	0.000000	0.000000
맛있어요	0.669378	0.000000	0.000000
커피	0.000000	0.000000	0.504611
파는	0.000000	0.000000	0.504611
군요	0.197673	0.322745	0.298032

#①: sklearn 라이브러리의 TfidfVectorizer() 함수를 가져온 것입니다. 이 함수를 사용하면 주어진 텍스트 데이터에서 단어의 빈도수와 관련된 정보를 추출해서 TFIDF 값으로 구성된 값을 얻을 수 있습니다.

#②: 가져온 TfidfVectorizer() 함수를 tfidf_vect 변수에 저장했습니다.

#③: tfidf_vect의 벡터 계산 기능을 문서군(docs)에 적용하여 TFIDF 값을 계산한 내용입니다.

#④, #⑤: 계산 결과는 배열로 변환했고, 문서군의 단어들을 인덱스로 변환해서 tfidf_voca에 저장했습니다. 계산 결과를 데이터 프레임으로 변환한 내용이 아래에서 이어집니다. TFIDF 계산 결과가 저장된 데이터 프레임은 df_exam입니다.

#**❻**: df_exam.T는 데이터 프레임의 결과를 가로 방향 정렬에서 세로 방향 정렬로 행 변환해 주는 코드입니다.

출력 결과를 보면 문서들을 구성하는 단어들의 TFIDF 계산 값을 볼 수 있습니다. 주목할 부분은 편의점 단어의 중요도입니다. 문서 1 · 2 · 3에서 편의점 단어 중요도는 중요하지 않은 것으로 나타났습니다. 그리고 도시락, 치킨, 커피 단어의 중요도가 높게 나타났습니다. 우리가 문서를 보았을 때 직관적으로 느낀 그 중요도와 비슷한 결과입니다.

이제 편의점 데이터 label 열에서 도시락, 라면, 김밥, 커피로 된 문서들을 가져와 이들 문서에서 중요한 단어를 TFIDF로 찾아보겠습니다. 맥주를 제외한 이유는 같이 언급되는 제품들이 다른 제품에 비해 적기 때문입니다.

```python
dosirak = " ".join(dc[dc['label']=='도시락']['글_한글'].tolist())
noodle = " ".join(dc[dc['label']=='라면']['글_한글'].tolist())
kimbob = " ".join(dc[dc['label']=='김밥']['글_한글'].tolist())
coffee = " ".join(dc[dc['label']=='커피']['글_한글'].tolist())

docs = [dosirak, noodle, kimbob, coffee]

tfidf = TfidfVectorizer().fit(docs)
tfidf_array = tfidf.transform(docs).toarray()
tfidf_voca = tfidf.vocabulary_

df_tfidf = pd.DataFrame(tfidf_array, columns=tfidf_voca,
                        index=['도시락','라면','김밥','커피'])
df_tfidf_t = df_tfidf.T

df_tfidf_t.sort_values(by='도시락', ascending=False)[:15] #❶
```

	도시락	라면	김밥	커피
이키나리	0.590904	0.000000	0.000000	0.000000
옷도	0.385447	0.209265	0.472974	0.317331
한번도	0.196968	0.000000	0.000000	0.000000
스테이크	0.098484	0.000000	0.000000	0.000000
댐배재고확인	0.077646	0.009033	0.000000	0.000000
담배사는데	0.077646	0.009033	0.000000	0.000000
상대하는데	0.077646	0.018066	0.000000	0.000000
같은곳에서	0.073863	0.000000	0.000000	0.000000
매운거	0.073863	0.000000	0.000000	0.000000
데려가는	0.073863	0.000000	0.000000	0.000000

예시로 먼저 코딩했던 내용과 차이가 거의 없습니다. 도시락, 라면, 김밥, 커피가 포함된 값을 글_
한글 열에서 찾아 리스트로 변경하고, 각 리스트는 docs에 저장했습니다. 이 docs가 TFIDF를 적
용할 문서군입니다. 그리고 TfidfVectorizer() 함수를 사용하여 문서군의 단어들을 TFIDF로 계
산하고 결과를 데이터 프레임으로 나타냈습니다.

#❶: 출력할 때 도시락 열을 기준으로 TFIDF 값을 내림차순 정렬했습니다. 출력 결과는 데이터
프레임으로 나타납니다.

도시락 문서에서 중요한 키워드를 TFIDF 계산으로 찾으면 스테이크, 담배, 도시락, 라면 등입니
다. 이키나리는 스테이크 도시락에 관한 키워드입니다. 지금 편의점 게시물에서 자주 언급된 도시
락 문서들의 주요 내용은 이키나리 스테이크 도시락, 도시락과 라면, 식사 후 담배로 유추할 수 있
습니다. 나머지 라면, 김밥, 커피도 동일한 방법으로 내림차순 정렬하여 주요 키워드를 찾으면 됩
니다.

3.1.8 편의점에는 어떤 제품이 반응이 좋을까요: 결과 1차 정리

지금까지 디시인사이드 커뮤니티를 분석했습니다. 분석할 때 사용한 방법은 다빈도 단어 찾기,
nGram을 이용한 짝꿍 단어 찾기, TFIDF를 이용하여 주요 키워드 찾기입니다. TFIDF는 이해가
조금 어려웠을지도 모르지만 세 가지 모두 단어 빈도를 기반으로 한 분석법입니다. 단순하게 자주
등장하고 의미 있는 제품을 찾았다고 이해해도 괜찮습니다. 지금까지 결과를 정리하면 다음과 같
습니다.

1. 편의점에서 자주 언급되는 제품은 '맥주, 도시락, 커피, 라면, 음료수, 김밥, 아이스크림, 카페, 우유, 치킨, 과자, 샌드위치' 순서입니다.

2. 같이 언급되는 제품은 '김밥-라면, 맥주-치킨, 김밥-커피, 김밥-샌드위치, 도시락-라면, 라면-치킨'입니다.

3. 주요 제품군을 도시락, 라면, 김밥, 커피로 지정했고 도시락 관련 문서에서는 스테이크 중요도가 높습니다. 고객들이 스테이크 도시락처럼 고급 도시락 반응이 좋다고 추측할 수 있습니다.

1. 편의점에서 식사할 때 저비용으로 제공할 수 있는 서비스로 식사 자리에 휴대폰 충전기 제공, 음악 서비스 및 콜드브루 커피와 김밥, 콜드브루 커피와 도시락 세트 제품 기획을 제안할 수 있습니다.

2. '맥주, 도시락, ……, 샌드위치'는 모두 식품입니다. 편의점을 새롭게 꾸미거나 리모델링을 한다면 식품 코너 공간을 충분히 확보하는 것이 좋고, 비싼 양주와 와인 등을 위한 공간은 작게 해도 괜찮을 것 같습니다.

3. '김밥-라면, 맥주-치킨, ……, 도시락-라면'은 고객들이 함께 자주 구매하는 주요 제품입니다. 이들은 한곳에 진열하는 것이 중요하고, PPL 제품으로 라면을 출시한다면 김밥과 함께 구매했을 때 좀 더 할인을 주는 방법을 제안하면 좋겠습니다.

4. 도시락 신제품을 기획한다면 스테이크처럼 고급 도시락 기획을 하는 것이 좋습니다. 고급 도시락을 기획하면서 김밥 또는 커피를 묶음으로 제공하면 고객들이 좋아할 것입니다.

또 편의점에서는 식품 서비스만 제공하지 않습니다. 편의점에서 간단히 식사하는 20~30분 동안 여기에서 제공하는 기타 서비스나 품목에 주목할 수밖에 없습니다. 마케터라면 이 시간을 그냥 놓칠 수 없지요. 필자는 휴대폰 충전을 제안했지만 세탁물을 맡아 주는 세탁물 서비스도 좋을 것 같습니다. 1인 가구가 모여 있는 다가구 주택에는 세탁이 불편할 때도 많기 때문입니다. 이렇게 다양한 제안을 해 볼 수 있습니다.

커뮤니티는 다양한 정보를 얻을 수 있기 때문에 편리한 대신 그 커뮤니티 사용자 성향이 강하게 반영됩니다. 디시인사이드 특성상 여성보다 남성 의견이 많을 수밖에 없습니다. 그래서 다른 커뮤니티 정보를 추가하거나 SNS 같은 데이터를 함께 분석해야 합니다. 편의점 주제로 수집했던 유튜브 데이터로도 분석해 보겠습니다. 하지만 난이도가 높아서 3장 맨 끝에 심화 편으로 남겨 두었습니다. 유튜브 데이터로도 분석해 보고 싶다면 3장 맨 끝으로 넘어가 학습하길 바랍니다.

> Note ☰ 실무에서 늘 강조하는 부분은 굳이 어려운 분석법을 이용하지 않아도 좋은 결과를 얻을 수 있으니 분석법을 찾아다니지 말라는 것입니다. 화려하고 어려운 자연어 분석에 매료되어 어려운 분석법이 곧 좋은 분석법이라고 이해하면 안 됩니다. 어려운 분석법도 대부분 단어 등장 빈도를 기반으로 한 분석법입니다.

DATA ANALYSIS

3.2 어떤 떡볶이가 맛있을까?

오늘 우리에게 찾아온 의뢰인은 떡볶이 식품 회사의 기획자입니다.

> 의뢰사항 ☰ 우리 회사 간판 제품인 떡볶이를 올해 더 많이 판매할 계획입니다. 맛은 유지하고 고객들이 좋아하는 방향으로 떡볶이 콘셉트를 바꾸거나 가능하다면 떡볶이 맛에 조금 변화를 주어 제품 라인을 추가할 계획입니다. 어떤 방향이 좋을지 분석해 주면 좋겠습니다.

식품 회사는 신제품을 출시하기까지 꽤 오랜 시간이 걸립니다. 고객들은 보수적이라서 입맛에 익숙한 제품을 구매하고 신제품에는 쉽게 지갑을 열지 않습니다. 따라서 고객들 입맛을 돌릴 만한 제품을 준비하고 홍보하기까지 시간이 오래 걸리는 것입니다. 여전히 출시한 지 수십 년이 지난 과자나 아이스크림을 구매하는 것만 보아도 고객들 입맛이 얼마나 보수적인지 느낄 수 있습니다.

이렇게 변화가 조심스러운 식품을 다룰 때는 제품의 주요 장단점을 분석하기보다는 식품이 어떻게 활용되고 판매되는지 분석하면 더 좋습니다. 장단점은 각자 취향에 따라 다를 수도 있고, 괜히 맛에 변화를 주었다가 기존 고객을 모두 잃을 수 있기 때문입니다. 그래서 우선은 떡볶이의 트렌드를 살펴본 후 구매 배경을 파악하여 우리 고객이 어떤 떡볶이를 원하는지 알아내야 합니다.

그럼 먼저 책에서 제공하는 네이버에서 수집한 해시태그 자료를 가져와 본격적으로 분석해 보겠습니다.

Note ☰ 2장에서 네이버 뷰티윈도 스크래퍼를 개발했었죠? 이번 실습에서 사용하는 떡볶이 제품 데이터는 이 스크래퍼로 수집한 것입니다. 과정은 동일하기 때문에 책에서는 데이터만 제공합니다. 내려받은 떡볶이 제품 데이터로 실습을 진행해 주세요.

3.2.1 데이터 불러오기: 쇼핑몰 데이터

새로운 주피터 노트북 파일을 만듭니다. 지난번에 사용한 라이브러리를 그대로 사용하면 되므로 추가로 설치할 라이브러리는 없습니다. 필요한 라이브러리를 가져오겠습니다. 그리고 떡볶이 해시태그 데이터를 불러옵니다. 불필요한 오해를 막고자 제품 이름은 모두 번호로 대신했습니다.

```python
import pandas as pd
import numpy as np
import re
import os

from ast import literal_eval
from collections import Counter
from kiwipiepy import Kiwi

import matplotlib.pyplot as plt
%matplotlib inline
plt.rc('font', family='Malgun Gothic')

from IPython.display import set_matplotlib_formats
set_matplotlib_formats('retina')
filepath = './data'
df = pd.read_excel(filepath+"/떡볶이_해시태그.xlsx")
print('데이터 크기', df.shape)
df.head(3)
```

데이터 크기 118, 9

	name	tag	likes	num_review	num_photo	url	int_likes	int_photo	int_review
0	제품1	[]	찜 457,590	78	(33건)	https://cr.shopping.naver.com/adcr.nhn? x=xOdqd...	457590	33	78
1	제품 10	[]	찜1,286	86	(36건)	https://cr.shopping.naver.com/adcr.nhn? x=Ghq%2...	1286	36	86
2	제품 100	['#즐기는', '#가용비', '#곱창떡 볶이', '#떡 볶이', '#곱 창', '#간 편...	찜 12,550	1,262	(489건)	https://cr.shopping.naver.com/adcr.nhn? x=KFUyA...	12550	489	1262

데이터는 행 118개에 열 아홉 개로 구성되어 있습니다. 데이터 프레임을 출력해 보면 제품 이름, 해시태그, 좋아요 수, 리뷰 수, 포토 리뷰 수, 해당 제품 링크로 구성되어 있습니다.

3.2.2 데이터 전처리: 가중치 구하기

수집한 제품은 118개입니다. 제품 수가 많지 않습니다. 해시태그가 없는 제품도 일부 있습니다. 제품 수가 많지 않기 때문에 잘 팔린 제품의 해시태그와 팔리지 않은 제품의 해시태그 중요도를 똑같이 두고 분석하면 자칫 잘 팔린 제품의 해시태그가 중요하지 않게 나타날 수 있습니다. 그래서 많이 팔린 제품의 해시태그 중요도에 가중치를 주겠습니다. 가중치라는 단어가 어렵게 느껴질 수 있지만 가중치는 분석자가 정하기 나름입니다. 이번 분석에서는 가중치를 다음과 같이 부여하겠습니다.

1. 좋아요 수, 포토 리뷰 수, 리뷰 수를 기준으로 랭킹을 구하고 랭킹을 더합니다. 그럼 좋아요 수, 포토 리뷰 수, 리뷰 수가 많은 제품의 랭킹 합계는 매우 큰 수고, 반대 경우는 작은 수가 됩니다.

2. 얻은 합계 범위를 판다스의 qcut으로 구획을 나누고 높은 합계 점수가 포함된 점수 구획에는 높은 점수를 주어 점수만큼 반복시킵니다. 그럼 주요 제품들의 해시태그 수가 더 많아집니다.

먼저 좋아요 수, 포토 리뷰 수, 리뷰 수를 기준으로 제품별 랭킹을 구하겠습니다.

```python
likes_rank = df['int_likes'].rank(method='dense')       #❶
photo_rank = df['int_photo'].rank(method='dense')
review_rank = df['int_review'].rank(method='dense')
df['Rank'] = likes_rank + photo_rank + review_rank       #❷

df.sort_values(by='Rank', ascending=False, inplace=True) #❸

display(df.head(4))
display(df.tail(4))
```

	name	tag	likes	num_review	num_photo	url	int_likes	int_photo	int_review	Rank
14	제품111	[]	찜888,458	3,282	(1,743건)	https://cr.shopping.naver.com/adcr.nhn?x=3qAfU...	888458	1743	3282	241.0
13	제품110	[]	찜888,476	3,092	(1,596건)	https://cr.shopping.naver.com/adcr.nhn?x=IbFul...	888476	1596	3092	240.0
5	제품103	[]	찜888,548	1,639	(1,103건)	https://cr.shopping.naver.com/adcr.nhn?x=xFmZS...	888548	1103	1639	233.0
18	제품115	['#홈파티음식', '#어린이간식', '#집들이음식', '#생일음식', '#까르보나...	찜100,482	9,366	(3,123건)	https://cr.shopping.naver.com/adcr.nhn?x=mphl6...	100482	3123	9366	227.0

	name	tag	likes	num_review	num_photo	url	int_likes	int_photo	int_review	Rank
24	제품13	['#매운떡볶이', '#쫀득한', '#맛있는떡', '#남녀맛있는', '#간단식사,...	찜4,300	89	(45건)	https://cr.shopping.naver.com/adcr.nhn?x=dAL4W...	4300	45	89	32.0
12	제품11	['#아이들간식', '#떡볶이떡', '#간편조리', '#야식', '#매콤한', '#...	찜8,558	87	(28건)	https://cr.shopping.naver.com/adcr.nhn?x=IJGHa...	8558	28	87	32.0
52	제품4	[]	찜8,173	81	(23건)	https://cr.shopping.naver.com/adcr.nhn?x=%2B%2...	8173	23	81	23.0
1	제품10	[]	찜1,286	86	(36건)	https://cr.shopping.naver.com/adcr.nhn?x=Ghq%2...	1286	36	86	20.0

#❶: 좋아요 수를 기준으로 랭킹을 구했습니다. 좋아요 수가 많을수록 Rank 열의 값은 커집니다. 같은 코드가 포토 리뷰 수(int_photo)와 리뷰 수(int_review)에 적용되어 랭킹을 구했습니다.

#❷: 구한 랭킹을 모두 합해 Rank 열에 저장했습니다.

#❸: sort_values() 함수로 결과를 내림차순 정렬합니다. 출력 결과를 보면 리뷰 수, 좋아요 수, 포토 리뷰 수가 많은 제품의 Rank 값이 높다는 것을 알 수 있습니다.

제품 111번이 가장 높은 Rank 값을 받았습니다. 이제 이 Rank 값을 판다스의 qcut() 함수로 구획을 1에서 5까지 다섯 개로 나누겠습니다. 합계 랭킹이 높으면 큰 점수를 받게 됩니다. qcut으로 얻은 값은 카테고리형 타입이기 때문에 정수형으로 변환해야 합니다. qcut 결과는 가중치로 활용할 예정입니다. 다음 코드를 입력하고 실행하세요.

```
df['qcut'] = pd.qcut(df['Rank'], q=5, labels=[1,2,3,4,5]) #❶
df['qcut'] = df['qcut'].astype('int')                      #❷


display(df.head(2))
display(df.tail(2))
```

	name	tag	likes	num_review	num_photo	url	int_likes	int_photo	int_review	Rank	qcut
14	제품111	[]	찜888,458	3,282	(1,743건)	https://cr.shopping.naver.com/adcr.nhn?x=3qAfU...	888458	1743	3282	241.0	5
13	제품110	[]	찜888,476	3,092	(1,596건)	https://cr.shopping.naver.com/adcr.nhn?x=IbFul...	888476	1596	3092	240.0	5

	name	tag	likes	num_review	num_photo	url	int_likes	int_photo	int_review	Rank	qcut
52	제품4	[]	찜8,173	81	(23건)	https://cr.shopping.naver.com/adcr.nhn?x=%2B%2...	8173	23	81	23.0	1
1	제품10	[]	찜1,286	86	(36건)	https://cr.shopping.naver.com/adcr.nhn?x=Ghq%2...	1286	36	86	20.0	1

#❶: qcut() 함수를 활용한 코드입니다. df['Rank']를 구획 다섯 개로 나누었고, 라벨은 1부터 5까지 지정했습니다.

#❷: qcut 결과를 정수로 바꾸었습니다.

출력 결과를 보면 Rank가 높은 경우는 5, 낮은 경우는 1입니다. qcut 결과가 5라면 해시태그를 다섯 번 반복해 줍니다. 그럼 시장에서 반응이 좋았던 제품의 해시태그 빈도가 증가하니 자연스럽게 중요한 해시태그를 찾을 수 있습니다.

```
tag_list = []
for i in range(len(df['tag'])):
    tmp = literal_eval(df['tag'][i]) #❶
    tmp_weight = tmp * df['qcut'][i] #❷
    tag_list.append(tmp_weight)      #❸
```

해시태그는 df['tag'] 열에 저장되어 있습니다. tag 열에 저장된 값을 보면 대괄호([])가 있어 리스트로 보이지만 사실 문자열입니다. 문자열을 리스트로 변환하는 과정이 필요합니다.

#❶: for 문으로 하나씩 가져와 literal_eval() 함수로 저장된 해시태그를 리스트로 변환시켜 tmp에 저장했습니다.

#❷: 가중치를 가져와 가중치만큼 tmp에 저장된 해시태그가 반복되도록 합니다.

#❸: 가중치가 적용된 해시태그는 tag_list 변수에 저장합니다.

해시태그를 모두 리스트로 만들었으니 빈도를 구하겠습니다.

3.2.3 데이터 분석: 자주 등장하는 떡볶이 해시태그 찾기

다음은 Counter() 함수로 해시태그 빈도를 구하고 데이터 프레임으로 결과를 확인하겠습니다.

```
from collections import Counter

df['tag_weight'] = tag_list                         #❶
tags_weight = sum(tag_list, [])                     #❷
count_result = Counter(tags_weight).most_common() #❸

keys = []
```

◐ 계속

```
counts = []
for i in range(len(count_result)):
    key = count_result[i][0]
    cnt = count_result[i][1]

    keys.append(key)
    counts.append(cnt)

df_tag_count = pd.DataFrame({"해시태그":keys, "빈도":counts})
df_tag_count[:50]
```

	해시태그	빈도
0	#떡볶이	99
1	#밀키트	62
2	#국물떡볶이	59
3	#떡볶이소스	56
4	#밀떡볶이	54

#❶: df 데이터 프레임에 tag_weight 열을 새로 생성하여 가중치가 더해진 해시태그를 저장했습니다.

#❷: 저장된 해시태그를 1차원 리스트로 변환합니다.

#❸: 리스트에 저장된 해시태그들의 빈도를 Counter() 함수로 구했습니다. 그리고 구한 빈도 값을 데이터 프레임으로 변환했습니다.

출력 결과를 보면 #떡볶이, #밀키트, #국물떡볶이가 각각 상위 1 · 2 · 3위에 있습니다. 해시태그 상위 50개를 살펴보면 '캠핑' 단어가 자주 보이고 간편함을 강조하는 해시태그가 빈번히 보입니다. 해시태그 중 야외를 암시하는 단어와 간편함을 강조하는 단어로 분리하여 관찰하겠습니다. 그리고 결과를 막대 그래프로 출력하겠습니다.

```
df_outdoor = df_tag_count.iloc[[6,25,48]]                              #❶
df_indoor = df_tag_count.iloc[[1,11,13,21,24,29,43]]                   #❷

plt.figure(figsize=(8,15))
plt.barh(df_tag_count['해시태그'][:50], df_tag_count['빈도'][:50], alpha=0.7)
plt.barh(df_outdoor['해시태그'], df_outdoor['빈도'], color='r', label='야외강조') #❸
```

◐ 계속

```
plt.barh(df_indoor['해시태그'], df_indoor['빈도'], color='g', label='간편함강조') #❹

plt.legend(loc='upper right')
plt.yticks(size=13)
plt.xticks(size=13)
plt.xlabel('등장 빈도', size=13)
```

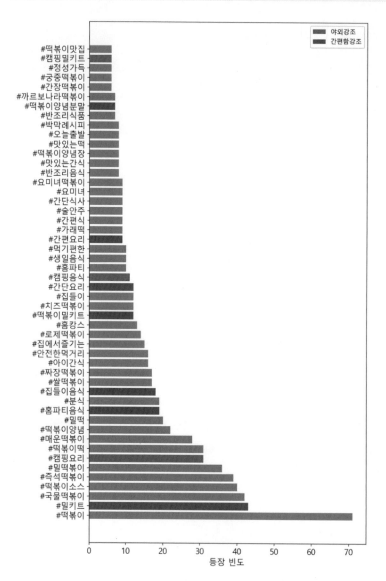

#❶, #❷: 야외와 간편함을 강조하는 해시태그입니다.

#❸, #❹: 자주 언급되는 해시태그 상위 50개를 모두 출력하고, 야외를 뜻하는 해시태그와 간편함을 뜻하는 해시태그는 각각 눈에 잘 띄도록 시각화합니다.

모든 해시태그에 간편함, 야외 분류를 적용할 수는 없습니다. 가능한 해시태그에 적용한 후 결과를 보면 대체로 간편함을 강조하는 해시태그가 꽤 보입니다. 요리하는 장소는 집과 캠핑장으로 보이고 간편함은 밀키트에 해당합니다. 그 외 국물, 짜장, 로제 떡볶이 등 다양한 종류의 떡볶이가 보입니다.

해시태그를 보면 장소에 관한 내용과 난이도에 관한 내용이 있습니다. 이를 이용하여 정리하면 현재 떡볶이 시장은 다음과 같이 구성되어 있습니다.

▼ 그림 3-2 떡볶이 시장의 기회 요소 찾기

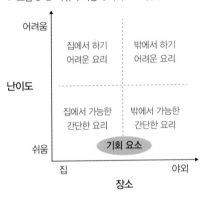

요리하는 장소는 집과 캠핑장인데, 이 둘의 거리가 너무 먼 듯합니다. 요리 난이도는 쉬우면서 집과 캠핑장 사이쯤 되는 공간에서 떡볶이를 먹을 수 있는 공간을 찾을 수 있다면 그곳이 새로운 시장이 될 수 있겠죠. 캠핑장에서 먹을 수 있는 떡볶이 밀키트를 강조하는 것도 제안할 수 있지만 이미 시중에 제품이 많습니다. 그래서 해시태그 분석 결과를 바탕으로 떡볶이가 새롭게 진출할 수 있는 시장을 찾는 것을 이번 분석 목표로 하겠습니다.

다음은 떡볶이 리뷰 데이터를 분석하겠습니다.

3.2.4 데이터 불러오기: 떡볶이 제품 리뷰 데이터

떡볶이 제품 리뷰 데이터도 책에서 제공하는 데이터를 사용하겠습니다. 다음 코드를 입력하여 떡볶이 제품 리뷰 데이터를 가져옵니다. 이때 내려받은 위치를 잘 기억해 두고 코드를 입력해야 에러 없이 데이터를 불러올 수 있습니다.

```
filepath = './data'
df = pd.read_excel(filepath+"/떡볶이_리뷰데이터.xlsx")
print(df.shape)
df.head(3)
```

(59055, 6)

	name	int_likes	int_photo	int_review	reviews	price
0	제품100	12550	489	1262	곱창전골맛이 많이 날줄 알았는데, 먹어보니 떡뽁이맛에 곱창이 들어가 있지만, 잘 어...	11900
1	제품100	12550	489	1262	타임세일해서 2개 구매했어요. 냉동 안되서 아쉽게 2개만ㅜㅜ 곱창도 좋아하고 떡볶이...	11900
2	제품100	12550	489	1262	포장 깔끔하게 배송되었어요~~~\n간편하게 맛있게 잘 먹었어요\n소스를 다 넣었더...	11900

데이터는 총 5만 9055행입니다. 제품 이름(name), 좋아요 수(int_likes), 포토 리뷰 수(int_photo), 리뷰 수(int_review), 리뷰(reviews), 가격(price) 열로 구성되어 있습니다.

3.2.5 데이터 전처리: 정규 표현식

리뷰 열에 저장된 내용을 보면 특수 문자, 숫자 등이 포함되어 있어서 전처리가 필요합니다. 리뷰에서 한글만 추출한 후 명사, 동사, 형용사만 다시 추출하겠습니다. 중복되는 댓글은 삭제하겠습니다. 보통 중복되는 내용을 보면 '배송이 빨라요' 또는 '감사합니다' 같은 무의미한 내용이 대부분입니다.

```
df_1 = df.copy()
df_1.isnull().sum() #❶
```

```
name          0
int_likes     0
int_photo     0
int_review    0
reviews       0
price         0
dtype: int64
```

전처리를 진행하기 앞서 먼저 데이터에 결측치가 있는지 확인했습니다. 원본 데이터를 보존하려고 df_1에 기존 데이터를 복사해서 저장했습니다. 그리고 #❶ 코드로 결측치를 확인하니 모든 열에 결측치가 없는 것으로 나타났습니다.

각 열에 저장된 데이터 정보와 결측치도 확인해 봅니다.

```
df_1.info()
```

```
<class 'pandas.core.frame.DataFrame'>
RangeIndex: 59055 entries, 0 to 59054
Data columns (total 6 columns):
 #   Column       Non-Null Count  Dtype
--  -------      --------------  ------
 0   name         59055 non-null  object
 1   int_likes    59055 non-null  int64
 2   int_photo    59055 non-null  int64
 3   int_review   59055 non-null  int64
 4   reviews      59055 non-null  object
 5   price        59055 non-null  int64
dtypes: int64(4), object(2)
memory usage: 2.7+ MB
```

총 5만 9055행이며, 각 열의 결측치 및 데이터 타입을 볼 수 있습니다. 열 이름에 int_가 있는 행은 모두 정수입니다. 그리고 각 열마다 59055 non-null이라고 적힌 내용은 5만 9055행은 결측치가 아니라는 의미입니다. 이제 결측치가 없는 것과 데이터 타입을 확인했으니 리뷰 열에서 중복 값은 제거하고 정규 표현식으로 한글만 추출하겠습니다.

```
df_1.drop_duplicates(subset='reviews', inplace=True)
df_1['reviews_kor'] = df_1['reviews'].apply(lambda
                      x:" ".join(re.compile("[가-힣]+").findall(x)))
```

다음은 키위 형태소 분석기로 명사와 동사를 추출할 차례입니다.

3.2.6 데이터 전처리: 형태소 분석

명사와 동사를 추출하는 함수를 만들겠습니다. 함수 이름은 find_intension()으로 하겠습니다. 함수에 대한 상세 코드 설명은 유튜브 데이터를 분석할 때 다시 설명하겠습니다.

```python
from kiwipiepy import Kiwi

kiwi = Kiwi()
def find_nouns_verb_adject(text):
    """입력된 문장에서 명사, 동사 추출해 리스트로 반환"""

    tokens = kiwi.tokenize(text)

    target_idxs = []
    target_words = []
    for idx, wrd in enumerate(tokens):
        if 'NN' in wrd.tag:
            if len(wrd.form) > 1:
                target_words.append(wrd.form)
                target_idxs.append('noun')
        elif wrd.tag.startswith('V'):
            tmp_form = wrd.form + "다"
            target_words.append(tmp_form)
            target_idxs.append('verb')

    return target_words, target_idxs

def find_intension_one_text(words, words_tag):
    """문장 내 의도를 나타내는 단어를 추출한다"""
    Intensions = []
    for idx, tag in enumerate(words_tag):
        try:
            if tag == 'verb':
                word = "".join(words[idx-1:idx+1])
                intensions.append(word)
            elif (tag=='noun') and (words_tag[idx+1]!='verb'):
                intensions.append(words[idx])
        except:
            intensions.append(words[idx])

    return intensions

def find_intension(text):
    """입력된 문장에서 의도를 찾아서 반환한다"""
    target_words, target_idxs = find_nouns_verb_adject(text)
    intensions = find_intension_one_text(target_words, target_idxs)
    return " ".join(intensions)
```

리뷰에서 명사와 동사를 추출하면 리뷰 내용을 여전히 이해할 수 있고, 불필요한 내용은 삭제할 수 있습니다. 즉, 리뷰 작성 의도를 최대한 보존하면서 데이터를 압축할 수 있습니다. 우선 임의의 리뷰를 만들어 find_intension() 함수에 전달하여 결과를 살펴보겠습니다.

```
find_intension(text="세일할 때 원플러스원으로 샀어요. 간편하게 맛있게 잘 먹었어요")
```

```
['세일하다', '플러스사다', '사다간편하다', '간편하다맛있다', '맛있다먹다']
```

입력한 리뷰 내용 의미를 최대한 보존하면서 데이터가 압축되었습니다. 명사와 동사를 추출하는 방법은 제품 리뷰에서도 매우 효과적입니다. 그럼 전체 리뷰 데이터에 find_intension() 함수를 적용하여 명사와 동사를 추출하겠습니다.

```
df_1['주요표현'] = df_1['reviews_kor'].apply(lambda x:find_intension(x)) #❶
df_1.head(3)
```

	name	int_likes	int_photo	int_review	reviews	price	reviews_kor	주요표현
0	제품 100	12550	489	1262	곱창전골맛이 많이 날줄 알았는데, 먹어 보니 떡볶이맛에 곱창이 들어가 있지만, 잘 어...	11900	곱창전골맛이 많이 날았는데 먹어보니 떡복이맛에 곱창이 들어가 있지만 잘 어울리...	[곱창전골나다, 나다알다, 알다먹다, 떡복이, 곱창들어가다, 들어가다어울리다, 어울...
1	제품 100	12550	489	1262	타임세일해서 2개 구매했어요 냉동 안 되서 아쉽게 2개만ㅜㅜ 곱창도 좋아하고 떡볶이...	11900	타임세일하다 개 구매했어요 냉동 안되서 아쉽게 개만 곱창도 좋아하고 떡볶이도 무지...	[타임세일하다, 구매되다, 냉동되다, 되다아쉽다, 곱창좋아하다, 떡볶이좋아하다, 배...
2	제품 100	12550	489	1262	포장 깔끔하게 배송되었어요~~\n간편하게 맛있게 잘 먹었어요\n소스를 다 넣었더...	11900	포장 깔끔하게 배송되었어요 간편하게 맛있게 잘 먹었어요 소스를 다 넣었더니 제 입맛...	[포장, 배송되다, 되다간편하다, 간편하다맛있다, 맛있다먹다, 소스넣다, 입맛짜다...

find_intension() 함수로 리뷰에서 명사와 동사를 추출하여 주요표현 열에 저장한 것이 #❶ 코드입니다. 출력 결과를 보면 주요표현 열에 리뷰 내용이 압축되어 저장된 것이 보입니다. 다음은 어떤 표현이 많은지 Counter() 함수로 찾아보겠습니다.

3.2.7 데이터 분석: 다빈도 표현 분석

주요표현 열에 저장된 값을 1차원 리스트로 변환하고 2어절 이상인 표현만 Counter() 함수로 찾아 빈도를 구하겠습니다.

```
keywords = sum(df_1['주요표현'].tolist(), [])          #❶
keywords = [key for key in keywords if len(key)>1] #❷
```

◑ 계속

```
keywords_count = Counter(keywords).most_common()     #❸

keys = []
counts = []
for i in range(len(keywords_count)):                 #❹
    keys.append(keywords_count[i][0])
    counts.append(keywords_count[i][1])

df_key_count = pd.DataFrame({"keyword":keys, "count":counts})
df_key_count.sample(3)
```

	keyword	count
18323	죽다퍼지다	1
18973	히힝	1
14725	되다싸다	1

#❶: 주요표현 열에 저장된 값을 리스트 변수에 1차원 리스트로 담았습니다.

#❷: 어절이 2 이상 되는 표현만 저장되도록 했습니다.

#❸: Counter 함수로 표현들의 빈도를 구하고 결과를 keywords_count 변수에 저장했습니다.

#❹: 결과를 데이터 프레임으로 변환합니다.

결과를 살펴보면 동사에 해당하는 표현은 오히려 불필요하다는 것을 느낍니다. 떡볶이와 관계 있는 명사를 얻는 것이 분석에 더 유용해 보입니다. 이렇게 분석 방향이 바뀌는 경우가 빈번한데, 이때마다 다시 find_intension() 함수를 조정하기보다는 df_key_count의 keyword 열에 저장된 값을 다시 형태소 분석하여 명사만 가져오는 것이 더 편리합니다. keyword 열에 명사가 포함된 값만 모두 가져오겠습니다.

```
def find_nouns(keyword):
    """명사 태그 반환"""
    tokens = kiwi.tokenize(keyword) #❶
    for token in tokens:
        if 'NN' in token.tag:        #❷
            return 'Noun'
        else:
            break
```

◐ 계속

```
    return 'ETC'

df_key_count['tag'] = df_key_count['keyword'].apply(lambda x:find_nouns(x))
df_key_count
```

	keyword	count	tag
0	주문하다	5351	Noun
1	떡볶이	4610	Noun
2	맛있다먹다	4386	ETC
3	구매하다	4096	Noun
4	하다먹다	3920	ETC

find_nouns() 함수를 만들었습니다. 이 함수는 전달받은 인자를 형태소 분석하고 품사에 명사가 포함되면 해당 품사를 전달하는 구조입니다.

#❶: 인자를 형태소 분석하는 tokenize() 함수를 사용했습니다.

#❷: 품사에 명사를 뜻하는 NN이 있다면 Noun을 반환하고, 아니라면 기타에 해당하는 의미로 ETC를 반환합니다.

해당 함수를 람다로 전체 적용했고 그 결과를 보겠습니다. 명사가 있는 표현에는 tag 열에 Noun이 있습니다. 결과에서 명사에 해당되고 등장 빈도가 6 이상인 경우는 어떤 표현들이 있는지 보겠습니다.

```
df_key_count_nouns = df_key_count[(df_key_count['tag']=='Noun') &
                                  (df_key_count['count']>5)]

df_key_count_nouns
```

	keyword	count	tag
0	주문하다	5351	Noun
1	떡볶이	4610	Noun
3	구매하다	4096	Noun
6	배송빠르다	2292	Noun
7	배송	1840	Noun

...생략...

분석 결과에서 장소에 해당되는 단어, 떡볶이와 함께 먹는 요리, 떡볶이에 들어가는 속재료에 해당하는 단어를 찾아보았습니다. 예를 들어 장소에 해당하는 단어는 캠핑, 집, 공원, 식당, 편의점 등이고, 속재료에 해당하는 단어는 어묵, 라면 등이며, 함께 먹는 요리로는 곱창 등이 보였습니다. 이런 특정 단어가 등장하는 리뷰를 찾아보겠습니다.

3.2.8 데이터 분석: 떡볶이 소비 환경 분석

특정 단어를 언급하는 리뷰를 주제별로 분류하면 추가 정보를 얻을 수 있습니다. 리뷰를 함께 먹는 요리, 속재료, 떡볶이 요리 종류로 분류하면 떡볶이 고객들의 상황을 구체적으로 알 수 있습니다. 그럼 리뷰를 분류해 보겠습니다.

```python
def find_infoods(keyword_tokens):
    """떡볶이 속재료 찾기"""
    in_foods = ['국물', '로제', '치즈', '어묵', '밀떡', '야채', '사과', '바지락',
                '양배추', '사리', '쌀떡', '당면', '오뎅', '크림', '두부', '양파',
                '짜장', '간장', '궁중']

    fd_list = []
    for fd in in_foods:                          #❶
        for token in keyword_tokens:             #❷
            if fd in token:
                fd_list.append(fd)
    result_result = list(set(list(fd_list)))     #❸
    return " ".join(result_result)               #❹

def find_outfoods(keyword_tokens):
    """떡볶이랑 같이 먹는 요리 찾기"""
    out_foods = ['라면', '곱창', '고기', '순대', '만두', '튀김']

    fd_list = []
    for fd in out_foods:
        for token in keyword_tokens:
            if fd in token:
                fd_list.append(fd)
    result_result = list(set(list(fd_list)))
    return " ".join(result_result)

def find_places(keyword_tokens):
    """떡볶이 먹는 장소 찾기"""
```

⊙ 계속

```
places = ['캠핑', '집', '편의점', '공원', '학원', '백화점', '분식', '마차', '거리', '식당']

place_list = []
for fd in places:
    for token in keyword_tokens:
        if fd in token:
            place_list.append(fd)
result_result = list(set(list(place_list)))
return " ".join(result_result)

df_2 = df_1.copy()

df_2['장소'] = df_2['주요표현'].apply(lambda x:find_places(x))
df_2['함께먹는요리'] = df_2['주요표현'].apply(lambda x:find_outfoods(x))
df_2['속재료'] = df_2['주요표현'].apply(lambda x:find_infoods(x))

df_2['주요키워드'] = df_2['장소'] + " " + df_2['함께먹는요리'] + " " + df_2['속재료'] #❺
df_2.head()
```

	name	int_likes	int_photo	int_review	reviews	price	reviews_kor	주요표현	장소	함께먹는요리	속재료	주요키워드
0	제품100	12550	489	1262	곱창전골맛이 많이 날줄 알았는데, 먹어보니 떡볶이맛에 곱창이 들어가 있지만, 잘 어...	11900	곱창전골맛이 많이 날줄 알았는데 먹어보니 떡볶이맛에 곱창이 들어가 있지만 잘 어울리...	[곱창전골나다, 나다알다, 알다먹다, 떡볶이, 곱창들어가다, 들어가다어울리다, 어울...			곱창	곱창
1	제품100	12550	489	1262	타임세일해서 2개 구매했어요. 냉동 안되서 아쉽게 2개만ㅜㅜ 곱창도 좋아하고 떡볶이...	11900	타임세일해서 개 구매했어요 냉동 안되서 아쉽게 개만 곱창도 좋아하고 떡볶이도 무지 ...	[타임세일하다, 구매하다, 냉동되다, 되다아쉽다, 곱창좋아하다, 떡볶이좋아하다, 배...		곱창라면	야채	곱창라면야채
2	제품100	12550	489	1262	포장 깔끔하게 배송되었어요~~\n간편하게 맛있게 잘 먹었어요\n소스를 다 넣었더니...	11900	포장 깔끔하게 배송되었어요 간편하게 맛있게 잘 먹었어요 소스를 다 넣었더니 제 입맛...	[포장, 배송되다, 되다간편하다, 간편하다맛있다, 맛있다먹다, 소스넣다, 입맛짜다,...				
3	제품100	12550	489	1262	캠핑안주로 딱입니당~\n만두랑 오징어 토핑햇어용 ㅋㅋ	11900	캠핑안주로 딱입니당 만두랑 오징어 토핑햇어용	[캠핑, 안주입다, 만두, 오징어, 토핑햇어]	캠핑	만두		캠핑만두
4	제품100	12550	489	1262	캠핑 가서 몇번을먹었는지 몰라요\n그리들에 최고입니다	11900	캠핑 가서 몇번을먹었는지 몰라요 그리들에 최고입니다	[캠핑가다, 가다먹다, 먹다모르다, 최고]	캠핑			캠핑

find_infoods() 함수의 구조를 살펴보겠습니다.

#❶, #❷: 이중 for 문입니다. 먼저 요리 속재료에 해당하는 단어를 하나씩 가져오고, 전달된 인자와 서로 비교해서 요리 속재료 단어가 있다면 해당 요리 속재료는 fd_list에 저장됩니다.

#❸: 리뷰에 요리 속재료 단어가 여러 번 등장할 수 있기 때문에 set 데이터타입을 이용하여 중복 단어는 제거하고 다시 list로 변환시켰습니다.

#❹: 결과는 join으로 처리하여 문자열로 변환해서 반환했습니다. find_outfoods()와 find_places() 함수도 구조가 같습니다.

#❺: 각 결과를 모두 연결해서 주요 키워드 열에 저장한 것입니다.

출력 결과를 value_counts() 함수를 활용하여 살펴보겠습니다.

```
df_2['장소'].value_counts()[:10]
```

```
캠핑      488
집       334
거리      123
집 분식    105
분식       76
식당       45
편의점      16
집 거리      6
백화점       5
Name: 장소, dtype: int64
```

장소 열에 저장된 값을 출력하여 떡볶이를 먹는 장소를 살펴보았습니다. 장소는 떡볶이를 요리할 수 있는 공간으로도 해석할 수 있습니다. 캠핑장은 보통 산이나 바다 근처에 있으니 집과 서로 거리가 먼 편입니다. 그 사이 공간을 살펴보면 분식집, 식당, 편의점, 백화점입니다. 편의점에서 간단히 조리해 와서 거리나 공원 벤치에 앉아 먹을 수도 있으니, 이렇게 캠핑장과 집 사이의 장소를 대상으로 떡볶이 제품을 기획해 볼 만한 가능성이 있네요. 앞서 편의점 실습에서 살펴보았듯이 편의점은 간단한 요리를 할 수 있는 장소입니다. 편의점에서 조리할 수 있다는 가정하에 떡볶이 제품을 제안할 수 있겠네요.

다음은 떡볶이와 함께 먹는 요리를 보겠습니다. 함께먹는요리 열에 저장된 값을 출력합니다.

```
df_2['함께먹는요리'].value_counts()[:15]
```

```
라면      477
곱창      473
고기      421
순대      317
만두      308
튀김      281
튀김 만두    16
순대 만두    15
라면 만두    14
순대 튀김    13
```

```
라면 고기          10
라면 곱창           6
만두 고기           6
튀김 고기           5
Name: 함께먹는요리, dtype: int64
```

곱창은 의외이지만 라면과 순대, 만두, 튀김 등 분식류를 떡볶이와 함께 먹는 것으로 확인됩니다. 이번에는 떡볶이 속재료로 사용되는 재료가 무엇인지 확인하여 사람들이 즐겨 먹는 떡볶이 종류를 파악하겠습니다.

```
df_2['속재료'].value_counts()[:15]
```

```
어묵          1059
국물           835
로제           735
오뎅           513
치즈           480
밀떡           449
야채           338
짜장           292
사리           291
쌀떡           276
두부           238
당면           166
크림           149
사과           148
Name: 속재료, dtype: int6
```

떡볶이 속재료는 어묵, 국물, 로제, 오뎅, 치즈 등입니다. 익숙한 떡볶이 재료와 떡볶이 종류들이 보입니다. 로제 떡볶이가 인기가 많네요. 마지막으로 장소, 함께먹는요리, 속재료 열 값을 모두 더한 주요키워드 열에서 많이 등장하는 키워드를 보겠습니다.

```
df_2['주요키워드'].value_counts()[:20]
```

```
어묵           989
국물           741
로제           706
오뎅           468
치즈           458
밀떡           416
```

```
캠핑       412
곱창       382
고기       331
순대       275
짜장       273
야채       263
쌀떡       259
집         241
두부       237
만두       214
튀김       195
당면       151
사과       144
Name: 주요키워드, dtype: int64
```

모두 합친 주요키워드 열에서는 어묵, 국물, 로제 떡볶이가 가장 상위에 있는 값입니다. 주요 장소는 캠핑과 집입니다. 떡볶이가 새롭게 소비될 수 있는 장소로 집과 캠핑장 사이 공간인 편의점을 제안하겠습니다. 그럼 편의점에서 떡볶이를 만들어 편의점에서 먹거나 근처 공원에서 먹을 수도 있겠네요. 지금까지 분석 내용을 종합하면, 편의점용 떡볶이에는 편의점에 있는 뜨거운 물과 전자레인지로 간편하게 조리할 수 있고 로제 떡볶이를 선택할 수 있거나 속재료로 튀김과 어묵이 있으면 좋겠네요.

장소 열이 빈칸일 때는 어떤 표현이 주요표현 열에서 등장하는지 추가로 확인하겠습니다. 파일이 크기 때문에 계산하는 데 약 5분 정도 소요됩니다.

```
space_emetpy_keywords = sum(df_2[df_2['장소']=='']['주요표현'].tolist(), [])
Counter(space_emetpy_keywords).most_common(30)
```

```
[('주문하다', 5135),
 ('떡볶이', 4335),
 ('맛있다먹다', 4266),
 ('구매하다', 3975),
 ('하다먹다', 3759),
 ('먹다맛있다', 2693),
 ('배송빠르다', 2266),
 ('배송', 1801),
 ('먹다좋다', 1755),
 ('하다맛있다', 1698),
 ('감사하다', 1423),
 ('만족', 1409),
```

```
('구매', 1346),
('떡볶이맛있다', 1281),
('시키다먹다', 1252),
('포장', 1201),
('아이먹다', 1089),
('사다먹다', 1078),
('먹다있다', 1037),
('있다좋다', 1000),
('최고', 966),
('추가하다', 903),
('넣다먹다', 901),
('떡볶이먹다', 868),
('아이', 846),
('조리하다', 835),
('맛있다', 798),
('떡볶이하다', 796),
('구입하다', 759)]
```

이제 분석은 종료하고 지금까지 얻은 데이터를 바탕으로 떡볶이 제품을 기획해 봅시다. 다음 내용을 읽기 전에 간단하게라도 메모지에 지금까지 데이터와 본인만의 아이디어를 담아 기획해 보세요. 분명 재미있을 것입니다.

3.2.9 어떤 떡볶이를 기획하면 좋을까?

제품이나 서비스를 기획할 때 동일한 데이터와 이해도를 가진 동료 사이에서도 기획 방향이 다를 수 있습니다. 빅데이터를 바탕으로 기획을 진행해도 이런 상황은 마찬가지입니다. 서로 의견을 경청하고 데이터 분석으로 부족한 부분을 보완하면서 기획안을 발전시키는 과정은 매우 중요합니다. 필자가 데이터를 바탕으로 제안한 기획안을 요약하면 다음과 같습니다.

데이터 분석 결과

1. 결과에서 식품의 본질은 맛이라고 나타납니다. 당연하지만 맛없는 제품은 시장에서 살아남기 어렵습니다.

2. '아이먹다', '아이' 같은 표현이 자주 나타납니다. 이는 떡볶이가 매운맛임에도 아이들에게 인기가 있음을 시사합니다.

3. 해시태그 분석에서 떡볶이가 요리되는 장소가 있었고, 캠핑장에서도 인기 있는 요리임을 확인
   했습니다.

1. 편의점에서 아이들이 먹을 수 있는 약간 매운맛 또는 순한맛 떡볶이 제품을 추가하는 것이 좋
   겠습니다. 이는 편의점을 이용하는 아이들을 대상으로 한 제품으로도 적합합니다.

2. 캠핑장에서 소비되는 떡볶이 제품은 기존 간편함을 넘어서 캠핑장 특유의 분위기를 살릴 수
   있는 다양한 콘셉트를 강조하면 좋습니다. 예를 들어 #밀키트 대신 #홈포장마차 콘셉트를 제
   안합니다.

3. 다양한 떡볶이 종류(로제, 궁중, 크림치즈 등)에 대한 해시태그 분석 결과, 새로운 맛을 강조하
   기보다는 새로운 경험(장소, 요리법, 사이드 메뉴 제공 등)을 강조하는 방향으로 전략 변경을
   제안합니다.

다음은 여성 건강을 분석하고 살펴보겠습니다.

3.3 2040 여성들의 건강 고민 살피기

DATA ANALYSIS

이번에 우리에게 찾아온 의뢰인은 여성을 대상으로 한 서비스나 제품을 기획하고 싶어 하는 분입
니다. 요청 내용은 이러합니다.

> **의뢰사항** ≡ 우리나라 여성들의 건강 이슈를 파악해서 건강에 도움이 될 만한 좋은 제품이나 서비스를 만들고 싶
> 습니다. 아직 기획하는 단계이기 때문에 식품으로 만들지 공산품으로 만들지 정하지는 않았습니다. 분석 결과를 보고
> 정할 계획입니다.

실무를 하다 보면 가끔씩 요청받는 추상적인 분석 주제입니다. 실무라고 해서 구체적으로 질문하
지 않습니다. 대체로 기획을 시작하기 전 시장을 파악하려는 목적으로 분석하기 때문에 의뢰 내용
은 구체적일 수 없습니다. 분석자는 여성 건강과 관련된 제품이나 서비스를 구매하는 예상 고객이
어떤 환경에 있는지 분석하여 다양한 정보와 인사이트를 정리해야 합니다.

추상적인 의뢰이지만 무엇을 해야 할지 정리합시다. 건강 이슈를 파악해야 하니 어떤 주제로 많이 이야기하는지 여성 커뮤니티를 찾아 데이터를 수집합니다. 그 전에 진료 정보를 수집해 두면 건강 이슈를 수치적으로 파악할 수 있습니다. 그다음 분석 결과에 따라 제품 또는 서비스를 기획합니다.

분석 목표

1. 여성들이 자주 방문하는 커뮤니티 및 각종 SNS에서 언급되는 주요 건강 주제를 찾습니다.

2. 공공 데이터에서 여성들이 자주 가는 병원과 진료 이름을 찾습니다.

이를 분석하고 정보를 얻는 데 필요한 데이터는 2장 레몬테라스 카페에서 실습한 것처럼 수집하면 됩니다. 여기에서도 2장에서 수집한 데이터를 가져와서 실습하면 좋으나, 수집한 데이터가 충분하지 않기에 책에서 제공하는 데이터로 실습합니다.

3.3.1 데이터 불러오기: 여성 건강 커뮤니티 데이터

새롭게 주피터 노트북 파일을 만들고 여성 건강 관련 데이터를 불러오는 코드를 작성합니다.

```python
import re                                              #정규 표현식

import pandas as pd
import numpy as np

from kiwipiepy import Kiwi                             #형태소 분석
from collections import Counter                        #다빈도 단어 분석

import warnings
warnings.filterwarnings("ignore")

import matplotlib.pyplot as plt                        #시각화
%matplotlib inline
plt.rc('font', family='Malgun Gothic')                 #한글 폰트 설정

from IPython.display import set_matplotlib_formats     #고품질 시각화
set_matplotlib_formats('retina')

import seaborn as sns                                  #시각화
import calendar
```

🔵 계속

```
from dateutil.parser import parse

from collections import Counter
from konlpy.tag import Komoran, Okt, Twitter
from pprint import pprint
filepath = './data'
df = pd.read_excel(filepath+"/2장_여성커뮤니티데이터.xlsx")
df.head()
```

	title	replys	views	date
0	강남다이어트 하체살빼기 셀룰라이트 제거부터 확실히 라인이 달라졌어요	2	391	2022.04.05.
1	발렌티노 쿠션과 입생로랑 쿠션 두개 다 써 보신 분 계실까요?	1	162	2022.04.05.
2	눈썹 반영구 궁금해요!	8	87	2022.04.05.
3	필테 헬스병행	4	90	2022.04.05.
4	남편 피부관리 해주시는 분들	10	109	2022.04.05.

데이터를 보면 포스팅 제목(title), 포스팅 댓글 수(replys), 포스팅 조회 수(views), 포스팅 작성일(date)로 구성된 데이터를 얻었습니다. 포스팅 제목만 보아도 어떤 내용을 다루고 있는지 알 수 있습니다.

여기에서 여성들의 주요 건강 주제는 무엇일까요? 어떤 조건이 만족되면 이것은 중요한 주제라고 할 수 있을까요? 첫 번째 많은 사람이 공감해야 합니다. 두 번째 많은 사람이 비슷한 주제를 언급해야 합니다. 그렇다면 댓글과 조회 수가 많고 자주 등장하는 건강 키워드가 있다면 중요한 건강 주제라고 할 수 있겠네요.

3.3.2 데이터 분석: 게시물 날짜 정보 구하기

데이터를 불러왔다면 우선 여성 건강과 직접적인 관련은 없지만 간접적으로도 사용할 수 있는 포스팅 시간부터 분석하겠습니다. 날짜에서 연도, 월, 일, 요일을 추출하면 월별 또는 계절에 어떤 주제가 자주 등장하는지 파악할 수 있습니다. 날짜 데이터 추출은 지난 실습 때 사용했던 dateutil 라이브러리의 parse() 함수를 사용하고 과정도 동일합니다. 기억이 안 날 수 있으니 다시 한 번 임의로 날짜를 만들고 parse() 함수로 날짜 정보를 구하겠습니다.

```
date_sample = "2022.02.26"

print(parse(date_sample).year)   #❶
print(parse(date_sample).month)  #❷
print(parse(date_sample).day)    #❸
```

```
2022
2
26
```

#❶: .year로 date_sample의 연도 정보를 얻었습니다.

#❷, #❸: 같은 방법으로 .month와 .day를 사용하여 date_sample의 월, 일 정보를 구합니다.

이렇게 parse() 함수에 날짜 정보를 전달하면 포스팅이 작성된 연도, 월, 일을 확인할 수 있습니다. 이제 람다 함수를 사용해서 수집한 포스팅 데이터 전체에 적용할 차례입니다.

```
df['year'] = df['date'].apply(lambda x:parse(x).year)   #❶
df['month'] = df['date'].apply(lambda x:parse(x).month)
df['day'] = df['date'].apply(lambda x:parse(x).day)
```

#❶ 코드의 람다 함수로 df['date']에 저장된 값에서 연도 정보를 구했습니다. 구한 연도 정보는 year 열에 저장합니다. 같은 방식으로 월, 일 정보를 구하고 각 열에 저장했습니다.

연도, 월, 일 값을 찾았으니 요일 정보도 찾겠습니다. 요일 정보는 calendar를 사용하면 간단히 찾을 수 있습니다. 요일 정보를 구하는 과정은 지난 디시인사이드 데이터 수집 때와 동일합니다. 다시 한 번 내용을 복기할 겸 임시 날짜 정보를 전달해서 calendar로 요일 정보를 얻겠습니다.

```
#2022년 2월 26일이라면
calendar.weekday(2022, 2, 26)
```

```
5
```

calendar에는 weekday() 함수가 있습니다. 이 함수에 연도, 월, 일 정보를 전달했더니 '5'가 반환되었습니다. 달력을 찾아보면 2022년 2월 26일은 토요일입니다. 그다음 날인 27일을 함수에 전달했더니 '6'이 반환됩니다. 숫자는 0부터 6까지 총 일곱 개입니다. 숫자 5는 토요일을 의미합니다.

숫자로 보니 가독성도 떨어지고 바로 이해하기 어렵죠? 그래서 포스팅이 작성된 날짜를 보기 쉽게 작성해 보겠습니다.

```
posting_days = [] #반환된 요일 정보 저장
for y, m, d in zip(df['year'], df['month'], df['day']): #❶
    days = ['월요일', '화요일', '수요일', '목요일', '금요일', '토요일', '일요일']
    day = days[calendar.weekday(y, m, d)]               #❷
    posting_days.append(day)                            #❸

df['Date_Created'] = posting_days                       #❹
df.sample(5)
```

	title	replys	views	date	year	month	day	Date_Created
14883	운동하기 싫을때...	3	267	2019.02.16.	2019	2	16	토요일
12362	단기간 살빼야하는데 음료?주스?다이어트 괜찮을까요?	14	225	2019.05.10.	2019	5	10	금요일
4163	트러블에 좋은 화장품 추천	3	150	2021.02.16.	2021	2	16	화요일
11525	골프입문하신분?	4	452	2019.06.28.	2019	6	28	금요일
12964	썬스틱이 편하긴 한듯해요ㅋ 득템했네요	10	429	2019.04.12.	2019	4	12	금요일

#❶: for 문에 zip()을 사용하면 여러 정보를 같이 쓸 수 있습니다. 여기에서는 연도, 월, 일 정보를 전달했습니다.

#❷: weekday() 함수는 요일 정보를 반환하고 반환값은 그대로 리스트 변수의 인덱스 값이 됩니다. 예를 들어 weekday() 함수에서 반환한 값이 5라면 day 값은 days[5]로 토요일이 됩니다.

#❸, #❹: 이 토요일 값은 posting_days 값에 저장됩니다.

이제 다시 원래 실습으로 돌아와 날짜 정보를 활용해 보겠습니다. 언제 포스팅이 많이 작성될까요? 월별로 작성되는 포스팅 수를 보겠습니다.

```
df['month'].value_counts().sort_index()
```

```
1     2117
2     1969
3     2169
4     1724
5     1304
6     1165
7     1149
8     1123
9      950
10     971
11    1021
12     997
```

1월부터 12월까지 포스팅 수를 보면 전체적으로 새해가 시작되는 1분기에 포스팅 수가 많습니다. 그리고 4분기는 1분기의 절반 정도만 포스팅됩니다. 이 결과를 보면 새해 첫 1분기에는 다이어트와 관련된 내용이 많다는 것을 짐작할 수 있습니다.

이번에는 요일별 포스팅 수를 보겠습니다.

```
df['Date_Created'].value_counts()
```

```
화요일    2981
월요일    2880
목요일    2792
수요일    2652
금요일    2580
일요일    1459
토요일    1315
```

주말에 비해 평일에 포스팅 수가 확실히 더 많습니다. 거의 2배 가까이 됩니다. 이 커뮤니티 유저들은 주말에는 약속이 많고 1분기에는 활동량이 많은 편이네요.

월별 포스팅 수를 막대 그래프로 시각화하겠습니다.

```
y = df['month'].value_counts().sort_index().values   #❶
x = np.arange(1, 13)

plt.figure(figsize=(8, 5))                           #❷
plt.title("월별 포스팅 수", size=20)                    #❸
plt.bar(x, y, color='blue', alpha=0.3)               #❹

for i, v in enumerate(x):                            #❺
    plt.text(i+1, y[i], y[i], verticalalignment='bottom', horizontalalignment='center')

plt.xticks(np.arange(1,13), size=13)                 #❻
plt.xlabel("월", size=15)
plt.ylabel("포스팅수", size=15)
plt.ylim(0, 2500)                                    #❼
```

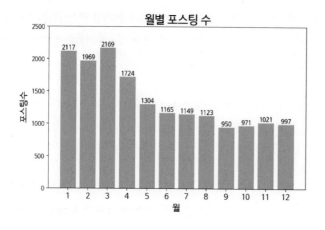

#❶: 월별 포스팅 수가 저장되어 있습니다. 포스팅 수는 순서대로 2117, 1969부터 997까지 결과가 저장되고 그래프에서 y축 값에 해당됩니다.

#❷: 그래프 크기를 설정합니다. 가로가 8, 세로가 5인 그래프로 설정했습니다. 경우에 따라 적절히 조절하면 됩니다.

#❸: 그래프를 나타내는 제목입니다.

#❹: 막대 그래프를 그리는 코드입니다. x축, y축에 해당되는 값을 전달하면 됩니다. 색과 투명도를 조절하는 알파 값 지정으로 디자인도 할 수 있지만 입력하지 않아도 됩니다.

#❺: 막대 위에 포스팅 수를 출력한 것입니다. 숫자를 함께 그래프에서 볼 수 있으면 가독성이 더 좋습니다. 결과를 전달받은 사람이 막대 그래프에서 정확한 값 정보를 확인할 수 있으면 엑셀이나 다른 프로그램으로 새롭게 그래프를 만들 수 있습니다.

#❻: x축 값을 지정하고 글자 크기를 13으로 키웠습니다.

#❼: y축 값 범위를 0부터 2500까지 지정한 것입니다.

데이터 시각화를 명확하고 가독성 좋게 하고 싶다면 파이썬에서 좋은 라이브러리를 찾아 사용하면 되지만, 그 과정은 고생스러운 편입니다. 라이브러리를 일일이 찾아 사용법을 익혀야 하기 때문입니다. 그래서 엑셀이나 이와 유사한 소프트웨어를 사용하길 권합니다.

3.3.3 데이터 분석: 포스팅 랭킹 구하기

조회 수가 많고 댓글 수가 많아야 중요한 포스팅이라고 할 수 있습니다. 이번에는 이 포스팅을 찾아보겠습니다. 전체 포스팅 수는 1만 6659개입니다. 이 중에서 가장 조회 수가 많은 포스팅은 1등이니 1점을 주겠습니다. 그리고 가장 조회 수가 적은 포스팅은 꼴등이므로 1만 6659점을 주겠습니다. 똑같이 댓글 수가 가장 많은 포스팅은 1점을 주고, 댓글 수가 가장 적은 포스팅은 꼴찌 점수인 1만 6659점을 주겠습니다. 마지막으로 이 점수들을 합치면 점수가 가장 작은 포스팅이 가장 인기 있는 주제가 됩니다. rank() 함수로 랭킹을 구하겠습니다.

```
df['reply_rank'] = df['replys'].rank(ascending=False)
df.sort_values(by='reply_rank', ascending=True) #❶
```

	title	replys	views	date	year	month	day	Date_Created	reply_rank
1222	리프팅 수술 후 살이 찌면..	932	2.4만	2021.11.27.	2021	11	27	토요일	1.0
12439	펑	910	7,894	2019.05.06.	2019	5	6	월요일	2.0
13881	비염에 좋다해서 질렀어요~	635	1.1만	2019.03.17.	2019	3	17	일요일	3.0
179	피부과 시술 좋아하고 많이 받아봐서, 궁금한거 있음 물어보세요!	612	1.6만	2022.03.17.	2022	3	17	목요일	4.0
14562	비염에 좋다고 해서 구매해봄~~~	560	1.4만	2019.02.24.	2019	2	24	일요일	5.0
...	...	...	...	...	...	...	...	...	...
14899	석류즙 먹고 효과보신 분 추천해 주셔요	0	167	2019.02.15.	2019	2	15	금요일	15587.5
14900	슈링크 시술 후	0	598	2019.02.15.	2019	2	15	금요일	15587.5
13226	부산 장전래미안 앞 아라네일 오픈이벤트 중이예요	0	89	2019.04.04.	2019	4	4	목요일	15587.5
14894	닥터헤디* 엠플세럼 벌써 이만큼이나ㅜ	0	41	2019.02.15.	2019	2	15	금요일	15587.5
14238	일본 여드름 크림 저두 써봤어요! (B&A)	0	211	2019.03.06.	2019	3	6	수요일	15587.5

16659 rows × 9 columns

rank() 함수를 사용한 후 sort_values()를 사용하여 reply_rank 열에 저장된 값을 오름차순으로 정리해서 댓글 수 많은 포스팅을 찾았습니다.

이제는 조회 수 랭킹을 구할 차례입니다. 그런데 문제가 하나 있습니다. 조회 수에 저장된 값을 보면 5,550이나 2.4만으로 표기되는 등 쉼표도 있고 '만'으로 표기되기도 했습니다. '2.4만'은 숫자가 아니라서 rank() 함수를 적용할 수 없습니다. 따라서 views 열에 저장된 값을 숫자로 바꾸겠습니다.

```
def calc_View(count):
    """입력된 조회 수에 저장된 값을 숫자로 변환한다"""
    if '만' in count:
```

🔵 계속

```
            cnt = float(count.replace('만', '')) * 10000   #❶
            return cnt

        elif "," in count:
            cnt = float(count.replace(',', ''))            #❷
            return cnt

        else:
            cnt = float(count)                             #❸
            return cnt

df['views'] = df['views'].astype('str')                    #❹
df['views'] = df['views'].apply(lambda x:calc_View(x))

df.head(3)
```

	title	replys	views	date	year	month	day	Date_Created	reply_rank
0	강남다이어트 하체살빼기 셀룰라이트 제거부터 확실히 라인이 달라졌어요	2	391.0	2022.04.05.	2022	4	5	화요일	12157.0
1	발렌티노 쿠션과 입생로랑 쿠션 두개 다 써 보신 분 계실까요?	1	162.0	2022.04.05.	2022	4	5	화요일	13799.0
2	눈썹 반영규 궁금해요!	8	87.0	2022.04.05.	2022	4	5	화요일	5108.5
3	필테 헬스병행	4	90.0	2022.04.05.	2022	4	5	화요일	9135.5
4	남편 피부관리 해주시는 분들	10	109.0	2022.04.05.	2022	4	5	화요일	3803.5
...	...	...	...	...	...	...	...	...	...
16654	가슴 수술 후 어떻게 주무시나요?	2	501.0	2022.03.01.	2022	3	1	화요일	12157.0
16655	다이어트하는 남편 아침	7	289.0	2022.02.28.	2022	2	28	월요일	5916.5
16656	영양제 좀 챙겨먹으려고 하는데	13	112.0	2022.02.28.	2022	2	28	월요일	2457.5
16657	단식원 가보신분 있나요?	12	563.0	2022.02.28.	2022	2	28	월요일	2822.5
16658	피부과 금액문의	1	188.0	2022.02.27.	2022	2	27	일요일	13799.0

16659 rows × 9 columns

#❶: 조회 수를 숫자로 변환하는 calc_View(count) 함수를 보면, 문자열 타입의 조회 수 값을 전달받고 값에 '만'이 있다면 삭제하여 10000을 곱합니다.

#❷, #❸: 쉼표가 있으면 제거하고, '만' 또는 쉼표가 없다면 전달받은 값을 실수형으로 변형해서 반환합니다.

#❹: 데이터 값 일관성을 위해 모든 조회 수에 저장된 값을 문자열 타입으로 변환하고, calc_View() 함수가 람다 함수로 적용되어 조회 수에 저장된 값을 구합니다.

views 열에 저장된 값이 모두 실수형으로 변경되었습니다. 이제 rank() 함수를 views 열에 적용하여 랭킹을 구하겠습니다.

```
df['view_rank'] = df['views'].rank(ascending=False)
df.sort_values(by='view_rank', ascending=True)
```

	title	replys	views	date	year	month	day	Date_Created	reply_rank	view_rank
16471	필독!!! 정치글금지! 주의 / 분란, 이슈, 정치, 욕, 반말등 [글,덧글 금지]	0	560000.0	2020.08.21.	2020	8	21	금요일	15587.5	1.0
16470	진행중▶ 체험단, 이벤트 안내 / 4월4일 부터 ~ 4월10일 까지	0	420000.0	2020.12.14.	2020	12	14	월요일	15587.5	2.0
281	김혜수 얼마나 소식하는걸까요	66	28000.0	2022.03.04.	2022	3	4	금요일	115.5	3.0
107	충격적인 햇반 제조과정	136	26000.0	2022.03.24.	2022	3	24	목요일	36.5	4.5
16601	충격적인 햇반 제조과정	136	26000.0	2022.03.24.	2022	3	24	목요일	36.5	4.5

...생략...

조회 수 1등을 보니 조회 수가 56만 건입니다. 제목을 보니 게시판 작성 규칙입니다. 나중에 중요한 건강 주제로 잡힐 수도 있지만, 댓글 랭킹을 보니 15587.5점으로 매우 낮아 전체적인 랭킹 점수는 낮습니다. 그래서 중요한 건강 주제로 잡히지 않습니다.

그럼 이제 댓글 수 랭킹과 조회 수 랭킹을 더해서 종합 랭킹을 구하겠습니다. 종합 랭킹이 저장될 열은 Rank입니다. 그리고 포스팅 상위 열 개와 하위 열 개를 보겠습니다.

```
df["Rank"] = df['reply_rank'] + df['view_rank']
df.drop_duplicates(inplace=True)
df.sort_values(by='Rank', ascending=True)[:10]
```

	title	replys	views	date	year	month	day	Date_Created	reply_rank	view_rank	Rank
1222	리프팅 수술 후 살이 찌면..	932	24000.0	2021.11.27.	2021	11	27	토요일	1.0	6.0	7.0
1958	리프팅수술.... 찐친들의 반응	417	21000.0	2021.09.13.	2021	9	13	월요일	7.5	8.5	16.0
179	피부과 시술 좋아하고 많이 받아봐서, 궁금한거 있음 물어보세요!	612	16000.0	2022.03.17.	2022	3	17	목요일	4.0	27.5	31.5
38	들깨가루는 산패가 너무나 잘 되기 때문에 주의하셔야 좋습니다	285	16000.0	2022.03.31.	2022	3	31	목요일	11.5	27.5	39.0

포스팅 제목 상위 열 개를 보면 피부과 시술, 운동, 요리 관련, 다이어트 내용이 있습니다. 미용/건강과 관련된 게시판에 요리와 관련된 주제가 있는 것이 의아하지만, 음식과 건강이 전혀 연관이 없다고 할 수도 없겠네요. 이번에는 포스팅 제목 하위 열 개를 보겠습니다.

```
df.sort_values(by='Rank', ascending=True)[-10:]
```

	title	replys	views	date	year	month	day	Date_Created	reply_rank	view_rank	Rank
2891	신촌피부관리 잘하는 곳 있을까요?	0	10.0	2021.06.15.	2021	6	15	화요일	15587.5	16648.0	32235.5
15818	페이스필티핏러앰플 주름개선에 딱이야~~~	0	10.0	2019.01.21.	2019	1	21	월요일	15587.5	16648.0	32235.5
14868	씨앤트리 듀얼, 스키니, 픽서 기능의 마스카라 3종 비교	0	9.0	2019.02.17.	2019	2	17	일요일	15587.5	16651.0	32238.5
1098	백화점에서 구매한 제품입니다 카톡사기 많아요 휴대전화번호와 인적사항 확인하고 거래하세요~	0	7.0	2021.12.13.	2021	12	13	월요일	15587.5	16652.5	32240.0

포스팅 제목 하위 열 개는 피부과 및 화장품 추천인데 뭔가 제목이 광고 같은 느낌이 납니다. 커뮤니티에서 주로 활동하는 업체가 올린 포스팅으로 짐작할 수 있습니다.

지금까지 지난 실습에서 복잡한 기법이 아닌 간단한 랭킹 점수만으로도 충분히 중요한 정보를 찾을 수 있었습니다. 멋지지 않나요? rank() 함수를 적용할 수 있는 곳은 많습니다. 여러분이 지금 현업에서 어떤 주제를 다루고 있는지 모르지만, rank() 함수는 분명 유용하게 사용될 것입니다.

3.3.4 데이터 분석: 주요 주제 찾기

우리는 주요 건강 주제가 다이어트라는 것을 찾았지만 관련 업계에 종사하고 있는 독자라면 결과가 실망스러울 수 있습니다. 주요 건강 주제는 맞지만 업계 종사자라면 거의 대부분 알고 있는 결과이기 때문입니다. 건강 관련 정보를 너무 상위 랭킹에서 찾았기 때문에 약간은 실망스러운 결과가 나왔습니다.

따라서 너무 높은 Rank 점수 대신 평균보다 높은 랭킹 점수에서 운동, 다이어트, 요리와 관련된 포스팅을 찾아보겠습니다. Rank 열에 있는 값들의 분포 상태를 살펴봅시다. 이때 운동과 다이어트는 서로 비슷한 주제이니 동일한 주제로 간주하고 분석하겠습니다. 먼저 통계 요약 결과를 봅시다.

```
df['Rank'].describe()
```

```
count    15057.000000
mean     16633.189015
std       8464.842360
min          7.000000
25%       9938.500000
50%      16457.500000
75%      23261.000000
```

```
max        32246.000000
Name: Rank, dtype: float64
```

Rank 평균은 1만 6633이고 표준 편차는 8464이며 최소값은 7입니다. 사분위에서 하위 25%에 해당되는 Rank 값은 9938입니다. Rank 점수 중위 값(50%)은 1만 6457, 하위 75% 값은 2만 3261이고 최고 점수는 3만 2246입니다. 데이터 분포를 seaborn의 violinplot() 함수를 사용하여 좀 더 직관적으로 확인하겠습니다.

```
sns.violinplot(data=df, y='Rank')
```

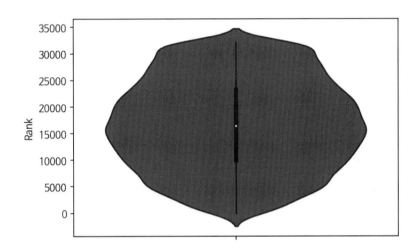

우리는 Rank 점수가 낮을수록 주요 건강 주제 포스팅으로 설정했기 때문에 9938 이하에서 요리, 운동, 다이어트에 관한 포스팅을 찾아보겠습니다. Rank 점수 100 이하 포스팅은 주요 주제이지만 대체로 이미 알고 있는 정보이기 때문에 인사이트를 얻기는 어렵습니다. Rank 100점 이상이며 9938 이하 포스팅에서 어떤 내용이 있는지 분석하겠습니다. 요리와 관계된 키워드는 너무나 다양하기 때문에 뒤에서 진행할 형태소 분석을 이용하여 찾아보겠습니다.

```
df_under25 = df[df['Rank'] < 9983]
```

코드에서 Rank 열에서 9938 이하, 100 이상인 게시물을 추출하고 'df_under25'로 이름을 지었습니다. 하위 25% 구획에 해당하는 값이 저장된 데이터이기 때문입니다.

그다음 다이어트와 관계된 글만 추출하겠습니다. 게시물, 리뷰 같은 글은 맞춤법을 지키지 않은 경우가 대부분입니다. 다이어트를 '다요트' 또는 '다욧'이라고 표기한 경우도 많네요. '다이어트', '다욧', '다요트'로 표기한 게시물을 다음 코드를 이용하여 모두 추출합니다. 이번에 코드는 길이가 긴 편입니다. 길이가 길면 Enter로 줄바꿈을 하고 싶을 텐데요. 그때는 \를 입력하고 Enter로 줄바꿈을 해야 합니다.

```
diet_keyword1 = '다이어트'                    #❶
diet_keyword2 = '다요'                        #❷
diet_keyword3 = '다욧'

df_under25_diet = df_under25[(df_under25['title'].str.contains(diet_keyword1)) |\
                             (df_under25['title'].str.contains(diet_keyword2)) |\
                             (df_under25['title'].str.contains(diet_keyword3))]

df_under25_diet.sort_values(by='Rank')[:10] #❸
```

	title	replys	views	date	year	month	day	Date_Created	reply_rank	view_rank	Rank
1684	이 맛에 운동하고 다이어트 하죠♡	148	17000.0	2021.10.13.	2021	10	13	수요일	30.0	20.0	50.0
1783	평생 다이어트~~ㅜㅜ	197	14000.0	2021.09.30.	2021	9	30	목요일	17.0	41.0	58.0
881	곤약 다이어트는 정말로 위험합니다	118	18000.0	2022.01.06.	2022	1	6	목요일	45.0	15.0	60.0
2549	다욧을 성공하고보니 다욧은 소식하는게 아니더라고요	126	12000.0	2021.07.19.	2021	7	19	월요일	41.0	60.0	101.0
11251	다이어트 성공인거죠??^^	112	12000.0	2019.07.13.	2019	7	13	토요일	50.5	60.0	110.5

#❶, #❷: title 열에서 '다이어트' 단어가 포함된 것만 추출합니다. 그리고 or(|)로 연결하여 '다요' 또는 '다욧' 단어가 포함된 단어도 함께 추출했습니다.

#❸: 다이어트 관련한 포스팅의 상위 Rank 열 개를 살펴볼 수 있습니다.

운동으로 다이어트를 하는 경우가 제일 많고 식단을 조절하거나 다이어트 약으로 하는 경우가 그 다음으로 많아 보입니다. 처음 했던 분석 결과보다 더 구체적이고 정보가 풍부합니다.

결과를 보면 곤약과 같은 식재료가 눈에 띕니다. 다이어트와 관련된 서비스를 기획하고자 한다면 행동(식단, 운동, 다이어트 후 보상)에 관한 포스팅에 눈길이 가겠네요.

이제 다이어트 주제를 형태소 분석하여 좀 더 세부적인 내용을 구하겠습니다.

3.3.5 형태소 분석: 명사 추출

지금까지 사용한 키위 형태소 분석기는 분명 훌륭한 분석기이지만, 형태소 분석기마다 성능 차이가 있기 때문에 여러 형태소 분석기를 비교하고 분석에 적합한 분석기를 사용하는 것이 바람직합니다. 지금처럼 포스팅 제목을 분석할 때는 명사를 잘 추출하는 분석기를 사용하면 좋습니다. 본문 내용을 대표하고 압축한 것을 제목으로 사용하기 때문에 명사 사용 빈도가 높습니다. 형태소 분석기가 굉장히 많이 있지만 키위를 제외하고 자주 사용하는 형태소 분석기 세 개를 가져와 특징을 살펴보겠습니다.

▼ 표 3-2 형태소 분석기 특징 비교

형태소 분석기	특징	단점
Okt	• 분리된 어절을 원형으로 되돌리는 어간화 (stemming) 기능과 정규화 기능을 제공하므로 일부 맞춤법 수정 가능 • 형태소 분석 외 어구 추출, 명사 추출 등 다양한 기능 제공	고유 명사, 합성 명사 분석에 취약
Twitter	• 어간화 기능 제공 • 맞춤법을 지키지 않고 초성이 많은 글도 분석 가능	• 고유 명사 분석에 취약 • 형태소 사전에 단어를 입력할 때 비교적 난이도가 높음
Komoran	• 개발자가 계속 업데이트 중 • 오탈자가 있어도 분석 품질이 우수 • 고유 명사 분석에 효과적	띄어쓰기 없는 문장에 취약

'영양제 먹으면서 걷기 운동하니 살이 빠져요'라는 문장을 한번 Okt, Twitter, Komoran 형태소 분석기로 분석하겠습니다. 이 문장은 일부 맞춤법이 틀렸고, 합성 명사인 '영양제'라는 단어가 있습니다. 수집한 포스팅 제목 대부분은 합성 명사를 포함하고 있어 합성 명사를 잘 찾는 형태소가 필요합니다. 형태소 분석기를 사용하는 데 필요한 라이브러리는 konlpy입니다. konlpy는 앞서 주피터 노트북을 설치할 때 같이 설치했었는데, 실행되지 않는다면 !pip install konlpy를 입력하여 다시 설치합니다. konlpy에 Okt 등 다양한 형태소 분석기가 저장되어 있습니다.

```
okt = Okt()
komoran = Komoran()
twitter = Twitter()
```

● 계속

```
sample_text = "영양제 먹으면서 걷기 운동하니 살이 빠져요"

pprint(okt.pos(sample_text))
pprint(komoran.pos(sample_text))
pprint(twitter.pos(sample_text))
```

각 형태소 분석기마다 다음과 같이 출력됩니다.

Okt 형태소 분석기	Komoran 형태소 분석기	Twitter 형태소 분석기
[('영', 'Modifier'), ('양제', 'Noun'), ('먹으면서', 'Verb'), ('걷기', 'Noun'), ('운동', 'Noun'), ('하니', 'Noun'), ('살이', 'Noun'), ('빠져요', 'Verb')]	[('영양제', 'NNG'), ('먹', 'VV'), ('으면서', 'EC'), ('걷기', 'NNP'), ('운동', 'NNG'), ('하', 'XSV'), ('니', 'EC'), ('살', 'NNB'), ('이', 'JKS'), ('빠지', 'VV'), ('어요', 'EC')]	[('영', 'Modifier'), ('양제', 'Noun'), ('먹으면서', 'Verb'), ('걷기', 'Noun'), ('운동', 'Noun'), ('하니', 'Noun'), ('살이', 'Noun'), ('빠져요', 'Verb')]

Komoran 형태소 분석기가 합성 명사 영양제를 인식했고 적절히 추출했습니다. nouns() 함수를 사용하여 예시 문장의 명사를 추출하겠습니다. 이번에는 키위 분석기 대신 Komoran 분석기를 사용하겠습니다.

> Note ≡ 키위 분석기가 가장 최근에 나온 만큼 합성 명사를 인식하는 데도 좋은 성능을 보입니다. Komoran을 사용하는 대신 키위를 사용해도 되지만, 명사를 추출하는 함수를 직접 개발해서 사용해야 합니다.

```
komoran.nouns(sample_text)
```

```
['영양제', '걷기', '운동', '살']
```

간편하게 명사를 추출했습니다. 이제 전체 데이터에 적용할 차례입니다. 그런데 포스팅 제목에 이모티콘이 많습니다. 이모티콘은 형태소 분석이 되지 않으니 정규 표현식으로 모두 지우겠습니다. 포스팅 제목 분석에서 영어, 숫자, 한글 외의 글자는 모두 필요 없습니다.

```
def get_kor_only(text):
    """한글, 영어, 숫자만 추출한다"""
    tmp = re.compile('[가-힣a-zA-Z0-9]+').findall(str(text))  #❶
    result = ' '.join(tmp)                                    #❷

    return result

text = "다이어트 도와주세요🙏 Diet, 9kg 감량 목표 ㅠㅠ"
result = get_kor_only(text)

print(result)
```

다이어트 도와주세요 Diet 9Kg 감량 목표

#❶: 정규 표현식 사용으로 이모티콘 등 특수 문자는 제거했습니다. 제거한 결과는 리스트 타입으로 반환받습니다.

#❷: 리스트에 저장된 값들을 문자열 하나로 변경합니다.

출력 결과를 보니 필요한 정보만 추출되었네요. 특수 문자를 제거하는 get_text_only() 함수를 사용하여 기존 포스팅 제목을 모두 수정하겠습니다. 수정된 포스팅 제목이 저장될 열은 re_title입니다.

```
df_under25_diet['re_title'] = df_under25_diet['title'].apply(lambda
                             x:get_text_only(x))
df_under25_diet.sample(3)
```

	title	replys	views	date	year	month	day	Date_Created	reply_rank	view_rank	Rank	re_title
12945	디톡스 다이어트 해보신 분?	32	494.0	2019.04.13.	2019	4	13	토요일	379.0	4301.5	4680.5	디톡스 다이어트 해보신분
6673	저는 요즘 팔뚤 다이어트 중입니다!	9	479.0	2020.06.15.	2020	6	15	월요일	4407.0	4487.5	8894.5	저는 요즘 팔뚤 다이어트 중입니다
7931	다이어트 짝꿍과 이제 이별이요!	10	484.0	2020.03.16.	2020	3	16	월요일	3803.5	4432.0	8235.5	다이어트 짝꿍과 이제 이별이요

re_title 열을 원하는 형태로 만들었습니다. 이제 re_title 열에 저장된 문자열을 하나로 연결하여 한 문장으로 만들겠습니다. 그리고 Komoran 형태소 분석기를 이용하여 명사만 추출하고 명사들의 사용 빈도를 구하면 건강 관련 주제를 좀 더 자세히 찾을 수 있겠네요.

```
diet_onesent = " ".join(df_under25_diet['re_title'].tolist()) #①

nouns_diet = []
for noun in komoran.nouns(diet_onesent):                        #②
    if len(noun) > 1:
        nouns_diet.append(noun)
    else:
        continue
```

```
'다이어트',
'땅콩 버터',
'리뷰',
'단기',
...생략...
```

#①: re_title 열에 저장된 값을 한 문장으로 만들어 diet_onesent에 저장합니다.

#②: for 문은 komoran을 이용하여 명사를 추출하는 과정입니다. 추출한 명사의 어절 길이가 2 이상이면 nouns_diet에 명사를 저장합니다.

#② 코드를 파이썬 리스트 컴프리핸션(comprehension)을 이용하면 다음과 같습니다. nouns_diet = [noun for noun in komoran.nouns(diet_onesent) if len(noun)>1]처럼 리스트 컴프리핸션을 만드는 연습을 하면 금방 익숙해집니다. 추출한 명사가 저장된 nouns_diet를 호출해 보세요.

여기에 저장된 명사 중 어떤 명사들의 빈도가 높은지 Counter() 함수로 찾아보겠습니다.

```
Counter(nouns_diet).most_common()
```

```
[('다이어트', 580),
 ('한약', 68),
 ('효과', 41),
 ('식단', 34),
 ('추천', 28),
 ('시작', 26),
 ('성공', 25),
 ('방법', 20),
 ('운동', 19),
 ('키로', 18),
 ...생략...
```

다이어트 포스팅만 추려서 분석했기 때문에 다이어트가 가장 많습니다. 다이어트를 하려고 한약재, 식단 조절, 운동, 영양 보조제를 사용하는 것으로 파악됩니다. 이번에는 운동 포스팅만 분석하겠습니다.

```python
pt_keyword1 = '운동'
pt_keyword2 = '필라'
pt_keyword3 = '헬스'
pt_keyword4 = '요가'
pt_keyword5 = '피티'
pt_keyword6 = 'PT'

df_under25_pt = df_under25[(df_under25['title'].str.contains(pt_keyword1)) |\
                           (df_under25['title'].str.contains(pt_keyword2)) |\
                           (df_under25['title'].str.contains(pt_keyword3)) |\
                           (df_under25['title'].str.contains(pt_keyword4)) |\
                           (df_under25['title'].str.contains(pt_keyword5)) |\
                           (df_under25['title'].str.contains(pt_keyword6))]

df_under25_pt.sort_values(by='Rank')[:10]
```

	title	replys	views	date	year	month	day	Date_Created	reply_rank	view_rank	Rank
1684	이 맛에 운동하고 다이어트 하죠♡	148	17000.0	2021.10.13.	2021	10	13	수요일	30.0	20.0	50.0
1904	피티받을때 트레이너들이 원래	71	14000.0	2021.09.18.	2021	9	18	토요일	100.5	41.0	141.5
3545	필라테스. 피티 레깅스 입을 때 팬티 ㅠㅠ	56	9804.0	2021.04.13.	2021	4	13	화요일	146.5	86.0	232.5
918	걷기운동 1시간씩 다이어트 되나요?	68	8116.0	2022.01.03.	2022	1	3	월요일	109.5	129.0	238.5
10611	필라테스 강사전망	28	4768.0	2019.08.26.	2019	8	26	월요일	491.5	243.0	734.5
6323	한달동안 운동 없이 살 빼려면요	29	1702.0	2020.07.17.	2020	7	17	금요일	457.5	678.0	1135.5
10204	살 빼려고 매일 걷기운동하고 있어요~ 실패없이 성공하는 노하우 뭘까요?	32	1492.0	2019.09.27.	2019	9	27	금요일	379.0	801.0	1180.0
8521	이런 뒷태가 좋아지기 위해서는 어떤 운동을해야할까요?ㅠ	24	1729.0	2020.02.01.	2020	2	1	토요일	704.5	660.0	1364.5
7717	다이어트 조언해주세요!운동해도 안빠짐..	59	1091.0	2020.03.31.	2020	3	31	화요일	137.5	1271.5	1409.0
4302	헬스장 PT 가격.. 원래 이런 건가요	17	12000.0	2021.02.03.	2021	2	3	수요일	1458.5	60.0	1518.5

운동 관련 키워드가 포함된 포스팅이 df_under25_pt에 저장되었습니다. Rank를 기준으로 출력해서 어떤 주제들이 상위권인지 확인할 수 있습니다.

title 열에 저장된 제목에서 특수 문자를 제외한 결과를 re_title 열에 저장하겠습니다. 그리고 제목에서 명사만 추출하고 빈도를 세어 운동과 관련된 주제에서 어떤 내용이 많이 등장하는지 확인하겠습니다.

```python
df_under25_pt['re_title'] = df_under25_pt['title'].apply(lambda x:get_text_only(x))
pt_onesent = " ".join(df_under25_pt['re_title'].tolist())
nouns_pt = [noun for noun in komoran.nouns(pt_onesent) if len(noun)>1]

Counter(nouns_pt).most_common()[:10] #상위 단어 열 개
```

```
[('운동', 106),
 ('필라테스', 47),
 ('다이어트', 23),
 ('효과', 18),
 ('헬스', 15),
 ('요가', 14),
 ('기구', 10),
 ('정도', 8),
 ('걷기', 7),
 ('근력', 7)]
```

여성이 하는 운동은 필라테스가 가장 많고 그다음 헬스, 요가, 걷기입니다. 지면 한계로 더 많은 정보를 실을 수 없지만 아래쪽 결과에는 복장 내용도 있습니다.

이번에는 운동과 다이어트를 제외한 포스팅에서 어떤 단어가 있을지 살펴보겠습니다.

```python
Keyword1 = '운동'
keyword2 = '필라'
keyword3 = '다이어트'
keyword4 = '헬스'
keyword5 = '요가'

df_under25_others = df_under25[~(df_under25['title'].str.contains(keyword1)) &\
                               ~(df_under25['title'].str.contains(keyword2)) &\
                               ~(df_under25['title'].str.contains(keyword3)) &\
                               ~(df_under25['title'].str.contains(keyword4)) &\
                               ~(df_under25['title'].str.contains(keyword5))]
```

포스팅 제목에 운동, 필라, 다이어트, 헬스, 요가 단어가 없는 포스팅을 추출하여 df_under25_others에 저장했습니다.

앞선 과정과 동일하게 제목에서 특수 문자를 제거하고 명사를 추출하여 주요 단어를 찾겠습니다.

```
df_under25_others['re_title'] = df_under25_others['title'].apply(lambda
                                x:get_text_only(x))

other_onesent = " ".join(df_under25_others['re_title'].tolist())
nouns_other = [noun for noun in komoran.nouns(other_onesent) if len(noun)>1]

Counter(nouns_other).most_common()[:60]
```

[('추천', 202),	('유산', 43),	('재배', 26),
('효과', 129),	('가슴', 42),	('식욕', 26),
('피부', 120),	('후기', 40),	('눈썹', 26),
('관리', 114),	('시술', 40),	('헤어', 26),
('수술', 102),	('레이저', 39),	('쌍수', 25),
('가요', 91),	('눈밑', 39),	('개월', 25),
('신분', 75),	('머리', 39),	('30대', 25),
('크림', 75),	('제거', 39),	('남편', 24),
('지방', 69),	('사진', 38),	('부작용', 24),
('얼굴', 67),	('필러', 37),	('노하우', 24),
('주사', 62),	('보톡스', 37),	('요즘', 24),
('키로', 61),	('질문', 34),	('감량', 24),
('주름', 50),	('때문', 33),	('콜라겐', 23),
('여드름', 50),	('병원', 33),	('하시나', 23),
('방법', 50),	('피부과', 32),	('단식', 23),
('기미', 49),	('탈모', 29),	('사용', 23),
('치료', 47),	('영양제', 29),	('팔자', 23),
('부탁', 46),	('샴푸', 29),	('제품', 23),
('고민', 43),	('뱃살', 27),	('문신', 23),
('마스크', 43),	('화장품', 27),	('간헐', 22)]

상위 단어 60개를 살펴보면 피부과, 시술, 성형 수술 등 피부 관리 문제와 화장품, 남편, 콜라겐, 생리 등 단어들이 보입니다. 지난 분석에서 Rank 점수가 가장 높았던 포스팅 중 리프팅 수술과 피부과 시술 관련이 있었습니다. 이와 관련된 단어들이 주로 보이고 남편, 유산 등 단어가 있는 것으로 보아 이 커뮤니티는 20대 초반보다 30대 여성이 많은 것을 알 수 있습니다.

한편 지금껏 유용하게 사용했던 형태소 분석기에도 단점이 있습니다. 앞서 Rank 점수 분석으로 '식단'도 주요 건강 주제로 파악해서 이와 관련된 식재료를 확인할 수 있을 것이라고 기대했습니다. 하지만 찾을 수 없었죠? 이유는 형태소 분석기가 식재료를 명사로 인식하지 못했기 때문입니다. 이렇게 어처구니없는 이유로 정보를 잃어버리기 때문에 제일 먼저 형태소를 분석하면 안 됩니다. 단점을 극복하려면 사용한 형태소 분석기에 두부, 콩 등 다양한 식재료를 명사로 저장해야 합니다. 형태소 분석기마다 새로운 명사 사전을 저장하는 방법은 조금씩 다릅니다.

> Note ≡ **Komoran 분석기에 명사를 추가하는 방법**
>
> 메모장 파일(txt)을 만들고 추가할 명사와 해당 품사를 저장합니다. 단어와 품사 간격은 `tab`으로 지정합니다.[2]
>
> ❤ 그림 3-3 새로운 단어 추가
>
> | 🖥 신규명사사전 - Windows 메모장 |
> | --- |
> | 파일(F) 편집(E) 서식(O) 보기(V) 도움말(H) |
> | **콩추출물 NNP** |
> | **연근조림 NNP** |
> | **홍삼젤리 NNP** |
>
> 앞에서처럼 명사 사전을 만들고 주피터 노트북의 3장 data 폴더에 업로드합니다(예제 파일에는 이미 올려져 있습니다). Komoran에 해당 메모장 파일을 더하면 끝납니다. 코드는 다음과 같습니다.
>
> ```
> new_nouns_dict = '신규명사사전.txt'                #❶
> komoran_add = Komoran(userdic=new_nouns_dict) #❷
>
> sample_nouns_text = '이번에 나온 홍삼젤리가 참 맛있네요.'
>
> print("기본 명사 사전 적용 후 명사 추출 :", komoran.nouns(sample_nouns_text))
> print("사전 추가 후 명사 추출 :", komoran_add.nouns(sample_nouns_text))
> ```
>
> ```
> 기본 명사 사전 적용 후 명사 추출 : ['이번', '홍삼', '젤리']
> 사전 추가 후 명사 추출 : ['이번', '홍삼젤리']
> ```
>
> 샘플 문장을 보면 합성 명사 '홍삼젤리'가 있습니다. Komoran의 기본 명사 사전으로는 홍삼젤리를 분석할 수 없지만, 신규 사전을 추가하니 합성 명사를 잘 추출했습니다.

명사로 인식하지 못한 이유 때문에 중요한 정보를 잃어버리면 속상할 수밖에 없습니다. 평소에 자주 분석하는 주제가 있다면 해당 주제에서 등장하는 명사들을 따로 사전으로 만들어 두길 권장합니다.

---

2 품사 태그는 표 3-3에서 본격적으로 살펴봅니다. 더 자세한 품사 태그는 http://kkma.snu.ac.kr/documents/?doc=postag를 참고해 주세요.

다음은 형태소 분석 없이 띄어쓰기를 기준으로 문장을 어절로 분할하고, 어떤 어절이 많이 등장하는지 상위 60개를 살펴보겠습니다.

```
other_onesent = " ".join(df_under25_others['re_title'].tolist())
Counter(other_onesent.split()).most_common()[:60]
```

```
[('어떻게', 95),
 ('추천해주세요', 87),
 ('분', 84),
 ('있나요', 66),
 ('효과', 62),
 ('좀', 54),
 ('계신가요', 49),
 ('너무', 47),
 ('있을까요', 46),
 ('추천', 44),
 ('진짜', 43),
 ('피부', 41),
 ('혹시', 40),
 ('해보신분', 37),
 ('수술', 36),
 ('얼굴', 35),
 ('관리', 35),
 ('잘', 33),
 ('많이', 33),
 ('알려주세요', 33),
 ('분들', 33),
 ('후', 32),
 ('좋은', 32),
 ('하세요', 30),
 ('봐주세요', 29),
 ('더', 29),
 ('뭐가', 29),
 ('다들', 28),
 ('방법', 27),
 ('보톡스', 27),
 ('유산균', 27),
 ('저', 26),
 ('레이저', 25),
 ('피부관리', 25),
 ('살', 25),
 ('어떤가요', 25),
 ('아시는분', 24),
 ('후기', 23),
 ('살이', 23),
 ('리프팅', 23),
 ('요즘', 23),
 ('같아요', 23),
 ('어떤거', 23),
 ('받고', 22),
 ('기미', 22),
 ('시술', 22),
 ('해주세요', 22),
 ('여드름', 22),
 ('눈밑지방재배치', 21),
 ('피부과', 21),
 ('영양제', 21),
 ('슈링크', 21),
 ('하시나요', 21),
 ('노하우', 20),
 ('어때요', 20),
 ('부탁드려요', 19),
 ('있으신가요', 18),
 ('좋을까요', 18),
 ('왜', 18),
 ('정말', 18)]
```

형태소 분석기를 사용한 결과와 비교하면 불필요한 단어(좀, 잘, 많이, 저 등)가 자주 보입니다. 그 대신 작성 의도를 파악하기 더 수월합니다. 대체로 정보를 요청하고 공유받길 원하는 포스팅이 많이 보이네요.

지금까지 분석한 내용을 바탕으로 간단하게 이 여성 커뮤니티 포스팅 분석 결과를 정리하겠습니다.

데이터 분석 결과

1. 메인 활동 연령층은 30대에서 40대입니다.

2. 주말보다는 평일에 더 커뮤니티에 접속하는 편입니다.

3. 다이어트, 운동, 피부 관리가 주요 건강 주제입니다.

4. 다이어트는 식단, 한약제, 운동으로 진행하고 운동할 때는 필라테스, 헬스, 요가, 걷기 운동을 하며 복장에 신경 씁니다.

5. 피부과 시술 중 리프팅 시술에 관심이 많으며 콜라겐, 유산균 등을 섭취하고 있습니다.

인사이트

1. 30대 여성이 좋아할 만한 식재료를 이용하여 쉽게 식단 조절을 할 수 있는 서비스 기획

2. 서비스나 제품을 판매할 때 증정품으로 예쁜 운동복 제공

3. 기획자가 공무원이라면 둘레길처럼 동네에서 걷기 좋은 길을 안내하는 책자 제공

4. 다이어트 제품이나 서비스를 기획한다면 12월에 출시하고 1월에 대대적인 홍보 또는 할인 행사 필요

사용한 자연어 분석 기법은 랭킹 분석, 형태소 분석, 다빈도 단어 찾기입니다. 간단한 분석법이지만 결과를 얻기에는 무리가 없었습니다. 이제 주요 건강 주제를 찾았으니 트위터 데이터를 분석하여 여성들의 다이어트 환경을 파악하겠습니다. 다이어트 환경을 파악할 때는 nGram 분석법과 맞춤법 교정 기능을 사용하여 문서를 요약하겠습니다.

3.3.6 데이터 불러오기: 트위터

이번에 사용할 트윗 데이터는 필자가 따로 모은 데이터입니다. 이 데이터를 사용하여 여성들의 다이어트 환경을 분석하겠습니다. SNS에서 수집한 글은 비속어가 많은 편인데, 읽기 불편하지 않도록 비속어는 최대한 모자이크 처리했습니다.

```
df_tweet = pd.read_excel('./data/다이어트_트윗.xlsx')
df_tweet.sample(3)
```

	Created At	Hashtags	Tweets	days	hour
542	Sat Jun 04 03:06:18 +0000 2022	NaN	@_kkurrr 혹시 어제 우리 다이어트얘기한거 사찰당한거 아니냐고.. 뼈제대로 맞음..	Sat	3
993	Sat Jun 04 00:56:37 +0000 2022	NaN	S0N1F₩n₩n서울다이어트 주식분석 이성동호회	Sat	0
269	Sat Jun 04 04:26:56 +0000 2022	#WithYou #JIMIN #BTSJIMIN #BTS	RT @angeljimin1313: 지민아 눈아 오늘도 다이어트 실패다 지민이 사진...	Sat	4

다음은 Tweets 열에 저장된 트윗 정보를 전처리하겠습니다.

3.3.7 데이터 전처리: 맞춤법 교정

지금까지 전처리는 특수 문자를 제거하거나 한글만 남기는 전처리를 했습니다. 이번에는 맞춤법 교정을 추가하겠습니다. 맞춤법 교정을 추가하면 지저분한 데이터가 많이 감소하기 때문에 데이터가 깔끔해지는 효과가 있습니다.

주피터 노트북 파일이 있는 폴더에 이 책에서 제공하는 소스 코드의 hanspell 폴더를 복사하여 붙여 넣으세요. hanspell에서 제공하는 맞춤법 교정 기능은 더 이상 pip 명령어로 설치할 수 없기 때문에 따로 복사하여 붙여 넣어야 합니다.

❤ 그림 3-4 hanspell 폴더

 hanspell

완료하면 hanspell을 불러오고 맞춤법을 교정해 보겠습니다.

```
from hanspell import spell_checker

text = "해봤자 안돼는 다이어트 하지말고 저녁이나먹자"
print(spell_checker.check(text)) #❶
```

```
Checked(result=True, original='해봤자 안돼는 다이어트 하지말고 저녁이나먹자', checked=
'해봤자 안되는 다이어트하지 말고 저녁이나 먹자', errors=3, words=OrderedDict([('해봤자',
0), ('안되는', 1), ('다이어트하지', 2), ('말고', 2), ('저녁이나', 2), ('먹자', 2)]),
time=0.24697446823120117)
```

트위터에서 보이는 트윗 하나를 예시 문장으로 했습니다. #❶ 코드를 보면 spell_checker.check() 함수에 예시 문장인 text를 전달합니다. 그럼 맞춤법이 교정된 결과를 출력 결과에서 볼 수 있습니다. 맞춤법을 교정한 문장은 checked에 저장되었네요. 전달한 문장의 모든 맞춤법 오류를 수정하지는 않지만, 대부분 맞춤법은 교정할 수 있습니다. 반환값의 마지막 부분을 보면 time이 있습니다. time은 맞춤법을 교정하는 데 소요된 시간입니다. hanspell은 네이버 한글 맞춤법

검사기로 만든 라이브러리이기 때문에 네이버 서비스를 실시간으로 이용하면서 맞춤법을 교정합니다. 그래서 교정하는 데 시간이 꽤 많이 필요합니다.

hanspell에 대한 필요한 설명은 모두 끝났습니다. 이제 spell_checker 반환값의 모든 결과는 필요 없고, 교정된 문장만 가져오겠습니다.

```
print(spell_checker.check(text).checked)
```

해봤자 안되는 다이어트하지 말고 저녁이나 먹자

맞춤법이 전보다 많이 고쳐졌습니다. 이제 정규 표현식으로 한글만 추출하고 spell_checker로 맞춤법을 교정하겠습니다. 한글을 추출할 때는 여성 커뮤니티 데이터 분석에서 사용한 get_text_only() 함수를 조금 변형해서 사용하겠습니다.

```
def get_kor_text(text):
    """한글만 추출한다"""
    tmp = re.compile('[가-힣]+').findall(str(text))          #❶
    result = ' '.join(tmp)


    return result

df_tweet['re_Tweet'] = df_tweet['Tweets'].apply(lambda x:get_kor_text(x)) #❷
df_tweet.sample(3)
```

	Created At	Hashtags	Tweets	days	hour	re_Tweet
224	Sat Jun 04 04:37:34 +0000 2022	NaN	https://t.co/LejjRWJU4C\n헐 다이어트아이스크림이었어? 어쩐지 옆...	Sat	4	헐 다이어트아이스크림이었어 어쩐지 옆에 탄수화물이 적혀있더라 당이 진짜 적은가봐 메론...
276	Sat Jun 04 04:25:45 +0000 2022	#rt #follow	RT @rj0323_js0205: #rt + #follow \n다이어트 성공하면 1...	Sat	4	다이어트 성공하면 드려요 원하는 만큼 뺐을 때 바로 당발할게요
674	Sat Jun 04 02:22:22 +0000 2022	NaN	RT @keepmxx: 형님 이녀석 하루종일허니콤보 엽떡에중국당면추가마라탕에흑당밀크티...	Sat	2	형님 이녀석 하루종일허니콤보엽떡에중국당면추가마라탕에흑당밀크티당도 무제한제공해서 다이...

#❶: 정규 표현식으로 한글만 모두 남겨 tmp 변수에 저장했습니다. 그리고 리스트로 저장된 tmp를 join()을 사용하여 문자열로 변경하고 반환한 것이 get_kor_text() 함수입니다.

이제 한글만 추출하는 과정은 익숙해졌을 것 같네요.

#❷: get_kor_text() 함수를 람다 함수로 df_tweet에 적용하고 반환값을 re_Tweet 열에 저장합니다.

출력 결과에서 re_Tweet 열을 보면 맞춤법을 심각하게 지키지 않은 트윗들이 보이네요. 이렇게 엉망인 글을 정제하지 않으면 데이터로서 가치가 떨어지므로 맞춤법 교정이 필요합니다.

이제 데이터 가치를 올려 볼까요? 맞춤법을 교정하는 함수를 만들고 만들어진 맞춤법 교정 함수는 람다 함수에 전달하는 순서로 진행합니다.

```python
def checkGrammer(text):
    """맞춤법 교정"""

    txt = spell_checker.check(text)    #❶
    result = txt.checked                #❷

    return result

df_tweet['check_Tweet'] = df_tweet['re_Tweet'].apply(lambda x:checkGrammer(x))
df_tweet.sample(3)
```

re_Tweet	check_Tweet
그게 현명한 방법이죵 돈도 절약할수있고 저는 돈도 돈이지만 다이어트 중이라서 슬퍼요	그게 현명한 방법이죠 돈도 절약할 수 있고 저는 돈도 돈이지만 다이어트 중이라서 슬퍼요
여름 핫하게 집에서 팔운동 방법 어깨운동 동영상 상체 다이어트 운동추천 운동기구 아...	여름 핫하게 집에서 팔운동 방법 어깨 운동 동영상 상체 다이어트 운동 추천 운동기구...
맵드아아아아 원래는 쭈삼 저기에 야채는 안넣고 마요네즈 비벼서 안맵게 먹는데 그래도...	맵드아아아아 원래는 주삼 저기에 야채는 안 넣고 마요네즈 비벼서 안 맵게 먹는데 그...

데이터가 많을수록 교정하는 데 시간이 오래 걸립니다.

#❶: checkGrammer() 함수에 문장(text)이 전달되면 spell_checker.check()로 맞춤법 교정에 관한 반환값을 txt에 저장합니다.

#❷: txt에서 맞춤법 교정이 끝난 문장만 가져와 result에 저장한 것입니다.

람다 함수로 checkGrammer() 함수를 적용했고 반환 결과는 check_Tweet 열에 저장됩니다.

3.3.8 데이터 전처리: 명사 추출

지난번에 사용한 Komoran 형태소 분석기로 트위터에서 명사만 얻은 후 데이터 전처리를 끝내겠습니다.

```
from konlpy.tag import Komoran

komoran = Komoran()

df_tweet.drop_duplicates(subset='check_Tweet', inplace=True)                    #❶

tweet_onesent = " ".join(df_tweet['check_Tweet'].to_list())                     #❷

nouns_tweets = [noun for noun in komoran.nouns(tweet_onesent) if len(noun)>1] #❸
print(nouns_tweets[:3])
```

```
['엄마', '다이어트', '잔소리']
```

트윗에는 광고 목적이나 의도를 알기 어려운 도배 형태의 트윗도 많은 편입니다.

#❶: drop_duplicates() 함수로 check_Tweet 열에서 중복 트윗은 모두 제거합니다.

#❷: check_Tweet 열에 저장된 값을 한 문자열로 만들어 tweet_onesent에 저장합니다.

#❸: Komoran 형태소 분석기를 가져와 nouns() 함수로 tweet_onsent에 있는 모든 명사 중 어절 길이가 1 초과인 명사만 구했습니다.

출력 결과를 보니 2어절인 명사만 보이네요.

3.3.9 데이터 분석: nGram

방금 구한 nouns_tweets에는 명사가 저장되어 있습니다. nGram 분석으로 어떤 주요 내용이 있는지 살펴보겠습니다.

```python
def getGram(tokens, n):
    """분절된 단어를 전달하면 nGram을 반환"""
    bigrams = []

    for i in range(0, int(len(tokens)/n)):
        bigrams.append(tokens[i:i+n])

    ngram_result = pd.DataFrame(data={'nGram':bigrams})
    ngram_result['nGram'] = ngram_result['nGram'].apply(lambda x:" ".join(x))
    ngram_result = ngram_result['nGram'].value_counts().to_frame()
    ngram_result.reset_index(inplace=True)

    return ngram_result

n2gram_result = getGram(tokens=nouns_tweets, n=2)
n3gram_result = getGram(tokens=nouns_tweets, n=3)

display(n2gram_result[:10])
display(n3gram_result[:10])
```

n = 2일 때			n = 3일 때		
	index	nGram		index	nGram
0	다이어트 다이어트	26	0	알바 직원 알바	6
1	직원 알바	9	1	쿠팡 활동 일환	4
2	알바 직원	9	2	활동 일환 일정액	3
3	다이어트 시작	8	3	일환 일정액 수수료	3
4	다이어트 간식	6	4	음식 다이어트 음식	2
5	활동 일환	6	5	다이어트 다이어트 성공	2
6	쿠팡 활동	6	6	운동 뱃살 제거	2
7	다이어트 식단	6	7	다이어트 엄마 다이어트	2
8	다이어트 음식	5	8	뱃살 운동 뱃살	2
9	다이어트 운동	5	9	다이어트 뱃살 운동	2
10	다이어트 건강	5	10	스팅 쿠팡 활동	2
11	강제 다이어트	5	11	링크 스팅 쿠팡	2
12	스타 그램	4	12	일정액 수수료 제공	2
13	추천 다이어트	4	13	다이어트 요즘 다이어트	2
14	다이어트 성공	4	14	상품 링크 스팅	2

nGram을 구하는 getGram() 함수는 지난 데이터 분석에서도 종종 사용했습니다. 함수 구조는 변함이 없습니다. 이 함수에 트윗에서 가져온 명사 nouns_tweets와 n을 전달하면 해당 n에 맞추어 nGram이 반환됩니다. n이 2일 때 nGram은 출력 결과가 왼쪽이고 3일 때는 오른쪽에 해당합니다.

n이 2일 때 더 많은 정보가 있습니다. '다이어트-다이어트' 조합이 26번 나왔습니다. 인스타그램을 뜻하는 '스타-그램'도 네 번 언급되었습니다. 사람들이 다이어트 결과를 인스타그램에 포스팅하는 것을 짐작할 수 있습니다. 그리고 다이어트 과정에서 식단, 간식에 신경을 쓰고 있습니다. 대체로 식단과 운동 다이어트를 병행하고 있네요

nGram이 3일 때는 광고가 많은 편입니다. 상위 빈도를 보면 기업 광고 활동입니다. 사전에 중복 트윗을 없애서 광고를 삭제했음에도 일부 광고는 삭제되지 않았네요. nGram이 3이면 문서를 요약하는 효과가 있습니다. 명사만 추출했지만 다이어트와 연관된 주요 주제를 잘 찾았습니다. 동사와 명사를 함께 추출하는 find_intension_one_text() 함수를 사용하여 다시 nGram을 분석하면 어떤 내용이 나오는지 따로 실습해 보길 권합니다. find_intension_one_text() 함수는 편의점 데이터를 분석할 때 만들었습니다.

끝으로 1장 건강보험공단의 진료 내역 정보 데이터를 분석하고 정리하여 여성들의 주요 건강 이슈를 찾는 분석을 마무리하겠습니다.

3.3.10 국민건강보험공단에서 제공하는 진료 내역 정보 데이터 분석

트위터나 커뮤니티 분석만 하면 분석 폭이 좁기 때문에 전체적인 여성의 상황을 알기 어렵고 신뢰도가 다소 떨어집니다. 그 점을 보완하고자 1장에서 수집했던 진료 내역 정보 데이터(공공 데이터)를 사용하여 분석하겠습니다.

1장에서 우리는 국민건강보험공단에서 제공한 진료 내역 정보 데이터를 전처리하고 분석했던 것을 기억하나요? 기억을 짚어 보면 전처리한 내용으로 사람들이 어떤 병원에 갔는지, 어떤 진단을 받았는지 성별과 연령대로 파악할 수 있었습니다. 그럼 이번에는 여성들을 대상으로 왜 병원에 가는지 파악하면 됩니다. 1장에서 전처리했던 데이터를 불러옵니다.

```
df = pd.read_csv('2020년_진료정보_전처리완료.csv')
df.head(2)
```

	성별코드	연령대코드	진료과목코드	주상병코드	부상병코드	총치병일수	심결본인부담금	진료과목코드_str	진료과목	진단병명	성별	연령대
0	1	17	1	I109	E785	0	1500	1	소화기내과	고혈압(동맥성)(본태성)(원발성)(전신)	남	80대
1	1	17	1	I109	E785	7	1500	1	소화기내과	고혈압(동맥성)(본태성)(원발성)(전신)	남	80대

분석에 필요하지 않은 열도 있네요. 열은 성별, 연령대, 진료 과목, 진단병명을 선택하고 20대부터 50대까지 여성 데이터만 가져오겠습니다.

```
selct_cols = ['성별', '연령대', '진료과목', '진단병명']
df_selct = df[selct_cols]                              #❶

df_female = df_selct[(df_selct['성별']=='여') &\
                     ((df_selct['연령대']=='20대') |\
                      (df_selct['연령대']=='30대') |\
                      (df_selct['연령대']=='40대') |\
                      (df_selct['연령대']=='50대'))]   #❷
df_female.sample(5)
```

	성별	연령대	진료과목	진단병명
8413673	여	40대	소화기내과	상세불명의 급성 기관지염
9255660	여	20대	안과	콩다래끼
4937286	여	20대	이비인후과	만성 기관기관지염
10191168	여	50대	소화기내과	역류식도염
9399945	여	50대	이비인후과	상세불명의 주로 알레르기성 천식

#❶: 필요한 열만 있는 데이터 프레임을 지정한 코드입니다. 이 데이터 프레임을 df_selct로 했습니다.

다음은 여성과 연령대 정보를 선택할 차례입니다.

#❷: 여성이면서 20대 또는 30대, 40대, 50대가 선택 조건입니다. 이 조건으로 데이터를 모두 선택하고 결과를 df_female에 저장했습니다.

다음은 판다스에서 제공하는 pivot_table() 함수로 데이터 교차 분석을 하겠습니다. pivot_table() 함수는 데이터를 교차분석표로 만들 때 사용합니다.

```python
df_female_ca = pd.pivot_table(data=df_female,
                              values='진단병명',            #❶
                              aggfunc='count',            #❷
                              index='진료과목',            #❸
                              columns='연령대')            #❹

df_female_ca.sort_values(by='20대', ascending=False).head(10) #❺
```

연령대 진료과목	20대	30대	40대	50대
내과	95620.0	134645.0	211344.0	377619.0
산부인과	75011.0	125792.0	76641.0	59789.0
정형외과	52167.0	68929.0	133092.0	259573.0
이비인후과	48287.0	71874.0	71711.0	75122.0
피부과	46510.0	40332.0	45657.0	51417.0
안과	33327.0	33712.0	48359.0	79775.0
정신건강의학과	30550.0	28909.0	31831.0	33186.0
외과	12089.0	17755.0	31028.0	46265.0
비뇨기과	10169.0	11482.0	17345.0	23770.0
응급의학과	8170.0	6767.0	6841.0	8200.0

#❶: values 설정은 데이터를 모을 열을 지정합니다.

#❷: aggfunc는 데이터를 모을 때 어떤 함수를 사용할지 지정합니다. count로 지정하여 총 몇 개가 있는지 파악하게 합니다.

#❸: index는 교차분석표의 행을 지정합니다.

#❹: 교차분석표의 열을 지정합니다.

#❺: sort_values()를 사용하여 20대 기준으로 20대가 가장 많이 가는 병원부터 내림차순으로 정리하여 병원 상위 열 개를 확인했습니다.

20대는 내과에 많이 내원하고 다음 산부인과, 정형외과 순으로 방문합니다. 30~40대와는 조금 다른 양상이네요. 각 연령대별로 자주 내원하는 병원 열 개를 찾아봅시다.

```python
df_female_ca_1 = df_female_ca.reset_index()                    #❶

df_female_ca_20 = df_female_ca_1[['진료과목', '20대']]
```

○ 계속

```
                    .sort_values(by='20대', ascending=False)[:10]  #❷
df_female_ca_30 = df_female_ca_1[['진료과목', '30대']]
                    .sort_values(by='30대', ascending=False)[:10]
df_female_ca_40 = df_female_ca_1[['진료과목', '40대']]
                    .sort_values(by='40대', ascending=False)[:10]
df_female_ca_50 = df_female_ca_1[['진료과목', '50대']]
                    .sort_values(by='50대', ascending=False)[:10]


df_female_ca_2030 = pd.merge(df_female_ca_20, df_female_ca_30,
                    on='진료과목', how='outer')              #❸
df_female_ca_2040 = pd.merge(df_female_ca_2030, df_female_ca_40,
                    on='진료과목', how='outer')
df_female_ca_2050 = pd.merge(df_female_ca_2040, df_female_ca_50,
                    on='진료과목', how='outer')


df_female_ca_2050.head(10)
```

연령대	진료과목	20대	30대	40대	50대
0	내과	95620.0	134645.0	211344.0	377619.0
1	산부인과	75011.0	125792.0	76641.0	59789.0
2	정형외과	52167.0	68929.0	133092.0	259573.0
3	이비인후과	48287.0	71874.0	71711.0	75122.0
4	피부과	46510.0	40332.0	45657.0	51417.0
5	안과	33327.0	33712.0	48359.0	79775.0
6	정신건강의학과	30550.0	28909.0	31831.0	33186.0
7	외과	12089.0	17755.0	31028.0	46265.0
8	비뇨기과	10169.0	11482.0	17345.0	NaN
9	응급의학과	8170.0	NaN	NaN	NaN

#❶: reset_index( )로 교차분석표의 인덱스인 진료 과목을 열로 이동시켰습니다.

#❷: 각 연령대에서 자주 내원하는 병원을 열 개씩 찾고 결과는 데이터 프레임으로 따로 저장했습니다.

#❸: 연령대에서 자주 내원하는 병원 결과가 저장된 데이터 프레임 네 개를 merge( ) 함수로 모두 합친 내용입니다. how='outer'로 했기 때문에 합집합으로 데이터를 병합합니다.

결과를 보면 결측치도 있습니다. 각 연령대별 자주 내원하는 진료과목 상위 열 개만 선정해서 데이터를 합쳤기 때문입니다. 30대에서 자주 가는 응급의학과는 상위 열 개에 해당되지 않지만 20대에서는 상위 열 개에 포함됩니다. 이 두 데이터 프레임을 합치면서 응급의학과가 결측치로 처리된 것입니다. 내원을 하지 않았다는 의미는 아니니 해석에 주의하세요.

표로 보니 결과를 직관적으로 이해하기 어렵네요. 시각화해서 결과 데이터를 좀 더 직관적으로 다듬겠습니다. 먼저 판다스에서 제공하는 히트맵(heatmap)으로 빠르고 간단히 시각화하겠습니다.

```
df_female_ca_2050.style.background_gradient(cmap='summer')
```

연령대	진료과목	20대	30대	40대	50대
0	내과	95620.000000	134645.000000	211344.000000	377619.000000
1	산부인과	75011.000000	125792.000000	76641.000000	59789.000000
2	정형외과	52167.000000	68929.000000	133092.000000	259573.000000
3	이비인후과	48287.000000	71874.000000	71711.000000	75122.000000
4	피부과	46510.000000	40332.000000	45657.000000	51417.000000
5	안과	33327.000000	33712.000000	48359.000000	79775.000000
6	정신건강의학과	30550.000000	28909.000000	31831.000000	33186.000000
7	외과	12089.000000	17755.000000	31028.000000	46265.000000
8	비뇨기과	10169.000000	11482.000000	17345.000000	nan
9	응급의학과	8170.000000	nan	nan	nan
10	가정의학과	nan	11211.000000	18972.000000	33302.000000
11	신경외과	nan	nan	nan	27654.000000

보고 싶은 데이터 프레임 뒤에 .style.background_gradient(cmap='summer') 코드를 연결하면 출력 결과처럼 히트맵이 적용되어 좀 더 직관적인 형태의 데이터 프레임을 볼 수 있습니다. 대체로 모든 연령대 여성들은 내과에 자주 내원하고 30대는 산부인과 내원을 자주 합니다. 그리고 정형외과는 모든 연령대가 증가할수록 내원을 자주 합니다. 이 결과를 막대 그래프로 다시 그리겠습니다.

```
df_bargraph = df_female_ca_2050.sort_values(by='20대', ascending=False)
df_bargraph.set_index('진료과목', inplace=True)    #❶

df_bargraph.plot.barh(figsize=(8, 7), width=0.8) #❷
plt.yticks(fontsize=12)
plt.ylabel("진료과목", fontsize=15)
plt.title("20대부터 50대 여성들이 내원하는 상위 진료과목", fontsize=15)
```

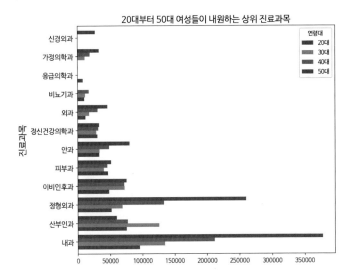

20대 여성이 자주 진료받는 과목을 기준으로 데이터를 정리해서 df_bargraph에 저장했습니다.

#❶: 인덱스는 진료과목으로 설정한 부분입니다.

#❷: 판다스에서 제공하는 그래프 기능입니다. 시각화를 원하는 데이터 프레임에 .plot.barh(figsize=(8, 7), width=0.8)을 이어 붙여 막대 그래프를 그렸습니다.

그래프를 보면 산부인과는 30대가 가장 많이 내원하는 곳입니다. 그리고 나이가 들면 정형외과에 자주 가는 것이 보이네요. 특이한 점은 피부과입니다. 피부과는 나이대와 관계없이 모두 꾸준히 방문하고 있습니다. 나이가 들면 당뇨병, 고혈압 등으로 내과에 자주 내원합니다. 그럼 운동과 다이어트에 관계 있을 법한 정형외과에서는 어떤 병명을 진단받는지 보겠습니다. 간단히 pivot_table로 교차분석표를 작성해서 파악하면 되겠네요.

```
diag_data_s = df_female[df_female['진료과목']=='정형외과']          #❶

diag_data_s_ca = pd.pivot_table(data=diag_data_s, values='진료과목', aggfunc='count',
                                index='진단병명', columns='연령대') #❷
diag_data_s_ca.sort_values(by='30대', ascending=False)[:15].style.
                        background_gradient(cmap='summer')          #❸
```

연령대	20대	30대	40대	50대
진단병명				
경추통, 경부	2424.000000	3319.000000	4501.000000	5316.000000
요추의 염좌 및 긴장	2426.000000	3264.000000	4952.000000	6858.000000
요통, 요추부	2131.000000	3059.000000	4670.000000	7427.000000
경추의 염좌 및 긴장	2032.000000	2692.000000	3854.000000	4015.000000
신경뿌리병증을 동반한 요추 및 기타 추간판장애(G55.1*)	1056.000000	2469.000000	4298.000000	8518.000000
발목의 기타 부분의 염좌 및 긴장	1857.000000	1339.000000	1185.000000	1485.000000
신경뿌리병증을 동반한 경추간판장애	433.000000	956.000000	3567.000000	5934.000000
손톱의 손상이 없는 손가락의 열린상처	843.000000	956.000000	1319.000000	1506.000000
알수없음	794.000000	912.000000	1431.000000	2179.000000
발목의 상세불명 부분의 염좌 및 긴장	1637.000000	910.000000	992.000000	1327.000000
기타 발가락의 골절, 폐쇄성	366.000000	900.000000	874.000000	1603.000000
발목 및 발 부위의 인대의 파열	1065.000000	897.000000	556.000000	649.000000
외측상과염	229.000000	895.000000	5547.000000	7569.000000
무릎의 기타 및 상세불명 부분의 염좌 및 긴장	1008.000000	856.000000	1383.000000	2372.000000
어깨관절의 염좌 및 긴장	492.000000	850.000000	1877.000000	3161.000000

#❶: 정형외과에서 진단받은 내용만 선택했습니다. 선택한 데이터는 diag_data_s에 저장했습니다. 여기에는 20대부터 50대까지 여성이 정형외과에서 받은 진단병명이 저장되어 있습니다.

#❷: 앞서 진행했던 pivot_table()을 사용한 교차분석표입니다.

#❸: 교차분석표 결과를 여성 커뮤니티 주요 연령층에 맞추어 30대를 기준으로 내림차순 정렬을 했습니다.

결과를 보면 30대 대부분은 허리와 목 부분이 불편하여 정형외과에 내원했습니다. 그리고 20대 여성을 포함하여 발목 부상 빈도가 높은 것을 보아 운동과 관계되어 있다는 것을 짐작할 수 있습니다. 연령층을 40대와 50대로 이동해서 관찰하면 발목 염좌 발생 비중(%)은 매우 적지만, 추간 판 장애 같은 허리 디스크 때문에 고통받고 있는 것이 보입니다. 허리 근육을 강화하면 디스크 같은 문제를 어느 정도 해결할 수 있습니다. 30~40대 여성이 미리 허리 근육을 강화하여 허리 디스크 발생을 줄일 수 있도록 좋은 운동법을 안내하면 좋겠습니다.

지금까지 여성 커뮤니티, 트위터, 공공 기관 데이터를 활용하여 여성들의 중요한 건강 이슈를 분석했습니다. 결과를 정리하고 인사이트를 도출하겠습니다.

3.3.11 2040 여성에게 어떤 건강 서비스를 제공하면 좋을까?

건강 관련 이슈를 찾기 위해 커뮤니티 데이터, 트위터, 공공 기관 데이터를 분석했습니다. 각 데이터 분석 결과에서 제안할 내용입니다.

커뮤니티와 트위터 분석 결과

1. 메인 활동 연령층은 30~40대입니다.

2. 주말보다 평일에 더 커뮤니티에 접속하는 편입니다.

3. 다이어트, 운동, 피부 관리가 주요 건강 주제입니다.

4. 다이어트는 식단, 한약제, 운동으로 진행하고 운동할 때는 복장에 신경 쓰면서 주로 필라테스, 헬스, 요가, 걷기 운동을 합니다.

5. 피부과 시술 중 리프팅 시술에 관심이 많으며 콜라겐, 유산균 등을 섭취하고 있습니다.

6. 다이어트를 한 후 인스타그램에 업로드합니다.

공공 기관 데이터 분석 결과

1. 운동 때문에 20대와 30대 여성들의 발목 부상이 많습니다.

2. 50대 여성들은 허리 디스크가 좋지 않습니다.

커뮤니티 분석 인사이트

1. 30대 여성이 좋아할 만한 식재료를 이용하여 손쉽게 식단을 조절할 수 있는 서비스 기획

2. 서비스나 제품을 판매할 때 사은품으로 예쁜 운동복 증정

3. 기획자가 공무원이라면 둘레길처럼 동네에서 걷기 좋은 길을 안내하는 책자 제공

4. 다이어트 제품이나 서비스를 기획한다면 12월에 출시하고, 1월에 대대적인 홍보를 하거나 할인 행사 진행

트위터 분석 인사이트

1. 우리 다이어트 제품/서비스를 이용하는 고객들이 인스타그램에 업로드하면 쿠폰과 쇼핑 포인트를 지급하여 제품/서비스 홍보

2. 다이어트 성공 후 인증 사진을 찍을 때 예쁜 인증 사진을 얻을 수 있도록 스튜디오 소개 또는 스튜디오 제공

공공 기관 데이터 분석 인사이트

1. 운동하는 20대와 30대 여성들의 근육량을 쉽게 증가시킬 수 있는 건강 보조제 기획

2. 운동 관련 제품/서비스를 기획할 때는 유튜브 등을 이용하여 올바른 운동 자세 안내

3. 기획자가 공무원이라면 나이가 들었을 때 허리 디스크를 방지하고자 허리, 목 등 코어 근육의 중요성 안내와 운동 안내 영상 제작

4. 30대부터 골다공증을 방지할 수 있도록 비타민 D 제품 기획

원하는 결과를 얻기까지 다양한 데이터를 활용했습니다. 이 점이 중요합니다. 실무에서 자연어 분석을 시작할 때 데이터를 폭넓게 사용하지 않는다면 근시안적인 결과가 나올 수 있습니다. 그리고 너무 어려운 자연어 분석 기법을 사용하지 않아도 지금처럼 여성들의 건강 이슈를 충분히 얻을 수 있습니다. 중요한 점은 다양한 데이터를 확보하는 것과 이해하기 쉬운 분석 논리를 가지는 것입니다.

머신 러닝을 활용하여 분석한다면 지금보다 좀 더 데이터를 보완할 수 있습니다. 결과를 좀 더 수치화한다고 말하겠습니다. 다음 절에서는 머신 러닝을 활용해서 자연어 분석을 진행하겠습니다.

3.4 내 여자친구 최애 쿠션 찾아 주기

이번 실습은 2장에서 수집한 리뷰 데이터를 분석해서 고객들의 만족 요소를 찾는 것이 목적입니다. 이 과정에서 머신 러닝을 일부 사용할 예정입니다. 사실 머신 러닝을 제대로 설명하려면 두꺼운 책 한 권 정도의 분량이 필요합니다. 하지만 깊게 이해하지 않아도 알고리즘이 작동하는 방식과 사용법만 알면 얼마든지 분석 과정에서 머신 러닝을 이용할 수 있습니다. 앞서 진행한 LDA 분석법도 사실 머신 러닝의 일부인데 충분히 잘 활용했었죠? 원리만 잘 파악하면 어렵지 않습니다. 머신 러닝을 활용하면 기존 분석법에서는 얻을 수 없는 결과를 얻기 때문에 많이 이용합니다. 여러분도 이후에 머신 러닝을 심도 있게 공부하길 바랍니다.

본론으로 들어가 볼까요? 메이크업 제품 중 쿠션 제품은 여자들의 파우치에 하나씩 있을 정도로 많이 판매되는 제품입니다. 많은 화장품 회사가 다양한 쿠션 제품을 출시하고 있지만, 고객에게 좋은 반응을 얻는 제품은 손에 꼽을 정도로 적습니다.

화장품 회사에서 온 의뢰인의 요구를 살펴봅시다.

> 의뢰사항 ≡ "새로운 쿠션 제품을 기획하고 있습니다. 기획할 쿠션 제품은 어떤 기능이 뛰어나야 고객들에게 좋은 반응을 얻을 수 있을까요? 쿠션 제품과 관련된 리뷰를 분석해서 고객들이 원하는 쿠션의 특별한 기능을 찾고 싶습니다."

읽기는 쉬울지 모르나 사실 까다로운 분석 주제입니다. 보통 화장품은 개인 취향과 브랜드 파워에 따라 선택하기 때문입니다. 마치 디자인처럼 누군가에게는 멋진 것이지만 또 다른 누군가에게는 그렇지 않습니다. 하지만 쿠션 제품에서 분명히 잘 팔리는 제품이 있을 것이고 브랜드나 디자인을 제외한 이유가 있을 것 같네요.

1. 쿠션 제품의 트렌드 변화를 연도별로 파악합니다.

2 인기가 많은 쿠션 제품들의 리뷰를 모두 수집합니다.

3. 리뷰에서 주요 키워드를 발굴합니다.

4. 머신 러닝을 활용하여 발굴된 주요 키워드가 제품 평점에 영향을 얼마나 미치는지 확인합니다.

5. 데이터에 숨겨진 주제를 발굴하여 쿠션 구매 배경을 찾아보고 지금까지 발굴한 주요 키워드와 비교합니다.

트렌드 분석을 이용하여 쿠션 변화를 이해하는 것이 먼저입니다. 그리고 제품 리뷰를 분석하고 제품 평점에 영향을 크게 미치는 키워드를 찾을 수 있다면 그 키워드는 해당 제품의 특별한 만족 요소가 될 수 있을 것입니다. 이렇게 분석이 완료되면 분석 의뢰자는 쿠션 정보를 더 많이 알게 되어 좋은 제품을 기획할 수 있을 것입니다.

머신 러닝 부분은 가장 마지막에 진행하고 지금은 첫 번째 단계부터 진행하겠습니다. 2장에서 준비한 파일을 가져옵니다.

3.4.1 데이터 가져오기

2장에서 수집한 데이터를 가져오면 되지만 전체 데이터를 수집하려면 시간이 오래 걸리기 때문에 책에서는 미리 수집한 데이터를 제공합니다. 이 데이터를 내려받아서 사용해 주세요. 해시태그 정보가 저장된 데이터가 저장될 폴더 이름을 makeup_basic_info로 하고, 리뷰 데이터는 makeup_review로 합니다.

필요한 라이브러리를 불러오고 데이터 목록을 가져오겠습니다.

```
import pandas as pd
import os
import re
from ast import literal_eval

#시각화
import matplotlib.pyplot as plt
```

○ 계속

```
%matplotlib inline
plt.rc('font', family='Malgun Gothic')

from IPython.display import set_matplotlib_formats
set_matplotlib_formats('retina')

basic_info_path = './makeup_basic_info/'       #❶
basic_info_files = os.listdir(basic_info_path) #❷

print("제품 기본 정보 데이터 수 :", len(basic_info_files))
```

제품 기본 정보 데이터 수 : 974

#❶: 해시태그, 좋아요 수, 리뷰 수 등 정보가 저장된 데이터 폴더 경로를 볼 수 있습니다.

#❷: os.listdir()에 폴더 경로를 전달하면 해당 폴더에 저장된 모든 파일 이름을 가져올 수 있습니다.

가져올 수 있는 제품 데이터는 974개입니다. 이 데이터 974개를 가져와서 데이터 프레임으로 합치겠습니다. 가져올 때는 read_excel() 함수를 사용하고, 합칠 때는 concat() 함수를 사용합니다.

```
pattern = re.compile(r'^\d+_info\.xlsx$')
basic_info_files = [file for file in os.listdir(basic_info_path) if pattern.match(file)]
df_bsc_inf_tmp = [pd.read_excel(basic_info_path+file) for file in basic_info_files] #❶
df_bsc = pd.concat(df_bsc_inf_tmp)                                                  #❷
df_bsc.reset_index(drop=True, inplace=True)                                         #❸

df_bsc.head(2)
```

	name	tag	likes	num_review	num_photo	url	sale_day
0	7번_제품	['#쿠션파운데이션', '#스킨커버', '#지속력좋은', '#커버력', '#지속력우...	찜291	354	(173건)	https://cr.shopping.naver.com/adcr.nhn?x=NRHIV...	등록일 2022.02.
1	0번_제품	['#촉촉한수분감', '#촉촉한사용감', '#윤기커버', '#부드러운사용감', '#...	찜 4,203	50	(20건)	https://cr.shopping.naver.com/adcr.nhn?x=hgdmo...	등록일 2022.01.

#❶: 파일이 많아서 리스트 컴프리헨션에서 시간이 오래 걸립니다. 약 5~10분 정도가 걸렸습니다. df_bsc_inf_tmp에 저장된 데이터 프레임은 각각 분리되었습니다.

#❷: concat() 함수로 df_bsc에 한 데이터 프레임으로 합쳤습니다. 모든 데이터 프레임을 하나로 연결했기 때문에 df_bsc의 인덱스는 중복되어 있습니다.

#❸: 다시 인덱스를 0부터 지정했습니다.

데이터 프레임을 호출하면 제품 이름, 해시태그, 좋아요 수, 리뷰 수, 포토 리뷰 수, url, 제품 판매일 정보를 순서대로 볼 수 있습니다.

3.4.2 제품 기본 정보 데이터 전처리

우선 다음 명령어를 입력하여 df_bsc를 저장합니다.

```
df_bsc.to_excel(basic_info_path+'basic_info.xlsx', index=False)
df_bsc = pd.read_excel(basic_info_path+'basic_info.xlsx')
```

좋아요 수, 리뷰 수 등 정보를 숫자로 바꾸는 과정을 포함하여 데이터 전처리를 진행하겠습니다.

```
df_bsc.rename(columns={"name":"제품기호",
                       "sale_day":"dates",
                       "tag":"HashTag"}, inplace=True) #❶

def get_digit_only(text):
    """숫자만 추출한다"""
    if text != '없음':
        tmp = re.compile('[0-9]+').findall(str(text))  #❷
        result = ''.join(tmp)                          #❸

        return int(result)                             #❹
    else:
        return 0

print("찜한 수 전처리 결과 예시 :", get_digit_only(text='찜4,203'))
print("리뷰 수 전처리 결과 예시 :", get_digit_only(text='1,221'))
print("포토 리뷰 수 전처리 결과 예시 :", get_digit_only(text='(173건)'))
```

```
찜한 수 전처리 결과 예시 : 4203
리뷰 수 전처리 결과 예시 : 1221
포토 리뷰 수 전처리 결과 예시 : 173
```

#❶: rename() 함수로 열 이름을 좀 더 직관적으로 변경했습니다. 문장에서 숫자만 추출하는 get_digit_only() 함수로 정규 표현식을 구성했고, 새로운 내용은 없습니다.

#**②**: 0에서 9 사이에 해당하는 문자는 모두 가져와서 tmp에 저장합니다.

#**③**: join( ) 함수로 한 문자열로 변경합니다.

#**④**: 함수 반환값은 정수형 숫자입니다. 전달받은 문자열에 아무 숫자가 없다면 0을 반환하는 구조입니다.

함수를 테스트한 것이 출력 결과입니다. 숫자만 추출하여 정수형으로 반환한 것을 볼 수 있습니다. 이제 get_digit_only( ) 함수를 df_bsc에 적용할 차례입니다.

```python
df_bsc['likes'] = df_bsc['likes'].astype('str') #❶
df_bsc['num_review'] = df_bsc['num_review'].astype('str')
df_bsc['num_photo'] = df_bsc['num_photo'].astype('str')


df_bsc['likes'] = df_bsc['likes'].apply(lambda x:get_digit_only(x))
df_bsc['num_review'] = df_bsc['num_review'].apply(lambda x:get_digit_only(x))
df_bsc['num_photo'] = df_bsc['num_photo'].apply(lambda x:get_digit_only(x))
```

#**❶** 코드에서 likes, num_review, num_photo 열에 저장된 값을 문자열로 한 번 더 변환합니다. 변환 후 get_digit_only()를 람다 함수로 적용해서 데이터 전처리를 했습니다.

다음은 dates 열에서 연도와 월 정보를 추출하겠습니다.

```python
df_bsc['dates'] = df_bsc['dates'].apply(lambda x:x.replace('등록일 ', '')) #❶
df_bsc['year'] = df_bsc['dates'].apply(lambda x:x[:4])                      #❷
df_bsc['month'] = df_bsc['dates'].apply(lambda x:x[-3:].replace('.', ''))   #❸

df_bsc.head(2)
```

	제품기호	HashTag	likes	num_review	num_photo	url	dates	year	month
0	7번_제품	['#루션파운데이션', '#스킨커버', '#지속력좋음', '#커버력', '#지속력우...	291	354	173	https://cr.shopping.naver.com/adcr.nhn?x=NRHIV...	2022.02.	2022	02
1	0번_제품	['#촉촉한수분감', '#촉촉한사용감', '#윤기커버', '#부드러운사용감', '#...	4203	50	20	https://cr.shopping.naver.com/adcr.nhn?x=hgdmo...	2022.01.	2022	01

dates 열에 저장된 값의 규칙은 '등록일 YYYY.MM.'입니다. 값에서 '등록일'은 필요 없습니다.

#**❶**: replace( ) 함수로 제거하여 YYYY.MM.을 남겨 줍니다.

#**❷**: YYYY.MM. 문자열의 인덱스 3까지 선택하여 year 열에 저장하는 내용입니다.

#**❸**: 월 정보를 선택하고 불필요한 마침표(.)를 제거하여 month 열에 저장합니다.

df_bsc를 호출하면 해시태그를 제외한 나머지는 전처리가 끝납니다.

이쯤에서 월별 쇼핑몰에 등록되는 쿠션 제품 수를 보겠습니다. 쿠션 제품이 잘 팔리는 월에 쿠션 제품이 판매 등록되기 때문입니다. 어떤 계절에 잘 팔릴까요?

```
x = df_bsc['month'].value_counts().sort_index().index  #①
y = df_bsc['month'].value_counts().sort_index().values  #②

plt.title('메이크업 쿠션 제품 월별 등록 현황')
plt.bar(x, y)                                           #③
plt.xlabel('월')
plt.ylabel('등록수')
```

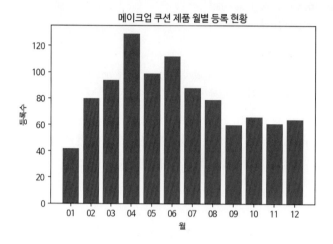

#①, #②: 저장된 정보는 월과 해당 월에 판매 등록된 제품 수입니다.

#③: 막대 그래프를 그렸습니다. 그래프를 보면 3월부터 7월까지 판매 등록된 제품이 많습니다. 쿠션 제품은 날씨가 좋고 선선한 봄부터 초여름에 많이 출시되는 것을 알았습니다.

다음은 HashTag 열에 저장된 값을 전처리하여 분석하기 좋은 형태로 변경하겠습니다.

3.4.3 해시태그 전처리

앞서 출력된 결과에서 HashTag 열에 저장된 값은 리스트일까요? 아니면 문자열일까요?

	제품기호	HashTag
0	7번_제품	['#쿠션파운데이션', '#스킨커버', '#지속력좋은', '#커버력', '#지속력우...
1	0번_제품	['#촉촉한수분감', '#촉촉한사용감', '#윤기커버', '#부드러운사용감', '#...

리스트로 보이지만 사실 문자열입니다. HashTag 열에 저장된 값을 호출해 보면 type()을 사용하지 않아도 문자열인 것을 확인할 수 있습니다.

다음 코드를 입력하여 HashTag 열에 저장된 값을 자세히 살펴봅시다.

```
df_bsc['HashTag'][0]
```

'['#쿠션파운데이션', '#스킨커버', '#지속력좋은', '#커버력', '#지속력우수', '#지속력이좋은', '#매끈한피부', '#광채피부', '#쿠션팩트', '#촉촉한타입']'

HashTag 열에 저장된 해시태그 정보는 따옴표(')로 감싼 문자열 타입입니다. 문자열 타입을 리스트로 변환하고 리스트에 저장된 값을 데이터 프레임으로 저장하면 되겠네요. 양 끝의 따옴표(')를 제거할 때 가장 편한 방법은 literal_eval() 함수를 사용하는 것입니다. 이 함수는 양 끝의 값을 삭제하는 기능을 제공합니다.

```
tags = literal_eval(df_bsc['HashTag'][0])
tags
```

```
['#쿠션파운데이션',
 '#스킨커버',
 '#지속력좋은',
 ...생략...
```

literal_eval() 함수로 해시태그를 리스트 타입으로 변경하는 방법을 찾았습니다.

for 문으로 df_bsc 데이터 프레임의 행을 하나씩 가져와 독립된 데이터 프레임으로 따로 저장하고, 독립된 데이터 프레임들을 모두 하나로 합쳐 데이터 전처리 과정을 마치겠습니다.

```
df_bsc_tmp = []                          #❶
for i in range(df_bsc.shape[0]):         #❷
    tags = literal_eval(df_bsc['HashTag'][i]) #❸
    df_tmp = pd.DataFrame({"제품기호":df_bsc['제품기호'][i],
                           "dates":df_bsc['dates'][i],
                           "HashTag":tags,
                           "likes":df_bsc['likes'][i],
                           "num_review":df_bsc['num_review'][i],
                           "num_photo":df_bsc['num_photo'][i],
                           "year":df_bsc['year'][i],
                           "month":df_bsc['month'][i]
                           })            #❹
    df_bsc_tmp.append(df_tmp)

df_bsc_rslt = pd.concat(df_bsc_tmp)       #❺

df_bsc_rslt.head(3)
```

	제품기호	dates	HashTag	likes	num_review	num_photo	year	month
0	7번_제품	2022.02.	#쿠션파운데이션	291	354	173	2022	02
1	7번_제품	2022.02.	#스킨커버	291	354	173	2022	02
2	7번_제품	2022.02.	#지속력좋은	291	354	173	2022	02

#❶: df_bsc_tmp는 for 문에서 만들어진 df_tmp 데이터 프레임이 저장되는 변수입니다.

#❷: for 문 범위는 데이터 처음부터 끝인 974까지입니다.

#❸: 해시태그가 리스트 타입으로 변형되고 tags에 저장됩니다.

#❹: df_tmp 데이터 프레임이 선언됩니다. 데이터 프레임 구성은 제품기호, dates, HashTag 등으로 df_bsc 데이터 프레임 구성과 동일합니다.

#❺: 만들어진 df_tmp는 df_bsc_tmp에 저장되고 concat() 함수로 하나의 데이터 프레임으로 연결됩니다.

이것으로 해시태그 등 제품 기본 정보가 저장된 데이터의 전처리는 끝났습니다. 결과를 저장하겠습니다.

```
df_bsc_rslt.to_excel(basic_info_path+'basic_info_result.xlsx')
```

다음은 전처리한 데이터에서 해시태그를 연도별로 분석하여 쿠션 트렌드를 파악해 보겠습니다.

3.4.4 해시태그 분석으로 제품 트렌드 변화 관찰

메이크업 트렌드는 변화가 빠른 편이기 때문에 최근 3년 동안 어떤 변화가 있었는지 관찰하는 것을 목표로 하겠습니다. 2019년부터 2021년까지 데이터를 살펴보겠습니다. 지난 실습에서 보았듯이 수집한 데이터에는 제품마다 해시태그가 있습니다. 시장에 잘 팔리는 인기 제품에도 해시태그가 있고 잘 팔리지 않는 제품에도 해시태그가 있습니다. 그럼 잘 팔리는 제품이 더 시장 트렌드에 맞으니 해당 제품의 해시태그에는 가중치를 주면 더 좋지 않을까요? 지난 실습 때와 마찬가지로 판다스 rank()와 cut()을 사용하여 가중치를 먼저 구하겠습니다. 좋아요 수, 리뷰 수, 포토 리뷰 수가 많은 제품에 더 높은 가중치를 부여하는 것이 목적입니다.

Note ≡ **qcut과 cut 차이**

qcut()은 범위를 나눌 때 범위가 서로 다르지만 범위에 포함되는 객체 수는 동일합니다. 반대로 cut()은 범위는 서로 동일하지만 범위에 포함되는 객체 수는 서로 다릅니다.

▼ 그림 3-6 qcut과 cut 차이점

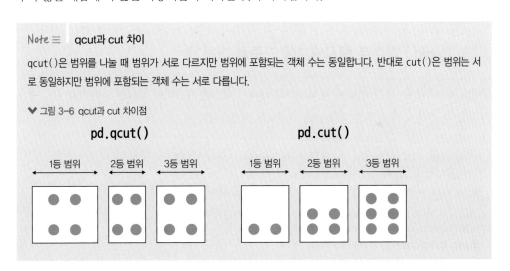

새롭게 주피터 노트북 파일을 만듭니다. 필요한 라이브러리를 가져오고(import) 앞서 저장한 basic_info_result.xlsx 파일도 불러오겠습니다.

```
import pandas as pd
import os
import re
from ast import literal_eval

#시각화
import matplotlib.pyplot as plt
```

○ 계속

```
%matplotlib inline
plt.rc('font', family='Malgun Gothic')

from IPython.display import set_matplotlib_formats
set_matplotlib_formats('retina')

basic_info_path = './makeup_basic_info/'
df_bsc_rslt = pd.read_excel(basic_info_path+'basic_info_result.xlsx').iloc[:,1:]
```

> Note ≡ 새롭게 파일을 만들 때는 필요한 라이브러리는 지난 실습에 있던 라이브러리를 그대로 import 명령어로 가져오면 됩니다. 새롭게 파일을 만들지 않고 지난 실습 파일에 이어서 진행해도 상관없습니다.

이렇게 데이터를 불러왔으니 본격적으로 분석해 봅시다.

3.4.5 Rank( ) 함수로 해시태그에 가중치 더하기

좋아요 수, 리뷰 수, 포토 리뷰 수를 대상으로 rank() 함수를 적용하여 랭크를 구하겠습니다. 랭크를 구할 때 리뷰 수가 클수록 랭크 값도 커지도록 하겠습니다.

```
likes_rank = df_bsc_rslt['likes'].rank(method='dense')     #❶
review_rank = df_bsc_rslt['num_review'].rank(method='dense')
photo_rank = df_bsc_rslt['num_photo'].rank(method='dense')

rank = likes_rank + review_rank + photo_rank               #❷
df_bsc_rslt['rank'] = review_rank
df_bsc_rslt.sample(2)
```

	제품기호	dates	HashTag	likes	num_review	num_photo	year	month	rank
1882	214번_제품	2022.04.	#윤기커버	789	0	0	2022	4	1.0
1006	122번_제품	2022.06.	#진정케어	1427	122	85	2022	6	100.0

#❶: rank() 함수로 좋아요 수에 따라 랭킹을 구해서 likes_rank에 저장했습니다. 아래 review_rank, photo_rank도 내용이 동일합니다.

#❷: 랭킹 세 개를 합해서 rank 변수에 저장했습니다.

rank 변수는 rank 열에 저장됩니다. 데이터 프레임을 출력해 보면 좋아요 수, 리뷰 수, 포토 리뷰 수가 많은 제품의 랭킹 값이 더 높은 것을 볼 수 있네요. 이제 이 rank 열을 cut() 함수를 사용하여 구획 열 개로 나누겠습니다.

```
import numpy as np

df_bsc_rslt['weight'] = pd.cut(df_bsc_rslt['rank'], 10, labels=np.arange(1,11)) #❶
df_bsc_rslt.sample(2)
```

	제품기호	dates	HashTag	likes	num_review	num_photo	year	month	rank	weight
5103	597번_제품	2021.06.	#청순메이크업	10841	453	171	2021	6	170.0	7
6652	774번_제품	2021.10.	#고커버	560	36	23	2021	10	37.0	2

#❶ 코드에서 cut() 함수로 rank 열에 저장된 값을 구획 열 개로 나누고 구획 값을 가중치로 하여 weight 열에 저장했습니다. 결과를 보면 시장에서 인기가 있는 제품의 weight 값이 더 큰 것을 볼 수 있습니다. 이제 해시태그를 분석할 때 인기 있는 제품의 해시태그는 weight 값만큼 더 반복하면 됩니다. 그럼 인기 있는 제품의 해시태그 빈도는 더 증가할 것입니다.

사용량이 많은 해시태그를 구해서 메이크업 쿠션에서는 보통 어떤 표현을 자주 사용하는지 연도 별로 관찰하겠습니다.

```
df_bsc_rslt['weight'] = df_bsc_rslt['weight'].astype('int')     #❶

df_tag_2019 = df_bsc_rslt[df_bsc_rslt['year']==2019]            #❷
df_tag_2020 = df_bsc_rslt[df_bsc_rslt['year']==2020]
df_tag_2021 = df_bsc_rslt[df_bsc_rslt['year']==2021]

tag_2019 = list(df_tag_2019['HashTag']*df_tag_2019['weight'])  #❸
tag_2019 = "".join(tag_2019).split('#')                        #❹

tag_2020 = list(df_tag_2020['HashTag']*df_tag_2020['weight'])
tag_2020 = "".join(tag_2020).split('#')

tag_2021 = list(df_tag_2021['HashTag']*df_tag_2021['weight'])
tag_2021 = "".join(tag_2021).split('#')

tag_2019[-3:]                                                   #❺
```

```
['앰플커버', '앰플커버', '앰플커버']
```

weight 열에 저장된 데이터 타입은 카테고리 타입입니다.

#❶: 카테고리 타입을 정수형으로 변경했습니다.

#❷: 연도별로 데이터 프레임을 따로 분리 저장했습니다.

#❸: 가중치만큼 해시태그를 반복하는 내용입니다. 가중치만큼 반복된 해시태그를 리스트로 저장합니다.

#❹: 해시태그를 기준으로 split하여 결과를 tag_2019에 저장했습니다.

#❺: tag_2019에 저장된 값 세 개를 호출하니 해시태그가 저장되어 있습니다.

이제 이 해시태그의 출현 빈도를 Counter() 함수로 세어 보겠습니다.

3.4.6 해시태그 빈도 및 기울기 구하기

3년간 사용량이 증가한 해시태그와 사용량 자체가 많은 해시태그를 구하겠습니다.

```
from collections import Counter

df_tag_2019 = pd.DataFrame(Counter(tag_2019).most_common(),
                    columns=['해시태그','빈도_19년'])            #❶
df_tag_2020 = pd.DataFrame(Counter(tag_2020).most_common(),
                    columns=['해시태그','빈도_20년'])
df_tag_2021 = pd.DataFrame(Counter(tag_2021).most_common(),
                    columns=['해시태그','빈도_21년'])

prcnt_19y = (df_tag_2019['빈도_19년']/df_tag_2019['빈도_19년'].sum()) * 100   #❷
prcnt_20y = (df_tag_2020['빈도_20년']/df_tag_2020['빈도_20년'].sum()) * 100
prcnt_21y = (df_tag_2021['빈도_21년']/df_tag_2021['빈도_21년'].sum()) * 100

df_tag_2019['빈도(%)_19년'] = np.round(prcnt_19y, 2)            #❸
df_tag_2020['빈도(%)_20년'] = np.round(prcnt_20y, 2)
df_tag_2021['빈도(%)_21년'] = np.round(prcnt_21y, 2)

df_tag_1920 = pd.merge(df_tag_2019, df_tag_2020, on='해시태그', how='outer')  #❹
df_tag_1921 = pd.merge(df_tag_1920, df_tag_2021, on='해시태그', how='outer')

df_tag_1921[['해시태그', '빈도(%)_19년', '빈도(%)_20년',
        '빈도(%)_21년']][:20].sort_values(by='빈도(%)_21년', ascending=False) #❺
```

	해시태그	빈도(%)_19년	빈도(%)_20년	빈도(%)_21년
6	지속력좋은	1.67	1.99	2.85
1	촉촉한쿠션	2.91	2.17	2.21
12	인생템	1.30	2.22	1.78
10	쿠션파운데이션	1.30	1.11	1.52
17	보송보송한메이크업	1.24	0.83	1.44
9	파운데이션인생템	1.36	1.67	1.40
18	커버쿠션	1.18	1.69	1.26
0	커버력좋은쿠션	2.97	0.66	1.18
8	보송보송한쿠션	1.42	1.16	1.10

코드가 길지만 반복된 내용일 뿐이라 구성은 간단합니다.

#❶: Counter( ) 함수로 해시태그 빈도 결과를 데이터 프레임으로 저장했습니다.

#❷: 해당 연도에서 해당 해시태그 등장 비율(%)을 구해서 prcnt_19y 변수에 저장했습니다.

#❸: 빈도(%)_19년 열에 prcnt_19y를 소수점 2자리로 저장해 주었습니다.

#❹: 이 코드를 20년, 21년 데이터 프레임에도 적용해 주고 merge( ) 함수로 각 연도별 데이터 프레임을 합쳐 줍니다.

#❺: 등장 빈도가 높은 상위 20개 해시태그를 빈도(%)_21년 열을 기준으로 내림차순 정리합니다.

출력된 데이터 프레임을 보겠습니다.

해시태그 '촉촉한쿠션, 지속력좋은'은 항상 상위에 있는 것이 보입니다. 시간이 흘러도 변하지 않는 쿠션 트렌드는 '촉촉함'과 '지속력'으로 파악할 수 있습니다. '커버력'과 관련된 해시태그는 감소 추세로 보이네요.

이번에는 연도별로 빠르게 증가하는 해시태그를 찾아봅시다.

```
slopes = []

for i, j, k in zip(df_tag_1921['빈도(%)_19년'],
                   df_tag_1921['빈도(%)_20년'],
                   df_tag_1921['빈도(%)_21년']):        #❶
    try:
        slope = np.polyfit([i,j,k], [19,20,21], 1)      #❷
        slopes.append(slope[0])                         #❸
    except:
        slopes.append(0)                                #❹
```

🔁계속

```
df_tag_1921['기울기'] = slopes                              #❺

df_tag_1921['빈도합계'] = df_tag_1921['빈도_19년'] +\
                         df_tag_1921['빈도_20년'] +\
                         df_tag_1921['빈도_21년']          #❻

df_tag_1921[(df_tag_1921['빈도합계']>=50) & (df_tag_1921['기울기']>0)]
            .sort_values(by='기울기', ascending=False) #❼
```

	해시태그	빈도_19년	빈도(%)_19년	빈도_20년	빈도(%)_20년	빈도_21년	빈도(%)_21년	기울기	빈도합계
114	광채피부	5.0	0.31	18.0	0.45	44.0	0.47	10.526316	67.0
106	자연스러운	6.0	0.37	12.0	0.30	47.0	0.51	6.122449	65.0
136	촉촉한선쿠션	3.0	0.19	13.0	0.33	48.0	0.52	6.014581	64.0
53	보송보송한	9.0	0.56	27.0	0.68	87.0	0.94	5.035336	123.0
50	파운데이션쿠션	10.0	0.62	20.0	0.51	71.0	0.76	4.458599	101.0

연도별로 빠르게 증가한 해시태그를 찾고자 해시태그 기울기를 구하겠습니다. 2019년도보다 2020년, 2021년에 증가했다면 기울기는 양수 값이 됩니다.

#❶: 빈도(%)_19년, 빈도(%)_20년, 빈도(%)_21년 열에 저장된 값을 for 문으로 가져옵니다.

#❷: 넘파이의 polyfit() 함수에 각 연도별 빈도(%), 연도, 1을 전달하면 해시태그 기울기를 1차원 방정식으로 구할 수 있습니다.

#❸: 기울기를 구했고 구한 기울기 값은 slopes 변수에 append()로 저장했습니다.

#❹: 특정 연도에 사용하지 않은 해시태그는 기울기를 구할 수 없습니다. 이때는 기울기(slope)를 0으로 처리했습니다.

#❺: 모든 해시태그의 기울기 값이 저장된 slopes는 기울기 열에 저장했습니다.

#❻: 추가로 연도별 해시태그 빈도 합계를 구해서 빈도합계 열에 저장합니다. 해시태그 빈도 합계를 구한 이유는 2019년에는 한 번 등장했지만 2021년에는 30번 등장할 수도 있기 때문입니다. 그럼 큰 기울기 값을 가지게 되지만 2019년에는 한 번만 등장했기 때문에 의미 있는 해시태그로 받아들이기 어렵습니다. 그래서 등장 빈도도 높고 기울기 값도 큰 해시태그를 찾으려고 빈도합계 열을 추가한 것입니다.

#❼: 빈도 합계가 50 이상이고 기울기가 양수인 해시태그를 모두 호출했습니다.

책에는 해시태그 상위 다섯 개만 보이지만, 실습한 컴퓨터 화면에는 더 많은 결과를 볼 수 있습니다. 주로 '광채, 자연스러움, 수분, 보송보송'에 관한 해시태그가 상위에 있습니다.

지금까지 분석한 해시태그를 바탕으로 쿠션은 '피부를 광채 있게, 자연스러우면서 수분감이 있거나 보송보송한 쿠션'이 최근 트렌드입니다. 그리고 공통으로 '지속력과 촉촉함'이 꼭 필요하네요.

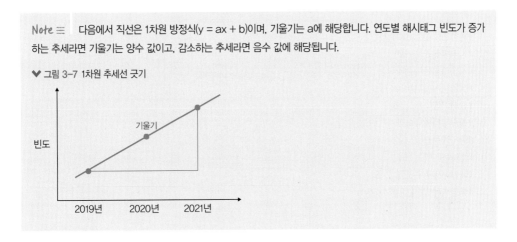

Note ☰ 다음에서 직선은 1차원 방정식($y = ax + b$)이며, 기울기는 a에 해당합니다. 연도별 해시태그 빈도가 증가하는 추세라면 기울기는 양수 값이고, 감소하는 추세라면 음수 값에 해당됩니다.

▼ 그림 3-7 1차원 추세선 긋기

3.4.7 주요 제품 열 개 찾아보기

잘 팔리는 제품 상위 열 개의 해시태그를 살펴보겠습니다. 다음은 rank 열을 기준으로 제품 상위 열 개를 확인할 수 있습니다.

```
df_bsc_rslt.sort_values(by='rank',
                        ascending=False).drop_duplicates(subset='제품기호')
[:10]
```

이제 제품 상위 열 개를 기준으로 해시태그를 살펴봅시다.

```
df_top10 = df_bsc_rslt[df_bsc_rslt['제품기호'].str.contains('907번_제품') |\
                df_bsc_rslt['제품기호'].str.contains('63번_제품') |\
                df_bsc_rslt['제품기호'].str.contains('564번_제품') |\
                df_bsc_rslt['제품기호'].str.contains('670번_제품') |\
                df_bsc_rslt['제품기호'].str.contains('68번_제품') |\
                df_bsc_rslt['제품기호'].str.contains('94번_제품') |\
                df_bsc_rslt['제품기호'].str.contains('174번_제품') |\
                df_bsc_rslt['제품기호'].str.contains('460번_제품') |\
                df_bsc_rslt['제품기호'].str.contains('337번_제품') |\
```

🔾 계속

```
df_bsc_rslt['제품기호'].str.contains('312번_제품')]
```

```
Counter(df_top10['HashTag'].tolist()).most_common(10)
```

```
[('#촉촉한쿠션', 10),
 ('#지속력좋은', 8),
 ('#지속력좋은파운데이션', 7),
 ('#생기넘치는피부', 7),
 ('#광채가빛나는', 6),
 ('#출근부터밤약속까지', 6),
 ('#화사한쿠션', 6),
 ('#빛나는피부', 5),
 ('#매일매일촉촉하게', 5),
 ('#투명하게빛나는피부', 5)]
```

str.contains() 함수로 제품 상위 열 개의 정보가 있는 데이터 프레임을 df_top10으로 분리했습니다. 그리고 빈도를 계산하면 트렌드 상위 열 개가 쿠션 제품의 공통 속성인 지속력, 촉촉함을 유지하면서 광채, 화사함 등 최근 트렌드를 이끌고 있는 것이 보이네요.

트렌드 분석이 끝났으니 다음은 리뷰 분석으로 고객 반응을 살펴보겠습니다.

3.4.8 리뷰 데이터 불러오기

리뷰 파일을 가져오겠습니다. 새롭게 주피터 노트북을 만들고 필요한 라이브러리를 가져옵니다.

```
import pandas as pd
import os

review_path = './makeup_review/'
review_files = os.listdir(review_path)

len(review_files)
```

974

제품 리뷰가 총 974개 있습니다. 제품 리뷰 974개를 데이터 프레임 하나로 합치겠습니다.

```python
df_rvw_tmp = [pd.read_excel(review_path+file)
              for file in review_files if "_review.xlsx" in file]
df_rvw = pd.concat(df_rvw_tmp)
df_rvw.reset_index(drop=True, inplace=True)
df_rvw.head(3)
```

	review_date	review_score	reviews	name	url	price
0	22.01.02.	평점4	빠른배송과 사은품 감사합니당	8_번제품	https://cr.shopping.naver.com/adcr.nhn?x=6%2Fb...	28,500
1	21.06.21.	평점5	블랙쿠션 그전꺼도 좋았는데 리뉴얼된것 역시나 넘넘 좋아용!	8_번제품	https://cr.shopping.naver.com/adcr.nhn?x=6%2Fb...	28,500
2	없음	없음	없음	8_번제품	https://cr.shopping.naver.com/adcr.nhn?x=6%2Fb...	28,500

파일 수가 많아서 계산 완료까지 약 2분 정도 소요됩니다. 미리 파일을 하나로 합친 makeup_review.xlsx 파일을 불러와 사용하기 바랍니다.

```python
df_rvw = pd.read_excel(review_path+'makeup_review.xlsx')
```

데이터를 하나씩 가져와 데이터 프레임으로 변환하고 concat() 함수로 합쳐 데이터 프레임 하나로 만들었습니다. 일부 열에는 '없음'이 저장되었습니다. 데이터가 없기 때문인데 review 열 기준으로 '없음'이 저장된 행은 제외하겠습니다.

```python
df_rvw = df_rvw[df_rvw['review']!='없음']
df_rvw.head(3)
```

	score	review	date	url	price
0	평점5	커버력이 좋아요^^	21.09.27.	https://cr.shopping.naver.com/adcr.nhn?x=04Rxo...	52,250
1	평점5	쿠션 하나 샀을 뿐인데 사은품이 한가득이네요. 스킨로션에 크림이랑 클렌징 오일, 클...	21.07.27.	https://cr.shopping.naver.com/adcr.nhn?x=04Rxo...	52,250
2	평점5	여욱시 헤라 블랙쿠션 진짜 이거 쓰면 다룬거 절대 못써용	21.08.31.	https://cr.shopping.naver.com/adcr.nhn?x=04Rxo...	52,250

본격적인 리뷰 분석에 앞서 몇 월에 리뷰가 많이 생성되었는지 보겠습니다. 제품 등록일은 날씨가 좋은 3월부터 7월이었는데요. 리뷰 작성 월도 동일할까요?

```python
date = 'YY.MM.DD.'
print('월 정보 :', date[3:5])
```

월 정보 : MM

리뷰 작성일 정보는 YY.MM.DD. 형태로 저장되어 있습니다. 리스트 인덱스를 활용하면 간단히 월 정보(MM)를 얻을 수 있습니다. 패턴을 찾았으니 람다 함수로 review_date 열에서 월 정보를 얻겠습니다. 그리고 어떤 월에 리뷰가 많은지 그래프로 확인하겠습니다.

```
#시각화
import matplotlib.pyplot as plt
%matplotlib inline
plt.rc('font', family='Malgun Gothic')

from IPython.display import set_matplotlib_formats
set_matplotlib_formats('retina')

df_rvw['month'] = df_rvw['review_date'].apply(lambda x:x[3:5]) #❶
df_rvw['month'].value_counts().sort_index().plot.bar()         #❷

plt.xticks(rotation=0)
plt.xlabel('월', size=15)
plt.ylabel('리뷰수', size=15, rotation=0)
```

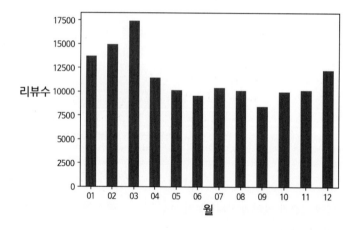

#❶: 람다 함수로 월 정보를 추출하여 month 열에 저장했습니다.

#❷: 판다스에서 제공하는 그래프 기능으로 막대 그래프를 그립니다. 판다스 그래프 기능은 matplotlib과 호환이 잘 되어 있습니다.

제품 등록 월과 달리 리뷰는 12월부터 3월에 많이 생성되었네요. 제품 판매를 등록할 때 가급적 9월부터 11월까지 미리 하거나 늦어도 2월에 판매 등록을 해야 매출이 상승하겠네요.

3.4.9 형태소 분석을 이용하여 리뷰에서 의도 찾기

지난 실습에서 형태소 분석을 유용하게 잘 이용했습니다. 형태소 분석을 이용하면 형태소 품사 정보를 얻을 수 있었는데요, 이제 이쯤에서 형태소 품사 종류를 살펴볼 차례입니다. 국어에서 정한 품사는 정해져 있지만 형태소 분석기마다 품사 표현이 다릅니다. 이번 분석에서는 키위 형태소 분석기를 사용할 것이기 때문에 키위에서 정리한 품사 종류를 보겠습니다.

▼ 표 3-3 키위 형태소 분석기의 품사 종류

대분류	태그	설명
체언(N)	NNG	일반 명사
	NNP	고유 명사
	NNB	의존 명사
	NR	수사
	NP	대명사
용언(V)	VV	동사
	VA	형용사
	VX	보조 용언
	VCP	긍정 지시사(이다)
	VCN	부정 지시사(아니다)
관형사	MM	관형사
부사(MA)	MAG	일반 부사
	MAJ	접속 부사

부사는 글을 쓴 목적을 강조하는 데 주로 활용하기 때문에 리뷰에서 자주 사용하는 강조어를 찾는다면 부사 또한 중요한 정보가 됩니다. 리뷰를 요약하고 작성 의도만 찾는다면 체언과 용언을 사용하면 됩니다.

지난 실습에서 체언과 용언을 추출할 때 사용한 find_intension() 함수를 다시 가져와 조금 수정하겠습니다.

```python
from kiwipiepy import Kiwi

kiwi = Kiwi()
def find_nouns_verb_adject(text):
    """입력된 문장에서 명사, 동사 추출해 리스트로 반환"""

    tokens = kiwi.tokenize(text)

    target_idxs = []
    target_words = []
    for idx, wrd in enumerate(tokens):
        if 'NN' in wrd.tag:                      #❶
            if len(wrd.form) > 1:
                target_words.append(wrd.form)
                target_idxs.append('noun')
        elif wrd.tag.startswith('V'):            #❷
            tmp_form = wrd.form + "다"
            target_words.append(tmp_form)
            target_idxs.append('verb')

    return target_words, target_idxs

def find_intension_one_text(words, words_tag):
    """문장 내 의도를 나타내는 단어를 추출한다"""
    Intensions = []
    for idx, tag in enumerate(words_tag):
        try:
            if tag == 'verb':
                word = "".join(words[idx-1:idx+1])
                intensions.append(word)
            elif (tag=='noun') and (words_tag[idx+1]!='verb'):
                intensions.append(words[idx])
        except:
            intensions.append(words[idx])

    return intensions

def find_intension(text):
    """입력된 문장에서 의도를 찾아서 반환한다"""
    target_words, target_idxs = find_nouns_verb_adject(text)
    intensions = find_intension_one_text(target_words, target_idxs)
    return " ".join(intensions)                  #❸
```

🔾 계속

```
sample_sent = '이번에 출시한 신제품은 촉촉하고 가벼워서 좋아요'

find_intension(sample_sent)                    #❹
```

이번 출시 제품가볍다 가볍다좋다

#❶: 키위 형태소 분석기가 문장을 형태소 분석하고 품사가 체언(명사)에 해당하는 경우를 가져옵니다.

#❷: 품사가 'V'로 시작하는 용언(동사)에 해당하는 단어를 분리 추출하는 과정이 지난 실습과 달라졌습니다.

#❸: 리스트로 전달받는 intensions 변수를 문자열로 변경하여 반환시킵니다.

#❹: find_intension() 함수를 실행합니다. 임의 리뷰 문장을 전달하여 함수를 실행하고 반환된 값을 보면 명사와 동사가 추출되었고, 리뷰 의도를 해치지 않으면서 정보를 압축할 수 있었습니다.

이제 df_rvw의 reviews 열에 find_intension() 함수를 적용하여 리뷰 의도를 얻겠습니다. 결과까지 얻기에 시간이 오래 걸리기 때문에 결과를 얻었다면 CSV 파일로 저장해서 동일한 과정을 반복하지 않도록 합니다.

```
df_rvw['리뷰_의도'] = df_rvw['reviews'].apply(lambda x:find_intension(x))
df_rvw.to_csv(review_path+'makeup_review_fin.csv', index=False)
df_rvw_1 = df_rvw.copy()
df_rvw_1.head(2)
```

	review_date	review_score	reviews	name	url	price	month	리뷰_의도
0	22.01.02.	평점4	빠른배송과 사은품 감사합니당	8_번제품	https://cr.shopping.naver.com/adcr.nhn?x=6%2Fb...	28,500	1	배송 사은품 감사
1	21.06.21.	평점5	블랙쿠션 그전꺼도 좋았는데 리뉴얼된것 역시나 넘넘 좋아용!	8_번제품	https://cr.shopping.naver.com/adcr.nhn?x=6%2Fb...	28,500	6	블랙 쿠션좋다 리뉴얼좋다

리뷰_의도 열에 reviews 내용을 압축하여 담았습니다. 이제 다음은 nGram 분석으로 주요 키워드를 파악하겠습니다.

3.4.10 nGram으로 키워드 파악

nGram은 주요 키워드를 파악할 때 가장 빠르고 쉽게 파악할 수 있는 분석 툴이라고 했습니다. 리뷰_의도 열에 저장된 값을 문자열로 바꾸고 어떤 키워드가 등장하는지 관찰합시다.

```python
def getGram(tokens, n):
    """분절된 단어를 전달하면 nGram을 반환"""
    bigrams = []
    for i in range(0, int(len(tokens))):
        tmp = tokens[i:i+n]
        if len(tmp) > 1:
            bigrams.append(tmp)

    ngram_result = pd.DataFrame(data={'nGram':bigrams})
    ngram_result['nGram'] = ngram_result['nGram'].apply(lambda x:" ".join(x))
    ngram_result = ngram_result['nGram'].value_counts().to_frame()
    ngram_result.reset_index(inplace=True)

    return ngram_result

tokens = " ".join(df_rvw_1['리뷰_의도'].tolist()).split()    #❶
bigram_rvw = getGram(tokens=tokens, n=2)                    #❷

display(bigram_rvw[:20])
display(bigram_rvw[20:40])
display(bigram_rvw[40:60])
```

index	nGram		index	nGram		index	nGram
0	배송빠르다 빠르다좋다	1922	20	만족쓰다 쓰다있다	468	40	인생 쿠션이다	386
1	좋다좋다 좋다좋다	1570	21	좋다쓰다 쓰다있다	461	41	수정 화장	382
2	쓰다보다 보다좋다	1558	22	여름쓰다 쓰다좋다	456	42	건성 피부이다	378
3	피부좋다 좋다보이다	994	23	샘플챙기다 챙기다주다	456	43	수정 화장하다	364
4	마스크묻다 묻다나다	940	24	묻다나다 나다않다	455	44	구매 만족	356
5	쓰다보다 보다않다	927	25	만족 만족	452	45	커버 지속	341
6	구매 의사있다	851	26	쓰다보다 보다이다	449	46	쓰다보다 보다괜찮다	341
7	배송 감사	811	27	가격 대비	448	47	커버 지속좋다	340
8	사용 제품이다	799	28	쓰다보다 보다싶다	443	48	만족 구매	339
9	피부 표현	732	29	피부 표현예쁘다	441	49	쿠션 사용	336
10	리필 구매	685	30	이다쓰다 쓰다보다	441	50	마스크묻어나다 묻어나다않다	336
11	블랙 쿠션	684	31	쓰다있다 있다좋다	433	51	블랙 쿠션쓰다	334
12	쿠션쓰다 쓰다보다	666	32	처음쓰다 쓰다보다	432	52	구매 배송빠르다	333
13	커버되다 되다좋다	632	33	만족 배송빠르다	432	53	커버되다 되다같다	326
14	쓰다좋다 좋다같다	622	34	제품이다 이다좋다	423	54	사용하다 하다보다	319
15	좋다쓰다 쓰다보다	523	35	쿠션 유목민이다	409	55	사은품챙기다 챙기다주다	319
16	쓰다보다 보다하다	505	36	비글 로우	402	56	네오 쿠션	317
17	쓰다이다 이다좋다	497	37	지성 피부이다	401	57	마스크묻다 묻다않다	311
18	쓰다보다 보다알다	487	38	번째 구매이다	400	58	피부 표현되다	306
19	헤라 블랙	487	39	자연 피부	388	59	보다쓰다 쓰다보다	305

#❶: 리뷰_의도 열에 저장된 값을 nGram으로 분석할 수 있는 형태로 변경했습니다.

#❷: 변형한 값을 getGram( )에 전달하여 nGram(n=2)을 구했습니다.

상위 60개 nGram(n=2)을 살펴보겠습니다. 보통 가장 빈번하게 나타나는 표현들은 대체로 키워드로는 매력도가 떨어집니다. 모두 공통으로 말하는 내용이기 때문입니다. 상위 표현들을 제외하고 나머지 nGram에서 키워드를 살펴보면 '마스크 관련, 커버력 관련, 여름용 관련, 피부 표현, 수정 화장' 등입니다. 대체로 쿠션을 쓰고 난 후 마스크에 묻지 않아서 만족한 고객 반응이 많습니다. 그런데 '좋다'는 표현이 자주 보이는데, 이 '좋다'는 무엇이 좋다는 것일까요?

3.4.11 표현의 숨겨진 의미 찾기

이 '좋다'는 표현 앞뒤로 어떤 단어가 있는지 알면 좀 더 의미를 파악하기 쉽습니다.

```python
def print_center_words(center_word, dataframe, column_name, n):
    """특정 단어를 중앙에 위치하고 앞뒤 단어 n개 출력"""
    dataframe[column_name] = dataframe[column_name].astype('str')

    #어절 길이가 1이면 삭제
    review_stpwrds = []
    for review in dataframe[column_name]:
        review_tokens = [token for token in review.split() if len(token)>1]    #❶
        review_join = " ".join(review_tokens)
        review_stpwrds.append(review_join)

    rvws = [rvw for rvw in review_stpwrds if center_word in rvw]

    #앞뒤 n개 단어를 가져온다
    for rvw in rvws:
        rvw_split = rvw.split()
        for idx, token in enumerate(rvw_split):                                #❷
            if center_word in token:
                front_part = " ".join(rvw_split[idx-n:idx])
                end_part = " ".join(rvw_split[idx+1:idx+n+1])
                joined_parts = front_part + " " + center_word + \
                               " " + end_part                                   #❸
                len_joined_parts = joined_parts.split()
                if len(len_joined_parts) == (n*2+1):
                    print("{0} '\x1b[1;31m{1}\x1b[0m' {2}".format(front_part,
                        center_word, end_part))

print_center_words(center_word='좋다', dataframe=df_rvw_1,
                column_name='리뷰_의도', n=4)                                   #❹
```

...생략...

화장오다 오다바르다 바르다좋다 좋다미치다 '좋다' 생각들다 단점 시간지나다 지속
쿠션펴다 펴다바르다 바르다두드리다 밀착좋다 '좋다' 건성이다 걱정뜨다 뜨다않다 않다바르다
구매 의사없다 앰플들다 들다있다 '좋다' 좋다얇다 얇다바르다 바르다드럽다 드럽다무너지다
의사없다 앰플들다 들다있다 발림좋다 '좋다' 얇다바르다 바르다드럽다 드럽다무너지다 무너지다어쩌다
있다속다 속다치다 치다사다 사다보다 '좋다' 커버 생각되다 마스크쓰다 하루있다
생각되다 마스크쓰다 하루있다 있다벗다 '좋다' 다음 쿠션사다 사다쓰다 쓰다같다
예정이다 이다나오다 나오다쓰다 쓰다있다 '좋다' 좋다달다 팩트 고민 고민말다
이다나오다 나오다쓰다 쓰다있다 있다좋다 '좋다' 팩트 고민 고민말다 말다시키다
...생략...

print_center_words() 함수는 의미를 알 수 없는 단어를 가운데에 두고 해당 단어 앞뒤에 있는 단어 n개를 출력하여 의미를 파악하게 합니다. 코드 구성이 길어 블록 단위로 설명하겠습니다.

#❶ 블록: 전달한 데이터 프레임에서 문자열을 가져와 띄어쓰기를 기준으로 쪼개 토큰으로 변형합니다. 토큰 길이가 2 이상인 토큰, 특정 단어가 포함된 단어만 rvws에 저장합니다.

#❷ 블록: rvws에 저장된 문자열에서 특정 단어 앞뒤에 있는 단어 n개를 가져와 화면에 출력합니다.

#❸: #❷ 블록의 joined_parts가 특정 단어 중심에 있고, 앞뒤 단어 n개가 저장된 부분입니다.

#❹: 이 함수 가운데에 위치할 특정 단어를 지정하고 전달할 데이터 프레임, 열 이름과 n=4로 지정하여 특정 단어 앞뒤에 있는 단어 네 개를 출력합니다.

결과를 보면 '좋다' 의미를 파악할 수 있습니다. 일부 내용을 출력하여 의미를 부여하면 '쿠션을 바르면 예쁘게 무너지고, 얇게 발리고, 밀착력이 좋다'는 의미를 파악할 수 있습니다. 그런데 출력 내용이 너무 많습니다. 전부 출력하기보다는 자주 등장하는 표현만 출력하는 것이 좋겠습니다. 자주 등장하는 표현을 파악하려면 Counter() 함수로 빈도를 먼저 계산합니다.

```
from collections import Counter

rvw_tokens = " ".join(df_rvw_1['리뷰_의도'].tolist()).split()  #❶
common_words = Counter(rvw_tokens).most_common()               #❷

common_words_dict = {common_words[i][0]:common_words[i][1]
                      for i in range(len(common_words))}        #❸

common_words_dict
```

```
{'구매': 13409,
 '만족': 12777,
 '쓰다보다': 12500,
 '쿠션': 12094,
 '피부': 9650,
 '커버': 8934,
 ...생략...
```

#❶: 리뷰_의도 열에 저장된 값을 모두 가져와 토큰 형태로 만들었습니다.

#❷: Counter() 함수로 토큰 빈도를 구합니다.

#❸: 토큰 빈도를 딕셔너리 컴프리헨션으로 저장했습니다.

common_words_dict는 딕셔너리 타입으로, 키는 토큰이고 값은 등장 빈도입니다. 이 사전을 이용하여 '좋다' 표현이 포함된 리뷰를 정렬할 때는 각 토큰의 빈도 합이 가장 큰 리뷰를 찾아 합계 순서대로 리뷰를 정렬하면 됩니다.

```python
def print_center_words_2(center_word, dataframe, column_name, n):
    """특정 단어를 중앙에 위치하고 앞뒤 단어 n개 출력"""
    dataframe[column_name] = dataframe[column_name].astype('str')

    #어절 길이가 1이면 삭제
    review_stpwrds = []
    for review in dataframe[column_name]:
        review_tokens = [token for token in review.split() if len(token)>1]
        review_join = " ".join(review_tokens)
        review_stpwrds.append(review_join)

    rvws = [rvw for rvw in review_stpwrds if center_word in rvw]

    #앞뒤 n개 단어를 가져온다
    review_results = []
    for rvw in rvws:
        rvw_split = rvw.split()
        for idx, token in enumerate(rvw_split):
            if center_word in token:
                front_part = " ".join(rvw_split[idx-n:idx])
                end_part = " ".join(rvw_split[idx+1:idx+n+1])
                joined_parts = front_part + " " + center_word + " " + end_part
                len_joined_parts = joined_parts.split()
                if len(len_joined_parts) == (n*2+1):
                    review_results.append(joined_parts)           #❶

    #어절 빈도를 계산한다
    all_words_counts = []
    for result in review_results:                                 #❷
        count = 0
        for t in result.split():
            cnt = common_words_dict[t]                            #❸
            count += cnt                                          #❹
        all_words_counts.append(count)

    df_count = pd.DataFrame(data={"특정단어_포함한_리뷰":review_results, "빈도":all_words
                     _counts}).sort_values(by='빈도', ascending=False) #❺

    return df_count
```

함수를 조금 변형했습니다. 변형된 내용을 중심으로 살펴봅시다.

#❶: 특정 단어가 포함된 표현을 review_results에 저장합니다.

#❷ 블록: review_results를 가져와 각 리뷰에 저장된 표현의 등장 빈도를 구하는 내용이 아래 for 문입니다. review_results에 저장된 리뷰를 하나씩 가져오고 split() 함수로 토큰화합니다.

#❸: 토큰을 common_words_dict에 전달하고 해당 토큰의 등장 빈도를 얻어 cnt 변수에 저장합니다.

#❹: 등장 빈도를 count에 계속 더해 줍니다. for 문이 종료되면 review_results에 저장된 표현들의 등장 빈도 합계를 구할 수 있습니다.

#❺: 리뷰와 등장 빈도를 데이터 프레임으로 변환하고 빈도 열을 중심으로 내림차순으로 정렬하여 df_count 데이터 프레임을 반환하는 것으로 계산이 끝납니다.

특정 단어는 '좋다'로 고정하고 다시 만든 print_center_words_2를 실행하겠습니다.

```
df_count = print_center_words_2(center_word='좋다', dataframe=df_rvw_1,
                                column_name='리뷰_의도', n=4)

df_count[:10]
```

	특정단어_포함한_리뷰	빈도
1710	만족 라이브 방송통하다 구매 좋다 가격저렴하다 만족 사용 구매	61758
13427	컨실러쓰다 정도 만족 커버되다 좋다 피부 표현되다 구매 만족	57203
13446	피부 피부이다 이다쓰다 쓰다보다 좋다 구매 사은품챙기다 챙기다주다 만족	56398
765	감사쓰다 쿠션 피부 자연올라가다 좋다 좋다같다 구매 구매 건강	55467
3055	쿠션 관심많다 사람이다 이다좋다 좋다 쓰다보다 만족 제품없다 쿠션	54737
20680	쓰다보다 지속좋다 구매 배송빠르다 좋다 퍼프 추가 구매 구매싶다	54667
19514	제품 풀핏 쿠션 커버좋다 좋다 쿠션 사용 커버 부분	54169
4947	쿠션 사용 뮤드 쿠션 좋다 밀착되다 아침 쿠션 사용	53716
9307	좋다같다 사용 프라이머 사용 좋다 좋다같다 만족 구매 의사있다	53060
13288	쓰다보다 보다좋다 리필 구매 좋다 커버좋다 만족 우체국 택배이다	52346

행의 상위 열 개를 출력했습니다. 대체로 커버력, 자연스러움, 밀착 등에 '좋다'를 표시했네요. 좀 더 아래 행을 출력하면 '얇게 발린다, 촉촉해서 좋다'는 내용도 등장합니다. '좋다'고 한 리뷰를 정리하면 다음과 같습니다.

1. 커버력이 좋다.

2. 밀착력이 좋다.

3. 마스크에 묻어나지 않아서 좋다.

4. 피부 표현력이 좋다.

5. 여름에 사용하기 좋다.

6. 발림성이 좋다.

7. 얇게 발려서 좋다.

8. 촉촉해서 좋다.

쿠션을 구매한 고객이 사용하고 좋았던 점을 분석해서 정리할 수 있었습니다. 그런데 아직 문제가 남았습니다. 고객이 좋다고 표현한 내용 중에서 어떤 것이 중요할까요? 쿠션 제품을 새롭게 개발했는데, 모두 다 좋다고 광고할 수는 없는 노릇입니다. 어떤 부분을 강조해야 사람들이 구매할까요?

3.4.12 머신 러닝을 활용하여 중요한 내용 찾기

같은 표현을 사용하더라도 어떤 사람은 제품 평점에 5점을 남기기도 하고 2점을 남기기도 합니다. 평점을 남기게 하는 표현을 찾게 된다면 그 표현은 중요도가 높다고 할 수 있습니다. 이 과정은 머신 러닝을 사용해야 하며, 그 전에 머신 러닝에 적합한 형태가 되도록 데이터 프레임을 전처리해야 합니다.

전처리 과정은 다음과 같습니다. 리뷰에서 평점이 4점 이상이면 1로, 3점 이하면 0으로 분류합니다. 그리고 각 리뷰에서 주요 표현(예 커버력, 촉촉, 지속 등)이 등장한 빈도를 세겠습니다. 그럼 데이터 프레임은 다음 예시처럼 됩니다.

▼ 표 3-4 데이터 전처리 결과 예시

name	리뷰에서 커버력 빈도	촉촉함 등장 빈도	지속력 등장 빈도	label(4점 이상: 1)
8번_제품	3	0	7	1
8번_제품	1	0	0	0
…	…	…	…	…
n번_제품	4	6	0	1

데이터 전처리

get_digit_only() 함수를 다시 사용합니다. 이 함수를 사용하여 df_rvw_1의 review_score 열에서 숫자만 얻겠습니다.

```python
import re

def get_digit_only(text):
    """숫자만 추출한다"""
    if text != '없음':
        tmp = re.compile('[0-9]+').findall(str(text))
        result = ''.join(tmp)

        return int(result)
    else:
        return 0

def labeling_review(score):
    """3 이상이면 1 반환"""
    if score > 3:
        return 1
    else:
        return 0

df_rvw_1['review_score'] = df_rvw_1['review_score'].apply(lambda
                            x:get_digit_only(x))   #❶
df_rvw_1['label'] = df_rvw_1['review_score'].apply(lambda
                    x:labeling_review(x))          #❷
df_rvw_1.sample(1)
```

review_score	reviews	name	url	price	month	리뷰_의도	label
2	아베다가 더 좋은것 같아요	701_번제품	https://cr.shopping.naver.com/adcr.nhn?x=urlg4...	8,900	12	베다좋다 좋다같다	0

#❶: get_digit_only() 함수를 람다 함수로 적용하여 평점 정보에서 숫자만 추출해서 다시 review_score 열에 저장했습니다.

#❷: review_score가 4 이상이면 1로 처리하고 3 이하면 0으로 처리하여 분류 값을 label 열에 저장했습니다.

지금까지 한 결과를 저장해 둡니다.

```
df_rvw_1.to_csv(review_path+'쿠션리뷰_임시저장.csv', index=False)
```

다음은 리뷰에서 주요 표현들 등장 빈도를 셀 차례입니다. 쿠션에서 등장한 표현 '커버력'이나 '밀착력', '얇게 발림'은 사실 제품 사용감에 포함되는 단어입니다. 리뷰에서 사용감과 관련된 단어의 등장 빈도를 세 보겠습니다.

```
#사용감
use_function = ['커버', '밀착', '얇', '사용', '부드', '부들', '매끈', '광채', '간편']

#성분
ingre_function = ['위해', '주의', '성분', '순한', '자극']

#가격
price_function = ['가성', '가격', '할인', '세일']

#마스크
mask_function = ['마스크', '코로나']

#시원함
cool_function = ['여름', '시원', '상큼']

#수분
water_function = ['촉촉', '수분', '보습', '건조', '푸석']

cushion_funcs = [use_function, ingre_function, price_function,
                 mask_function, cool_function, water_function] #❶

def count_func(review, function):
    """리뷰와 기능을 넣으면 기능이 언급된 수를 센다"""
    text_tokens = str(review).split()
    cnt = 0

    for token in text_tokens:
        for f in function:
            if f in token:
                cnt += 1

    return cnt

text = "커버력 좋다 밀착력 가격 가성비 좋다 수분감 있다"
```

⟳ 계속

```
use_cnt = count_func(text, use_function)
print('리뷰에서 사용감 등장 빈도 :', use_cnt)
```

리뷰에서 사용감 등장 빈도 : 2

#❶ 코드에 주요 키워드에 관계된 표현과 관계 있는 단어 목록을 저장했습니다. 사용감 또는 성분에 관계된 단어는 더 많겠지만, 효율적으로 분석하려고 자주 사용하는 표현 일부만 저장했습니다. 부족하다면 Counter() 함수로 다빈도 단어를 찾아 그 안에서 단어를 찾으면 됩니다.

count_func() 함수는 리뷰와 쿠션 속성 관련 단어를 넣어 주면 해당 단어가 등장한 빈도를 세어 반환합니다. 임의로 '커버력 좋다 밀착력 가격 가성비 좋다 수분감 있다'는 리뷰를 count_func() 함수에 사용감 단어 목록과 함께 전달하면 2가 반환됩니다. 커버와 밀착 단어가 하나씩 있기 때문입니다.

이제 count_func() 함수를 적용하여 데이터를 얻겠습니다.

```
from tqdm import tqdm_notebook

column_names = ['사용감 속성', '성분 속성', '가격 속성',
                '마스크 속성', '시원함 속성', '수분 속성']    #❶
count_df = pd.DataFrame(columns=column_names)          #❷

for review in tqdm_notebook(df_rvw_1['리뷰_의도']):        #❸
    funcs_cnt = []
    for f in cushion_funcs:
        cnt = count_func(review, f)                       #❹
        funcs_cnt.append(cnt)
    series = pd.Series(funcs_cnt, index=count_df.columns)
    count_df = count_df.append(series, ignore_index=True)

count_df.head(2)
```

	사용감 속성	성분 속성	가격 속성	마스크 속성	시원함 속성	수분 속성
0	0	0	0	0	0	0
1	0	0	0	0	0	0

분석까지 시간이 좀 걸립니다. 필자 PC에서는 약 10분 정도 소요되었습니다.

#❶: 각 단어 목록을 대표하는 단어들입니다.

#❷: 이 단어들은 뒤에서 만든 count_df의 열 이름으로 사용됩니다.

#❸: df_rvw_1의 리뷰_의도 열에 저장된 값을 하나씩 가져와 #❹ 코드의 count_func( )에 전달하여 반환값은 count_df에 저장됩니다.

결과에서 59490 인덱스 값의 행을 보면 사용감과 관련된 언급은 한 번 있습니다. 그렇다면 어떤 리뷰는 사용감이나 성분 같은 주제를 언급하지 않을 수도 있습니다. 예를 들어 '배송이 빨라서 좋아요' 같은 리뷰입니다. 이런 종류의 데이터는 필요하지 않기 때문에 삭제하는 것이 좋습니다. 이런 데이터를 삭제하려고 모든 열 값의 합계인 sum 열을 만들고 label 정보를 더하겠습니다.

```
count_df['sum'] = count_df.sum(axis=1)        #❶

count_df['name'] = df_rvw_1['name']           #❷
count_df['label'] = df_rvw_1['label'].values #❸
count_df = count_df[count_df['sum']!=0]        #❹
count_df.sample(3)
```

	사용감 속성	성분 속성	가격 속성	마스크 속성	시원함 속성	수분 속성	sum	name	label
59490	1	0	0	0	0	0	1.0	533_번제품	1
18590	0	1	0	0	0	0	1.0	179_번제품	1
61153	0	0	0	1	0	0	1.0	570_번제품	1

#❶: count_df 데이터 프레임에 저장된 값을 가로 방향으로 합해서 sum 열에 값을 저장했습니다.

#❷, #❸: count_df에 제품 정보와 label 정보를 더했습니다. label 정보를 붙일 때 values를 붙인 이유는 df_rvw_1['label']에 저장된 데이터 타입을 보존해서 count_df에 연결하기 위해서입니다.

#❹: sum 열에 저장된 값이 0이 아닌 행만 추출합니다.

지금까지 한 내용을 모두 저장하고 데이터 전처리를 마무리합니다.

```
count_df.to_csv(review_path+'머신러닝용데이터셋.csv', index=False)
```

데이터 표준화

지금 준비한 count_df 데이터 프레임을 곧바로 다양한 머신 러닝 모델에 학습시킬 수 있지만 결과는 좋아지지 않습니다. 각 열에 저장된 데이터 범위가 각기 다르기 때문입니다. 따라서 가치 있는 결과를 얻으려면 데이터 값 범위를 조절할 필요가 있습니다.

이를 위해 책에서는 **표준화**라는 방법을 사용합니다. 표준화(standardization)는 데이터 평균을 0으로 하고 데이터 값이 분산된 정도를 1로 하는 값으로 변환하는 작업입니다. 모든 머신 러닝 모델은 0에서 1 사이에 해당하는 값 범위가 전달되었을 때 가장 높은 효율을 보이므로, 표준화로 데이터 범위를 조절한 후 머신 러닝 모델에 학습시키겠습니다. 데이터를 표준화하는 과정이 어렵지 않아서 코드 자체도 간단하지만, sklearn 라이브러리에서 제공하는 StandardScaler() 함수를 사용하면 더 간단하게 표준화할 수 있습니다.

▼ 그림 3-8 데이터 표준화 처리 전후 비교

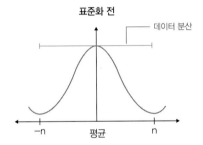

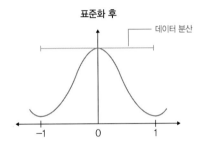

표준화를 하면 기존 데이터의 분산 정도를 유지하면서 값을 변환시키기 때문에 데이터에 이상하게 입력된 수치(이상치)(outlier)가 있어도 머신 러닝 계산 결과에 영향을 미치는 정도가 작습니다.

> Note ≡ 데이터 표준화와 함께 자주 사용하는 정규화(normalization)는 서로 다른 데이터 열의 크기를 0과 1 사이로 통일하려고 하는 전처리 작업입니다. 어떤 열은 길이 정보를, 또 다른 열은 가격 정보를 담고 있다면 정규화 작업을 하여 데이터를 동일한 범위로 조정해야 합니다. 머신 러닝을 할 때 데이터 범위가 1과 −1 사이에 있다면 좋은 결과를 얻을 수 있습니다.

```
from sklearn.preprocessing import StandardScaler

count_df = pd.read_csv(review_path+'머신러닝용데이터셋.csv')

scaler = StandardScaler()                                    #❶
scaler.fit(count_df.iloc[:,:-3])                             #❷
```

❍ 계속

```
count_data_scaled = scaler.transform(count_df.iloc[:,:-3])          #❸
df_count_scaled = pd.DataFrame(count_data_scaled,
                               columns=count_df.iloc[:,:-3].columns) #❹

print("****각 열 평균값****")
print(df_count_scaled.mean())
print("\n****각 열 분산값****")
print(df_count_scaled.std())
```

```
****각 열 평균값****
사용감 속성   -7.164404e-17
성분 속성    -2.990360e-17
가격 속성     1.162918e-17
마스크 속성   -1.661311e-18
시원함 속성    4.765886e-17
수분 속성     2.907294e-17
dtype: float64


****각 열 분산값****
사용감 속성    1.000007
성분 속성     1.000007
가격 속성     1.000007
마스크 속성    1.000007
시원함 속성    1.000007
수분 속성     1.000007
dtype: float64
```

#❶: 데이터 표준화를 하려고 StandardScaler() 함수를 가져와 scaler에 저장했습니다.

#❷, #❸: 커버 열부터 수정 열까지 데이터를 표준화했습니다.

#❹: 결과를 데이터 프레임으로 저장합니다.

각 열의 평균과 분산 값을 출력하면 평균은 0, 분산은 1입니다. 그런데 표준화를 했다면 그 데이터는 어떤 형태로 변화할까요? 잠시 **정규 분포**(normal distribution)를 알아봅시다. 정규 분포는 데이터가 평균을 중심으로 좌우 대칭인 형태로 분포합니다. 예를 들어 남성의 평균 발 크기가 260mm라면 260mm를 중심으로 +/- 30mm 형태로 데이터가 구성되는데, 이 평균 발 크기에 대한 데이터 분포가 정규 분포가 되는 것입니다. 데이터를 표준화하면 데이터 분포가 정규 분포와 가까워집니다. 하지만 표준화를 했다고 모두 정규 분포가 되는 것은 아닙니다.

데이터 분포가 정규 분포인지 확인하기

정규 분포 외에는 모두 평균값을 중심으로 좌우가 비대칭인 분포를 보입니다. 통계에서는 비대칭인 정도를 계산하여 값으로 이야기하며, 이 비대칭인 정도를 가리켜 **skew**라고 합니다. 보통 skew가 1 이상이면 비대칭이 심하다고 간주합니다. 좌우가 서로 완벽히 대칭인 정규 분포는 skew가 0이라고 할 수 있겠죠. 이 점을 이용하여 여기에서는 skew를 계산했을 때 1 이하면 데이터 분포가 정규 분포라고 간주할 수 있습니다.

표준화까지 완료한 df_count_scaled의 skew를 계산하여 각 열에 저장된 값의 비대칭 정도를 파악하고, skew가 1 이상인 열들은 정규 분포로 변환하면서 데이터 전처리를 마무리하겠습니다 (#❶). skew를 계산해 주는 기능은 사이파이(scipy)라는 라이브러리에서 제공하므로 우선 이 라이브러리를 불러온 후 이어서 코드를 입력합니다.

```
from scipy.stats import skew

skew_features = df_count_scaled[df_count_scaled.columns].apply((lambda x:skew(x))) #❶

print(skew_features)
```

```
사용감 속성    5.494426
성분 속성     7.989992
가격 속성     3.246385
마스크 속성    4.455505
시원함 속성    4.778867
수분 속성     4.861973
dtype: float64
```

각 열에 저장된 데이터는 모두 비대칭입니다. 그중에서 성분, 사용감 열에 저장된 데이터 분포는 비대칭 정도가 심합니다. 저장된 값을 로그 변환하여 정규 분포에 가깝도록 만들겠습니다.

```
df_count_scaled[skew_features.index] =
            np.log1p(df_count_scaled[skew_features.index])

print('성분 열에 저장된 데이터 비대칭 정도 :', skew(df_count_scaled['성분 속성']))
print('사용감 열에 저장된 데이터 비대칭 정도 :', skew(df_count_scaled['사용감 속성']))
```

```
성분 열에 저장된 데이터 비대칭 정도 : 3.2015589314701938
사용감 열에 저장된 데이터 비대칭 정도 : -0.49247774661448507
```

로그 변환(np.log1p)을 하면 비대칭된 정도가 어느 정도 감소합니다. 계속 반복하면 데이터가 또 다르게 왜곡되므로 로그 변환은 한 번만 합니다. 확실히 왜곡 정도가 심했던 성분 열과 사용감 열에 저장된 데이터 분포의 왜곡이 줄었습니다.

이제 df_count_scaled 데이터 프레임을 학습용 데이터셋과 시험용 데이터셋으로 나누겠습니다.

학습용 데이터셋과 시험용 데이터셋

학습용 데이터셋은 머신 러닝이 학습하는 용도로 사용되고, 시험용 데이터셋은 머신 러닝이 학습한 결과를 테스트하는 용도로 사용됩니다. 보통 전체 데이터의 70~80%를 학습용으로 준비합니다.

```
from sklearn.model_selection import train_test_split

df_count_scaled_input = df_count_scaled[['사용감 속성', '성분 속성', '가격 속성',
                                        '마스크 속성', '시원함 속성', '수분 속성']]

X_train, X_test, y_train, y_test = train_test_split(df_count_scaled_input,
                                count_df['label'], test_size=0.2, random_state=0)
```

train_test_split()에 데이터셋, 데이터 라벨, 시험용 데이터셋 비율, random_state를 지정합니다. 여기에서는 test_size=0.2, 즉 전체 데이터에서 시험용 데이터셋은 20%로 했습니다. train_test_split() 함수는 데이터를 분류할 때 한 번 무작위로 섞습니다. random_state는 섞는 방식을 지정하는 것입니다. 0으로 지정했다고 해서 특이한 방법을 섞는 것은 아닙니다. 0으로 지정된 방법으로 데이터를 섞어 주는 것뿐입니다.

y_train에 저장된 데이터 분포를 살펴보겠습니다.

```
y_train.value_counts()
```

```
1    49810
0     4935
Name: label, dtype: int64
```

1은 4만 9810개고, 0은 4935개입니다. 리뷰는 대체로 4점 이상을 부여하기 때문에 이런 데이터 불균형이 생겼습니다. 지금처럼 데이터가 불균형할 때 생기는 문제는 머신 러닝 모델 결과가 지나치게 우수하게 나온다는 것입니다. 이것을 **과적합**이라고 합니다. 이 데이터 불균형 문제를 보완하겠습니다.

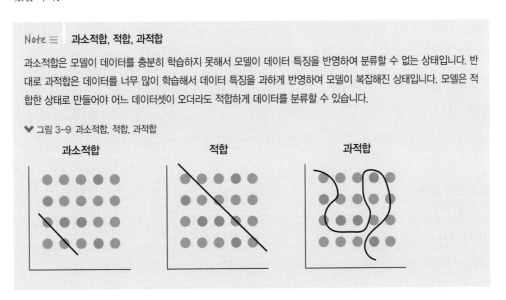

Note ≡ **과소적합, 적합, 과적합**

과소적합은 모델이 데이터를 충분히 학습하지 못해서 모델이 데이터 특징을 반영하여 분류할 수 없는 상태입니다. 반대로 과적합은 데이터를 너무 많이 학습해서 데이터 특징을 과하게 반영하여 모델이 복잡해진 상태입니다. 모델은 적합한 상태로 만들어야 어느 데이터셋이 오더라도 적합하게 데이터를 분류할 수 있습니다.

▼ 그림 3-9 과소적합, 적합, 과적합

과소적합   적합   과적합

오버샘플링

데이터 균형이 맞지 않을 때 서로 동일한 양으로 맞추는 방법에 오버샘플링(oversampling)과 언더샘플링(undersampling)이 있습니다. 오버샘플링은 부족한 데이터를 증식시켜 데이터 균형을 1:1로 맞추는 방식이고, 언더샘플링은 반대로 많은 데이터를 삭제하여 데이터 균형을 1:1로 만들어 주는 방식입니다. 언더샘플링은 너무 과도하게 정보가 소실되는 문제가 있어 잘 사용하지 않습니다.

오버샘플링을 위해 SMOTE(Synthetic Minority Over-sampling TEchnique)를 사용하겠습니다. 적은 데이터 세트에 있는 데이터들을 약간만 변형하고 증식시켜 줍니다. SMOTE는 imblearn 라이브러리에 있습니다.

```
!pip install imblearn
from imblearn.over_sampling import SMOTE

smote = SMOTE(random_state=0)                                      #❶
X_train_over, y_train_over = smote.fit_resample(X_train, y_train) #❷
y_train_over.value_counts()
```

```
0    49810
1    49810
Name: label, dtype: int64
```

#❶: SMOTE 클래스를 가져왔습니다.

#❷: SMOTE의 fit_resample( ) 함수를 불러오고 전달할 값으로 학습용 데이터셋을 전달하면 끝입니다. 반환되는 값은 X_train_over, y_train_over로 저장했습니다.

y_train_over에 저장된 데이터를 보면 데이터양은 서로 1:1인 상태로 확인됩니다.

머신 러닝에 전달할 데이터는 모두 잘 준비되었네요. 여기까지 데이터 전처리가 끝났으니 머신 러닝으로 데이터를 분석해서 쿠션 만족도에 영향을 미치는 중요한 속성을 찾아봅시다.

로지스틱 회귀

데이터를 분류할 때 자주 사용되는 알고리즘은 로지스틱 회귀(logistic regression)입니다. 로지스틱 회귀가 무엇인지 설명하고자 시험 공부 시간과 시험 합격 사이의 관계를 예로 들어 보겠습니다. 다음과 같이 공부한 시간에 따른 합격 여부가 정리된 데이터가 있다고 가정해 봅시다.

▼ 표 3-5 공부 시간에 따른 합격 여부

공부 시간	0	2	4	6	8	10
합격 여부	불합격	불합격	불합격	합격	합격	합격

공부 시간이 많을수록 합격할 확률이 높습니다. 합격을 1로 하고, 불합격을 0으로 했을 때 이를 그래프에 나타내면 다음과 같습니다.

▼ 그림 3-10 로지스틱 회귀

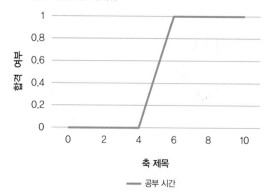

결괏값이 0 또는 1밖에 없고, 0과 1 사이의 값이 나올 수가 없으므로 일반적인 직선 그래프로 나타낼 수 없습니다. 이런 데이터들의 특성을 담아내려고 직선이 아니라 그림 3-10과 같이 S자 형태로 그립니다. 이렇게 참(1)과 거짓(0)을 예측하고 판단하는 알고리즘을 로지스틱 회귀라고 합니다.

로지스틱 회귀의 주요 하이퍼파라미터에는 penalty와 C가 있습니다. penalty는 규제 유형을 의미하며, l2와 l1 두 가지 유형이 있습니다. 여기에서 말하는 규제(regularization)는 모델이 가진 파라미터의 크기를 제한하는 방법입니다. 파라미터를 제한하여 모델이 복잡해지는 것을 방지할 수 있는 것입니다. C는 규제 강도를 조절하는 값입니다. C 값이 작으면 규제 강도가 커집니다. C가 크면 규제 강도가 약해 모델이 더 복잡해집니다.

> Note ≡ 하이퍼파라미터와 파라미터는 머신 러닝과 인공 신경망(AI) 모델에서 사용되는 용어입니다. 하이퍼파라미터는 모델 구성과 학습 과정을 제어하는 변수고, 모델을 학습시키기 전에 정해집니다. 파라미터는 모델이 학습 과정 중 스스로 학습하는 변수를 의미합니다.

이제 penalty와 C를 조절해 가며, 로지스틱 회귀 모델을 이용하여 쿠션의 중요한 속성을 순서대로 찾아보겠습니다. 머신 러닝 모델의 하이퍼파라미터는 GridSearchCV() 함수로 간단하게 조절할 수 있습니다. 다양한 하이퍼파라미터 값을 전달하고 어떤 값이 가장 우수한지 계산해서 반환해 주는 여러 기능이 포함되어 있습니다. 그 대신 파라미터 값을 전달할 때는 딕셔너리 타입으로 전달해야 합니다.

```
from sklearn.linear_model import LogisticRegression
from sklearn.model_selection import GridSearchCV

lr_clf = LogisticRegression()                                                   #❶

parameter_lr = {"penalty":['l2','l1'], "C":[0.001, 0.005, 0.01, 0.1, 1]}        #❷

grid_lr = GridSearchCV(lr_clf, param_grid=parameter_lr, scoring='accuracy', cv=5) #❸

grid_lr.fit(X_train_over, y_train_over)                                          #❹

print("최적 하이퍼파라미터 :", grid_lr.best_params_)
print("최적 평균 정확도 :", grid_lr.best_score_)
```

```
최적 하이퍼파라미터 : {'C': 0.051, 'penalty': 'l2'}
최적 평균 정확도 : 0.5350
```

#❶: LogisticRegression()을 가져옵니다.

#❷: 조절할 로지스틱 회귀의 하이퍼파라미터입니다. 규제 강도 C는 0.001에서 1까지 있습니다. penalty와 C 조합은 총 여섯 개입니다.

#❸: 조합 여섯 개를 GridSearchCV()에 전달합니다.

#❹: 조합을 fit() 함수로 전달하여 어떤 조합이 가장 우수한지 학습합니다.

결과를 보면, C는 0.051이고 penalty는 L2일 때 가장 우수한 성능을 보입니다. 정확도는 0.5350으로 약 53%입니다. 낮은 값이지만 속단하기는 아직 이릅니다.

시험용 데이터셋을 전달하여 모델 성능을 파악하겠습니다.

```
from sklearn.metrics import accuracy_score, precision_score,
     recall_score, f1_score                          #❶

estimator_lr = grid_lr.best_estimator_                #❷
pred = estimator_lr.predict(X_test)                   #❸

model_accu_score = accuracy_score(y_test, pred)
model_preci_score = precision_score(y_test, pred)
model_recall_score = recall_score(y_test, pred)       #❹
model_f1_score = f1_score(y_test, pred)

print("모델 정확도 :", np.round(model_accu_score*100, 3), "%")
print("모델 정밀도 :", np.round(model_preci_score*100, 3), "%")
print("모델 재현율 :", np.round(model_recall_score*100, 3), "%")
print("모델 F1 :", np.round(model_f1_score*100, 3), "%")
```

```
모델 정확도 : 39.314 %
모델 정밀도 : 92.19 %
모델 재현율 : 36.34 %
모델 F1 : 52.13 %
```

#❶: accuracy_score, precision_score, recall_score, f1_score는 모델의 성능 지표를 평가할 때 사용합니다. 모델 정확도부터 정밀도, 재현율, F1 스코어 순입니다.

#❷: GridSearchCV()에서 찾은 최적의 하이퍼파라미터 조합을 가져와 estimator_lr에 저장합니다.

#❸: estimator_lr에 시험용 데이터셋을 전달하여 결과를 pred 변수에 저장합니다.

#❹ 블록: 정확도, 정밀도, 재현율, F1 스코어를 계산했습니다. 모든 지표 값을 출력하면, 정밀도가 가장 높고 정확도가 가장 낮습니다. 보통 정밀도가 높으면 재현율은 감소합니다. 이 둘을 타협한 것이 F1 스코어입니다. 지금 F1 스코어는 52.1%입니다.

좋지 않은 결과를 얻었으니 로지스틱 회귀 대신 다른 모델을 사용하기로 하고, 로지스틱 회귀 모델에서는 어떤 속성이 쿠션의 중요한 속성이라고 계산했을지 살펴볼까요? 시각화해서 확인합시다.

```
plt.bar(X_train.columns, np.abs(estimator_lr.coef_[0])) #❶
plt.axhline(np.abs(estimator_lr.coef_[0]).mean(),
            color='k', linestyle='dashed', label='평균') #❷
plt.legend(loc='upper left')
```

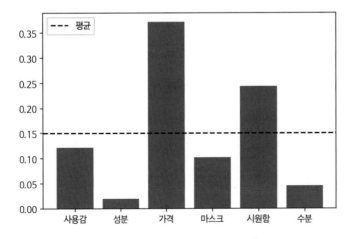

#❶: 막대 그래프를 그립니다. 전달한 값은 속성 목록과 로지스틱 회귀에서 계산한 계수를 전달합니다. 중요한 속성일수록 계수 값이 0과 차이가 큽니다. 양의 상관관계, 음의 상관관계를 구분해서 계산되었으나 모두 절댓값으로 처리했습니다. 어떤 속성이 중요한지만 파악하기 위해서입니다.

#❷: 평균값을 검은 점선으로 표시했습니다.

가격을 제외하고 중요도 높은 속성을 나열하면 [시원함, 사용감, 마스크, 수분, 성분] 순서로 나타납니다.

어떤 병원에서 심각한 진단을 받았다면 보통은 다른 병원에서는 어떤 진단을 하는지 의견을 받습니다. 마찬가지로 다른 머신 러닝 모델들을 사용하여 어떤 속성이 우수한지 파악하고, 각 모델들의 결과를 모아 쿠션의 중요한 속성을 구체적으로 찾겠습니다.

의사 결정 트리 모델

직관적으로 이해하기 쉬운 머신 러닝 모델 중 하나가 바로 의사 결정 트리 모델(decision tree)입니다. 지니 계수[3]를 바탕으로 데이터셋을 분류하는 방식입니다. 데이터가 모두 균일하면 지니 계수는 1입니다. 반대로 균일하게 혼잡하면 지니 계수는 0에 가깝습니다. 의사 결정 트리 모델은 지니 계수가 1에 가까운 상황을 찾아서 계속 분리합니다. 의사 결정 트리 모델을 설명하는 흔한 예시는 스무고개 게임입니다. 계속해서 질문을 하다 보면 언젠가는 정답이 나올 수밖에 없습니다. 게임을 잘하는 사람이라면 질문을 최소한으로 해도 답을 찾겠네요. 마찬가지로 좋은 의사 결정 트리 모델이라면 데이터 분류가 최소화되어야 합니다. 의사 결정 트리 모델은 데이터 분류를 많이 하면 과적합(overfitting)이 생겨서 성능이 저하됩니다. 그래서 최소한으로 분류해야만 사용하기 좋은 모델이 됩니다.

---

3 데이터의 불균일한 정도를 나타내는 척도를 의미합니다.

▼ 그림 3-11 의사 결정 트리를 이용한 데이터 분류 예시

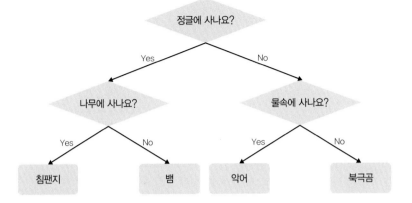

의사 결정 트리 모델의 단점은 분석자가 섬세히 조정해야 할 하이퍼파라미터가 많다는 것입니다. 하이퍼파라미터를 조절할 때와 조절하지 않을 때의 결과 차이가 매우 큰 것이 의사 결정 트리 모델의 특징입니다.

▼ 표 3-6 의사 결정 트리 모델의 주요 하이퍼파라미터 안내

주요 하이퍼파라미터	설명
min_samples_split	• 노드를 분할하는 최소한의 샘플 수 • 기본 설정은 2이며, 보통 2부터 4 사이로 설정
min_samples_leaf	말단 노드가 되는 최소한의 샘플 수
max_depth	• 트리의 최대 깊이 • 값이 클수록 과적합할 수 있음

의사 결정 트리 모델을 가져오고 GridSearchCV() 함수를 사용하여 최적의 하이퍼파라미터 조합을 찾겠습니다.

```
from sklearn.tree import DecisionTreeClassifier          #❶


dt_clf = DecisionTreeClassifier(random_state=0)
parameter_dt = {"max_depth":[21,22,23],
               "min_samples_split":[2,3],
               "min_samples_leaf":[2,3],
               "max_features":[4,5,6]}                    #❷


grid_dt = GridSearchCV(dt_clf, param_grid=parameter_dt,
                      scoring='accuracy', cv=5)           #❸
```

◐ 계속

```
grid_dt.fit(X_train_over, y_train_over)                    #❹

print("최적 하이퍼파라미터 :", grid_dt.best_params_)
print("최적 평균 정확도 :", grid_dt.best_score_)
```

최적 하이퍼파라미터 : {'max_depth':22, 'max_features':6, 'min_samples_leaf': 2, 'min_samples_split': 2}
최적 평균 정확도 : 0.5620758883758281

#❶: 의사 결정 트리 모델 분류기(DecisionTreeClassifier)를 가져오고, dt_clf 변수에 의사 결정 트리 모델을 저장했습니다.

#❷: GridSearchCV()에 전달할 하이퍼파라미터 조합입니다. max_features는 데이터를 분류할 때 고려할 열 수입니다.

#❸, #❹: GridSearchCV()가 최적의 조합을 찾는 과정이 이어집니다. 평균 정확도는 약 56.2%입니다. 만들어진 모델 성능을 평가할 차례입니다.

```
estimator_dt = grid_dt.best_estimator_
pred_dt = estimator_dt.predict(X_test)

model_acc_score_dt = accuracy_score(y_test, pred_dt)
model_preci_score_dt = precision_score(y_test, pred_dt)
model_recall_score_dt = recall_score(y_test, pred_dt)
model_f1_score_dt = f1_score(y_test, pred_dt)

print("DT 모델 정확도 :", np.round(model_acc_score_dt*100, 3), "%")
print("DT 모델 정밀도 :", np.round(model_preci_score_dt*100, 3), "%")
print("DT 모델 재현율 :", np.round(model_recall_score_dt*100, 3), "%")
print("DT 모델 F1 :", np.round(model_f1_score_dt*100, 3), "%")
```

DT 모델 정확도 : 42.796 %
DT 모델 정밀도 : 92.39 %
DT 모델 재현율 : 40.287 %
DT 모델 F1 : 56.111 %

앞의 코드 구조는 앞서 설명한 로지스틱 회귀와 동일합니다. 지표 성능을 보면 정밀도가 높고 정확도가 낮습니다. 정밀도가 높고 정확도가 상대적으로 낮은 현상은 오버샘플링을 했을 때 나타나는 흔한 현상입니다. F1 스코어는 로지스틱 회귀 때보다 많이 개선된 56.11%를 얻었습니다. 자연어 분석에서 이 정도 지표를 얻는 것은 꽤 좋은 결과라고 할 수 있습니다. 로지스틱 회귀와 달리 의사 결정 트리는 어떤 속성을 중요하게 생각하고 계산했는지 보겠습니다.

```
plt.bar(X_train.columns, estimator_dt.feature_importances_)
```

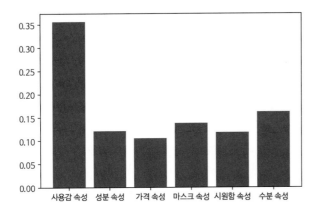

'사용감' 속성을 가장 중요하게 계산했고 다음은 '수분'과 '마스크' 속성입니다. 나머지는 결과가 비슷해서 모두 같은 수준으로 중요하다고 생각해도 됩니다. 사람들은 제품 사용감에 따라 만족도가 달라지는 것을 확인했고, 이는 합리적인 추론입니다. 그럼 다음 제품을 기획할 때는 수분감을 강조하고 수분감에 어울리는 제형을 구현하면 좋은 반응을 얻을 수 있을 것 같네요. 다음은 의사 결정 트리와 함께 자주 사용하는 랜덤포레스트를 활용하겠습니다.

랜덤포레스트

앞선 의사 결정 트리 모델과 비교하면 랜덤포레스트 알고리즘은 비슷하면서 독특합니다. 랜덤포레스트(RandomForest)는 결정 트리가 여러 개 있는 구조입니다. 각 결정 트리는 전달받은 데이터 셋을 학습하고 분류합니다. 분류된 결과를 모아 투표해서 최종 결과를 얻는 방식입니다. 마치 비슷한 수준의 프로젝트를 수행할 때 역량이 우수한 똑똑한 사람이 있는 한 집단보다는 적당한 사람들이 여럿 모인 집단에서 더 좋은 성과를 내는 경우와 유사합니다.

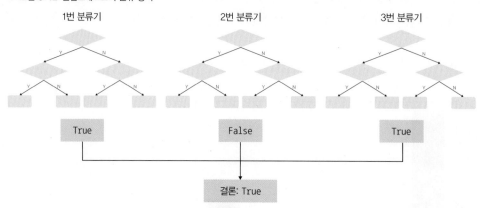

RandomForestClassifier 분류기는 의사 결정 트리와 거의 같은 하이퍼파라미터를 가지고 있습니다. 차이점은 n_estimators로, n_estimators는 생성할 의사 결정 트리 개수를 의미합니다. 보통 의사 결정 트리가 많을수록 더 좋은 결과를 얻을 수 있지만, 그만큼 계산하는 데 시간이 더 많이 든다는 단점이 있습니다.

```python
from sklearn.ensemble import RandomForestClassifier

rf_clf = RandomForestClassifier(min_samples_split=2, min_samples_leaf=2) #❶

parameter_rf = {"max_depth":[28,30,32], "n_estimators":[400,800,1200]}    #❷

grid_rf = GridSearchCV(rf_clf, param_grid=parameter_rf, scoring='accuracy', cv=5)

grid_rf.fit(X_train_over, y_train_over)

print("최적 하이퍼파라미터 :", grid_rf.best_params_)
print("최적 평균 정확도 :", grid_rf.best_score_)
```

```
최적 하이퍼파라미터 : {'max_depth': 32, 'n_estimators': 400}
최적 평균 정확도 : 0.5628588636819916
```

#❶: RandomForestClassifier를 가져올 때 일부 하이퍼파라미터를 지정했습니다. n_jobs=-1 의미는 가용할 수 있는 모든 계산 프로세서를 사용하겠다는 것입니다.

#❷: GridSearchCV()에 전달할 하이퍼파라미터를 볼 수 있습니다. 조합이 많기 때문에 CPU로 계산하면 시간이 오래 걸립니다. GPU로 계산량을 나누어야 계산 시간을 줄일 수 있습니다.

결과를 보면 최적의 조건을 찾았네요. 이제 시험용 데이터셋으로 RandomForestClassifier 성능을 확인합시다.

```
estimator_rf = grid_rf.best_estimator_
pred_rf = estimator_rf.predict(X_test)

model_acc_score_rf = accuracy_score(y_test, pred_rf)
model_preci_score_rf = precision_score(y_test, pred_rf)
model_recall_score_rf = recall_score(y_test, pred_rf)
model_f1_score_rf = f1_score(y_test, pred_rf)

print("RF 모델 정확도 :", np.round(model_acc_score_rf*100, 3), "%")
print("RF 모델 정밀도 :", np.round(model_preci_score_rf*100, 3), "%")
print("RF 모델 재현율 :", np.round(model_recall_score_rf*100, 3), "%")
print("RF 모델 F1 :", np.round(model_f1_score_rf*100, 3), "%")
```

```
RF 모델 정확도 : 42.905 %
RF 모델 정밀도 : 92.39 %
RF 모델 재현율 : 40.424 %
RF 모델 F1 : 56.242 %
```

의사 결정 트리와 거의 같은 F1 스코어를 얻었습니다. 전달한 하이퍼파라미터 종류는 하나였는데, 의사 결정 트리와 비슷한 수준의 결과를 얻었습니다. 좀 더 다양한 하이퍼파라미터를 조절한다면 모델 성능은 더 높아질 것으로 보입니다. RandomForestClassifier에서 계산한 쿠션의 중요한 속성을 출력해 보겠습니다.

```
plt.bar(X_train.columns, estimator_rf.feature_importances_)
```

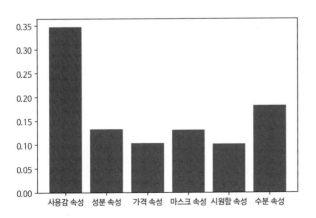

대체로 의사 결정 트리와 같은 양상이지만 RandomForestClassifier는 수분 속성이 좀 더 중요한 것으로 계산했습니다. 사용감, 수분, 마스크와 관련된 속성이 쿠션에서 중요한 것으로 계속 나타나네요. 지금까지 진행한 결과를 종합해서 분석 결론을 내려 볼까요?

3.4.13 쿠션에 어떤 기능을 강화하면 좋을까?

해시태그와 리뷰를 분석한 내용을 정리하겠습니다.

데이터 분석 결과

1. 해시태그에서는 '피부를 광채 있게, 자연스럽게 그리고 수분감이 있고 보송보송한 느낌을 주는 쿠션'이 최근 트렌드로 확인되었습니다.

2. 시간이 지나도 꾸준히 상위에 등장했던 해시태그는 '지속력과 촉촉함'입니다. '광채와 화사함' 해시태그도 마찬가지입니다. 쿠션은 색상, 지속력, 수분감이 중요한 속성임을 확인했습니다.

3. 리뷰 분석에서 발견된 독특한 부분은 '마스크에 묻어나지 않아 좋았다'였습니다.

4. 사람들이 쿠션을 사용하면서 좋아했던 속성은 '커버력, 밀착력, 피부 표현력, 여름에 사용하기 좋은 쿨링감, 발림성, 얇게 발림, 촉촉함'이었습니다.

머신 러닝 분석으로 '시원함, 사용감, 수분, 성분' 순서대로 사람들이 좋아한다는 것을 찾았습니다. 이를 토대로 의뢰인에게 다음과 같이 제안하면 좋습니다.

인사이트 및 제안

1. 고객들은 주로 마스크에 묻지 않는 쿠션을 선호합니다.

2. 촉촉함, 지속력, 광채, 화사함 등을 고려한 제품을 기획하면 좋습니다.

3. 수정 화장할 때 쿠션을 자주 사용합니다. 특히 발림성이나 밀착력에 따라 호불호가 갈리므로 쿠션을 만들 때 이 점을 고려하면 좋습니다.

3.5 자연어 분석 심화 편

자연어 분석법을 사용하지 않고 글 수만 개를 읽고 요약하는 것은 불가능합니다. 리뷰 수만 개가 아닌 100개 정도를 읽어도 내용이 비슷하게 반복되므로 리뷰에서 인사이트를 얻기가 쉽지 않지요. 현대 사회는 이커머스(eCommerce) 시대고, 이커머스가 다루는 글(주로 리뷰)의 양은 상상을 초월하는 수준입니다. 주요 쇼핑몰은 리뷰를 1000만 개에 가깝게 보유하고 있고, 활발한 쇼핑몰이라면 리뷰 수가 수십만 개 이상 쌓여 가고 있습니다. 쇼핑몰 외에 SNS, 커뮤니티에도 다양한 성격의 자연어가 쌓여 가고 있습니다. 이 산더미 같은 글 속에는 고객 니즈가 숨어 있고, 고객 니즈를 발굴하여 비즈니스로 연결하는 것이 현대 산업 중 하나입니다. 자연어 분석 기술이 빠르게 발전하는 이유이자 동시에 자연어 분석 역량을 갖춘 분석자가 계속 필요한 이유이지요.

지금까지 학습한 자연어 분석 방법은 실제 실무에서 자주 사용합니다. 배운 방법에 익숙해지도록 노력하고, 본인만의 분석 아이디어(가설)를 세우고 이를 구현하는 경험을 쌓아 가기 바랍니다.

이 절에서는 앞서 배운 분석에서 좀 더 심화된 기법을 살펴보겠습니다. 앞서 전처리한 편의점 데이터와 출산 용품 관련 데이터, 유튜브 데이터를 사용할 예정입니다. 특히 주제를 비지도 학습으로 찾고 묶어 주는 토픽 모델링 분석 방법은 현업에서도 자주 사용되는데, 난이도가 있어 3장 마지막 부분으로 옮겼습니다.

3.5.1 편의점 데이터 분석: 유튜브 댓글 데이터 불러오기

유튜브는 최근 트렌드에 관한 많은 정보를 저장하고 있으며, SNS보다 비속어 사용이 적은 편입니다. 별도로 제공한 유튜브 데이터를 가져오겠습니다. 새롭게 주피터 노트북 파일을 열었다면 필요한 라이브러리를 지난번 실습 파일에서 가져와 import하세요.

```
#파일이 저장된 곳의 경로 넣기
data = pd.read_csv(filepath+"/편의점상품_데이터_병합.csv")
data.head(2)
```

	검색어	비디오ID	비디오주소	제목	비디오설명	댓글	좋아요수
0	편의점 상품	kLYKJXh5psk	https://www.youtube.com/watch?v=kLYKJXh5psk	와.. 이 방법 한번 알면 예전으로는 못 돌아갑니다 (편의점 가끔이라도 간다면 무조...	편의점 #꿀팁 #CU #세븐일레븐 #미니스톱 #GS25 #맥주 #캔 #CCTV #1...	온라인 홀 덤 은 덤^홀^덤 미만 잡 아니냐 여기 못따라감 다 해봤는데	0.0
1	편의점 상품	kLYKJXh5psk	https://www.youtube.com/watch?v=kLYKJXh5psk	와.. 이 방법 한번 알면 예전으로는 못 돌아갑니다 (편의점 가끔이라도 간다면 무조...	편의점 #꿀팁 #CU #세븐일레븐 #미니스톱 #GS25 #맥주 #캔 #CCTV #1...	덤.홀.덤 은 크게 할 필요도 없음 그냥 소소하게 밥값 벌어가는중 ㅋㅋㅋㅋㅋ개꿀	0.0

다음은 유튜브 데이터를 전처리하겠습니다.

3.5.2 데이터 전처리 1: 필요한 데이터만 남기는 데이터 압축 방법

자연어 분석에서 데이터 전처리는 데이터 특성을 유지하거나 강조하면서 효율적으로 크기를 압축하는 것이 목적입니다. 필요한 데이터만 남기고 맞춤법 오류가 있는 문장을 수정하면 효율적으로 압축됩니다. 불필요한 데이터 정의는 데이터 분석마다 다르지만 대체로 특수 문자와 이모지(🆒👍😄,❤)는 삭제합니다. 앞서 했던 정규 표현식을 이용한 방법이지요. 정규 표현식을 이용하면 데이터 질이 향상되지만, 전체 데이터양은 유지됩니다. 압축된 것이 아닙니다.

우리는 여기에서 편의점 기획 목적과 관계없는 주제인 불매 운동, 유통 기한, 구독 등 단어가 있는 댓글은 삭제하고, 좋아요 수가 두 개 이상인 댓글만 수집하겠습니다. 그리고 줄어든 댓글 데이터에서 명사, 형용사, 동사만 추출하고 한글을 제외한 모든 특수 문자, 숫자, 영어는 삭제하겠습니다. 먼저 유튜브 데이터 크기를 확인하고 좋아요 수가 보통 몇 번 등장하는지 통계 요약 함수인 describe()로 확인하겠습니다.

```
print("데이터 크기 :", data.shape)
data['좋아요수'].describe()
```

```
count    13005.000000
mean         7.976471
std         88.563137
min          0.000000
25%          0.000000
50%          0.000000
75%          1.000000
max       4378.000000
Name: 좋아요수, dtype: float64
```

수집한 유튜브 데이터 크기는 1만 3005개입니다. 이 중에서 댓글 좋아요 수는 평균 7.97회입니다. 우선 좋아요 수가 2회 이상인 댓글 데이터만 가져오겠습니다.

```
data_1 = data[data['좋아요수']>1]
print("데이터 크기 :", data_1.shape)
```

데이터 크기 : (2467, 7)

좋아요 수가 두 개 이상인 댓글만 가져와 data_1에 할당했습니다. 데이터 크기는 처음 대비 약 18.9%로 감소했습니다.

이번에는 분석하는 주제와 관계없는 주제를 선정하고 해당 주제가 있는 데이터를 제외하겠습니다.

```
stopwords = ['쓰레기', '금지', '구독', '불매', '유통기한']

data_2 = data_1[(~data_1['댓글'].str.contains(stopwords[0]))& #❶
                (~data_1['댓글'].str.contains(stopwords[1]))&
                (~data_1['댓글'].str.contains(stopwords[2]))&
                (~data_1['댓글'].str.contains(stopwords[3]))&
                (~data_1['댓글'].str.contains(stopwords[4]))]

print("데이터 크기 :", data_2.shape)
```

데이터 크기 : (2279, 7)

불필요한 주제에 관한 단어는 stopwords에 리스트로 저장했습니다. #❶ 코드는 stopwords 단어가 포함된 댓글이 있으면 제외(~, Not)시킵니다. 그 결과 데이터 수가 좀 더 압축되었습니다. 다음은 댓글이 중복되면 해당 데이터는 제외시키겠습니다.

```
data_3 = data_2.drop_duplicates(subset='댓글') #❶
data_3.reset_index(drop=True, inplace=True)    #❷
print("데이터 크기 :", data_3.shape)
data_3.head(3)
```

데이터 크기 : (2070, 7)

	검색어	비디오ID	비디오주소	제목	비디오설명	댓글	좋아요수
0	편의점상품	kLYKJXh5psk	https://www.youtube.com/watch?v=kLYKJXh5psk	와.. 이 방법 한번 알면 예전으로는 못 돌아갑니다 (편의점 가끔이라도 간다면 무조...	편의점 #꿀팁 #CU #세븐일레븐 #미니스톱 #GS25 #맥주 #캔 #CCTV #1...	근데 앞에꺼먹어도 신선도 크게상관없는데... 뒤에껄먹으면 앞에 것이 안팔려서 폐기 ...	2.0
1	편의점상품	kLYKJXh5psk	https://www.youtube.com/watch?v=kLYKJXh5psk	와.. 이 방법 한번 알면 예전으로는 못 돌아갑니다 (편의점 가끔이라도 간다면 무조...	편의점 #꿀팁 #CU #세븐일레븐 #미니스톱 #GS25 #맥주 #캔 #CCTV #1...	선입선출은 구매자가 도와줘야 할 중요한 덕묵 이니라,, 그런데 잘난 척 하면서...	4.0
2	편의점상품	kLYKJXh5psk	https://www.youtube.com/watch?v=kLYKJXh5psk	와.. 이 방법 한번 알면 예전으로는 못 돌아갑니다 (편의점 가끔이라도 간다면 무조...	편의점 #꿀팁 #CU #세븐일레븐 #미니스톱 #GS25 #맥주 #캔 #CCTV #1...	다들 선입선출 반대로 가져가버리면 폐기을이 늘어납니다 그러면 폐기을 줄이려...	2.0

#❶: drop_duplicates() 함수를 사용할 때 subset 파라미터에 중복 데이터가 있을 열을 지정하면 해당 열을 기준으로 중복 검사합니다. 중복이 있는 댓글을 제외시키고 결과를 data_3에 저장했습니다. data_2.drop_duplicates(subset='댓글', inplace=True)로 하면 data_3이 아닌 data_2에 중복 제외시킨 결과를 반영할 수 있습니다.

#❷: 중복된 댓글을 모두 제거하고 나면 인덱스가 들쭉날쭉하기 때문에 다시 0부터 인덱스를 할당합니다.

다음은 댓글 열에 저장된 값에서 한글만 정규 표현식으로 추출하고 댓글_한글 열에 저장하겠습니다.

```
data_3['댓글'] = data_3['댓글'].astype('str')
data_3['댓글_한글'] = data_3['댓글'].apply(lambda
              x:" ".join(re.compile("[가-힣]+").findall(x)))

df = data_3.copy() #❶
```

#❶ 코드로 data_3 데이터 프레임을 df에 복사했습니다. 이제 형태소 분석을 할 차례입니다.

3.5.3 데이터 전처리 2: 형태소 분석

이번에는 명사뿐만 아니라 형용사와 동사도 같이 추출하겠습니다. 동사, 형용사, 명사가 함께 있으면 좀 더 문장에 가까워져 문장을 작성한 의도를 파악하기 쉬워집니다. 게다가 댓글에는 감정을 나타내는 글이 많기 때문에 명사만큼이나 형용사, 동사는 중요한 정보입니다. 명사, 동사, 형용사를 추출하는 함수를 만들고 간단한 문장을 입력하여 함수 성능을 테스트하겠습니다.

형태소 분석을 이용하여 문장에서 명사와 동사를 추출하는 find_nouns_verb_adject() 함수와 동사 또는 형용사 앞에 명사가 있으면 같이 묶어 주는 find_intension_one_text() 함수를 만듭니다.

```
kiwi = Kiwi()
def find_nouns_verb_adject(text):
    """입력된 문장에서 명사, 동사 추출해 리스트로 반환"""

    tokens = kiwi.tokenize(text)                                    #❶

    target_idxs = []
    target_words = []
    for idx, wrd in enumerate(tokens):
        if 'NN' in wrd.tag:                                         #❷
            if len(wrd.form) > 1:
                target_words.append(wrd.form)
                target_idxs.append('noun')                          #❸
        elif ('VV' in wrd.tag) or ('VA' in wrd.tag) or ('XSV' in wrd.tag):
            tmp_form = wrd.form + "다"                              #❹
            target_words.append(tmp_form)
            target_idxs.append('verb')

    return target_words, target_idxs

def find_intension_one_text(words, words_tag):
    """문장 내 의도를 나타내는 단어를 추출한다"""
    intensions = []
    for idx, tag in enumerate(words_tag):
        try:
            if tag == 'verb':                                       #❺
                word = "".join(words[idx-1:idx+1])
                intensions.append(word)
            elif (tag=='noun') and (words_tag[idx+1]!='verb'): #❻
                intensions.append(words[idx])
        except:
```

계속

```
            intensions.append(words[idx])

    return intensions

def find_intension(text):
    """입력된 문장에서 의도를 찾아서 반환한다"""
    target_words, target_idxs = find_nouns_verb_adject(text)
    intensions = find_intension_one_text(target_words, target_idxs)
    return intensions

sample_sent = '다들 선입선출 반대로 가져가버리면 폐기율이 늘어납니다'

find_intension(sample_sent)                              #❼
```

['', '선출', '반대가져가다', '폐기율늘어나다']

문장이 find_intension() 함수에 전달되면 문장은 먼저 find_nouns_verb_adject() 함수에 전달됩니다. 이 함수에 전달된 문장에서 키위 형태소 분석기로 명사, 동사를 찾아냅니다. 코드 구조를 더 자세히 살펴봅시다.

#❶: 문장을 형태소 분석하여 tokens에 저장합니다.

#❷: 토큰 품사가 명사라면 단어를 target_words에 저장합니다.

#❸: 해당 인덱스를 noun으로 지정하여 target_idxs 리스트에 저장합니다.

#❹: 품사가 동사에 해당하면 토큰에 '다'를 붙이고 target_idxs와 target_words에 저장합니다. target_idxs에 저장할 때는 verb로 했습니다. 그리고 find_nouns_verb_adject() 함수는 명사, 동사가 저장된 target_words와 해당 인덱스가 저장된 target_idxs를 반환합니다. 반환된 두 리스트 변수는 간단한 문장을 만드는 find_intension_one_text()의 인자가 됩니다. find_intension_one_text() 함수에 전달된 인자 값 중 words_tag에는 noun, verb가 저장되어 있습니다. for 문으로 words_tag를 하나씩 가져옵니다.

#❺: 가져온 tag가 verb라면 verb 앞에 있는 토큰과 연결하여 word 변수에 저장하고 intensions 변수에 저장합니다.

#❻: tag가 noun이면서 뒤에 verb가 오지 않는다면 해당 단어는 명사에 해당하니 명사를 그대로 intensions 변수에 저장합니다. for 문이 종료되면 intensions 변수를 반환합니다. find_intension() 함수는 이 두 함수를 묶어 주는 역할을 합니다.

#❶: 준비한 샘플 문장은 '다들 선입선출 반대로 가져가버리면 폐기율이 늘어납니다'입니다. 이 문장을 find_intension() 함수에 전달한 결과는 [' ', '선출', '반대가져가다', '폐기율늘어나다']입니다.

의미는 보존하되, 데이터는 압축되었네요. 특히 '폐기율늘어나다'는 명사 뒤에 늘어나다 동사가 함께 있어 의미를 명확히 알 수 있습니다.

성능을 확인했으니 df 데이터 프레임 전체에 find_intension() 함수를 적용하겠습니다.

```
df['의도'] = df['댓글_한글'].apply(lambda x:find_intension(x))
df.sort_values(by='좋아요수', ascending=False)[:10]
```

	검색어	비디오ID	비디오주소	제목	비디오설명	댓글	좋아요수	댓글_한글	의도
92	편의점상품	kLYKJXh5psk	https://www.youtube.com/watch?v=kLYKJXh5psk	와.. 이 방법 한번 알면 예전으로는 못 돌아갑니다 (편의점 가끔이라도 간다면 무조...	편의점 #꿀팁 #CU #세븐일레븐 #미니스톱 #GS25 #맥주 #캔 #CCTV #1...	편의점 알바하면서 제일 짜증났던게 선입선출 해도 손님들이 저 팁은 다 알고 있...	4378.0	편의점 알바하면서 제일 짜증났던게 도 손님들이 저 팁은 대부분 다 알고있...	[편의점, 알바하다, 짜증나다, 선입, 선출하다, 대부분, 알다, 가져오다, 가져오...
140	편의점상품	kLYKJXh5psk	https://www.youtube.com/watch?v=kLYKJXh5psk	와.. 이 방법 한번 알면 예전으로는 못 돌아갑니다 (편의점 가끔이라도 간다면 무조...	편의점 #꿀팁 #CU #세븐일레븐 #미니스톱 #GS25 #맥주 #캔 #CCTV #1...	다른건 알고있었는데 마지막꺼는 진짜 대박이네요. 접근성도 좋고 24시 영업이고 cc...	3559.0	다른건 알고 있었는데 마지막꺼는 진 짜 대박이네 요 접근성도 좋고 24시 영 업이고 있고 편의...	[, 마지막꺼, 접근좋다, 영업, 편의점좋다, 도움되다, 방법값다, 갈다, 아이...

의도 열에 find_intension() 함수의 반환값을 저장했습니다. 그리고 좋아요 수를 기준으로 내림차순 정리한 것이 출력 결과에 해당합니다. 편의점 아르바이트에 관한 댓글과 편의점 이용 노트에 관한 댓글이 가장 많은 좋아요 수를 받았습니다. 전처리를 완료했으니 이제 다빈도 단어를 찾아보겠습니다.

3.5.4 데이터 분석 1: 다빈도 단어

다빈도 단어 분석을 이용하여 유튜브에서 자주 언급되는 내용은 무엇인지, 어떤 제품이 등장하는지 찾아보겠습니다. 먼저 의도 열에 저장된 값을 1차원 리스트로 변경해야 합니다.

```
intensions = []
for i in range(df.shape[0]):
    intension = df['의도'][i]                                    #❶
    intensions.append(intension)
```

◑ 계속

```
intensions = sum(intensions, [])
intension_tokens = [intent for intent in intensions if len(intent)>1]  #❷
intension_tokens[:4]
```

['끄다먹다', '신선크다', '크다상관없다', '뒤에껄먹다']

의도 열에 저장된 단어들을 Counter() 함수에 전달하려고 전달될 값들은 리스트로 변경하는 코드입니다.

#❶: 의도 열에 저장된 값을 intension 변수에 저장합니다. 그리고 리스트 변수 intensions에 저장합니다.

#❷: intensions에 저장된 단어 중 길이가 1 이상인 단어만 intension_tokens에 저장시키는 리스트 컴프리핸션 구문입니다.

출력 결과를 보면 1차원 리스트로 되었습니다. 다음은 다빈도 단어를 찾는 Counter() 함수에 리스트를 전달하면 됩니다.

```
from collections import Counter

word_count = Counter(intension_tokens).most_common()

keys = []
counts = []
for i in range(len(word_count)):
    key = word_count[i][0]
    cnt = word_count[i][1]

    keys.append(key)
    counts.append(cnt)

df_count = pd.DataFrame({"word":keys, "count":counts})
df_count[df_count['count']>6][:200]
```

	word	count
0	편의점	257
1	알바	108
2	사장	79
3	감사하다	77
4	점장	77
5	알바하다	77
	⋮	
21	얼음	30
22	라면	29
	⋮	
33	우유	24
	⋮	
58	샌드위치	17
	⋮	

Counter() 함수에 intension_tokens를 전달하고 most_common() 함수로 단어 출현 빈도를 구했습니다. 예상대로 편의점 단어가 많이 등장했고 알바, 사장 순서로 등장합니다. 4번째 '감사하다'는 영상 내용에 대한 피드백입니다. 인터넷 밈(meme)을 보면 대체로 알바와 점장은 서로 대립 관계인 경우가 많습니다. 그래서 알바가 등장하는 만큼 점장이 등장하는 것이 흥미롭네요. 또 제품에 관한 언급은 있지만 빈도는 비교적 낮은 편입니다. 앞의 표에서 우유는 24번, 샌드위치는 17번 등장했네요. 제품은 얼음, 라면, 우유, 딸기, 스팸, 샌드위치 순서로 등장했습니다.

하지만 얼음이 라면보다 더 중요한 제품이라고 결론 짓는 것은 상식적이지 않습니다. 유튜브 댓글을 생각해 보면 제품을 자주 언급하는 것으로 제품 호감을 표현하기보다는 좋아요를 누르면서 제품 호감을 나타냅니다. 그럼 제품을 언급한 댓글을 모두 찾고, 제품별로 좋아요 수를 모두 더한 후 제품별로 결과를 비교하면 어떤 제품이 호응이 좋은지 알 수 있습니다. 각 제품들의 좋아요 수 합계를 구하겠습니다.

```
products = ['얼음', '라면', '우유', '딸기', '스팸', '샌드위치']
df['의도'] = df['의도'].astype('str')

sums = []

for product in products:
    sum_value = df[df['의도'].str.contains(product)]['좋아요수'].sum() #❶
    sums.append(sum_value)
```

◯ 계속

```
pd.DataFrame({"제품종류":products, "좋아요수_합계":sums})
        .sort_values(by='좋아요수_합계', ascending=False)
```

	상품종류	좋아요수_합계
5	샌드위치	3985
3	딸기	3787
1	라면	3057
0	얼음	1322
2	우유	1007
4	스팸	361

출력 결과를 보니 어떤가요? 이제 결과가 상식에 가깝게 나타났습니다. 주요 제품들을 products
에 담아 for 문에 전달했습니다. 의도 열에 제품(product)이 있다면 모두 가져오고 sum() 함수로 좋
아요 수를 모두 더한 후 sum_value 변수에 담은 것이 #❶ 코드입니다. 모든 제품에 대해 sum_value
를 구하고 데이터 프레임으로 출력한 것이 결과입니다. 얼음과 우유는 좋아요 수 합계가 샌드위
치, 라면에 비해 낮습니다.

다음은 nGram(n=2)으로 댓글 내 표현들의 관계를 분석하겠습니다.

3.5.5 데이터 분석 2: nGram

nGram을 구하는 함수는 앞서 만든 getGram()이며 코드 내 변경 사항은 없습니다. 다빈도 단어
분석 결과에서 동사 '하다'가 많이 나왔습니다. 편의점에서 어떤 것이 '하다'와 연결되는지 nGram
으로 분석합니다.

```
bigram = getGram(tokens=intension_tokens, n=2)
bigram[bigram['index'].str.contains('하다')][:10]
```

	index	nGram
0	편의점 알바하다	23
4	폐기달다 달다하다	7
9	영상 감사하다	5
11	한국 제품하다	4
14	확인 전화하다	4
15	점장 전화하다	4
18	정보 감사하다	4
19	하다없다 없다하다	4
21	사장 전화하다	3
24	알바 조심하다	3

nGram 분석에서 빈도 nGram 상위 열 개를 출력했습니다. '알바하다'와 '폐기 제품과 관련된 말'의 빈도가 높은 편입니다. '편의점-알바하다'는 23번 언급되었고, '폐기달다-달다하다'는 일곱 번 언급되었네요. 그리고 점장과 사장과 전화 통화한 내용 및 알바 조심하다 내용을 보면 아르바이트 근무 환경에 관련된 내용임을 짐작할 수 있습니다. 제품과 관계된 내용이 상위에 등장하지는 않았지만 편의점 점장과 아르바이트 사이의 관계가 주요 이슈임을 알 수 있었습니다.

bigram을 출력하면 딸기 샌드위치가 상위에 등장합니다. 지금 편의점에서 판매 중인 샌드위치 중 딸기 샌드위치가 현재 화제 중심에 있는 것으로 파악됩니다. 이제 어떤 종류의 영상 주제가 등장하는지 분석하겠습니다.

3.5.6 토픽 모델링

방금 유튜브 댓글을 nGram과 다빈도 단어로 분석했을 때 다양한 주제가 포함된 것을 보았습니다. 대표적으로 아르바이트 환경, 편의점 폐기 물품, 영상에 대한 감사함, 근무 환경 등입니다. 이렇게 많은 주제가 관찰될 때 분석자가 일일이 읽고 주제별로 분류하는 것은 한계가 있습니다. 이때 머신 러닝에는 단어 빈도 기반으로 주요 주제를 효과적으로 찾고 분류하는 알고리즘이 있습니다. 이렇게 주제를 찾아 분류하는 것을 토픽 모델링이라고 합니다. 다양한 토픽 모델링 알고리즘이 있고 현재도 계속 발전하고 있습니다. 그중에서 빠르면서 자주 쓰는 LDA(Latent Dirichlet Allocation)를 소개하겠습니다. LDA는 문서에 있는 단어들의 패턴을 분석하여 주제를 추론합니다.

예시로 문서가 세 개 있다고 가정하겠습니다.

예

- **문서 1**: 손흥민 축구 선수가 2골을 넣었어요.
- **문서 2**: 어제 시험을 보았는데 수학 점수가 너무 잘 나와서 뿌듯하다.
- **문서 3**: 수학을 잘하는 아들이 운동으로 축구를 하는데 웬만한 축구 선수만큼 잘해서 놀랐다.

이해를 돕고자 이 문서 세 개에서 분석자는 토픽이 다음과 같이 운동 토픽과 축구 토픽 두 개가 있다고 가정합니다. LDA에서는 분석자가 먼저 토픽이 몇 개 있는지 예상하고 입력을 해 줍니다. 정확할 필요는 없습니다. LDA 분석 결과를 보면서 계속 수정하면 되니까요.

[1단계] 분석

문서 1: 축구 토픽 한 개 100%

문서 2: 공부 토픽 한 개 100%

문서 3: 축구 토픽 2/3, 공부 토픽 1/3

[2단계] 결과

토픽 1: 축구, 선수 손흥민

토픽 2: 수학, 축구, 운동

입력한 토픽 수는 두 개입니다. LDA는 각 문서에서 주제 두 개를 추출합니다. 각 토픽은 해당 토픽에 대한 단어 빈도를 가지고 있습니다. 문서 3은 단어 빈도를 고려하면 축구 토픽이 2/3, 공부 토픽이 1/3 정도 차지하고 있습니다. LDA는 문서 3을 축구 토픽과 공부 토픽이 있는 것으로 계산합니다. 그리고 각 문서에서 토픽 두 개에 속한 단어 빈도를 찾아 토픽을 정리합니다. 결과에서 토픽 2는 공부 토픽임에도 축구와 운동이 있네요. 공부 토픽이 있는 문서에도 축구와 운동 단어가 있기 때문입니다. 이렇게 분석자는 주제별로 분류된 문서를 얻을 수 있습니다. 이것이 LDA에 대한 간략한 설명입니다.

그럼 이제 유튜브 영상에 어떤 종류가 있는지 LDA 분석으로 파악하겠습니다. 영상에 어떤 종류가 있는지 파악하는 것이 목적이므로 댓글은 필요 없고 영상 제목과 영상 설명 자료만 가져오면 됩니다. 따라서 TfidfVectorizer() 함수로 데이터를 전처리한 후 LDA 함수를 가져와 토픽 모델링을 진행해 보겠습니다.

3.5.7 데이터 전처리: LDA로 계산할 데이터 준비

먼저 영상 제목과 비디오설명 열은 하나로 합친 후 정규 표현식으로 한글만 추출하는 과정을 진행합니다.

```
df_tube = pd.read_excel('편의점제품_유튜브데이터_전처리완료.xlsx')

df_tube['비디오설명'].fillna("없음", inplace=True)                      #❶
df_tube['제목_비디오설명'] = df_tube['제목'] + " " + df_tube['비디오설명']
df_tube['제목_비디오설명_한글'] = df_tube['제목_비디오설명'].apply(lambda
                         x:" ".join(re.compile("[가-힣]+").findall(x))) #❷

df_tube.head(1)
```

	검색어	비디오ID	비디오주소	제목	비디오설명	댓글	좋아요수	댓글_한글	의도	제목_비디오설명	제목_비디오설명_한글
0	편의점상품	kLYKJXh5psk	https://www.youtube.com/watch?v=kLYKJXh5psk	와.. 이 방법 한번 알면 예전으로는 못 돌아갑니다 (편의점 가끔이라도 간다면 무조...	편의점 #꿀팁 #CU #세븐일레븐 #미니스톱 #GS25 #맥주 #캔 #CCTV #1...	근데 앞에꺼먹어도 신선도 크게상관없는데.. 뒤에껄먹으면 앞에 것이 안팔려서 폐기 ...	2	근데 앞에꺼먹어도 신선도 크게상관없는데 뒤에껄먹으면 앞에 것이 안팔려서 폐기 엄청나...	[', '끄다먹다', '신선크다', '크다상관없다', '뒤에껄먹다', '먹다팔리다...	와.. 이 방법 한번 알면 예전으로는 못 돌아갑니다 편의점 가끔이라도 간다면 무조...	와 이 방법 한번 알면 예전으로는 못 돌아갑니다 편의점 가끔이라도 간다면 무조건 미...

#❶: 비디오설명 열의 결측치에는 '없음'을 넣었습니다. 그리고 제목 열과 비디오설명 열을 합쳐 제목_비디오설명 열을 새롭게 만들었습니다.

#❷: 제목_비디오설명 열에 저장한 값에서 정규 표현식으로 한글만 추출하여 제목_비디오설명_한글 열에 저장했습니다.

출력 결과를 보면 제목_비디오설명_한글 열에 한글만 저장한 내용을 확인할 수 있습니다.

제목_비디오설명_한글 열에 저장된 값을 보면 어절 한 개로 된 경우도 많습니다. '와', '못' 등 어절 한 개로 구성된 단어는 분서자가 이해할 수 없기 때문에 삭제하는 것이 좋습니다.

```
def compress_sent(text):                                          #❶
    """문서 압축 효과"""
    text_token = [txt for txt in text.split() if len(txt)>1]
    return " ".join(text_token)

df_tube['제목_비디오설명_한글_압축'] = df_tube['제목_비디오설명_한글'].apply(lambda
                          x:compress_sent(x))                     #❷
```

◯ 계속

```
df_tube_lda = df_tube.copy()                                          #❸
df_tube_lda.isnull().sum()                                            #❹
```

```
검색어                      0
비디오ID                    0
비디오주소                   0
제목                       0
비디오설명                  0
댓글                       0
좋아요수                   0
댓글_한글                 128
의도                       0
제목_비디오설명              0
제목_비디오설명_한글          0
제목_비디오설명_한글_압축       0
dtype: int64
```

#❶: compress_sent() 함수는 2어절 이상인 어절만 text_token 변수에 담아 반환합니다.

#❷: compress_sent() 함수를 람다 함수로 df_tube에 적용하여 반환값을 제목_비디오설명_한글_
압축 열에 저장했습니다.

#❸: 전처리한 결과를 df_tube_lda 변수에 복사하여 저장했습니다.

#❹: 결측치를 확인합니다. 출력 결과를 보면 댓글_한글 열에만 결측치가 128개 있습니다.

댓글_한글 열에 저장한 값은 분석 대상이 아니기 때문에 결측치가 있는 행은 삭제합니다.

```
df_tube_lda.dropna(inplace=True)
df_tube_lda.isnull().sum()
```

```
검색어                      0
비디오ID                    0
비디오주소                   0
제목                       0
비디오설명                  0
댓글                       0
좋아요수                   0
댓글_한글                  0
의도                       0
제목_비디오설명              0
제목_비디오설명_한글          0
```

제목_비디오설명_한글_압축   0
dtype: int64

기본적인 전처리는 끝났습니다. 이제 df_tube_lda의 제목_비디오설명_한글_압축 열에 저장된 값을 TfidfVectorizer() 함수로 변형하여 LDA에 적용될 수 있는 형태로 바꾸어야 합니다.

```
from sklearn.feature_extraction.text import TfidfVectorizer

list_sent = df_tube_lda['제목_비디오설명_한글_압축'].tolist()  #❶
list_sent = list(set(list_sent))                          #❷

tfidf = TfidfVectorizer(max_df=0.95, max_features=1000,
                        ngram_range=(1,2)).fit(list_sent)  #❸
tfidf_array = tfidf.transform(list_sent).toarray()         #❹
tfidf_voca = tfidf.vocabulary_                             #❺

df_sent = pd.DataFrame(tfidf_array, columns=tfidf_voca)
df_sent.head()
```

	알쓸 편집	편의 점	폐 기	상품 예	대해서	어떤 상품 이	폐기 이고	어서 오세 요	응원 댓글	좋아 요	...	일 자	편의점 사장님	제품이 없는거 죠	없는거 죠 편의 점	편의점 상품이	없던 이유	이유 그것은	충격 일자	일자 방송	채널 구독 하기
0	0.0	0.0	0.0	0.0	0.000000	0.0	0.0	0.0	0.0	0.0	...	0.0	0.0	0.0	0.0	0.0	0.0	0.0	0.0	0.0	0.000000
1	0.0	0.0	0.0	0.0	0.000000	0.0	0.0	0.0	0.0	0.0	...	0.0	0.0	0.0	0.0	0.0	0.0	0.0	0.0	0.0	0.000000
2	0.0	0.0	0.0	0.0	0.000000	0.0	0.0	0.0	0.0	0.0	...	0.0	0.0	0.0	0.0	0.0	0.0	0.0	0.0	0.0	0.000000
3	0.0	0.0	0.0	0.0	0.225132	0.0	0.0	0.0	0.0	0.0	...	0.0	0.0	0.0	0.0	0.0	0.0	0.0	0.0	0.0	0.000000
4	0.0	0.0	0.0	0.0	0.000000	0.0	0.0	0.0	0.0	0.0	...	0.0	0.0	0.0	0.0	0.0	0.0	0.0	0.0	0.0	0.425258

#❶: 제목_비디오설명_한글_압축 열에 저장된 값을 리스트로 변환하여 list_sent 변수에 저장한 것입니다.

#❷: 중복 영상 제목과 영상 설명 값을 set() 함수로 제거하고 다시 list로 변환합니다. list_sent를 TFIDF로 변형하여 LDA로 전달하면 끝입니다. 그런데 LDA에 list_sent 변수가 어떤 형태로 변형되어 전달되는지 알아야 합니다.

#❸: TfidfVectorizer() 함수를 가져와서 파라미터와 인자를 설정한 내용입니다. 여기에서 파라미터는 max_df, max_features, ngram_range이며, 인자는 0.95, 1000, (1,2)가 됩니다. max_df는 0에서 1 사이의 실수 값을 입력합니다. 문서 전체에서 빈도수가 0~95%의 단어만 추출하고 나머지 상위 5%는 분석하지 않습니다. max_features는 1000으로 했습니다. 1000이면 단어 1000개만 추출한다는 의미입니다. 그리고 fit() 함수로 list_sent를 벡터화시켰습니다.

#❹: 벡터화 결과를 배열 형태로 데이터 변환했습니다. 이유는 나중에 데이터 프레임으로 변환하기 위해서입니다.

#❺: 변환된 단어 1000개를 가져왔습니다.

결과를 데이터 프레임으로 만들어 출력하니 각 단어들의 벡터 결과가 보입니다. 이렇게 제목_비디오설명_한글_압축 열에 해당하는 값이 저장된 list_sent가 TfidfVectorizer() 함수에 전달되어 TFIDF 값으로 변환되고, 변환된 값은 LDA에 전달됩니다.

3.5.8 데이터 분석: LDA로 유튜브에서 보이는 편의점 토픽 살펴보기

sklearn 라이브러리의 함수들은 공통적으로 사용하기 편리합니다. 함수를 가져와서 적절한 형태의 데이터를 입력하면 끝이며, 데이터 전처리를 제외하면 코드는 두 줄 정도입니다.

```
from sklearn.decomposition import LatentDirichletAllocation

lda = LatentDirichletAllocation(n_components=10, random_state=0) #❶
lda.fit(tfidf.transform(list_sent))                              #❷
```

LatentDirichletAllocation() 함수를 가져왔습니다. 이 LDA를 적용하는 코드는 간단합니다.

#❶: LDA를 선언합니다. n_components는 예상 주제 수입니다. 편의점을 주제로 한 영상에서 주제 열 개 이상을 생각하기가 어렵습니다. 대체로 근무 환경, 제품, 편의점 이용 노트에 관한 주제를 고려하여 넉넉히 열 개로 입력했습니다. 20이나 3 등 다양한 정수를 입력하면 됩니다. 그렇지만 숫자가 커지면 중복되는 주제가 많아집니다. 예상하는 주제 수에서 곱하기 2를 해 주세요. 그리고 결과를 보면서 주제 수를 줄여 나가면 됩니다. 이렇게 결과를 보면서 n_components를 조절하면 되기 때문에 처음 LDA를 설명할 때 예상되는 토픽 수를 미리 지정하는 것은 중요하지 않다고 했습니다.

#❷: list_sent를 tfidf.transform() 함수로 변형하여 lda에 적용시켰습니다. 이제 LDA 분석 결과가 저장되었습니다. 각 주제에 어떤 단어들이 중요한 순서대로 나타나는지 확인하겠습니다.

```
words_data = tfidf.get_feature_names_out()
for idx, topic in enumerate(lda.components_):          #❶
    print("주제 #", idx)
```

🔵 계속

```
topic_wrd_idxs = topic.argsort()[::-1]          #❷
top_idxs = topic_wrd_idxs[:20]                  #❸

concat = ' '.join(words_data[i] for i in top_idxs) #❹
print(concat)
```

주제 # 0
편의점알바 편의점에서 파는 팔리는 편의점 여름철에 여름철에 팔리는 팔리는 이어 파는 입문 배우기 몇가
지 편의점에서 꿀노트 전격리뷰 상술인가 상술인가 이벤트인가 제품 전격리뷰 벚꽃에디션 제품 파는 벚꽃
에디션 이벤트인가 편의점에서

주제 # 1
이정도일줄이야 다이소 이정도일줄이야 오늘 인스타그램 인스타그램 문의 오늘 영상도 오늘 영상도 봐주셔
서 영상도 편의점 제품들 다이소 편의점 가격 저축러가 담았습니다 구경하러 욜로족에서 프로 욜로족에서
재테크 재테크 방법을 저축러가 김짠부의

주제 # 2
편의점 몽골 미리 맥주 한국 제품이 추천 장악한 돌아갑니다 편의점 편의점 가끔이라도 편의점 꿀노트 예
전으로는 예전으로는 돌아갑니다 한번 한번 알면 맥주 분미만 돌아갑니다 무조건 편의점 사장님 편의점 제
품이

주제 # 3
편의점 디저트 편의점 디저트 편의점에 세트 편의점 완전초보를 포스조작영상 편의점 포스조작영상 완전초
보를 완전초보를 위한 위한 포스조작영상 위한 제품 마이린 마이맘 자주 가격 이마트 편의점 제품 영상활
동을

주제 # 4
리테일 편의점알바 행사제품 편의점 어떤제품이 편의점 월행사제품 행사제품 추천 월행사제품 편의점 완전
이득 완전이득 행사제품 완전이득 행사매대 특가행사 궁금하시죠 추천 편의점 추천 리테일 리테일 중급 유
형 몇가지 행사제품 사는

주제 # 5
사기 회사를 편의점 먹방 초보 알바생 필수 필수 영상 하는 하는 실수 자주 하는 영상 메일 편의점 알바
생이 하루 회사를 일하고 하루 다녔을때는 남들 퇴직하고 알바의 하루 알비의 이야기속의

주제 # 6
교복입고 교복입고 편의점에서 편의점에서 미성년자 편의점 키핑쿠폰발급하는 방법 키핑쿠폰발급하는 편의
점 키핑쿠폰발급하는 알바초보분들필수 없음 알바초보분들필수 편의점에서 비법 없음 방법 제품을 제품 올
라가는 진열 진열 진열 비법 진열방법 편의점 매출

주제 # 7

편의점브이로그 쇼핑몰 제품 편의점 인스타 폐기 임박 인스타 쇼핑몰 임박 임박 제품이 시그널 이제훈 편의점 폐기 과연 팔릴까 오픈마켓에 오픈마켓에 팔면 퍼스트리 팔면 팔릴까 퍼스트리 퍼스트리 제품 팔면 과연

주제 # 8

진상 네이버 유튜브 유튜브 커뮤니티 커뮤니티 카페 커뮤니티 카페 네이버 유튜브 메일 네이버 메일 유커 유커 편의점 카페 유커 알바 진상 편의점 편의점 알바 알바 진상 메일 폐기 채널

주제 # 9

많이 제품 안녕하세요 공탄이마트 많이 원에 웃긴영상 구공탄 웃긴영상 많이 찾아주세요 찾아주세요 티셔츠 공탄이마트 다음엔 다음엔 마트 폭탄세일로 원에 폭탄세일로 약빤 편의점몰카 편의점몰카 웃긴영상 약빤 편의점 장갑니다 공탄이마트

> Note ☰ 앞의 결과에서 주제를 총 열 개 찾았습니다. 이 주제 열 개가 적절한지 파악하는 검증 알고리즘이 있습니다. 하지만 검증 알고리즘 학습은 이 책 수준을 넘어서기 때문에 뒤에 이어지는 정성적인 검증으로 대신합니다.

LDA 분석 결과는 모두 lda.components_에 저장했습니다. 저장한 데이터는 단어와 해당 단어 LDA 계산 값이 대응되어 있습니다.

#❶: lda.components_에 저장된 값을 for 문으로 하나씩 가져온 구성입니다.

#❷: 주제별로 분류된 단어를 가져오고 argsort() 함수로 해당 토픽과 연관도가 높은 단어의 인덱스 값을 먼저 정렬하여 인덱스 정보를 topic_wrd_idxs에 저장합니다.

#❸: topic_wrd_idxs에서 상위 20개 인덱스 정보를 가져와 top_idxs에 저장했습니다.

#❹: top_idxs에 저장된 인덱스 정보를 words_data에 전달하고 반환된 단어를 ''.join()으로 처리합니다.

출력 결과를 보면 주제 0부터 주제 9까지 토픽 총 열 개를 LDA에서 찾아 제시했습니다. 결과를 살펴보겠습니다.

주제 #2, 주제 #4는 편의점 제품 및 편의점 이용 꿀 노트와 관련된 내용입니다. 주제 #3, 주제 #5, 주제 #6은 편의점 아르바이트 근무 내용에 관한 것으로 보이고 주제 #1, 주제 #7은 브이로그, 인스타와 관련된 내용으로 보입니다. 그럼 전체 주제는 총 세 개가 되겠네요.

3.5.9 편의점 제품과 서비스 제안

지금까지 디시인사이드 커뮤니티 분석 내용과 유튜브 분석 내용을 합쳐 편의점 신제품을 기획해 보거나 신규 서비스를 제안해 봅시다.

편의점에서 기획할 만한 제품

1. 세트 제품 기획 **예** 김밥-라면, 샌드위치-콜드브루 커피, 라면-도시락, 라면-치킨
2. 럭셔리 샌드위치, 스테이크 도시락 같은 고급형 제품 기획

편의점에 제안할 만한 서비스 및 구성

1. 매장 내 카페 음악 틀기
2. 식사 자리 근처에 휴대폰 충전기 배치
3. 묶음으로 잘 팔리는 제품들은 할인 제품으로 일시적 전환(고객 유치 목적)
4. 와인, 양주 등 비인기 제품들의 공간은 줄이고 식품 코너 확대

자연어 분석만으로 고객 편의, 제품 기획, 신규 서비스 제공, 근무 환경 개선에 대한 부분도 찾을 수 있었습니다. 특히 편의점 갤러리에서는 찾을 수 없었던 고객 니즈를 유튜브 데이터로 찾았다는 점은 데이터를 분석할 때 한 종류의 데이터만 분석해서는 안 된다는 중요한 의미를 담고 있습니다. 책에서는 커뮤니티와 유튜브로 한정했지만, 실무 분석에서는 더 많은 곳에서 데이터를 수집합니다.

편의점 분석에서 다빈도 단어, nGram, 형태소 분석, LDA를 이용한 토픽 모델링으로 편의점 데이터를 분석했습니다. 다빈도 단어, nGram 분석만으로도 좋은 정보를 빠르게 얻을 수 있었고, 형태소 분석과 LDA를 이용하여 더 세부적인 결과를 얻을 수 있었습니다. 효과적인 자연어 분석 방법을 사용하면 초기 기획 비용과 시간을 매우 절약하고 현실적인 제품과 서비스를 기획할 수 있습니다.

자연어 분석에
필요한 통계 공부

4.1 자주 사용되는 통계 개념

통계가 무엇인지, 언제, 어떻게 사용되는지 간단하게 설명하는 것은 쉽지 않습니다. 단순히 사전적 의미만 나열한다면 크게 어렵지 않지만 다른 사람이 이해할 수 있도록 설명하려면 적절한 비유나 예시가 필요합니다. 이 책도 대학 교재처럼 공식 위주로 딱딱하게 설명하기보다는 비유와 예시를 적절히 활용하여 가능한 쉽게 설명하고자 합니다.

현업에 있으면서 느끼는 특이한 사실은 분석자가 통계를 이용하여 데이터를 분석할 때 자신이 통계를 이용했는지 모르는 경우가 종종 있다는 것입니다. 마치 우리가 늘 공기를 들이마시고 있지만 공기를 인식하지 못하는 것처럼요. 필자가 통계를 보는 관점도 바로 이렇습니다. 어느새 여러분이 '아 통계는 이렇게 쓰이고 있었구나'를 느낄 수 있게 앞서 배운 데이터 분석과 연결 지어 천천히 설명하겠습니다. 낯선 용어들이 나와도 처음부터 겁먹지 말고 차근차근 따라오기 바랍니다.

그림을 보면 귤이 있습니다. 왼쪽 상자에 담긴 귤은 크기가 들쭉날쭉하고, 오른쪽 상자에 담긴 귤은 크기가 비슷합니다. 어떤 상자에 담긴 귤을 사고 싶나요? 가볍게 생각해 보고 대답해 보세요.

❤ 그림 4-1 귤의 크기가 각각 다른 상자(왼쪽)와 비슷한 상자(오른쪽)

아마 대부분 오른쪽 상자를 선택했을 것입니다. 왜 오른쪽 상자를 선택했는지 선뜻 말하기는 힘들지만, 무의식중에 다음과 같은 통계 과정을 거쳐 의사 결정을 했을 것입니다.

❤ 그림 4-2 무의식중에 내린 의사 결정

또 다른 예로 맛집을 고를 때도 무의식적으로 통계를 사용합니다. 많은 사람이 좋아하고 좋은 리뷰가 있는 식당이라면 맛있을 '확률'이 높겠죠? 통계란 현상에 대한 수학적인 설명이며, 이것으로 현상을 관리하거나 예측할 때 사용합니다. 여기에서 현상은 날씨, 수확량, 매출량 등 거의 모든 것을 의미합니다.

현업에서도 대부분 의뢰자들은 통계가 익숙하지 않습니다. 그래서 의뢰자에게 결과를 이야기할 때는 우선 관련된 통계 개념을 설명한 후 분석 결과를 마저 설명합니다. 통계 용어를 먼저 숙지하고 분석 결과를 들으면 대부분 빠르게 이해하고 만족하기 때문에 추가적인 분석 요청이 없는 편입니다. 이처럼 통계를 어느 정도 알고 있으면 그만큼 의사 결정이 빨라지고 현재 현상을 정확히 꿰뚫어 볼 수 있습니다. 앞서 이야기했듯이 이 책에서는 넓고 깊은 통계 지식을 전달하기보다 여러분이 자연어 분석을 하는 데 도움이 될 만한 개념만 골라 담았습니다. 그럼 이제부터 본격적으로 시작해 보겠습니다.

4.1 자주 사용되는 통계 개념

그동안 모호하게 사용했던 용어들을 명확히 짚고 넘어갑시다. 먼저 통계에서 설명하는 데이터 유형을 살펴보겠습니다. 데이터 유형에 따라 분석 과정이 다르기 때문에 데이터 유형을 파악하는 것은 가장 중요한 첫걸음입니다.

4.1.1 데이터 유형

데이터끼리 공통된 성질이 있다면 이 성질에 따라 데이터를 분류할 수 있습니다. 여기에서 공통된 성질에 해당하는 데이터가 범주형 데이터입니다. 예를 들어 여성과 남성을 구분한다면 이때 기준은 성별이 되고, 각각 여성과 남성에 포함되는 사람들은 범주형 데이터가 됩니다. 또 다른 예로 한국, 미국, 핀란드 등 국가를 기준으로 데이터를 분류할 수도 있습니다. 이때 각 국가들은 범주형 데이터에 해당하지요. 범주형 데이터에는 **명목 척도**(nominal scale)와 **서열 척도**(ordinal scale)가 있습니다. 앞서 예로 든 여성과 남성, 국가처럼 따로 서열이 없는 경우를 명목 척도라고 하며 학력, 연봉 구간, 직장 내 직급처럼 높낮이를 포함하는 경우를 서열 척도라고 합니다.

연속형 데이터는 수치형 데이터입니다. 데이터를 생성할 때 최종적으로 수치로 나타낸다면 그 데이터는 연속형 데이터에 속합니다. 연속형 데이터에는 **등간 척도**(interval scale)와 **비율 척도**가 있습니다. 등간 척도는 간격을 균일하게 분할하여 측정하는 척도입니다. 예를 들어 각도기의 모든 각도 간격은 1도로 동일하므로 각도기의 각도는 등간 척도가 됩니다. 온도, 각종 물가 지수 등도 등간 척도가 됩니다. 우리가 흔히 하는 실수 중 하나가 제품 리뷰에서 5점 만점으로 표기되는 평점을 분석할 때 해당 평점 구간을 등간 척도로 생각한다는 것입니다. 4(만족)~5(매우 만족)점 사이의 간격 1점과 1~2점 사이의 간격 1점을 서로 동일하게 생각하기는 어렵습니다. 사람마다 만족하는 기준이 다르기 때문입니다. 그래서 제품 평점은 서열 척도이며, 서열 척도에 맞는 분석을 진행해야 결과에 오류가 없습니다. 비율 척도(ratio scale)는 등간 척도에 비율 의미가 더해진 척도입니다. 다행히 연속형 데이터를 분석할 때 등간 척도든 비율 척도든 적용하는 분석법이 동일하기 때문에 어떤 척도인지 세세하게 구분할 필요가 없습니다.

▼ 표 4-1 데이터 유형

범주형(categorical) 데이터	명목 척도
	서열 척도
연속형(continuous) 데이터	등간 척도
	비율 척도

4.1.2 통계 용어

이번에는 자연어 분석할 때 자주 사용하는 통계 개념을 살펴보겠습니다.

종속 변수와 독립 변수

통계에서 말하는 변수는 프로그래밍에서 말하는 변수와 기본 개념은 동일합니다. 변수끼리 서로 영향을 끼칠 때 변수 사이에는 '상관관계(correlation)'가 있다고 할 수 있습니다. 예를 들어 시험을 공부하는 시간에 따라 시험 합격률에 변화가 있을 때 시험 공부 시간과 시험 합격률은 서로 관계가 있다고 할 수 있습니다. 이때 '시험 공부 시간'은 독립 변수가 되고, 영향을 받는 쪽인 '시험 합격률'은 종속 변수가 됩니다. 보통 실무에서는 여러 독립 변수와 하나의 종속 변수를 비교 분석하는 형태로 진행됩니다. 이때 독립 변수들은 서로 영향을 미쳐서는 안 됩니다. 예를 들어 종속 변수가 제품 구매율이고 독립 변수를 가격, 맛, 판매 경로로 지정했을 때 이 세 가지 독립 변수는 서로 영향을 끼치지 않습니다. 그런데 가격을 도매 가격, 소매 가격, 유통 가격으로 더 분류하면 서로 영향을 받게 됩니다. 아무래도 도매 가격이 높으면 소매 가격도 높을 수밖에 없겠죠? 이처럼 독립 변수끼리 서로 영향을 주는 경우도 있습니다. 이렇게 독립 변수끼리 영향을 준다면 독립 변수를 줄이는 것이 좋습니다. 도매 가격과 소매 가격 모두 독립 변수로 하기보다는 도매 가격이나 소매 가격 중 하나만 남깁니다.

모집단과 표본

모집단은 데이터 전체를 의미하며, 표본은 모집단의 하위 집단으로 모집단 일부이자 분석자가 가지고 있는 데이터를 의미합니다. 떡볶이 데이터를 분석했을 때 떡볶이 관련 데이터 전체가 모집단이고, 우리가 사용했던 리뷰 데이터, 해시태그가 표본입니다. 모집단 전체를 가져와서 분석하는 것을 '전수분석'이라고 합니다. 하지만 전수분석은 물리적으로나 시간적으로 불가능합니다. 그래서 빅데이터 분석에서는 분석자가 가지고 있는 데이터를 모집단으로 간주합니다.

❤ 그림 4-3 모집단과 표본

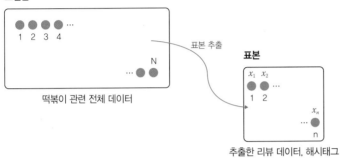

평균값

평균값은 표본 데이터 값을 모두 더한 후 표본 개수로 나눈 값으로, 통계량 중 가장 편하고 많이 사용되는 개념입니다. 이미 친숙한 용어죠? 데이터를 대표하는 값인 만큼 수많은 데이터를 모두 사용하기보다 평균값 한 개를 지표로 삼아 설명하는 것이 더 효율적입니다. 예를 들어 2021년 대한민국 쌀 20kg 가격은 5만 9080원입니다. 쌀 가격을 알고 있다면 이 평균 가격은 쉽게 납득할 수 있을 것입니다.

한편 2022년 대한민국 평균 연봉은 4024만 원입니다. 평균 연봉에 비해 한참 높거나 낮은 사람은 이 평균값에 대해 '아~ 그렇구나' 하고 납득하기 쉽지 않습니다. 이 점이 평균값 함정입니다. 지나치게 대상을 단순화시킨 것이죠. 그래서 분석자는 평균값만 제시하지 않고 평균에서 떨어져 있는 값도 설명할 줄 알아야 합니다. 이어서 평균에서 떨어져 있는 값을 설명하겠습니다.

분산과 표준 편차

분산은 데이터가 평균값과 어느 정도 떨어져 있는지 파악할 때 사용하는 지표입니다. 실제 값과 평균값 차이를 편차라고 하는데, 이 편차의 제곱을 구한 후 구한 편차의 제곱들 평균을 구해 준 것이 분산입니다. 분산이 작을수록 데이터 값들은 평균에 가깝다는 의미입니다.

- 편차 = 실제 값 – 평균값

- 분산 = (실제 값-평균값)²의 평균

다음 표를 이용하여 분산을 구해 볼까요?

▼ 표 4-2 월별 생산량(평균 420kg)

	1월	2월	3월	4월	5월
생산량(kg)	100	200	400	600	800
편차(kg) * 평균값과 차이	−320	−220	−20	180	380
편차²(kg²)	10만 2400	4만 8400	400	3만 2400	14만 4400

1월부터 5월까지 생산량이 있는 표입니다. 5월까지 평균 생산량은 420kg이고, 각 월 생산량에서 평균값을 빼면 편차를 얻을 수 있습니다. 마이너스 값으로 나오는 경우도 있는데, 이러면 직관적으로 어떤 의미인지 떠올리기가 어렵기 때문에 편차의 제곱을 이용합니다. 3월의 편차²(kg²)은 400으로 가장 작습니다. 반대로 5월은 너무 크네요. 분산은 6만 5600(kg²)입니다.

$$65600(\text{kg}^2) = \frac{(102400+48400+400+32400+144400)}{5}$$

생산량 단위는 kg인데 분산 단위는 kg²입니다. 보통 실무에서는 단위를 맞추어 주기 위해 분산에 제곱근을 취한 값을 사용합니다. 통계에서는 분산에 제곱근을 취한 $\sqrt{}$분산을 '표준 편차'라고 따로 부릅니다. 이 생산량의 표준 편차는 261.9(kg)입니다.

$$261.9(\text{kg}) = \sqrt{(65600\text{kg}^2)}$$

불편 분산

앞서 설명한 분산은 문제가 하나 있습니다. 모집단 분산에 비해 표본 분산이 작게 느껴진다는 점입니다. 표본은 모집단 일부인 부분 집합이기 때문입니다. 부분 집합에서 얻은 분산 값은 모집단 분산 값보다 작을 수밖에 없습니다. 이 문제를 보정하는 것이 바로 불편 분산(unbiased variance)입니다. 불편 분산이라는 단어가 생소하지만 분산이 가진 문제를 보완하는 개념이니 알아 두면 좋습니다.

불편 분산과 분산을 코드로 구현하겠습니다. 이번 실습에는 그래프를 그리는 것이 없고, 모든 넘파이 버전에서 동일한 코드로 분산 값을 구할 수 있기 때문에 버전 지정 없이 넘파이를 불러오면 됩니다. 새로운 주피터 노트북 파일을 만들어 다음 코드를 입력한 후 실행합니다.

```python
import numpy as np

data = [2, 2, 2, 2, 4, 4, 4, 4, 8, 8, 8, 8]
print("모집단 평균값 :", np.mean(data))
print("불편 분산 값 :", np.var(data, ddof=1))        #❶
print("분산 값 :", np.var(data))                      #❷
print("불편 분산-표준 편차 :", np.std(data, ddof=1)) #❸
print("분산-표준 편차 :", np.std(data))
```

```
모집단 평균값 : 4.66
불편 분산 값 : 6.78
분산 값 : 6.22
불편 분산-표준 편차 : 2.60
분산-표준 편차 : 2.49
```

2번째 라인의 data에 저장된 값의 분산과 표준 편차를 다음과 같이 불편 분산을 이용한 경우와 이용하지 않은 경우로 나누어 구했습니다.

#❶: np.var()에 data를 전달하면 분산 값을 반환합니다.

#❷: np.var() 파라미터로 ddof=1을 지정하여 불편 분산 값을 구합니다.

#❸: np.std()의 소괄호에 data를 전달하고, ddof=1로 설정하여 불편 분산으로 구한 표준 편차 값을 구했습니다.

불편 분산으로 구했을 때가 좀 더 값이 큰 것을 볼 수 있습니다. 모집단을 알 수 없는 상태에서 표본을 분석할 때는 불편 분산으로 계산하면 모집단과 좀 더 가까운 결과를 얻을 수 있습니다.

정규 분포

정규 분포(normal distribution)는 평균값을 중심으로 좌우 고르게 분포되는 형태입니다. 자연계에서 관찰되는 현상은 대부분 정규 분포로 나타나고 정규 분포 연구가 잘 되어 있기 때문에 참고 자료를 찾거나 분석할 때도 편리합니다.

정규 분포 특징은 ❶ 평균값 근처에서 데이터가 많이 나타나며, ❷ 평균값에서 멀어지면 해당 데이터 밀도가 낮고, ❸ 평균값을 기준으로 좌우 대칭입니다. 분석 대상이 정규 분포를 하고 있다면 모집단의 평균값과 분산을 이용하여 정규 분포 그래프를 그릴 수 있습니다. 예를 들어 쇼핑몰 방문 고객의 나이가 평균 34세고, 불편 분산 값이 12세라고 가정합시다. 정규 분포를 쉽게 그리기 위해 데이터 분석 패키지인 사이파이를 가져오겠습니다.

```
import matplotlib.pyplot as plt
%matplotlib inline
from scipy import stats                                    #❶

age = np.arange(start=5, stop=60, step=1)                  #❷
plt.plot(age, stats.norm.pdf(x=age, loc=34, scale=np.sqrt(12))) #❸
```

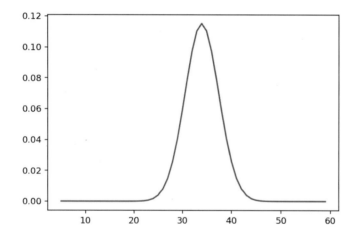

#❶: 사이파이에서 제공하는 stats 클래스를 가져왔습니다.

#❷: 넘파이를 이용하여 숫자 5부터 60까지 데이터를 생성해서 age 변수에 저장합니다.

#❸: age 변수에 저장된 값을 가져오고 평균은 34, 불편 분산이 12인 정규 분포를 그립니다.

출력된 그래프를 보면 평균값 34를 중심으로 좌우 대칭임을 볼 수 있습니다. 보통 정규 분포 그래프는 이런 형식을 띠고 있습니다.

이항 분포

정규 분포 외에 이항 분포(binomial distribution)(2항 분포)를 소개합니다. 이항 분포는 값 두 개만 가지는 확률 변수로 된 이산형 분포입니다. 동전 던지기를 예로 들어 볼까요? 동전을 던져 나올 수 있는 결과는 앞면 또는 뒷면 두 가지뿐입니다. 동전을 4회 던져 앞면이 나올 횟수를 X라고 할 때 X는 0, 1, 2, 3, 4 중 하나의 값이 되고, 0에서 4 사이 값을 가지는 '확률 변수'가 됩니다.

Note ≡ X = 0일 확률, 즉 앞면이 한 번도 나오지 않을 확률은 $\frac{1}{2} \times \frac{1}{2} \times \frac{1}{2} \times \frac{1}{2} = \frac{1}{16}$입니다. 이렇듯 X는 0~4 중 하나의 정수 값이 되는 '변수'고 X가 각 값이 될 확률이 정해져 있습니다. 이처럼 X 변수가 특정 값이 될 확률이 정해져 있을 때 X를 '확률 변수'라고 합니다.

동전 던지기에 착안하여 이항 분포를 만들겠습니다. 동전을 10회 던지고 20% 확률로 앞면이 나온다고 가정하겠습니다. 이 경우를 100번 반복한 경우를 히스토그램 그래프로 표현해 볼까요? 이번에는 통계 결과를 그래프로 표현할 때 자주 사용하는 seaborn 라이브러리를 사용하겠습니다.

```
import scipy as sp
import seaborn as sns

binomial = sp.stats.binom(n=10, p=0.2)        #❶
rvs_binomial = binomial.rvs(size=100)          #❷
m = np.arange(0, 10, 1)                          #❸
sns.displot(rvs_binomial, bins=m, kde=False)    #❹
```

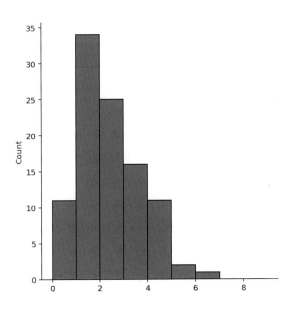

#❶: 이항 분포 정의입니다. 10회 실행했을 때 20% 확률로 True가 나타난다는 의미고 binomial 변수에 저장했습니다.

#❷: binomial을 100회 반복 수행시켜서 얻은 결과를 rvs_binomial 변수에 저장한 것입니다.

#❸: 히스토그램에 적용할 x축 범위입니다. 0부터 10까지로 지정했습니다.

#❹: rvs_binomial을 seaborn으로 히스토그램을 그렸습니다. 정규 분포와 달리 좌우 대칭이 아닌 그래프입니다.

출력된 그래프를 해석해 보면 100회 시행했을 때 True로 나온 경우가 33회로 가장 많습니다. list(rvs_binomial).count(1)을 입력하고 실행하면 33회를 확인할 수 있습니다.

> Note ≡ 히스토그램은 데이터를 구간으로 나누어서 각 구간에 속하는 데이터 빈도수를 막대 그래프로 나타낸 것입니다. 예를 들어 과일 가게에서 과일 무게를 측정하여 100g 이하, 100g, 200g, 300g 등 구간으로 나누고, 각 구간에 속하는 과일 개수를 막대 그래프로 표현한 것이 히스토그램입니다. 이 그래프를 이용하여 과일 무게 분포를 쉽게 파악할 수 있습니다. 비슷하게 시험 성적을 10점, 20점 등으로 나누어 각 구간에 속하는 학생 수를 막대 그래프로 나타낼 수도 있습니다. 이렇게 나뉜 구간을 '바구니'라고 생각하면 히스토그램은 데이터를 바구니에 담아서 분포를 쉽게 파악할 수 있는 그래프라고 생각할 수 있습니다.

푸아송 분포

푸아송 분포(Poisson distribution)는 1~5개, 2~10회 등 단위 시간 동안 어떤 사건이 몇 번 일어날지 표현하는 빈도 데이터를 의미합니다. 자연어 분석에서 특정 제품의 반응을 관찰할 때 제품 반응이 대부분 매우 만족에 해당하고, 간혹 매우 불만족이 등장합니다. 이렇게 만족과 불만족이 서로 균형을 이루지 않거나, 일어나기 힘든 일들에 대한 데이터 분포는 대체로 푸아송 분포를 따릅니다. 예를 들어 은행에서 대출해 줄 때 채무자가 빚을 갚을 수 없어 파산하는 경우는 매우 적지만 대출 건수가 많아지면 채무자 파산 건수도 같이 증가합니다. 이런 형태의 데이터 분포는 푸아송 분포입니다. 즉, 정리하면 자주 일어나지 않는 사건의 확률입니다. 푸아송 분포의 모수는 일이 일어날 횟수에 대한 기대 값인 강도만 고려합니다. 강도가 증가할수록 정규 분포 형태로 변화합니다. 시각화로 확인하겠습니다.

> Note ≡ 모수는 모집단의 특징을 나타내는 수치입니다. 정규 분포라면 모수로 평균값과 분산 값을 사용합니다. 모수를 알고 있다면 모집단 특징을 파악할 수 있다는 의미입니다.

```
import scipy as sp
import matplotlib.pyplot as plt
%matplotlib inline

result_1 = sp.stats.poisson.rvs(mu=2, size=1000)   #❶
result_2 = sp.stats.poisson.rvs(mu=10, size=1000)  #❷

fig, ax = plt.subplots(2, 1, figsize=(6, 8))       #❸
ax[0].hist(result_1, bins=30, label='강도2')        #❹
ax[0].legend()
ax[1].hist(result_2, bins=30, label='강도10')
ax[1].legend()
```

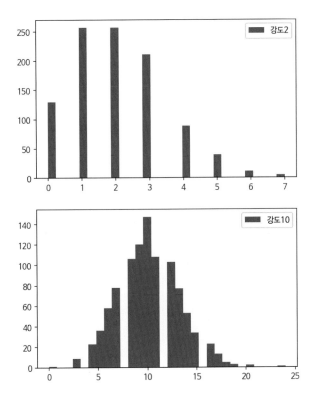

#❶: 푸아송 분포에 강도가 2인 난수를 생성하여 그중 1000개를 채취한 것입니다.

#❷: #❶과 동일하지만 강도가 10으로 증가했습니다. 즉, 발생 확률이 5배 증가했다는 의미입니다.

#❸: result_1과 result_2에 저장된 값을 subplots()로 처리한 것입니다. 2는 행(row) 개수, 1은 열(column) 개수에 해당됩니다.

#❹: 히스토그램을 이용하여 각각 출력했습니다. bins는 히스토그램 구간입니다.

푸아송 분포에 따라 난수가 생성될 때 발생 확률에 대한 강도가 증가할수록 점점 정규 분포와 가까워지는 것을 볼 수 있습니다.

시각화, 박스플롯과 바이올린플롯

데이터 분석을 진행할 때 데이터 시각화를 먼저 하길 권장합니다. 데이터를 시각화하면 현재 데이터 상태를 파악할 수 있으므로 분석 계획을 세우기 용이하다는 장점이 있습니다. 자주 사용하는 시각화 방식으로는 seaborn 패키지의 박스플롯(boxplot)과 바이올린플롯(violinplot)이 있습니다. 박스플롯은 수치적 자료를 표현하는 그래프입니다. 다음 코드와 그림을 살펴보세요.

```
import seaborn as sns

data = [1, 2, 2, 3, 3, 3, 4, 4, 4, 4, 7, 8, 8, 10]
sns.boxplot(y=data, showmeans=True) #❶
```

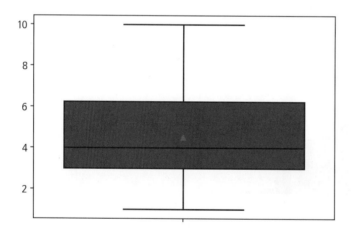

#❶: seaborn의 boxplot()에 data를 전달하여 data를 박스플롯으로 그립니다.

상자 중심선은 데이터를 순서대로 나열했을 때 가운데에 위치한 중앙값입니다. 하이퍼파라미터 showmeans=True로 설정하면 평균값을 마커로 표시할 수 있습니다. 상자의 윗단과 아랫단은 각각 75%, 25% 사분위점을 의미하며 그래프 하한선과 상한선은 최솟값과 최댓값을 의미합니다.

▼ 그림 4-4 그래프 내 상한선과 하한선, 사분위점

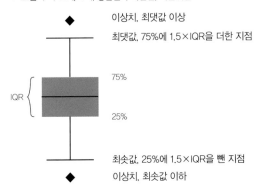

이상치, 최댓값 이상

최댓값, 75%에 1.5×IQR을 더한 지점

75%

IQR

25%

최솟값, 25%에 1.5×IQR을 뺀 지점

이상치, 최솟값 이하

여기에서 최솟값과 최댓값은 단순히 1과 10이 아닙니다. 최솟값은 25% 분위에 해당되는 값에
1.5를 곱한 IQR(Inter Quantile Range)을 뺀 값입니다. 이상치는 최댓값과 최솟값을 벗어나는 값
입니다. 이상치로 분류되는 값은 박스플롯에서 상한선과 하한선 범위 밖에서 따로 점으로 표시
됩니다.

다음은 동일한 데이터를 이용하여 바이올린플롯을 그리겠습니다. 바이올린플롯은 데이터 분포와
범위를 한눈에 보기 쉽게 나타낸 그래프입니다. 다음 코드로 바이올린플롯을 확인해 보세요.

```python
data = [1, 2, 2, 3, 3, 3, 4, 4, 4, 4, 7, 8, 8, 10]
sns.violinplot(y=data)
```

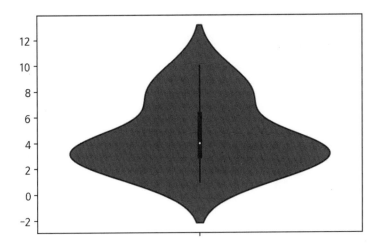

그래프 가운데에 있는 막대는 박스플롯과 동일합니다. 가운데 흰 마커는 중앙값을 의미합니다. 박스플롯과 달리 바이올린플롯은 이상치 정보는 제공하지 않습니다. 막대 주변의 부드러운 곡선은 정확한 값이 아니라 추정한 값입니다. 추정한 값은 커널 밀도 추정으로 얻을 것인데요. 자세히 설명하기 전에 히스토그램 그래프 단점부터 알아보겠습니다.

히스토그램은 x축 구간을 어떻게 설정했는지에 따라 결과가 매우 다릅니다. 자칫 분석자가 데이터에 대해 오해를 할 수 있습니다. 커널 밀도 추정은 히스토그램 단점을 보완한 것인데요. 그래프로 직접 그려 히스토그램 단점과 이를 보완한 커널 밀도 추정을 이해하겠습니다.

```
import seaborn as sns
import matplotlib.pyplot as plt
%matplotlib inline

fig, ax = plt.subplots(nrows=2, figsize=(6, 8))
sns.distplot(data, color='black', bins=2, ax=ax[0], label='bins=2')
sns.distplot(data, color='blue', bins=4, ax=ax[1], label='bins=4')
```

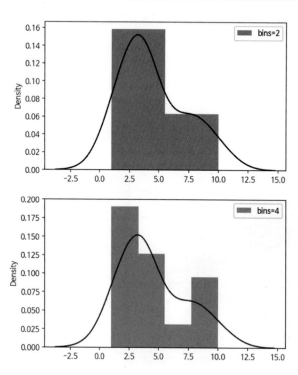

위쪽 그래프는 bins=2로 설정했고 아래쪽 그래프는 bins=4로 설정했습니다. 동일한 데이터이지만 bins 설정 차이에 따라 히스토그램 그래프가 서로 다릅니다. 하지만 커널 밀도 추정으로 그린 곡선 형태는 서로 동일하다는 것을 확인할 수 있습니다. 바이올린플롯은 커널 밀도 추정 정도를 함께 보여 주기 때문에 히스토그램과 함께 사용했을 때 데이터를 좀 더 정확히 이해할 수 있습니다.

교차분석표

이번에는 데이터를 표로 정리해서 분석하는 교차분석표를 소개하겠습니다. 데이터를 수집하고 저장할 때 각 행에 저장된 값은 일정한 규칙을 가지고 있고 행에는 데이터 특징을 알려 주는 등 의미가 없어야 합니다. 예를 들어 다음 표는 언뜻 보면 잘 정리된 데이터로 보이지만, 행에 의미가 있기 때문에 잘못 저장된 테이블입니다.

▼ 표 4-3 잘못 정리된 데이터

	A사	B사
자외선 차단제	51	12
보습 크림	9	43

앞의 테이블은 다음과 같이 저장되어야 합니다.

▼ 표 4-4 잘 정리된 데이터

제품 종류	회사
자외선 차단제	A
보습 크림	B
자외선 차단제	B
자외선 차단제	B

이렇게 행에는 의미가 없도록 데이터를 정리한 후 분석자가 분석 목적에 맞게 편집하여 첫 번째 테이블로 바꾸어 분석하는 것을 교차 분석이라고 합니다. 처음부터 교차분석표처럼 수집하면 해당 데이터는 다른 용도로 사용이 불가능하거나 데이터 전처리를 하기 어려워집니다. 처음부터 다시 수집하는 경우가 생길 수도 있습니다. 현업에서 흔히 볼 수 있는 데이터 저장 실수 사례입니다. 처음부터 깔끔한 데이터로 정리했다면 분석 방향이 바뀌더라도 데이터를 다시 수집하는 경우를 줄일 수 있습니다.

판다스의 pivot_table을 이용하여 교차분석표를 만들겠습니다. groupby()나 pivot_table() 함수로 만드는 경우도 있으니 함수 구조를 살펴보고, 이해하기 편하고 사용하기 쉬운 함수를 선택합니다. 교차분석표 작성 대상 데이터는 지난 실습 때 사용한 제품 리뷰 데이터입니다.

```python
import pandas as pd

filepath = './data/쿠션리뷰_임시저장.csv'
df = pd.read_csv(filepath)
df.head(3)
```

	review_date	review_score	reviews	name	url	price
0	22.01.02.	평점4	빠른배송과 사은품 감사합니당	8_번제품	https://cr.shopping.naver.com/adcr.nhn?x=6%2Fb...	28,500
1	21.06.21.	평점5	블랙쿠션 그전꺼도 좋았는데 리뉴얼된것 역시나 넘넘 좋아용!	8_번제품	https://cr.shopping.naver.com/adcr.nhn?x=6%2Fb...	28,500
2	없음	없음	없음	8_번제품	https://cr.shopping.naver.com/adcr.nhn?x=6%2Fb...	28,500

제품 평점(review_score)은 1점부터 5점까지입니다. 만족도 분류(label)는 1과 0이며 1은 4점 이상 리뷰, 0은 3점 이하 리뷰에 해당합니다. 이렇게 분류한 값이 label 열에 저장되어 있습니다. label 항목에 따른 평균 제품 평점을 살펴보고 싶다면 다음과 같이 pivot_table() 함수를 사용하여 교차 분석을 하면 됩니다.

```python
pd.pivot_table(data=df,
               values='review_score',
               aggfunc='mean',
               index='label') #❶
```

	review_score
label	
0	2.747641
1	4.806563

#❶: pivot_table()에는 매개변수 네 개가 있습니다. 첫 번째 매개변수인 data는 피벗 테이블을 만들기 위한 데이터 프레임을 인자로 전달받습니다. df가 전달되었습니다. 두 번째 매개변수인 values는 review_score 열의 평균값을 계산합니다. 세 번째 매개변수인 aggfunc는 데이터를 집계하는 함수로, 평균을 사용했습니다. 마지막 index 매개변수는 피벗 테이블의 행 인덱스로, label 열을 사용합니다. 이 코드는 df 데이터 프레임에서 label 열을 행 인덱스로 하고, review_score 열의 평균을 계산하여 피벗 테이블을 만들어 반환합니다. 이것으로 label별 review_score

평균을 구할 수 있습니다. Bad(label=0)는 평균 평점이 2.74고 Good(label=1)에 해당되는 제품의 평균 평점은 4.80이라는 것을 확인합니다. 이렇게 깔끔한 데이터를 확보하고 원하는 방향대로 교차분석표를 작성합니다.

t-검정

두 집단에서 얻은 결과가 서로 유의한 차이가 있는지 확인할 때 표본을 사용하여 모집단에 대한 통계적인 판단을 내리는 것을 검정이라고 합니다. t-검정은 t-값을 이용한 검정이며, 통계적으로 두 집단의 평균 차이가 유의한지 검정하는 방법 중 하나입니다. t-검정은 다음 조건을 만족하는지 확인합니다.

1. 분석 데이터양이 많습니다.

2. 데이터 분산이 작습니다.

3. 평균값 차이가 큽니다.

> Note ☰ t-값은 표본 평균과 모평균의 차이값을 구한 후 그 차이값을 모평균의 표준 오차로 다시 나눈 값입니다. 이 t-값을 이용하여 데이터를 분석해서 유의한 차이가 있는지 분석합니다. 표준 오차는 추출한 표본 평균들의 표준 편차 크기입니다.

t-검정에서 이 세 가지 조건을 만족했을 때 두 집단은 서로 유의한 차이가 있다고 판단할 수 있습니다. t-검정이 가지는 중요한 의미는 두 집단을 데이터로 비교할 때 평균값만으로 비교하지 않는 것입니다. 즉, 평균값만 고려하면 데이터를 오해할 수도 있다는 의미이지요.

그럼 이제 두 집단을 t-검정하는 실습을 하겠습니다. 어떤 제품이 있습니다. 이 제품을 구매한 고객들이 남긴 평점은 1점부터 5점입니다. 5점은 매우 만족했다는 의미고, 1점은 매우 불만족한 상태입니다. 데이터를 살펴보니 나이가 40대 이상인 사람들과 30대 이하인 고객들의 평점 평균에 차이가 있습니다. 과연 정말 통계적으로 유의한 차이인지 검정하겠습니다.

```
import pandas as pd
from scipy import stats
import scipy as sp

data = pd.read_excel('./data/나이vs평점.xlsx')
data.head(3)
```

	나이대	나이	평점
0	4050	50	4
1	4050	49	3
2	4050	48	3

해당 데이터 프레임에서 각 나이대 평균 평점을 groupby를 사용하여 확인하겠습니다.

```
data.groupby('나이대')[['평점']].mean()
```

	평점
나이대	
1030	3.531250
4050	2.956522

30대 이하 고객들의 평균 평점이 더 높은 편입니다. 이어지는 코드는 30대 이하 집단의 평점 평균이 다른 집단보다 더 높은 것이 맞는지 독립 표본 t-검정을 진행하는 것입니다. 독립 표본 t-검정은 두 독립 표본의 평균을 통계적으로 비교하는 것을 의미합니다.

검정 과정은 다음과 같습니다. 두 집단의 평균은 서로 동일하다고 가정합니다. 그럼 무작위로 샘플링을 했을 때 표본 평균들의 평균은 모집단 평균과 거의 차이가 없을 것입니다. 그런데 차이가 꽤 많이 난다면 두 집단의 평균은 서로 동일하다고 가정하는 것은 무리이니 분석자는 두 집단의 평균값에 차이가 있다고 주장해야 합니다. 그럼 분석자는 두 표본 평균의 차이를 계산하고, 이를 바탕으로 초기 가설이 맞는지 판단해야겠네요.

여기에서 귀무가설과 대립가설이 등장할 차례입니다. 대립가설은 분석자가 주장하는 가설(두 집단의 평균 차이가 유의한 수준)을 의미하며, 대립가설과 반대되는 가설이 귀무가설(두 집단의 평균은 차이 없음)입니다. 즉, 분석자는 귀무가설을 기각하고 대립가설을 채택해야 합니다. 채택할 때 기준은 유의 확률(이하 P-값)을 사용합니다. P-값은 귀무가설에 반하는 사건이 나타날 확률이며, 이 P-값이 낮으면 귀무가설을 기각하고 대립가설을 채택합니다. 보통 P-값은 0.05 미만으로 설정합니다.

- **귀무가설**: 두 집단의 평균 평점은 차이가 없습니다.
- **대립가설**: 두 집단의 평균 평점은 차이가 있습니다.

설명이 길었네요. 독립 표본 t-검정을 진행합니다.

```
score_1030 = data[data['나이대']==1030]['평점'].tolist()
score_4050 = data[data['나이대']==4050]['평점'].tolist()

sp.stats.ttest_ind(score_1030, score_4050, equal_var=False) #❶
```

```
Ttest_indResult(statistic=2.391534239054576, pvalue=0.02050170208528289)
```

설명은 길었지만 코드는 간단한 편이네요.

#❶: 독립 표본 t-검정입니다. ttest_ind의 파라미터인 equal_var=False는 두 집단의 분산 값이 같지 않다는 의미입니다. 같다면 True를 입력합니다.

출력 결과의 P-값은 0.02로 0.05보다 낮습니다. 그러니 귀무가설을 기각하고 대립가설을 채택하여 10~30대 평점과 40~50대 평점 차이는 통계적으로 유의한 수준이라고 주장할 수 있습니다. 그리고 출력 결과에서 보이는 검정 통계량(statistic)은 두 집단 간 평균 차이가 표준 오차의 몇 배인지 나타내는 값입니다. statistic=2.39는 두 집단 간 평균 차이가 표준 오차의 2.39배만큼 크다는 것을 나타냅니다.

> Note ☰ 표준 오차(standard error)는 추정량(에 표본 평균)과 모집단 평균 간 편차가 얼마인지 측정한 값입니다.
> 즉, 표본에서 구한 통계량이 모집단에서 구한 값과 얼마나 차이가 나는지 알려 줍니다.

분산 분석

데이터를 분석할 때 집단을 세 개 이상 비교하는 경우가 많기 때문에 이렇게 여러 집단을 비교할 때는 분산 분석(ANalysis Of VAriance, ANOVA 분석)을 자주 사용합니다. 예를 들어 일일 지하철 이용 승객 수가 종속 변수고 날씨가 독립 변수일 때 비, 눈, 태풍, 맑음이라는 네 가지 경우에 승객 수가 유의하게 차이가 나는지 파악하려고 분산 분석을 사용합니다. 단, 분산 분석을 적용할 때 모집단이 정규 분포고, 각 집단의 분산 값은 비슷해야 합니다. 정규 분포를 따르고 있지 않다면 데이터 전처리를 이용하여 정규 분포로 변형하고, 분산 값이 비슷하지 않다면 표준화(standardization)로 분산 값을 조절하면 됩니다. 먼저 표본 집단이 모집단 특성을 반영하지 않는 상태인지 의심해야 합니다.

다음에서 보듯이 각 그룹이 가지는 데이터 분포를 오차라고 하며, 데이터 사이의 차이를 효과라고 합니다. 분산 분석은 여러 그룹 간 평균 차이를 검정하는 방법으로, 각 그룹의 분산과 그룹 간 분산을 비교하여 효과 크기를 분석합니다.

▼ 그림 4-5 분산 분석 그래프

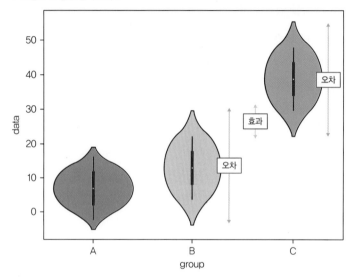

직관적으로 A 그룹과 B 그룹은 효과 차이가 별로 없고 C 그룹은 A 그룹, B 그룹과 비교하면 효과가 큽니다. 이 효과의 분산 크기, 오차의 분산 크기를 이용하면 'F비'라고 하는 통계량이 등장합니다. F비는 효과의 분산 크기를 오차의 분산 크기로 나눈 비율입니다. F비가 크다는 것은 오차 분산은 작고 효과 분산은 크다는 의미이므로 C 그룹과 A 그룹, B 그룹의 F비는 크고 A 그룹과 B 그룹 사이의 F비는 작습니다. ANOVA는 F비를 이용한 검정입니다.

동일한 데이터를 가져와 나이별로 어느 정도 효과 차이가 있는지 분석하겠습니다. 통계 분석에 필요한 패키지는 statsmodels입니다.

```python
import statsmodels.formula.api as smf
import statsmodels.api as sm

path = '/content/gdrive/MyDrive/길벗_문서/길벗_소스코드/4장/data/'
data = pd.read_excel(path+'나이vs평점.xlsx', sheet_name='그룹')

data['나이대'].value_counts()
```

```
50    10
40    10
30    10
20    10
10    10
Name: 나이대, dtype: int64
```

10대부터 50대까지 나이가 분류되어 있고 각 데이터 수는 열 개씩입니다.

```python
data['나이대'] = data['나이대'].astype('str')          #❶
anova_model = smf.ols("평점 ~ 나이대", data=data).fit() #❷
print(sm.stats.anova_lm(anova_model, typ=2))          #❸
```

```
            sum_sq   df    F          PR(>F)
나이대        13.68    4.0   5.112957   0.001753
Residual    30.10    45.0  NaN        NaN
```

#❶: 나이대를 문자열로 변환시켰습니다.

#❷: 분산 분석 모델을 가져온 것입니다. 모델에 종속 변수를 먼저 넣고 독립 변수를 물결 표시(~) 다음에 넣었습니다. 독립 변수가 여러 개라면 더하기(+) 표시를 구분자로 해서 '종속 변수 ~ 독립 변수 1 + 독립 변수 2 + … + 독립 변수 n' 형태로 전달합니다.

#❸: 분산 분석을 진행시켰습니다. 이때 typ는 2로 지정합니다. 분산 분석 계산할 때 타입(type)을 2로 지정하지 않으면 전달된 독립 변수 순서에 따라 결과가 계속 달라지는 문제가 생깁니다. 지금 예제는 독립 변수가 하나라 typ=2를 지정하지 않아도 문제가 생기지 않지만, 평소에 분산 분석을 할 때는 typ=2로 하는 습관을 들이면 나중에 예상치 못한 에러를 피할 수 있습니다.

결과를 보면 오른쪽 위 나이대의 P-값에 해당되는 PR(>F) 값을 볼 수 있습니다. P-값은 0.05 이하이기 때문에 귀무가설을 기각하고 대립가설을 채택합니다. 분산 분석에서 귀무가설은 '그룹들의 데이터 평균값에 차이가 없다'고, 대립가설은 '그룹들의 데이터 평균값에 차이가 있다'입니다. 그리고 F비 값은 5.11입니다.

```
anova_model.params
```

```
Intercept        4.000000e+00
나이대[T.20]      3.441691e-15
나이대[T.30]     -8.000000e-01
나이대[T.40]     -1.100000e+00
나이대[T.50]     -1.200000e+00
dtype: float64
```

코드는 계수를 출력합니다. 나이대 옆의 계수를 확인하면 양수와 음수로 나뉘어 있습니다. Intercept는 10대에 해당됩니다. 10대와 20대의 계수는 양수고 나머지는 음수입니다. 통계적인 언어로 다시 쓰면 이렇게 됩니다.

> "30~50대는 계수가 음수이며, 계수가 양수인 10~20대에 비해 종속 변수(평점) 값에 부정적인 영향을 미치는 것으로 해석할 수 있습니다."

즉, 10~20대에서는 평점이 높고, 30~50대는 평점을 높게 주지 않는 것을 알 수 있습니다.

> Note ≡   ANOVA 모델에서 계수 값은 독립 변수의 특정 수준이 변할 때 종속 변수의 예상 평균값이 어떻게 변하는지 나타냅니다. 즉, 계수 값은 독립 변수의 변화가 종속 변수의 평균에 미치는 영향의 크기와 방향을 나타냅니다. 양의 계수 값은 독립 변수 증가가 종속 변수의 예상 평균값을 증가시키는 경향이 있음을 의미하며, 음의 계수 값은 독립 변수의 증가가 종속 변수의 예상 평균값을 감소시키는 경향이 있음을 나타냅니다. 예를 들어 '나이대[T.30]'의 계수가 −0.8이라면, 30대 그룹에서 종속 변수의 예상 평균값이 기준 그룹(여기에서는 'Intercept'에 해당하는 그룹)에 비해 평균적으로 0.8단위 낮다는 것을 의미합니다.

4.1.3 글을 마치며

지금까지 학습하느라 고생 많았습니다. 학습 시간이 얼마나 걸렸든 한 권의 분량을 처음부터 끝까지 학습하는 것은 정말 대단한 일입니다. 데이터 분석을 위한 판다스 기초, 데이터 수집, 분석을 이용한 인사이트 도출, 통계까지 학습했습니다. 현업에서 필요한 데이터 분석 부분은 모두 학습한 것과 다름없습니다. 현업 전문가와 여러분의 차이는 숙련도 차이 정도고, 이 차이는 다양한 분석 경험을 쌓으면서 점차 희미해집니다.

처음에는 바로 의뢰를 받지 못하기 때문에 여러분은 스스로 다양한 분야의 데이터를 수집하고 분석하는 경험을 쌓아야 합니다. 스스로 분석 프로젝트를 생성하고 결과를 주변에 공유하는 일을 반복해서 실력이 향상되면 어느 순간 여러분 생업이 데이터 분석으로 변하게 될 것입니다. 그 과정은 물론 좌절해도 이상하지 않을 정도로 많이 어려운 길입니다. 그렇지만 그 과정에 누군가에게 물어볼 상대가 있다면 그것은 정말 다행한 일이지요.

필자는 회사에서 다양한 분야의 동료들이 데이터 분석 분야에서 성장하도록 곁에서 도움을 주고 있고, 그분들이 성장하는 모습을 보면 뿌듯한 마음이 듭니다. 이 책도 여러분에게 많은 도움이 되길 바랍니다.

먼 훗날 언제든 현업에서 마주칠 수 있길 바랍니다.

GPT−3.5로
자연어 분석하기

지금까지 우리가 한 분석은 많은 자연어 데이터를 입력하고 의미 있는 단어와 표현, 맥락을 찾는 과정이었습니다. 데이터 100을 입력하면 결과로 데이터 10을 받는 구조였는데, 이번에는 반대로 데이터 10을 넣고, 100을 결과로 받는 자연어 분석 방법을 소개하겠습니다.

생성형 AI(generative AI)라고 들어 본 적이 있나요? 이미지를 조합해서 새로운 이미지를 만들거나 음악을 만들거나 글을 만드는 AI들이 생성형 AI에 해당합니다. 특히 글을 만드는 AI에는 BERT 모델과 GPT 모델이 있는데, BERT 모델은 문장에서 빈칸에 들어갈 알맞은 단어를 찾는 방식이고 GPT는 이 문장 다음에 올 적합한 단어를 찾는 방식입니다.

❤ 그림 A-1 BERT와 GPT 차이

두 모델 모두 훌륭하고 어느 모델을 사용하든 결과는 만족스러울 것입니다. GPT가 발표된 후 BERT가 발표되었기 때문에 기술적인 진보는 BERT가 더 높다고 할 수 있습니다. 그렇지만 대화가 이어지는 AI 챗봇을 만든다면 BERT보다는 GPT 모델을 이용하는 것이 좀 더 자연스러운 결과를 얻을 수 있습니다. 따라서 책에서는 이 GPT를 이용하여 자연어 분석을 해 보겠습니다.

왜 이용이라고 표현했느냐면 GPT는 신경망 학습에 기반하고 있으며, AI 처리용으로 만든 torch 라이브러리를 사용할 줄 알아야만 GPT 모델을 만들거나 수정할 수 있기 때문입니다. 그러나 GPT 모델을 만드는 것은 이 책 범위가 아니고, 우리 목적은 어디까지나 '데이터 분석을 잘하는 것'에 있기 때문에 우리는 그저 GPT를 이용하여 데이터를 분석할 것입니다.

본격적으로 분석하기 전에 GPT를 좀 더 소개하겠습니다.

2018년도에 openAI에서 GPT 모델을 발표했고, 지금까지 GPT 모델이 계속 개선되어 우리가 직접 활용할 수 있는 단계에 이르렀습니다. GPT 모델 중 지금 가장 유명한 것은 GPT-3.5입니다. GPT-3.5는 openAI에서 발표한 모델이고, 지금 마이크로소프트 검색 엔진 Bing에 탑재되어 구글을 위협하고 있는 중입니다. 엄청나죠?

▼ 그림 A-2 openAI 웹 사이트 첫 화면

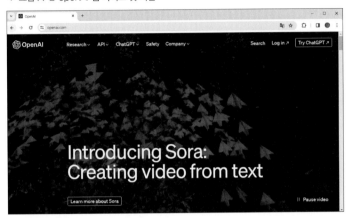

GPT-3.5는 엄청난 양의 글을 학습하여 영어뿐만 아니라 한글도 서비스하지만, 아무래도 영어로 서비스를 받는 것이 좀 더 질이 좋고 속도도 빠릅니다. GPT-3.5를 처음 경험하는 독자도 있을 테니 한번 이용해 볼까요? https://openai.com을 입력하여 openAI 웹 사이트에 접속합니다. 오른쪽 위 또는 ChatGPT 메뉴를 누르면 **Try ChatGPT**가 보입니다.

▼ 그림 A-3 ChatGPT 화면

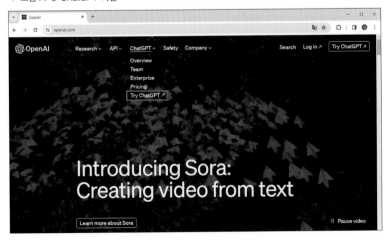

다음과 같이 로그인 화면이 나타나면 계정을 생성한 후 로그인합니다.

▼ 그림 A-4 로그인 화면

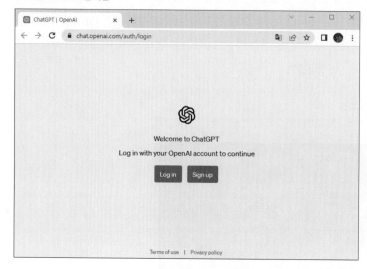

생성한 계정으로 로그인하면 다음과 같이 챗팅을 입력하는 화면이 나타납니다.

▼ 그림 A-5 챗팅 화면

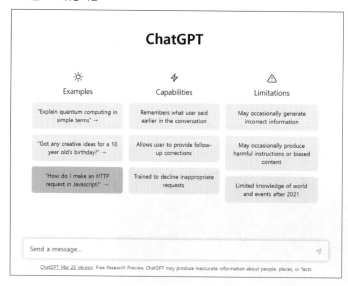

GPT-3.5는 2021년까지 데이터만 저장되어 있습니다. 트렌드와 관련된 질문은 하지 말고 일반적인 질문을 입력하겠습니다.

Q. 해리포터 소설을 150자 이내로 요약해줘

▼ 그림 A-6 GPT-3.5에 물어보기

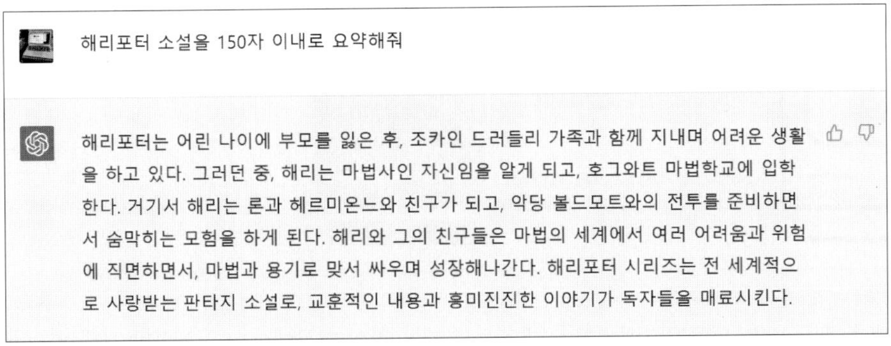

 해리포터 소설을 150자 이내로 요약해줘

해리포터는 어린 나이에 부모를 잃은 후, 조카인 드러들리 가족과 함께 지내며 어려운 생활을 하고 있다. 그러던 중, 해리는 마법사인 자신임을 알게 되고, 호그와트 마법학교에 입학한다. 거기서 해리는 론과 헤르미온느와 친구가 되고, 악당 볼드모트와의 전투를 준비하면서 숨막히는 모험을 하게 된다. 해리와 그의 친구들은 마법의 세계에서 여러 어려움과 위험에 직면하면서, 마법과 용기로 맞서 싸우며 성장해나간다. 해리포터 시리즈는 전 세계적으로 사랑받는 판타지 소설로, 교훈적인 내용과 흥미진진한 이야기가 독자들을 매료시킨다.

어떤가요? 해리포터 내용을 아주 훌륭히 요약했습니다. 이런 GPT-3.5 성능 때문에 많은 사람이 검색창에서 키워드를 검색하는 대신 ChatGPT에 묻는 것으로 검색 트렌드가 변화하고 있습니다. 아마 이 책이 출간될 때쯤에는 다들 ChatGPT에 물어보는 것에 익숙해져 있을 것 같네요. 다음은 GPT-3.5를 웹 페이지에서 활용하는 것이 아니라 API를 이용하여 GPT 서비스를 구현해 보겠습니다.

A.1 API 소개

DATA ANALYSIS

API(Application Programming Interface)는 프로그램끼리 소통할 수 있게 해 주는 중개자 역할을 합니다. 우리가 사람끼리 대화할 때 말, 종이, 휴대폰 등을 사용하는 것처럼 프로그램 사이에서는 API를 이용하여 정보를 주고받습니다. 이 글에서는 API가 왜 중요하고 어떻게 사용되는지 소개하려고 합니다. API 존재는 프로그램들이 서로 연동되고, 데이터를 교환하며, 서비스를 확장하는 데 필수적입니다. 예를 들어 프로그램 1이 프로그램 2에 날씨 정보를 요청하는 경우 프로그램 1은 API를 이용하여 해당 요청을 전달하고, 프로그램 2는 이에 응답하여 필요한 날씨 정보를 반환합니다. 이런 방식으로 API는 다양한 프로그램과 서비스가 원활하게 상호 작용하고 통합될 수 있는 기반을 제공합니다. 이것이 API의 기본적인 역할이자 전부입니다. 최근 개발되는 프로그램들은 API 집합체라고도 할 수 있습니다. 그래서 여러분도 API가 작동하는 구조는 알고 있으면 좋겠네요.

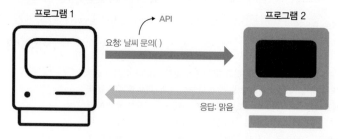

▼ 그림 A-7 API 작동 방식

프로그램은 굉장히 많고, 프로그램에 필요한 정보도 매우 많기 때문에 API를 조금만 검색해도 많은 API 서비스가 있다는 것을 알 수 있습니다.

A.2 openAI, API 키 발급

우선 GPT-3.5에서 제공하는 서비스를 우리가 직접 코딩으로 구현하려면 API 키를 발급받아야 합니다. openAI 웹 사이트에 로그인한 후 **API > DOCS**로 들어갑니다.

▼ 그림 A-8 Developers에서 API reference 클릭

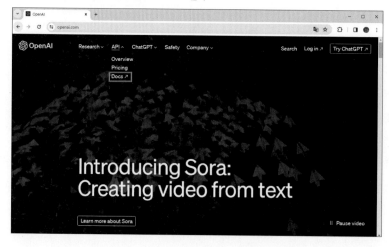

개발자를 위한 문서 안내를 볼 수 있습니다. 여기에서 **API reference > Authentication**으로 이동합니다.

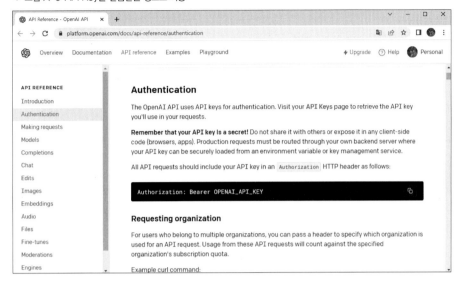

API Keys를 클릭하면 API Key를 발급받는 화면으로 이동합니다.

▼ 그림 A-10 API Key 발급 화면

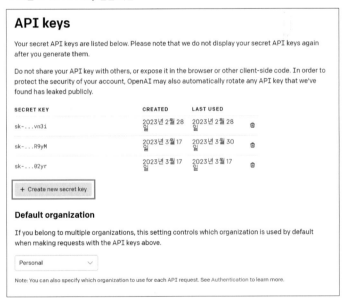

Create new secret key를 클릭하면 키 이름을 입력하는 창이 나옵니다. 적당한 키 이름을 입력한
후 Create secret Key를 누르면 바로 API 키를 확인할 수 있습니다.

▼ 그림 A-11 API Key를 발급받은 화면

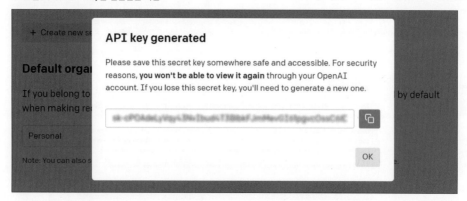

한번 발급받은 API 키 내용은 다시 확인할 수 없으니 꼭 복사해서 메모합니다. API 키를 복사하지 못했거나 잊어버렸다면 다시 생성해야 합니다. 이제 API 키를 이용하여 GPT-3.5 서비스를 만들어 봅시다.

A.3 GPT-3.5 API를 이용하여 키워드 찾기

DATA ANALYSIS

새로운 주피터 노트북 파일을 열고 다음 코드를 입력하여 먼저 openAI를 설치합니다.

```
!pip install openai
```

그리고 문장을 입력하면 GPT-3.5가 해당 문장에서 주요 키워드를 찾도록 코드를 작성하겠습니다.

```
import openai

API_KEY = "[각자 발급받은 API 키 삽입]"    #①
openai.api_key = API_KEY                    #②

def keypoints(text):                        #③
    """키워드 추출"""
```

⊙ 계속

```
response = openai.Completion.create(
    model = "gpt-3.5-turbo",
    prompt = "당신은 키워드를 추출하는 봇입니다.
              입력한 글에서 키워드만 추출해주세요.:\n\n{} ".format(text),
    Temperature = 0.3,
    max_tokens = 150,
    top_p = 1.0,
    frequency_penalty = 0.8,
    presence_penalty = 0.0,
)

result = response.choices[0].text  #❹

return result
```

#❶: API_KEY 변수에 각자 발급받은 키 내용을 저장합니다.

#❷: openAI에 발급받은 API_KEY를 전달합니다.

#❸: keypoints() 함수는 openai.Completion.create()의 매개변수인 prompt에 텍스트를 입력하면 텍스트에서 키워드를 찾아 반환합니다. response 변수에 openai 응답 결과가 저장됩니다. openai가 전달받는 매개변수는 다음과 같습니다.

- **model**: openAI에서 제공하는 모델을 선택하는 설정입니다. text-davinci-003은 openAI에서 개발한 GPT-3 모델 중 하나입니다. 이 모델은 GPT-3 모델군 중 가장 큰 모델로, 매우 높은 자연어 이해 능력을 가지고 있습니다.

- **prompt**: 모델이 분석할 텍스트를 입력받습니다. 프롬프트에 GPT가 해야 할 일을 정의합니다.

- **Temperature**: 모델이 생성하는 텍스트의 '창의성' 또는 '확률적 다양성'을 조절합니다. 온도 값이 높으면 더 다양한 출력 값을 나타내고, 온도 값이 낮으면 더 일관된 출력 값을 나타냅니다.

- **max_tokens**: 모델이 생성할 최대 토큰 수입니다. 이 값을 늘리면 모델이 더 많은 텍스트를 생성할 수 있지만, 응답 시간이 길어질 수 있습니다.

- **top_p**: 모델이 다음 단어를 선택할 때 고려해야 할 후보 단어 집합의 확률 분포를 제한합니다. 즉, 가장 높은 확률 값을 가진 후보 단어들의 누적 확률이 이 값을 초과하지 않도록 합니다.

- **frequency_penalty**: 모델이 자주 나타나는 토큰에 대해 억제하는 정도를 조절합니다. 이 값이 높을수록 모델이 일반적으로 자주 사용하는 토큰을 덜 사용하려고 시도합니다.
- **presence_penalty**: 모델이 이미 생성된 토큰을 다시 사용하는 것을 억제하는 정도를 조절합니다. 이 값이 높을수록 모델은 이전에 생성된 텍스트에 덜 의존하게 됩니다.

#❹: 모델이 응답한 결과가 저장됩니다.

> Note ≣　GPT는 프롬프트를 어떻게 작성하느냐에 따라 성능이 달라집니다. 프롬프트를 작성하는 팁은 다음과 같습니다. 첫 번째, GPT가 무슨 일을 하는 봇(bot)인지 정의합니다. 두 번째, 할 일을 정의합니다. 할 일이 복잡하다면 일하는 순서를 알려 줍니다. 세 번째는 선택 사항인데, 결과를 반환할 때 형식을 지정하면 좀 더 좋아집니다.

준비한 GPT-3.5 기반의 함수를 사용하여 키워드를 추출해 볼까요? 얼마나 편할지 궁금하네요. GPT-3.5에 분석 요청할 문장은 아래 text 변수에 저장한 문자열입니다.

```
text = "생성적 사전학습 변환기 3, GPT-3.5는 openAI에서 만든 딥러닝을 이용한 대형 언어 모델이다.
비지도 학습과 생성적 사전학습기법, 변환기를 적용해 만들어졌다. 번역과 대화, 작문을 할 수 있으며,
GPT-2에 비해 훨씬 인간이 쓴 글인지 기계가 쓴 글인지 구분하기 어렵다"

keypoints(text=text)
```

```
.\n\nKeywords: 생성적 사전학습 변환기, GPT-3.5, openAI, 비지도 학습, 변환기, 번역, 대화, 작문,
GPT-2
```

어떤가요? 입력한 글을 아주 훌륭히 이해하여 키워드를 찾아 반환해 주었습니다. 지금 GPT-3.5는 유료로 이용할 수 있으며, 사용량이 월 18달러 미만까지는 무료로 이용할 수 있습니다(2023년 11월 기준). 독자 여러분 중 일부는 그동안 수집한 자료를 GPT-3.5에 입력하여 결과를 얻고 싶겠지만, 이 API 서비스에 전달할 수 있는 데이터 길이는 1000자로 제한됩니다.

데이터 분석자 입장에서 GPT-3.5의 특징을 꼽는다면 데이터 전처리 과정을 뺄 수 없습니다. GPT-3.5에서는 입력된 데이터에 초성과 이모티콘이 있어도 우수한 품질을 보장합니다.

부록

B

코랩 시작하기

B.1 코랩 시작

책에서는 코랩에서도 코드를 실습할 수 있게 코랩 소스 코드도 제공합니다. 여기에서는 코랩을 설치하고 사용하는 방법을 간단하게 알아보겠습니다.

1. 우선 크롬이 설치되어 있어야 합니다. 크롬을 사용하지 않는다면 다음과 같이 'chrome'을 검색하여 설치합니다.

▼ 그림 B-1 구글 크롬 브라우저 내려받기

2. 크롬을 설치했다면 구글에 로그인하고 **구글 앱**을 클릭하여 **드라이브**로 들어갑니다.

▼ 그림 B-2 구글 드라이브에 접속한 화면

Note ≡ 구글 드라이브 내 코랩 파일을 만들어 실습한 후 저장할 예정이니 계정이 없다면 구글 계정을 만들어 주세요.

3. 처음 사용한다면 화면 대부분이 빈칸입니다. 빈 화면에서 **마우스 오른쪽 버튼 누르기 > 더보기**
를 선택하면 Google Colaboratory가 나옵니다. 클릭해서 구글 코랩을 실행합니다.

▼ 그림 B-3 새로운 코랩 파일 만들기

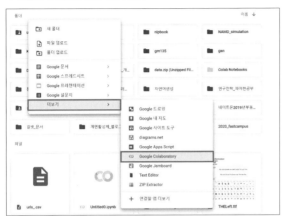

4. 그럼 다음과 같이 구글 코랩창이 생성되어 자동으로 실행됩니다.

▼ 그림 B-4 생성된 코랩 파일

5. 창이 열리면 먼저 파일 이름을 변경해 보겠습니다. 위쪽에 있는 파일 제목 부분을 클릭하여
'테스트'라고 입력합니다.

▼ 그림 B-5 파일 이름 바꾸기

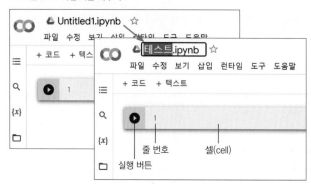

숫자 1은 줄 번호를 나타냅니다. 그리고 오른쪽 빈칸은 파이썬 코드가 입력될 셀입니다. 이제 코랩을 사용할 준비가 되었습니다. 간단한 코드를 실행하면서 직접 사용해 봅시다.

B.2 코랩 실행

1. 다음과 같이 'Hello World!!'를 출력하는 파이썬 코드를 입력합니다.

```python
print("Hello World!!")
```

2. **실행 버튼**을 클릭한 후 어떻게 출력되는지 확인해 보세요.

▼ 그림 B-6 첫 코드 실행

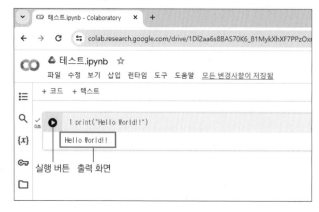

Note ≡　실행할 셀을 선택하고 런타임에서 **초점이 맞춰진 셀 실행**([Ctrl] + [Enter]) 또는 **선택항목 실행**([Ctrl] + [Shift] + [Enter])을 선택해도 셀에 입력된 코드가 실행됩니다.

▼ 그림 B-7 코드를 실행하는 방법

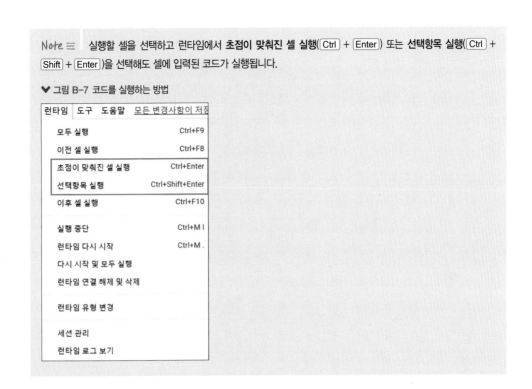

3. 다음은 간단하게 새로운 셀을 만들어 볼까요? 마우스를 셀 아래에 둡니다. 그러면 코드 또는 텍스트를 생성할 수 있는 버튼이 나타납니다. 코드를 클릭하면 새로운 셀이 생성되고, 텍스트를 클릭하면 간단한 워드 작업을 할 수 있는 셀이 나타납니다.

▼ 그림 B-8 새로운 셀 만들기

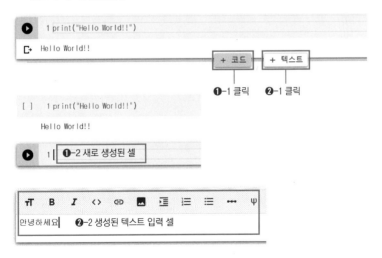

GPU 사용
설정하기

여러분 PC에 NVIDIA 그래픽 카드가 설치되어 있지 않다면 이번 부록은 건너뛰기 바랍니다. GPU를 가져와 계산에 이용하려면 NVIDIA에서 제공하는 CUDA[1]를 사용해야 합니다. CUDA를 사용하기 전에 GPU를 확인하겠습니다.

화면 아래에 있는 검색창에서 '장치 관리자'를 검색한 후 클릭하세요.

▼ 그림 C-1 윈도 장치 관리자 열기

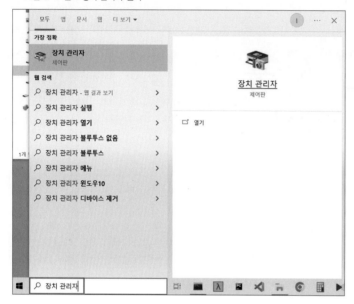

PC마다 다르겠지만 디스플레이 어댑터 하위에 그래픽 카드(여기에서는 NVIDIA GeForce GTX 1050 Ti)를 확인할 수 있습니다. 이렇게 그래픽 카드가 있다면 CUDA를 설치할 수 있습니다.

---

1 그래픽 처리 장치(GPU)에서 수행하는 (병렬 처리) 알고리즘을 C 프로그래밍 언어를 비롯한 산업 표준 언어를 사용하여 작성할 수 있도록 하는 GPU 기술을 의미합니다.

▼ 그림 C-2 장치 관리자 선택 화면

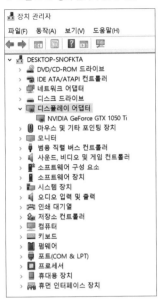

CUDA를 설치하려면 먼저 마이크로소프트에서 제공하는 Visual Studio가 설치되어 있어야 합니다. 마이크로소프트 웹 사이트에 접속한 후 Visual Studio Community 버전을 찾아 내려받습니다.

- **마이크로소프트 웹 사이트**: https://visualstudio.microsoft.com/downloads/

▼ 그림 C-3 Visual Studio Installer 설치 화면

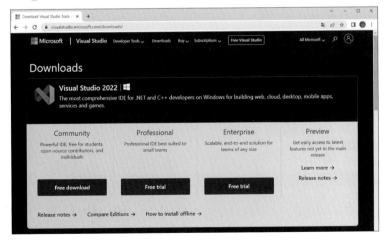

다음은 CUDA 파일을 내려받아야 합니다. 다음 웹 사이트로 인터넷에서 'NVIDIA CUDA download'를 검색하거나 https://developer.nvidia.com/cuda-toolkit-archive로 접속합니다.

♥ 그림 C-4 NVIDIA CUDA 내려받기 페이지

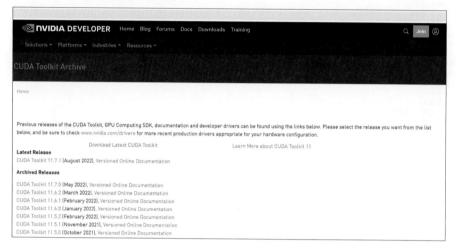

최신 버전은 가급적 내려받지 않는 것을 추천합니다. GPU를 사용하려면 앞으로 여러 파일을 내려받고 서로 버전을 맞추어야 합니다. 최신 버전은 서로 버전이 안 맞는 경우가 많기 때문입니다. 최신 버전이 v12라면 v11을 내려받으세요. **CUDA Toolkit 11.7.0**을 클릭하면 OS 버전에 맞추어 CUDA 설치 파일을 선택할 수 있습니다.

♥ 그림 C-5 Cuda Toolkit 설치 파일 선택 화면

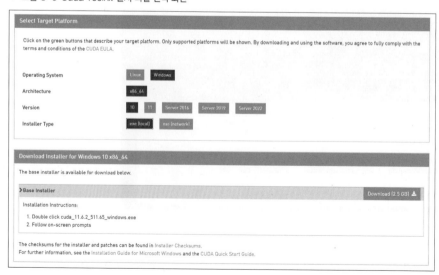

Download를 클릭하여 CUDA 설치 파일을 내려받습니다. 그다음 설치 파일을 더블클릭하여 실행합니다. 첫 화면은 설치 경로 지정입니다. 가급적 경로는 수정하지 않고 기본값으로 설치합니다. 그럼 알아서 세부적인 설정까지 CUDA 설치를 마무리할 수 있습니다.

▼ 그림 C-6 CUDA 설치 경로 설정

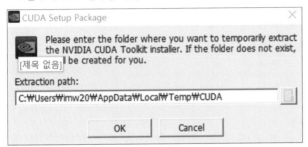

동의 여부를 물어보는 화면이 나타나면 **동의**를 누르고 권장하는 방식대로 설치하면서 마저 진행합니다.

▼ 그림 C-7 CUDA 설치 화면

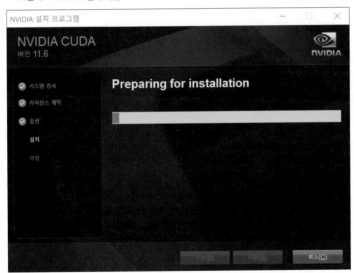

Visual Studio가 정상적으로 설치되지 않았다면 CUDA와 함께 설치할 수 있습니다. 모든 작업이 끝나면 CUDA가 설치된 경로로 가서 bin, include, lib 폴더가 생성되어 있는지 확인하세요. 이렇게 폴더가 확인되었다면 CUDA는 잘 설치된 것입니다.

♥ 그림 C-8 CUDA가 설치된 폴더

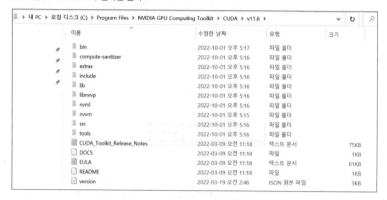

CUDA 11.6 버전을 설치했네요. 다음은 NVIDIA에서 cuDNN 8.5.0 버전을 설치해야 합니다. 이번에는 NVIDIA에 회원 가입을 하고 로그인해야만 cuDNN을 내려받을 수 있습니다. 인터넷에 'nvidia cudnn download'를 검색하거나 https://developer.nvidia.com/cudnn으로 접속한 후 로그인까지 마칩니다.

♥ 그림 C-9 cuDNN 내려받기 페이지

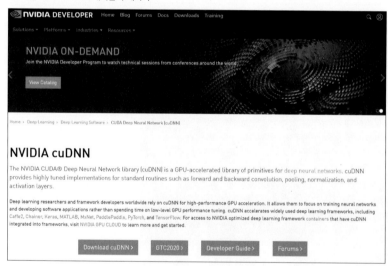

Download cuDNN을 클릭하면 버전 선택 화면이 나옵니다.

▼ 그림 C-10 cuDNN에서 Archived cuDNN Releases를 선택

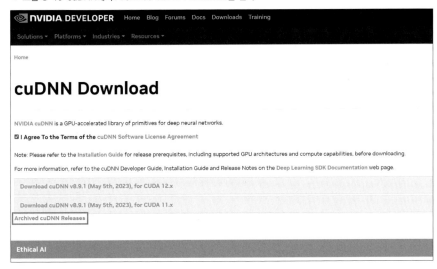

Archived cuDNN Releases를 클릭하면 예전 cuDNN 버전을 선택할 수 있습니다.

▼ 그림 C-11 cuDNN v8.5.0 for CUDA 11.x 선택

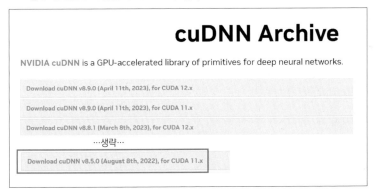

다음은 OS 버전에 맞는 파일을 내려받으면 됩니다. 윈도와 리눅스가 있는데, 책에서는 윈도 버전을 선택해서 내려받았습니다.

▼ 그림 C-12 윈도용 cuDNN을 선택

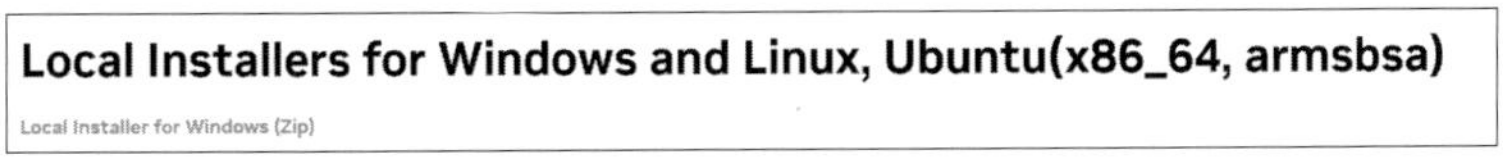

Local Installers for Windows and Linux, Ubuntu(x86_64, armsbsa)

Local Installer for Windows (Zip)

설치 파일은 ZIP으로 압축된 상태입니다. 내려받은 파일의 압축을 풀면 bin, include, lib 폴더를 볼 수 있습니다. 이 폴더 안에 저장된 파일을 CUDA가 설치된 폴더에 모두 복사해서 덮어쓰기합니다.

▼ 그림 C-13 압축을 푼 cuDNN 폴더

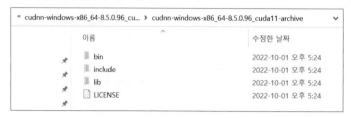

이제 **Anaconda3 › Anaconda Prompt**를 선택하여 실행합니다.

▼ 그림 C-14 Anaconda Prompt 실행

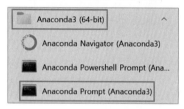

그다음 텐서플로에서 GPU를 사용할 수 있게 패키지 하나를 설치하겠습니다. 하지만 그 전에 기존에 설치된 텐서플로를 삭제하고 tensorflow 2.10.0 버전으로 다시 설치해야 합니다. 프롬프트 창에 다음 코드를 입력해 주세요.

```
pip uninstall tensorflow
pip install tensorflow==2.10.0
```

텐서플로가 설치되었으면 tensorflow-gpu 패키지를 마저 설치합니다. 모두 설치한 후에는 컴퓨터를 재부팅해야 합니다.

```
pip install tensorflow-gpu==2.10.0
```

재부팅 후 주피터 노트북을 열고 다음 코드를 입력했을 때 True가 출력되면 GPU는 성공적으로 설치된 것입니다.

```
import tensorflow as tf

tf.test.is_gpu_available()
```

True

GPU를 설정하는 과정은 쉽지 않아서 많은 사람이 어려워합니다. 설치가 안 되는 이유는 하나 뿐입니다. 버전 충돌 때문이지요. 그래픽 카드가 지원하는 cuDNN과 CUDA를 꼭 확인하고 cuDNN, CUDA와 버전 충돌을 일으키지 않는 텐서플로 버전으로 설치하기 바랍니다.